21世纪应用型本科电子商务与信息管理系列实用规划教材

电子商务理论与实务

主　编　谭玲玲
副主编　衣东丰　刘　丹

内 容 简 介

本书是编者在教学实践中，对多年的教学经验进行的凝练和总结，全面融合了电子商务理论与实务。本书从电子商务的商业模式入手介绍了电子商务理论，分析了电子商务的运营模式及盈利模式；从电子商务系统的建设与运营视角讲述了电子商务实践，使读者对电子商务的最新理论、技术及应用有一个清晰完整的了解。

本书可以作为高等院校电子商务及其相关专业本科生和研究生的学习用书，也可以作为电子商务相关领域管理人员的培训用书或学习参考用书。

图书在版编目（CIP）数据

电子商务理论与实务/谭玲玲主编．—北京：北京大学出版社，2015.1
（21世纪应用型本科电子商务与信息管理系列实用规划教材）
ISBN 978-7-301-25277-2

Ⅰ.①电… Ⅱ.①谭… Ⅲ.①电子商务—高等学校—教材 Ⅳ.①F713.36

中国版本图书馆 CIP 数据核字（2014）第 305006 号

书　　名	电子商务理论与实务
著作责任者	谭玲玲　主编
责 任 编 辑	刘　丽
标 准 书 号	ISBN 978-7-301-25277-2
出版发行	北京大学出版社
地　　址	北京市海淀区成府路 205 号　100871
网　　址	http://www.pup.cn　新浪微博：@北京大学出版社
电子信箱	pup_6@163.com
电　　话	邮购部 62752015　发行部 62750672　编辑部 62750667
印 刷 者	北京虎彩文化传播有限公司
经 销 者	新华书店
	787 毫米×1092 毫米　16 开本　20.25 印张　462 千字
	2015 年 1 月第 1 版　2022 年 1 月第 4 次印刷
定　　价	40.00 元

未经许可，不得以任何方式复制或抄袭本书之部分或全部内容。
版权所有，侵权必究
举报电话：010-62752024　电子信箱：fd@pup.pku.edu.cn
图书如有印装质量问题，请与出版部联系，电话：010-62756370

21世纪应用型本科电子商务与信息管理系列实用规划教材

专家编审委员会

主　　任　　李洪心

副 主 任　　(按拼音顺序排名)

　　　　　　程春梅　　　庞大莲　　　秦成德

委　　员　　(按拼音顺序排名)

　　　　　　陈德良　　　陈光会　　　陈　翔

　　　　　　郭建校　　　李　松　　　廖开际

　　　　　　帅青红　　　谭红杨　　　王丽萍

　　　　　　温雅丽　　　易法敏　　　张公让

法律顾问　　李　瑞

丛 书 序

随着电子商务与信息管理技术及应用在我国和全球的迅速发展，政府、行业和企业对电子商务与信息管理的重视程度不断提高，我国高校电子商务与信息管理人才培养的任务也不断加重。作为一个新兴的跨学科领域的专业，电子商务与信息管理的教育在快速发展的同时还存在着许多值得我们思考和改进的问题。特别是开办电子商务专业和信息管理专业的学校学科背景不同，有文科的、理工科的、经管类学科等，使得不同学校对核心课程的设置差异很大；另外，近年来有关电子商务与信息管理方面的教材出版的数量虽然不少，但适合于财经管理类知识背景本科生的电子商务系列与信息管理系列教材一直缺乏，而在开办电子商务和信息管理本科专业的高校中，财经管理类的高校占的比重很大。为此北京大学出版社于 2006 年 11 月在北京召开了"21 世纪应用型本科财经管理系列实用规划教材"研讨会暨组稿会，会上出版社的领导和编辑通过对国内经管类学科背景的多所大学电子商务与信息管理系列教材实际情况的调研，在与众多专家学者讨论的基础上，决定成立电子商务与信息管理系列丛书专家编审委员会，组织编写和出版一套面向经管类学科背景的电子商务与信息管理专业的应用型系列教材，暨"21 世纪全国应用型本科电子商务与信息管理系列实用规划教材"。

本系列教材的特点在于，按照高等学校电子商务专业与信息管理专业对本科教学的基本要求，参考教育部高等学校电子商务专业与信息管理专业的课程体系和知识体系，定位于实用型人才培养。

本系列教材还体现了教育思想和教育观念的转变，依据教学内容、教学方法和教学手段的现状和趋势进行了精心策划，系统、全面地研究普通高校教学改革、教材建设的需求，优先开发其中教学急需、改革方案明确、适用范围较广的教材。此次教材建设的内容、架构重点考虑了以下几个要素。

(1) 关注电子商务与信息管理发展的大背景，拓宽经济管理理论基础、强调计算机应用与网络技术应用技能和专业知识，着眼于增强教学内容的联系实际和应用性，突出创造能力和创新意识。

(2) 尽可能符合学校、学科的课程设置要求。以高等教育的培养目标为依据，注重教材的科学性、实用性和通用性，尽量满足同类专业院校的需求。

(3) 集中了在电子商务专业与信息管理专业教学方面具有丰富经验的许多教师和研究人员的宝贵意见，准确定位教材在人才培养过程中的地位和作用。面向就业，突出应用。

(4) 进行了合理选材和编排。教材内容很好地处理了传统内容与现代内容的关系，补充了大量新知识、新技术和新成果。根据教学内容、学时、教学大纲的要求，突出了重点和难点。

(5) 创新写作方法，侧重案例教学。本套教材收集了大量新的典型案例，并且用通俗易懂的方式将这些案例中所包含的电子商务与信息管理的战略问题传授给读者。

前任联合国秘书长安南在联合国 2003 年电子商务报告中说:"人类所表现出的创造力,几乎都没有像互联网及其他信息和通信技术在过去十年中的兴起那样,能够如此广泛和迅速地改变社会。尽管这些变革非常显著,然而消化和学习的过程却只是刚刚开始。"可以说没有一个学科像电子商务与信息管理这样如此完美地融技术与管理于一体,也没有哪一个人的知识能如此的全面丰富。参与本系列教材编写的人员涉及国内几十所高校的几十位老师,他们均是近年来从事电子商务与信息管理教学一线的高校教师,并均在此领域取得了丰富的教学和科研成果。所以本系列教材是集体智慧的结晶,它集所有参与编写的教师之长为培养电子商务与信息管理人才铺垫基础。

在本系列教材即将出版之际,我要感谢参加本系列教材编写和审稿的各位老师所付出的辛勤劳动。由于时间紧,相互协调难度大等原因,尽管本系列教材即将面世,但一定存在着很多的不足。我们希望本套系列教材能为开办电子商务和信息管理专业的学校师生提供尽可能好的教学用书,我们也希望能得到各位用书老师的宝贵意见,以便使编者们与时俱进,使教材得到不断的改进和完善。

2007 年 11 月于大连

李洪心 李洪心博士现为东北财经大学教授,教育部高等学校电子商务专业教学指导委员会委员,劳动和社会保障部国家职业技能鉴定专家委员会电子商务专业委员会委员,中国信息经济学会电子商务专业委员会副主任委员。

前 言

电子商务是一门崭新的学科,也是一种新型的商业运作模式,它的迅猛发展不仅影响到商业、金融、工业、农业、医疗、教育等自然科学和社会科学的各个领域,而且还深刻地改变着各个国家的政治、经济、军事、文化和社会面貌。作为一种新的商业模式,电子商务使得企业商务活动延伸到网络空间,实现了信息流、商流、资金流和物流的高度统一,这不仅可以大幅度降低企业运营成本,增加贸易机会,简化交易流程,还能够进一步使企业的组织结构、运作流程、管理机制发生深刻的变革。

随着电子商务的快速发展,企业越来越清楚地认识到电子商务是提升企业核心竞争力、拓展市场范围、获取企业利润的重要源泉,社会对掌握电子商务知识和技能的人才需求也越来越强烈。为了适应这一形势,我国自2001年开始在高校开办电子商务专业,截至目前,全国已有三百多所高校开设了电子商务本科专业。电子商务理论与实务作为电子商务专业的第一门专业核心课程,系统地介绍了电子商务的基本理论、基本知识、基本技术、应用模式、应用环境等内容,它是一门综合性、交叉性、边缘性课程,体现了电子商务专业综合性、交叉性、前沿性的基本特征,勾画出电子商务专业的基本框架和轮廓,为后继专业课程的学习打下一定的基础。

同时,电子商务理论与实务作为国际贸易、经济学、信息管理系统、管理科学、物流管理、工业工程等相关专业的限制性选修课,可以使学生了解当前电子商务的发展趋势,掌握电子商务的基本原理、方法及实际运作流程,比较深刻、全面地理解电子商务的内涵,提高将信息技术、网络技术与所学专业内容有机结合的能力,适应新世纪网络经济浪潮对多元化人才的迫切需要。

本书主要具有以下特点。

(1) 内容体系比较科学合理,严谨完整,层次性比较强,符合科学的思维逻辑及循序渐进的认知规律。

(2) 把握学科发展的前沿,比较充分地反映了电子商务学科国内外的最新研究成果及最新进展,具有一定的前瞻性。

(3) 注重理论联系实际,介绍了电子商务领域多个典型案例,更好地诠释了电子商务理论与方法的实际应用,有利于培养学生的实践探索和创新能力。

编者在电子商务专业进行了多年的教学工作,对电子商务学科进行了比较深入广泛的研究,本书是编者在对大量参考文献进行学习,并结合自己多年的知识积累和感悟,以及电子商务的最新发展与最新研究成果的基础上完成的。本书第1章、第2章、第4章、第5章由衣东丰编写,第3章、第7章、第8章、第9章由谭玲玲编写,第6章、第10章、第11章由刘丹编写。

本书建议授课总学时为 56 学时，各章节分学时安排见下表。

章　　节	授课学时
第 1 章　电子商务概述	6
第 2 章　电子商务的商业模式	6
第 3 章　电子商务的技术基础	4
第 4 章　网络调查分析	4
第 5 章　电子商务系统的解决方案	6
第 6 章　电子商务的网络推广	4
第 7 章　电子商务安全管理	6
第 8 章　电子支付系统	6
第 9 章　电子商务物流管理	4
第 10 章　移动商务应用	6
第 11 章　电子政务	4
合计	56

编者在此对本书引用的文献资料的原作者表示衷心地感谢！由于编者水平和时间有限，书中难免有疏漏之处，望广大读者不吝赐教。

编　者
2014 年 11 月

目 录

第1章 电子商务概述 …………… 1
1.1 电子商务的概念及应用 ………… 2
1.1.1 电子商务的各种定义 …… 2
1.1.2 从企业信息流管理的角度分析电子商务 …… 3
1.1.3 电子商务的具体应用 …… 5
1.1.4 电子商务为企业带来的效益 … 6
1.2 电子商务的产生及发展 ………… 8
1.2.1 电子商务产生发展的条件 … 8
1.2.2 基于 EDI 的电子商务 …… 9
1.2.3 基于 Internet 的电子商务 … 11
1.3 电子商务系统 ………………… 18
1.3.1 电子商务系统的组成 …… 18
1.3.2 电子商务系统的结构 …… 24
本章小结 ……………………………… 25
复习思考题 …………………………… 26

第2章 电子商务的商业模式 …… 28
2.1 电子商务商业模式的内涵 ……… 29
2.1.1 商业模式概述 …………… 29
2.1.2 电子商务商业模式概述 … 32
2.2 电子商务商业模式框架及分类 … 35
2.2.1 电子商务商业模式的框架 … 35
2.2.2 电子商务商业模式的分类 … 38
2.3 电子商务盈利模式的内涵 ……… 41
2.3.1 盈利模式的定义 ………… 41
2.3.2 盈利模式的组成要素 …… 42
2.3.3 电子商务盈利模式及特点 … 43
2.4 电子商务盈利模式的分类 ……… 44
2.4.1 产品盈利模式 …………… 44
2.4.2 渠道盈利模式 …………… 44
2.4.3 产品互动盈利模式 ……… 45
2.4.4 服务盈利模式 …………… 45
2.4.5 规模盈利模式 …………… 46
2.4.6 支付、物流环节收费 …… 46
2.4.7 无线增值服务 …………… 47
2.4.8 移动商务模式 …………… 47
本章小结 ……………………………… 48
复习思考题 …………………………… 49

第3章 电子商务的技术基础 …… 50
3.1 电子商务技术概述 ……………… 51
3.1.1 电子商务涉及的技术 …… 51
3.1.2 电子商务的技术标准 …… 53
3.2 Internet 技术基础 ……………… 55
3.2.1 网络协议与 TCP/IP 协议 … 55
3.2.2 Internet 接入技术 ………… 58
3.2.3 Intranet 和 Extranet ……… 63
3.3 Web 技术 ……………………… 66
3.3.1 HTTP ……………………… 67
3.3.2 HTML ……………………… 67
3.3.3 XML 技术简介 …………… 68
3.3.4 ASP 开发技术 …………… 69
3.3.5 JSP 技术 ………………… 70
3.3.6 PHP 技术 ………………… 71
3.4 数据库技术 ……………………… 72
3.4.1 数据库技术概述 ………… 72
3.4.2 数据仓库、联机分析处理和数据挖掘 …… 73
3.4.3 数据库技术与电子商务 … 76
本章小结 ……………………………… 77
复习思考题 …………………………… 78

第4章 网络调查分析 …………… 80
4.1 网络调查概述 …………………… 82
4.1.1 网络调查法的概念与特点 … 82
4.1.2 网络调查的类型 ………… 83
4.1.3 网络问卷的设计原则与方法 …… 87
4.1.4 网络问卷的基本设计方法 … 92
4.1.5 网络调查实施过程中的注意事项 …… 95
4.2 网络消费者行为分析 …………… 97
4.2.1 网络消费者的行为特征 … 97
4.2.2 网络消费者的类型 ……… 99

4.2.3　影响网络消费者购买的
　　　　　主要因素 ………… 100
　　4.2.4　网络消费者的购买动机 … 104
　　4.2.5　网络消费者的购买决策
　　　　　过程 …………………… 106
本章小结 ………………………………… 110
复习思考题 ……………………………… 112

第5章　电子商务系统的解决方案 …… 114

5.1　电子商务解决方案的内涵与
　　基础构架 ………………………… 115
　　5.1.1　电子商务解决方案的内涵 … 115
　　5.1.2　电子商务解决方案的
　　　　　基础构架 ……………… 116
5.2　电子商务系统的规划与设计 …… 120
　　5.2.1　电子商务系统规划 …… 120
　　5.2.2　电子商务系统的设计与
　　　　　集成 …………………… 121
5.3　电子商务系统实施 ……………… 122
　　5.3.1　电子商务系统的创建 … 122
　　5.3.2　电子商务系统的测试 … 132
5.4　电子商务系统的发布与维护 …… 133
　　5.4.1　电子商务系统的发布 … 133
　　5.4.2　电子商务系统的维护 … 135
本章小结 ………………………………… 135
复习思考题 ……………………………… 136

第6章　电子商务的网络推广 ………… 138

6.1　网络营销组合 …………………… 139
　　6.1.1　网络营销的产品策略 … 139
　　6.1.2　网络营销的价格策略 … 143
　　6.1.3　网络营销的渠道策略 … 144
　　6.1.4　网络营销的促销策略 … 146
6.2　网络推广 ………………………… 148
　　6.2.1　网络营销站点推广 …… 148
　　6.2.2　网络店铺推广 ………… 154
本章小结 ………………………………… 160
复习思考题 ……………………………… 161

第7章　电子商务安全管理 …………… 162

7.1　电子商务的安全问题 …………… 163
　　7.1.1　电子商务面临的安全威胁 … 163
　　7.1.2　电子商务的安全管理要求与
　　　　　思路 …………………… 165
7.2　防火墙技术 ……………………… 170
　　7.2.1　防火墙的原理 ………… 170
　　7.2.2　防火墙的主要技术 …… 171
　　7.2.3　防火墙的实现方式 …… 173
　　7.2.4　防火墙的局限性 ……… 174
7.3　数据加密技术 …………………… 175
　　7.3.1　数据加密的原理 ……… 175
　　7.3.2　对称密钥加密技术 …… 176
　　7.3.3　非对称密钥加密技术 … 176
7.4　认证技术 ………………………… 178
　　7.4.1　信息认证的目的 ……… 178
　　7.4.2　数字签名 ……………… 178
　　7.4.3　数字时间戳 …………… 179
　　7.4.4　数字信封 ……………… 180
　　7.4.5　数字证书和CA认证 … 181
7.5　电子商务安全技术协议 ………… 183
　　7.5.1　SSL协议 ……………… 183
　　7.5.2　SET协议 ……………… 185
　　7.5.3　SSL协议与SET协议比较 … 188
本章小结 ………………………………… 189
复习思考题 ……………………………… 190

第8章　电子支付系统 ………………… 192

8.1　电子支付系统概述 ……………… 194
　　8.1.1　电子支付系统的内涵 … 194
　　8.1.2　安全的电子支付系统的
　　　　　标准 …………………… 194
　　8.1.3　电子支付系统存在的
　　　　　主要问题 ……………… 194
8.2　电子货币 ………………………… 195
　　8.2.1　电子货币的概念与特征 … 195
　　8.2.2　网上信用卡 …………… 197
　　8.2.3　电子现金 ……………… 199
　　8.2.4　电子支票 ……………… 202
8.3　网上银行 ………………………… 205
　　8.3.1　网上银行概述 ………… 205
　　8.3.2　网上银行的基本功能 … 206
　　8.3.3　网上银行的框架结构 … 207
　　8.3.4　网上银行的交易流程 … 210
　　8.3.5　网上银行的支付网关 … 211
　　8.3.6　网上银行的安全保障 … 211

8.4 第三方支付 ………………… 212
　8.4.1 第三方支付的内涵 …… 212
　8.4.2 第三方支付的优缺点 …… 213
　8.4.3 第三方支付流程 ……… 214
　8.4.4 国内第三方支付平台概述 … 214
本章小结 ………………………… 219
复习思考题 ……………………… 220

第9章 电子商务物流管理 ………… 223

9.1 电子商务物流概述 …………… 225
　9.1.1 物流的基本概念 ……… 225
　9.1.2 电子商务物流的概念与特点 ……………………… 228
　9.1.3 电子商务与物流的关系 … 229
　9.1.4 电子商务物流运作模式 … 231
9.2 订单管理 ……………………… 237
　9.2.1 订单管理的基本流程 …… 237
　9.2.2 订单状态跟踪 ………… 240
　9.2.3 影响订单处理的因素分析 … 241
9.3 物流信息技术 ………………… 242
　9.3.1 条码技术 ……………… 242
　9.3.2 EDI技术 ……………… 244
　9.3.3 自动跟踪技术 ………… 244
本章小结 ………………………… 248
复习思考题 ……………………… 250

第10章 移动商务应用 ……………… 253

10.1 移动商务应用的内涵和特征 …… 255
　10.1.1 移动商务的定义及特征 … 255
　10.1.2 移动商务应用的本质特征 … 256
10.2 移动商务信息服务 …………… 258
　10.2.1 移动商务信息服务的内涵 … 258
　10.2.2 移动商务信息服务的范围 … 260
10.3 移动商务定位服务 …………… 264
　10.3.1 移动商务定位服务的发展历程 ……………… 264
　10.3.2 移动商务定位服务的类型 … 266
　10.3.3 移动商务定位服务的价值实现 ………………… 267
10.4 移动商务支持服务 …………… 268
　10.4.1 移动商务支持服务的概念与内涵 ……………… 268
　10.4.2 移动商务支持服务的应用 … 268
10.5 移动支付 …………………… 269
　10.5.1 移动支付的概念及特征 … 269
　10.5.2 移动支付的技术支持 … 270
　10.5.3 移动支付的分类 ……… 271
　10.5.4 移动支付的发展状况 … 272
本章小结 ………………………… 274
复习思考题 ……………………… 276

第11章 电子政务 …………………… 279

11.1 电子政务概述 ………………… 280
　11.1.1 电子政务的概念及其特点 … 280
　11.1.2 电子政务的发展状况 … 283
　11.1.3 电子政务活动的主要内容 … 291
　11.1.4 我国实施电子政务的意义 … 292
　11.1.5 我国政府上网的有利条件 … 292
11.2 电子政务的模式与构架 ……… 293
　11.2.1 电子政务的系统组成 …… 293
　11.2.2 电子政务的基本模式 …… 295
11.3 电子政务的实施 ……………… 297
　11.3.1 电子政务的系统规划 …… 297
　11.3.2 电子政务系统的规划目标和建设原则 …………… 298
　11.3.3 电子政务的实施过程 …… 299
　11.3.4 国际电子政务评测三大标准 ……………………… 300
本章小结 ………………………… 303
复习思考题 ……………………… 305

参考文献 ……………………………… 307

第 1 章 电子商务概述

电子商务并非新兴事物,早在 1839 年,当电报刚出现时,人们就开始了对运用电子手段进行商务活动的讨论。当贸易开始以莫尔斯码点和线的形式在电线中传输的时候,就标志着运用电子手段进行商务活动的开始。电子商务是在与计算机技术、网络通信技术的互动发展中产生和不断完善的,是 20 世纪 90 年代以来依托于互联网的爆炸性发展而快速发展起来的。本章将主要讨论电子商务的定义、特点及应用效益,电子商务的发展历程,电子商务系统的内容及构成等。

本章知识结构框架

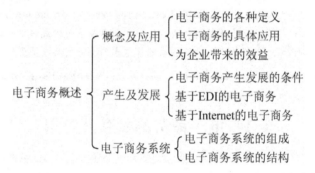

学习目标与要求

通过本章内容的学习,必须了解电子商务的概念、具体应用及电子商务为企业带来的效益,电子商务的产生和发展,电子商务系统构成等知识。

> **引导案例**
>
> **世界杯与电子商务**
>
> 　　四年一度的世界杯来了,这一足球盛事像热浪般席卷着全世界,各国足球爱好者都为之疯狂,但如果说足球世界杯仅仅局限于球迷的狂欢那就错了。
>
> 　　对各种商家来说,世界杯也是商业竞争的大盛世,它所带动的商机和营销利润是无可估量的。京东的6·18周年庆也在六月,至于淘宝网,通过淘宝搜索关键词"世界杯",15万件相关商品展示面前;淘宝数据魔方显示,最近一个月淘宝网上销售带有世界杯符号的商品超过100万元,其余相关活动类商品交易额更是环比上个月增加200%。
>
> 　　从电子商务看世界杯一:淘宝天猫数据显示,啤酒在最近七天的搜索指数环比增长近3倍,与去年同期相比增幅高达27倍。其中6月4日~6日的天猫啤酒大促日和6月12日世界杯开赛前一天,为球迷们囤货的最佳时间。在6月12日,天猫的啤酒增幅达到580%,半数以上球迷选择了手机下单。据不完全统计,在天猫和淘宝上,6月1日至今已经销售了600万罐啤酒。
>
> 　　从电子商务看世界杯二:球迷爱球也爱财。据淘宝彩票数据显示,仅在13日,淘宝上有1/2的彩民选择购买足彩,总人数超过200万人,其中仅在13日当天,首次购买足彩的球迷就有近100万人。自淘宝12日给出的四次精选足彩"包赚不赔"方案三次中奖后,在13日,淘宝所推荐的足彩方案以平均5 000~8 000人哄抢一单的速度,在1分钟内哄抢……
>
> 　　巴西世界杯引爆网购狂欢,随着全球经济进一步一体化、开放和分享发展,电子商务通过互联网这个神奇的渠道,正快速向各地蔓延。
>
> 资料来源:http://www.njxh.cn/html/xinwen/2610.html
>
> 　　世界杯的商机大战还在持续火热地进行着,这一系列活动取得的成果也同时拉动着整个电子商务的经济上涨,所谓水涨船高的经济效应在世界杯电子商务的战略上得到了充分体现。

1.1　电子商务的概念及应用

1.1.1　电子商务的各种定义

1. 欧洲议会关于电子商务的定义

欧洲议会在"电子商务欧洲会议"中给出的定义:"电子商务是通过电子方式进行的商务活动。它通过电子方式处理和传递数据,包括文本、声音和图像。它涉及许多方面的活动,包括货物电子贸易和服务、在线数据传递、电子资金划拨、电子证券交易、电子货运单证、商业拍卖、合作设计和工程、在线资料、公共产品获得。它包括了产品和服务、传统活动和新型活动。"

2. 美国政府关于电子商务的定义

美国政府在其《全球电子商务纲要》中比较笼统地指出:"电子商务是指通过Internet进行的各项商务活动,包括广告、交易、支付、服务等活动。"

3. WTO(World Trade Organization，世界贸易组织)关于电子商务的定义

世界贸易组织在电子商务专题报告中定义：电子商务就是通过电信网络进行的生产、营销、销售和流通的活动，它不仅指基于互联网的交易，而且指所有利用电子信息技术来解决问题、降低成本、增加价值和创造商机的商务活动，包括通过网络实现从原材料查询、采购、产品展示、定购到出品、储运及电子支付等一系列的贸易活动。

4. 国际商会关于电子商务的定义

1997 年 11 月，国际商会在法国的巴黎召开了世界电子商务大会，全世界商业、信息技术、法律等领域的专家和政府部门的代表共同探讨了电子商务的概念问题：电子商务是指对整个贸易活动实现电子化。从涵盖范围方面可以定义为：交易各方以电子交易方式而不是通过当面交换或直接面谈的方式进行的任何形式的商业交易；从技术方面可以定义为：电子商务是一种多技术的集合体，包括交换数据（如电子数据交换）、获得数据及自动捕获数据等。

5. HP(Hewlett-Packard Development Company，L. P.，惠普公司)关于电子商务的定义

HP 认为：电子商务是指从售前服务到售后支持的各个环节实现电子化、自动化，它能够使我们以电子交易手段完成物品和服务等价值的交换。

6. IBM(International Business Machines Corporation，国际商业机器公司)关于电子商务的定义

IBM 提出了一个电子商务的定义公式，即电子商务＝Web＋IT＋Business。它所强调的是电子商务在网络计算环境下的商业化应用，是把买方、卖方、厂商及其合作伙伴通过因特网(Internet)、企业内部网(Intranet)和企业外部网(Extranet)结合起来的应用。

1.1.2 从企业信息流管理的角度分析电子商务

在任何商务活动中都包含着物流、资金流和信息流，其中，信息流尤为重要，它在一个更高的层次上对其他各流通环节进行监控。企业生产什么商品、什么时间生产、生产多少数量、在哪里生产、由什么人生产、在哪里销售产品，以及从何处收款等无不取决于企业所掌握的信息情况，信息流的质量和效率决定了企业整个业务活动的质量与效率。

1. 传统商务活动中的直线型信息流

传统商务活动中的信息流是一种典型的直线型结构，如图 1.1 所示，这种信息流的基本特点是：业务信息逐级传送，时间长；信息传输错误率高，不能准确反映顾客需求；信息收集和传输的成本高。结果是：企业不得不依据相对过时和模糊的信息进行决策，不得不针对目标市场的"平均"需求提供"平均"产品，以降低成本，企业无法以较低价格满足顾客的个性化需求。

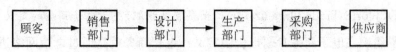

图1.1 传统商务活动中的直线型信息流

2. 电子商务环境下的网状信息流

电子商务环境下企业的信息流呈网状结构,如图1.2所示。企业各部门、企业与其合作伙伴通过该网络彼此协调,共同满足顾客需求。

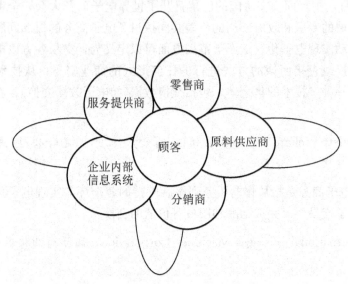

图1.2 电子商务环境下的网状信息流

1) 企业与顾客之间

互联网为企业提供了一种与顾客直接沟通的廉价工具。

(1) 降低了彼此的寻找成本。

(2) 企业直接与顾客交流,实时了解顾客需求同时顾客可发布自己的信息,提出个性化需求。

(3) 企业分析、跟踪顾客需求,为顾客提供个性化信息。

(4) 定制产品。

2) 企业内部

互联网改变了企业内部的信息流程,实现了各部门间的紧密合作。

(1) 共享业务信息。

(2) 实现远距离管理。

(3) 实现有效协调。

(4) 降低管理成本。

3) 企业与企业之间

互联网打破了企业间的界限,企业间的合作将如同企业内部各部门的合作一样便利。

(1) 增加市场机会,扩大选择范围。

(2) 实现高效合作。

通过以上分析可以看出，电子商务的实质就是利用互联网技术改变商务活动中的信息流，从而改变业务流程，提高企业的竞争力。

电子商务就是企业利用当代网络和电子技术从事的一切商务活动。一方面，企业通过互联网与客户实现充分的交流，实时了解客户需求；另一方面，企业内部及企业与其合作伙伴之间又通过网络实现高效协作、紧密合作，以最低成本、最快速度满足客户需求。

1.1.3 电子商务的具体应用

1. 企业与消费者之间的电子商务(Business to Customer，B2C)

随着网上商店的出现，就有了企业与消费者之间的电子商务，这种模式包括网上购物、网络银行等业务。商家利用 Web 技术在网络上开设店面、陈列商品、标出价格、说明服务，向消费者直接提供从鲜花、书本、汽车、住房，到订票、旅游、转账等多种商品和服务，这种模式免除了中间流通环节，直接面对消费者，大大提高了交易效率，并开拓了一个庞大的市场，它方便、快捷、实用，很有发展潜力。

2. 企业与企业之间的电子商务

这是最早出现的电子商务模式，EDI(Electronic Data Interchange，电子数据交换)是这种模式的早期代表，在这种模式中，企业可以通过网络与供应商联系订货，接受发票和付款；也可以通过网络进行协同作业、管理支持及信息共享，以推动代理商、经销商和厂商之间供应链的重组，提高业务的有效性并降低成本。

3. 企业内部的电子商务

企业内部的电子商务既可以看成是电子商务应用的一种模式，也可以看成是企业电子商务应用的一个基础。企业内部的电子商务使企业员工之间、部门与部门之间更为便利地进行通信和交流，为企业内部用户提供信息共享和协作功能。一些跨国公司，像 IBM，通过企业内部的电子商务，将分布在世界各地不同部门几十万员工的研究、开发、制造、装配、经营、培训、服务等工作在网上进行管理协调，整体形成了一个网上虚拟企业。

4. 企业与政府之间的电子商务

这种模式的电子商务应用覆盖了企业与政府之间的许多事务，例如，网上报关、网上报税、网上审批、网上政府采购、网上产权交易、网上政策发布和网上信息公告。政府通过网上的各类服务为企业创造规范的电子商务应用环境，提高了企业和政府的工作效率。

5. 消费者与政府之间的电子商务

将消费者与政府间的许多事务通过网络环境进行，如网上报税、网上身份认证、网上发放福利基金、网上社区服务、网上公益活动、网上政策发布和信息查询，政府通过网上的各类服务为大众创造良好的服务环境，提高了政府的工作效率。

6. 消费者与消费者之间的电子商务(Customer to Customer，C2C)

网上拍卖和在线竞价交易是 C2C 模式的典型应用，例如，eBay 网站和雅宝网站，消费者在网站上可以通过询价、议价、评价,以及各种讨价还价的方式进行各类物品的拍卖交易。这种模式的关键问题是需要建立相互的信任机制,保持交易过程中物流和资金流的安全和畅通。

1.1.4 电子商务为企业带来的效益

1. 经济效益

1) 树立企业的良好形象

企业在互联网上建立网站,把企业自身及产品、服务的优势充分地展现出来,把企业的管理、经营理念和策略向公众很好地进行宣传,并通过网络与大众进行良好的沟通,随时了解公众需求,为顾客提供受欢迎的产品和服务,树立起企业良好的形象。由于互联网的国际性,企业在网络上树立的形象具有国际性的特征,对企业拓展市场发挥着重要作用。

2) 增强成本竞争优势

(1) 降低采购成本。调查表明,通过在网上采购招标,企业平均可以节约采购成本10%~15%,由于开展网上采购对企业内部流程影响相对较小,收益显著,它已经成为企业(特别是中小企业)开展电子商务的最佳切入点之一。

中小企业划分标准

根据《中华人民共和国中小企业促进法》和《国务院关于进一步促进中小企业发展的若干意见》(国发〔2009〕36号)。中小企业划分为中型、小型、微型三种类型,具体标准根据企业从业人员、营业收入、资产总额等指标,并结合行业特点制定。

该规定适用的行业包括农、林、牧、渔业,工业(包括采矿业,制造业,电力、热力、燃气及水生产和供应业),建筑业,批发业,零售业,交通运输业(不含铁路运输业),仓储业,邮政业,住宿业,餐饮业,信息传输业(包括电信、互联网和相关服务),软件和信息技术服务业,房地产开发经营,物业管理,租赁和商务服务业,其他未列明行业(包括科学研究和技术服务业,水利、环境和公共设施管理业,居民服务、修理和其他服务业,社会工作,文化、体育和娱乐业等)。

资料来源:http://www.gov.cn/zwgk/2011-07/04/content_1898747.htm

(2) 实现无库存生产。其一,原材料无库存:企业必须对供应商的生产周期、接受紧急订货的能力、管理情况、供应情况了如指掌,这些信息可以通过企业外联网随时获得,并可以与供应商进行及时的信息交流,企业可以根据每天的生产量来确定每日的原材料需求量,供应商按质按量安排物流配送中心及时将原材料送至生产企业。其二,产成品无库存:按订单生产是为专门的用户生产,按照用户要求的规格、数量和交货期进行的,一般是多品种、小批量生产,不设产品库存。订单生产的关键是应用网络信息技术,由客户将需求的产品信息填入电子订单,企业电子商务系统直接收集和处理产品信息,并传送到自动化生产线上,形成生产控制指令。这就要求企业内部高度信息化,并且与前端的电子商务系统有效集成,生产线具有高度的柔性化。

(3) 降低营销成本。分析企业市场营销各环节可以看出，市场营销的大量工作是收集企业所需的信息，如消费者的需求变化、消费者对未来产品的欲望、市场对现行营销策略的反应等。传统方式是采用广告宣传、800免费电话咨询、开产品展销会、派推销人员到处推销产品，大量的市场调研人员奔赴各地做市场调查、收集用户意见等。而现在企业可以通过网站发布企业的各种信息，例如，产品的广告、新产品的开发设想、销售策略、服务承诺、产品知识宣传、企业业绩报告等，通过互联网可以广泛地与大众交流，获取他们对产品、服务、营销策略的意见，以及对新产品的建议和产品定价的看法等，通过网络企业可以足不出户地了解全世界的市场情况，调整自己的营销策略。目前互联网的上网费用和建立网站的费用越来越便宜，与传统的营销方式相比，营销成本大大降低。

(4) 降低企业组织的管理费用。利用互联网可降低企业的交通和通信费用，以及降低人工费用、企业财务费用、办公室的费用等。

3) 创造新的市场机会

可以突破时间限制；可以突破传统市场中地理位置的限制；可以进行市场细分，实现个性化的营销。

4) 缩短产品的生产周期

以设计制造汽车为例，20世纪80年代初，美国汽车制造公司设计制造了一款新型汽车，从提出方案到批量生产一般需要4~6年的时间。例如，首先需要制造全尺寸的黏土模型，经过几个月的反复修改，然后手工制造样车，看各部分组合是否正确，汽车生产是否经济有效；以后工程师将设计分立组件并设计制造这些组件所需的工具；采购部门与供应商联系，生产这些工具和部件的样品，以组建试制生产线和组装试样车；若一切顺利，制造小组将组装汽车，以发现组装中的问题；最后，做一些附加的改进，汽车投入批量生产。

现在，利用计算机化及网络，设计小组中的不同人员可以为各自的目标同时工作，不用等其他成员完成了前一步工作后再进行下一步的工作；通过使用计算机辅助设计(Computer Aided Design，CAD)、计算机辅助制造(Computer Aided Manufacturing，CAM)、计算机辅助工程(Computer Aided Engineering，CAE)技术，整个设计小组可以分享计算机文档和使用三维建模技术来设计汽车，并观察没有实物样件的虚拟零件和装配情况，组件的修改可以在不制造工具和部件样品的情况下进行，使研制和制造新汽车的时间缩短了30个月左右。

2. 社会效益

1) 全社会的增值

电子商务带来的最直接的好处就是，由于贸易范围的空前扩大而促使全球贸易活动大幅度增加，因而提高了贸易环节中大多数角色的交易量，因此，全球范围的经济形势将向一个良好的增长趋势发展。

2) 促进知识经济的发展

知识经济，通俗地说就是"以知识为基础的经济"。从内涵来看，知识经济是指经济增长直接依赖于知识和信息的生产、传播和使用，它以高新技术产业为第一支柱产业，以智力资源为主要依托，是可持续发展的经济。按照世界经合组织的说法，知识经济就是以现代科学技术为核心的，建立在知识和信息的生产、存储、使用和消费之上的经济。

知识经济的发展虽然和信息技术的发展密切相关，但是并不是发展了信息技术就等于发展了知识经济，提高全民族的创新能力，不断扩大社会的知识总量，才是发展知识经济的关键。

网络经济是以网络为基础的经济，Internet 成为人类信息和知识流通的一种新工具，它还可以提供多主体共享的信息和知识流通形式。由于 Internet 在利用知识资源和电子商务在经济增长中的关键作用，使得网络经济已成为知识经济的核心和焦点。我国目前还处在工业化阶段，工业化将为信息化打基础，信息化将促进和改造工业化，当前的电子商务十分有利于工业化和信息化的结合，有利于网络技术来改造传统工业。因此，电子商务的发展，必将直接或间接地推动知识经济的发展。

3）带动新行业的出现

在电子商务条件下，原来的业务模式发生了变化，许多不同类型的业务过程由原来的集中管理变为分散管理，社会分工逐步变细，因而产生了大量的新兴行业，以配合电子商务的顺利运转。比如，由于商业企业的销售方式和最终消费者的购买方式的转变，打破了原来的"一手交钱，一手交货"模式，使送货上门等业务成为一项极为重要的服务行业，市场的存在必然导致新行业的出现，配送中心这类具备相当规模的、专门从事送货业务的行业应运而生，从而创造了更多的就业机会和社会财富。

1.2 电子商务的产生及发展

1.2.1 电子商务产生发展的条件

电子商务的发展有其必然性和可行性。传统的商业是以手工处理信息为主，并且通过纸上的文字交换信息。但是，随着处理和交换信息量的剧增，该过程变得越来越复杂，这不仅增加了重复劳动和额外开支，而且还增加了出错机会，在这种情况下，需要一种更加便利和先进的方式来快速交流和处理商业往来业务；另一方面，计算机技术的发展及其广泛应用和先进通信技术的不断完善及使用，导致了 EDI 和 Internet 的出现和发展，全球社会迈入了信息自动化处理的新时代，这使得电子商务的发展成为可能。

计算机的出现和广泛使用促进了电子商务的产生，网络的出现和政府的支持推动了电子商务的发展，因此，电子商务产生和发展的重要条件可以归纳为以下几点。

1. 计算机的广泛应用

近 30 多年来，计算机的处理速度越来越快，处理能力越来越强，价格越来越低，应用越来越广泛，计算机的普及为电子商务的应用提供了基础。

2. 网络的普及和成熟

由于 Internet 逐渐成为全球通信与交易的媒体，全球上网用户呈级数增长趋势，快捷、安全、低成本的特点为电子商务的发展提供了应用条件。

3. 信用卡的普及应用

信用卡以其方便、快捷、安全等优点而成为人们消费支付的重要手段,以此形成了完善的全球性信用卡计算机网络支付与结算系统,使"一卡在手走遍全球"成为可能,同时也为电子商务中的网上支付提供了重要的手段。

4. 电子安全交易协议的制定

1997年5月31日,由美国 VISA 和 Master card 国际组织等联合制定了安全电子交易协议(Secure Electronic Transfer Protocol,SET),该协议得到大多数厂商的认可和支持,为在网络上开发的电子商务提供了一个关键的安全环境。

5. 政府的支持与推动

1996年12月,联合国颁布了《贸易法委员会电子商务示范法及其颁布指南》。1997年4月,欧盟提出了"欧盟电子商务行动方案",美国政府发表了"全球电子商务框架"文件。2001年11月,联合国贸易和发展委员会发表《2001年电子商务和发展报告》,联合国第56届会议通过了《联合国国际贸易法委员会电子签字示范法》。2005年4月1日,被称为"中国首部真正意义上有关电子商务的法律"——《电子签名法》正式实施。2005年9月1日,"APEC(Asia-Pacific Economic Cooperation,亚太经济合作组织)无纸贸易高级别研讨会"在北京举行,会议的主题是如何利用信息技术手段加快 APEC 无纸贸易的发展进程。欧盟在2005年初对政府采购电子化立法,从2006年1月开始,在政府采购的各个阶段,电子签名已经在欧盟全体成员国之间合法化。

在必然性和可能性的推动下,电子商务得到了较快发展,特别是近两年来其发展速度更是惊人。

1.2.2 基于 EDI 的电子商务

1. EDI 的定义

按照协议,EDI 是指对具有一定结构特征的标准经济信息,经通信网络在贸易伙伴的计算机系统之间进行交换和自动处理。

EDI 的工作流程如图1.3所示,用户在计算机应用系统中进行信息的编辑处理,生成系统的原始单据文件,经转换软件转换成中间文件,这是用户原始资料格式与 EDI 标准格式之间的对照性文件,再通过翻译软件翻译成 EDI 标准格式,在文件外层加上通信交换信封(收件人信息),通过通信软件经专用网(增值网)传给对方,对方进行逆向操作。

2. EDI 系统的组成

1) 数据格式标准化

由于国际贸易业务的特殊性,决定了各种单证的格式、数据、术语、内容的界定,使用的语言必须规范、统一,因此 EDI 数据格式标准的制定是非常重要的。

1979年,在美国国家标准局的指示下,美国标准化委员会制定了 X.12 标准。

1981年,欧洲推出贸易数据元导则(Guidelines of Trade Data Interchange,GTDI)。

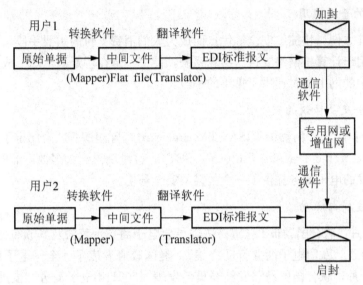

图 1.3　EDI 的工作流程

1990 年 3 月，联合国正式推出了 UN/EDIFACT(United Nations EDI for Administration, Commerce and Transport)。

2) 计算机应用系统

EDI 软件具有将用户数据库系统中的信息译成 EDI 的标准格式，以供传输交换的功能。由于 EDI 标准具有足够的灵活性，可以适用于不同行业的众多需求，而每个公司有自己规定的信息格式，因此，当需要发送 EDI 电文时，必须从公司的专有数据库中提取信息，把它翻译成 EDI 标准格式进行传输，这就需要 EDI 相关的软件的帮助，包括翻译软件、转换软件、通信软件。EDI 硬件包括计算机、调制解调器、电话线(或专线)。

3) 通信网络

通信网络是 EDI 运行的基础或支撑环境。EDI 电子单证需经通信网络传输给贸易伙伴，贸易双方的计算机可通过点对点直连方式或借助于公用通信网互通，也可以利用增值网作为通信环境。

增值网(Value Added Network，VAN)：通过在现有的计算机通信网络的基础上增加一些额外的设备或服务功能，以提高网络的利用价值。它为发送者与接收者维护邮箱，并提供存储转送、记忆保管、通信协议转换、格式转换、安全管制等功能。因此，通过增值网络传送 EDI 报文，可大大降低相互传送资料的复杂度，大大提高效率。比如，增加电子邮箱的功能，EDI 用户之间不直接交换报文，而是始发用户先将报文传递到收方用户在 VAN 上设置的邮箱中存储起来，收方随时可将自己的计算机接入网中，开启邮箱，读取 EDI 报文。

文件的转换和翻译都在 EDI 增值中心进行，如果没有 VAN 的中介服务，采用不同计算机系统的 EDI 用户之间的通信，将随着其贸易伙伴的增多，需要在软、硬件上有较大的投资，在直接传送环境下有很大的管理开销。VAN 不是一种新型的通信网，而是在现有通信网络的基础上增加 EDI 服务功能的计算机网络，可使用的各种通信网包括分组交换数据网、电话交换网、数字数据网、综合业务数字网、卫星数据网和移动数据通信网等。

3. EDI 系统的特点

(1) 使用对象是有固定格式业务信息和具有经常性业务联系的组织之间。

(2) 传输的文件一般是具有固定格式的业务资料，非一般的通知、声明。

(3) 采用共同的标准化格式，遵守共同的标准。

(4) 由收、发双方的计算机系统直接传递交换文件，尽量避免人工的操作，因此被称为"无纸贸易"或"信息不落地"。

1.2.3 基于 Internet 的电子商务

1. 互联网的发展

Internet 的前身是 1969 年美国国防部高级研究项目局(Advanced Research Project Agency)建立的一套军事网络信息系统，名为 ARPAnet。当时正是冷战最为紧张的时期，特别是古巴导弹危机使美国本土面临着战争的危险，美国国防部通过 ARPAnet 将美国的几个军事及研究用的计算机连接起来，形成一个新的军事指挥系统，目的是创造一种网络，即使其中的一部分被摧毁，整个网络的其他部分还可以正常运行，即建立可以独立运行的网络，而不需要一个中央计算机来控制网络的运行，当国家遭受军事打击时，通过网络能够迅速了解情况，快速组织恢复经济和战略物资生产。

ARPAnet 虽然仅用于军事目的，但它使许多人清楚地意识到计算机联网的巨大潜力。20 世纪 80 年代中期，美国国家科学基金委员会(National Science Funds)建立了 NSFnet，它将分布于全美境内的五大超级网络连为一体，并以此作为 Internet 的基础，实现同其他网络的联结。刚开始它只用于教育和科研领域，90 年代初，美国政府宣布互联网向社会公众开放，使得电子商务成为互联网应用的最大热点，互联网也借助于商业应用而迅速发展起来。

2. 中国互联网与电子商务的发展

1987 年，中国科学院高能物理研究所通过国际互联网线路进入 Internet 并开始使用电子邮件功能，1991 年以专线的方式实现了与 Internet 的连接，开始为全国科学与教育界的专家提供信息服务。自 1994 年以来，我国几大专业网络先后完成了与 Internet 的连接，经过不断地发展整合，目前，中国互联网主干网包括中国电信、中国联通、中国科技网、中国教育和科研计算机网、中国移动互联网、中国国际经济贸易互联网。

2014 年 7 月，中国互联网络信息中心(China Internet Network Information Center，CNNIC)在京发布第 34 次《中国互联网络发展状况统计报告》显示，截至 2014 年 7 月，中国网民规模达 6.4 亿，较 2013 年年底增加了 1 442 万人，如图 1.4 所示。互联网普及率为 46.9%，较 2013 年年底提升了 1.1 个百分点。综合近年来网民规模数据及其他相关统计，中国互联网普及率逐渐饱和，互联网发展主题从"数量"向"质量"转换，具备互联网在经济社会中地位提升、与传统经济结合紧密、各类互联网应用对网民生活形态影响力度加深等特点。网民规模增长进入平台期 发展主题从"量变"转向"质变"。

中国互联网络信息中心——CNNIC

中国互联网络信息中心（China Internet Network Information Center，CNNIC）是经国家主管部门批准，于1997年6月3日组建的管理和服务机构，行使国家互联网络信息中心的职责。

作为中国信息社会重要的基础设施建设者、运行者和管理者，中国互联网络信息中心（CNNIC）在"国家公益、安全可信、规范高效、服务应用"方针的指导下，负责国家网络基础资源的运行管理和服务，承担国家网络基础资源的技术研发和保障安全，开展互联网发展研究并提供咨询，促进全球互联网开放合作和技术交流，不断追求成为"专业·责任·服务"的世界一流互联网络信息中心。

CNNIC主要具有以下职责。

(1) 国家网络基础资源的运行管理和服务机构。
(2) 国家网络基础资源的技术研发和安全中心。
(3) 互联网发展研究和咨询服务力量。
(4) 互联网开放合作和技术交流平台。

资料来源：http://www.cnnic.cn/gywm/CNNICjs/jj/

图1.4　2010—2014年中国网民规模和互联网普及率变化

如图1.5所示，手机网民规模的持续增长促进了手机端各类应用的发展，成为2013年中国互联网发展的一大亮点。截至2014年6月，我国手机网民规模达5.27亿，较2013年年底增加2 699万人，网民中使用手机上网的人群占比进一步提升，由2013年的81.0%提升至83.4%，手机网民规模首次超越传统PC网民规模。手机网民规模在2013年全年激增8 009万之后，潜在手机网民已被大量转化，手机网民在网民中的占比已经处于相当高位，未来一段时间我国手机网民增长将主要依靠创新类移动应用迎合非手机网民潜在网络需求来拉动。截至2014年6月，我国网民上网设备中，手机使用率达83.4%，首次超越传统PC整体使用率(80.9%)，手机作为第一大上网终端设备的地位更加巩固。同时网民在手机电子商务类、休闲娱乐类、信息获取类、交通沟流类等应用的使用率都在快速增长，移动互联网带动整体互联网各类应用发展。

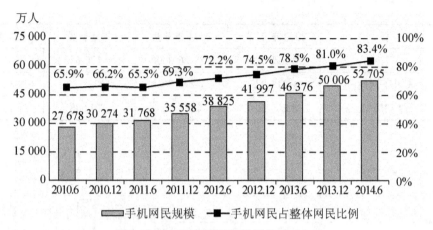

图 1.5 中国手机网民规模及其网民占比

2014 年上半年，支付应用在整体和手机端都成为增长最快的应用。手机支付用户规模半年增长率达 63.4%，使用率由 2013 年年底 25.1% 增至 38.9%。移动网上支付与消费者生活紧密结合拓展了更多的应用场景和数据服务（如账单功能），也推动了手机端商务类应用的迅速发展。相比 2013 年年底，手机购物、手机团购和手机旅行预订网民规模增长率分别达到 42.0%、25.5%、65.4%。

截至 2014 年 6 月，中国网络游戏用户规模达到 3.68 亿，使用率从 2013 年年底的 54.7% 升至 58.2%，扭转了使用率一直下滑的趋势，基本恢复至 2012 年年底水平。手机游戏使用率为 47.8%，增长 4.7 个百分点，规模增长 3648 万，成为整体游戏用户增长的主要动力。

互联网理财产品推出仅一年时间内，用户规模达到 6383 万，使用率达 10.1%。互联网的便捷性打通资金链条，降低了理财产品管理及运营成本。互联网的长尾效应聚合个人用户零散资金，既提高了互联网理财运营商在商业谈判中的地位，也使个人零散资金获得更高的收益回报。

中国互联网的基础资源情况见表 1-1，截至 2014 年 6 月，我国 IPv4 地址数量为 3.30 亿，拥有 IPv6 地址 16 694 块/32，如图 1.6 所示。我国域名总数为 1 915 万个，其中".CN"域名总数较 2013 年年底同期减少 1.6%，为 1 065 万个，在中国域名总数中所占比例达 55.6%。我国网站总数为 273 万个，.CN 下网站数为 127 万个。国际出口带宽为 3 776 909Mb/s，较 2013 年年底增长 10.9%，如图 1.7 所示。

表 1-1 2013.12—2014.6 中国互联网基础资源对比

项 目	2013 年 12 月	2014 年 6 月	年增长量	年增长率
IPv4/个	330 308 096	330 408 960	100 864	0.0%
IPv6/(块/32)	16 670	16 694	24	0.1%
域名/个	18 440 611	18 151 600	710 989	3.9%
其中.CN 域名/个	10 829 480	10 654 709	−174 771	−1.6%

续表

项　　目	2013年12月	2014年6月	年增长量	年增长率
网站/个	3 201 625	2 726 000	−475 625	−14.9%
其中.CN下网站/个	1 311 277	1 272 704	−38 523	−2.9%
国际出口带宽/(Mb/s)	3 406 824	3 776 909	370 085	10.9%

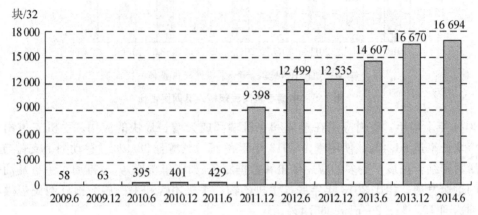

图1.6　2009—2014年中国IPv6地址数量变化

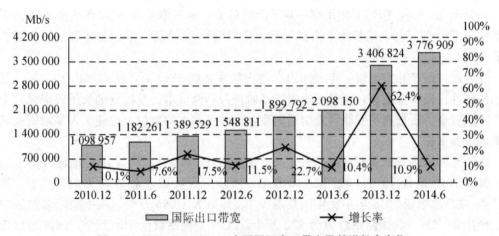

图1.7　2010.12—2014.6中国国际出口带宽及其增长率变化

如图1.8所示，截至2014年6月，我国网络购物用户规模达到3.32亿，较2013年年底增加2 962万人，半年度增长率为9.8%。与2013年12月相比，我国网民使用网络购物的比例从48.9%提升至52.5%。与此同时，手机购物在移动商务市场发展迅速，用户规模达到2.05亿，半年度增长率为42%，是网络购物市场整体用户规模增长速度的4.3倍，手机购物的使用比例由28.9%提升至38.9%。

2014年上半年，网络购物用户规模的增长主要得益于以下五个方面：首先，商务部等相关部门联合企业加大力度整顿市场、打击假货，使网络诚信环境得到改善；其二，新《消费者权益保护法》规定网购7天无理由退货，加强对消费者的保障力度；其三，电商平台和快递企业推出预约配送和当日送达等服务提升物流效率,物流服务比拼升级到配送时间的精准度;其四,企业大力推广移动端购物,移动端便捷的支付功能和比 PC 端更大的优惠幅度推动移动端购物的快速发展;最后,企业基于大数据应用推出 C2B 定制化创新模式,更好地匹配了用户个性化需求,实现精准销售。

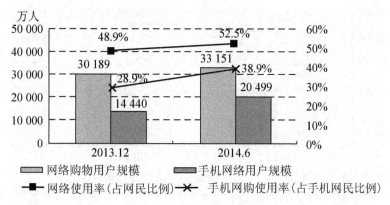

图 1.8　2013.12—2014.6 中国网络购物用户数量及网民使用率变化

如图 1.9 所示,截至 2014 年 6 月,我国使用网上支付的用户规模达到 2.92 亿,较 2013 年年底增加 3 208 万人,半年度增长率 12.3%。与 2013 年 12 月相比,我国网民使用网上支付的比例从 42.1% 提升至 46.2%。与此同时,手机支付增长迅速,用户规模达到 2.05 亿,半年度增长率为 63.4%,网民手机支付的使用比例由 25.1% 提升至 38.9%。

网上支付是用户规模增长速度最快的商务类应用,究其原因主要有以下三个方面:第一,网上支付打通各种商务类应用,进入高速发展通道。网络购物、在线旅行预订等互联网商务类应用快速增长的联动效应推动网上支付发展。第二,移动端支付迅猛发展,对线下支付产生较强的替代效应。移动网上支付与消费者生活紧密结合拓展了更多的应用场景和数据服务(如账单功能),在企业"现金补贴"、"折扣优惠"、"高收益率"等大力推广举措下,带动网上支付用户规模的迅速增长。如打车软件、生活类缴费、基于支付工具应用的大众理财产品、高考查分等。第三,支付工具安全环境和安全性能的进一步提升,为用户使用提供了更完善的支持和保障。

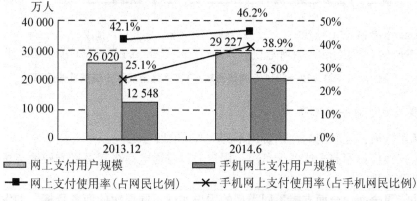

图 1.9　2013.12—2014.6 中国网上支付用户数量及网民使用率变化

如图1.10所示,截至2014年6月,我国即时通信网民规模达5.64亿,比2013年年底增长了3 208万,半年增长率为6.0%。即时通信使用率为89.3%,较2013年底增长了3.1个百分点,使用率仍高居第一位。

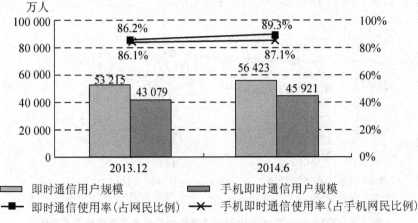

图1.10　2013.12—2014.6即时通信/手机即时通信用户规模及使用率

如图1.11所示,截至2014年6月,中国网络游戏用户规模达到3.68亿,网民使用率从2013年年底的54.7%升至58.2%,增长规模达3 008万。手机网络游戏用户规模为2.52亿,使用率从2013年年底43.1%提升至47.8%,增长规模达3 648万。手机端游戏用户成为增长最重要的动力,同时也意味着客户端游戏用户向手机游戏转化进一步提升。

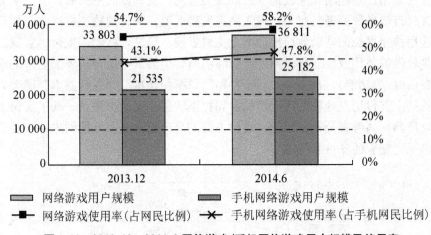

图1.11　2013.12—2014.6网络游戏/手机网络游戏用户规模及使用率

3. 互联网电子商务的优势

(1) 费用低廉:互联网的使用费用不到VAN的四分之一。

(2) 覆盖面广:遍布全球各个角落,用户通过普通电话线就可以方便地与贸易伙伴传递商业信息和文件。

(3) 功能更全面:全面支持不同类型的用户实现不同层次的商务目标,如发布电子商情、在线洽谈、建立虚拟商场或网上银行等。

(4) 使用更灵活：不受特殊数据交换协议的限制，任何商业文件或单证可直接通过填写与纸面单证格式一致的屏幕单证来完成，不需要进行翻译，任何人都能看懂和直接使用。

4. 互联网电子商务的特性

(1) 电子商务的全球化：互联网打破了时空界限，把全球市场连接成一个整体，在网上，企业都面临来自全世界的竞争对手的竞争，同时面向全世界销售自己的产品，在全世界寻求雇员和合作伙伴。

(2) 电子商务是直接经济：互联网缩短了企业与消费者的距离，无须通过中间环节企业就可以以低成本与消费者沟通，可以直接了解消费者的需求，知道自己的供应商和客户在哪里，消费者也能直接查到在哪里能够买到自己需要的商品。

(3) 电子商务是个性化经济：电子商务时代，市场细分发展到了极致，企业可以针对每一个消费者进行营销，提供不同产品和服务。

(4) 电子商务是协作经济：由于企业资源的限制，在一个完整的价值链上，没有一个企业在每一个环节都有竞争优势，企业应该集中于自己的核心业务，把自己不具备竞争优势的业务外包出去，通过合作来竞争，比如现在的一些第三方物流企业，提供从生产线末端的包装、存储、运输，一直到最终用户的一系列服务。

5. 电子商务的发展趋势

1) 传统企业成为电子商务的主体

电子商务从 20 世纪 90 年代初期开始发展，至 90 年代末形成第一个高潮。从 1995 年开始，主要是那些互联网新兴企业，它们以前所未有的发展速度，给传统商务活动带来了巨大的震撼。当时，中国的网站广告铺天盖地，人们表现出一种畸形心态，把互联网当成是烧钱、圈钱的工具，但好景不长，由于炒作过度，到 2000 年年初，电子商务热急剧降温，许多 IT 企业的股票价格急剧下跌，许多从事电子商务的企业严重亏损，有的甚至被淘汰出局。此后，人们开始对电子商务进行理性思考，认识到电子商务不是炒作出来的，而是一个渐进发展的过程，电子商务逐渐进入了理性发展阶段，人们在网络泡沫破灭后深刻地体会到，企业，尤其是传统企业才是电子商务的主体，因而，电子商务的发展必须要有大量传统企业的加盟，才能推动电子商务走向下一个高潮。企业不仅可以在互联网上发布信息，开展交易，而且应该考虑如何将网络信息技术运用于企业的整个经营管理过程中，包括供应链管理、客户关系管理、企业内部管理和市场营销等。

2) B2B(Business-to-Business)是全球电子商务发展的主流

在电子商务的几种交易模式中，B2C 和 B2B 所占比重最大，而 B2B 又是重中之重。进入 B2B 市场的企业越来越多，主要有四种类型：①传统的 IT 巨头，像微软公司、IBM、Sun、Intel 等；②新兴 Internet 巨头，如 Yahoo、AOL、eBay 等，与传统 IT 企业不同，这些新兴的 Internet 巨头凝聚了网上大部分人气，并且有足够的网上经营经验；③传统的跨国公司，如沃尔玛、杜邦公司等传统领域的巨头纷纷斥巨资进入这一领域，希望通过 B2B 平台优化，改造其原有的价值链，以创造 Internet 时代新的竞争优势；④现有的 B2B 电子商务公司，面对各种各样的公司纷纷涌向 B2B 市场，该领域的先行者不甘示弱，借助他们已经建立起来的技术优势和经验与后来的竞争者抗衡。

据统计，全球平均每年因为 B2B 电子商务节省的贸易成本高达 100 亿美元。2006 年，全球 B2B 交易额达到 12 000 亿美元，占整个电子商务交易额的 95.6%。2008 年，中国 B2B 电子商务交易规模达 2.97 万亿元，环比增长 42.2%，占整体 B2B 交易规模的比例为 10.9%。

3）B2C 将成为未来商务的主要趋势

B2C 电子商务涉及面广，市场前景可观。从长远来看，将会取得长足进步，并将最终在电子商务领域占重要地位。

近几年欧洲各国的电子商务也得到了长足的发展，但各国的情况存在较大差异。根据亿邦动力网提供的数据显示：2013 年，欧洲的电子商务交易总额达到 4 969 亿美元（约合 3 630 亿欧元），同比增长 19%。欧洲电子商务协会的数据显示，目前欧洲共有超过 5 000 家网上零售（B2C）企业以及不少于 15 个全国性的电子商务协会。每年欧洲电子商务业会产生约 37 亿个包裹，直接或间接创造 200 万个就业机会。2013 年欧洲 4 969 亿美元的电子商务交易额中的有 46% 来自服务交易，54% 来自实物交易。其中，欧盟 28 国的电子商务交易总额为 4 352 亿美元，同比增长 18%。具体到西欧各个地区来看，根据欧洲电子商务协会的数据统计：2013 年，西欧地区的电子商务交易总额为 2 432 亿美元，相较于 2012 年同比增长 15.6%；中欧地区为 1 277 亿美元，同比增长 22.8%；南欧地区为 558 亿美元，同比增长 18.8%；北欧地区为 436 亿美元，同比增长 12.5%；东欧地区为 264%，同比增长 53%。欧洲电子商务协会预测 2014 年欧洲电子商务的交易额将会出现同比 15.4% 的增长。B2C 网站是网络深入人们生活的体现。未来是信息和网络高速发展的世界，在全球任何一个角落，只要拥有一台计算机、浏览器、Internet 连接和信用卡，就能通过网络平台完成各种商品的选购，同时还能享受到完善的服务。B2C 电子商务经营模式将成为未来商务发展的趋势。

4）电子商务发展的地区差异日益扩大

世界电子商务的发展很不平衡，电子商务鸿沟有逐渐扩大的趋势。美国电子商务的应用领域和规模远远领先于其他国家，在全球所有电子商务交易额中，目前大约占 50% 以上。世界范围内已经形成了以美国为首，欧洲和亚洲发达国家随后的电子商务发展格局。

1.3 电子商务系统

1.3.1 电子商务系统的组成

电子商务系统是实现网上交易的体系保证。市场交易是由参与交易的双方在平等、自由、互利的基础上进行信息流、货币流、商流和物流的交换。在网上交易，其信息沟通是通过数字化的信息沟通渠道实现的，而实现沟通的首要条件便是交易双方必须拥有相应的信息技术工具。同时，要保证能通过 Internet 进行交易，还必须要求企业、组织和消费者连接到 Internet。网上交易的双方在空间上是分离的，为保证交易双方进行等价交换，必须提供相应货物配送手段和支付结算手段。货物配送仍然依赖传统物流渠道，对于支付结算既可以利用传统手段,也可以利用先进的网上支付手段。此外,为保证企业、组织和消费者能够利用数字化沟通渠道顺利进行交易的配送和支付,需要由专门提供这方面服务的中间商参与,即电子商务服务商。

图 1.12 所示的是一个完整的电子商务系统,它在 Internet 信息系统的基础上,由参与交易的信息化企业、信息化组织和使用 Internet 的消费者,提供实物配送服务和支付服务的机构,以及提供网上商务服务的电子商务服务商组成。由上述几部分组成的基础电子商务系统,将受到包括经济环境、政策环境、法律环境和技术环境等市场环境的影响。

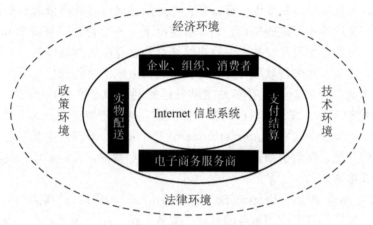

图 1.12　电子商务系统的组成

1. 基础电子商务系统

在 Internet 信息系统的基础上,由参与交易的信息化企业、信息化组织和使用互联网的消费者主体,提供实物配送服务和支付结算服务的机构,以及提供网上商务服务的电子商务服务商组成。

1) Internet 信息系统

Internet 信息系统是电子商务系统的基础,是指企业、组织和消费者之间跨越时空进行信息交换的平台,在信息系统的安全和控制措施保证下,通过基于 Internet 的支付系统进行网上支付,通过基于 Internet 的物流信息系统控制物流的顺利进行,最终保证企业、组织和个人消费者之间网上交易的实现。因此,Internet 信息系统的主要作用是提供一种开放的、安全的、可控制的信息交换平台,是电子商务系统的核心和基石。

2) 电子商务服务商

电子商务服务商为企业、组织和消费者在 Internet 上进行交易提供各种支持。根据服务层次和内容不同,电子商务服务商可以分为以下两类。

(1) 电子商务系统服务商:电子商务系统服务商为电子商务提供系统支持服务,根据技术与应用层次不同,提供系统支持服务的电子商务服务商可以分为四类:接入服务商、服务提供商、内容服务提供商和应用服务提供商。

① 互联网接入服务商(Internet Access Provider,IAP):为用户提供 Internet 接入服务。接入服务商通过租用或自建通信网络接入 Internet 主干网。用户可以利用 Modem 通

过电话线路接入，也可以通过 DDN 专线、X.25 数据通信线路、同轴电缆等接入服务商而接入 Internet。IAP 为用户建立账号，给用户提供访问 Internet 的通信权限，并为用户提供电子化交易市场。IAP 中最为成功的要算美国在线（American Online，AOL），该网站建于 1985 年，总部设在弗吉尼亚州。它提供互联网的接入服务，通过用户的网络流量、使用时间等向用户收取费用。

② 互联网服务提供商（Internet Service Provider，ISP）：主要为企业建立电子商务系统提供全面支持，一般企业、组织与消费者上网时只通过 ISP 接入 Internet，由 ISP 向 IAP 租借线路。互联网发展到今天，有很多企业开始建立自己的网络服务平台，但只有很少的企业可以完善地维护好这些平台。而一般情况下，一个企业如果要在 Internet 上建立自己的服务器，一般要租用昂贵的专用数据线路，购置专用的网络设施，并专门配置网络操作维护人员，还要及时进行软硬件升级更新，这就造成了企业进行电子商务应用的成本很高，所以众多的中小型企业没有实力建设自己的网络服务平台，ISP 可以为企业提供 Web 服务器的维护工作，或是在自己的服务器上建立并维护委托企业的主页。

③ 互联网内容服务提供商（Internet Content Provider，ICP）：主要为企业提供信息内容服务，如财经信息、搜索引擎，该类服务一般都是免费的，ICP 主要通过其他方式，如发布网络广告获取收入。

④ 应用服务提供商（Application Service Provider，ASP）：是指通过互联网为商业、个人提供配置、租赁和管理应用服务的专业化服务公司。ASP 根据客户的需求，构建应用系统运行平台，并租入各种不同行业应用的软件系统，为各类经济组织提供应用服务。ASP 是 ISP 应用服务的进一步深化，也是 ISP 向各个专业领域的细化。

国内的 ASP 以中国万维网（http://www.net.cn）为代表，它是我国最大的域名注册和网站托管服务提供商，也是最早在国内提供域名注册服务并率先在中国引入了"虚拟主机"概念和应用的公司，目前为企业提供企业邮箱、虚拟主机、网站制作、网站推广和独立主机等服务。

对于消费者，主要通过 ISP 上网链接到 Internet，参与网上交易。对于企业与组织，根据自身的资金和条件，如果需要大规模发展的，企业或组织可以通过 ISP 直接连接到 Internet；对于小规模的应用，则可以通过租赁 ASP 的电子商务服务系统来连接到 Internet。

(2) 电子商务中介服务商：电子商务中介服务商是直接为买卖双方的交易提供电子商务服务者，按照其服务对象的不同，可以分为以下 3 种类型。

① 提供 B2C 型交易服务的电子商务服务商 ESP（Electronic Service Provider，ESP）：是继 ASP 之后流行全球的网络经济新模型。它是以出租电子商务服务获取回报的模式，不同于传统的商品销售（B2C）模式，ESP 在盈利模型上优于 B2C，在投入初期就可能迅速获得回报。

网络成为另一种重要的销售渠道已是众所公认的事实。在自己没有能力或没有必要建网站的情况下，与一家专业的、有着多方面优势的网站合作来销售自己的商品，不失为一种明智的选择。提供 B2C 型交易服务的电子商务服务商的典型是网上商城，它出租空间给一些网上零售商，由网上商城负责客户管理、支付管理和物流管理等后勤服务，如我国的新浪网为拓展电子商务，在网上提供页面空间给一些传统的零售商。

② 提供B2B型交易市场的电子商务服务商：这类服务商通过收集和整理企业的供求信息，为供求双方提供一个开放的、自由的交易平台，如我国著名的B2B型电子商务服务公司阿里巴巴，它通过建立网上供求信息网为全球商人提供供求信息发布和管理工作。

③ 提供拍卖中介服务的电子商务服务商：这类电子商务服务商为消费者拍卖商家产品以及商家之间的拍卖交易提供中介服务，如我国著名的拍卖电子商务服务公司雅宝，它提供消费者之间的个人竞价服务，还有从消费者到商家的集体竞价服务。

3) 企业、组织和消费者

网上市场交易的主体是网上交易的核心。组织和消费者上网简单，使用电子商务服务商提供的Internet服务来参与交易。企业上网很复杂，企业作为市场主体，必须为其他参与交易方提供服务和支持，如产品信息查询服务、商品配送服务、支付结算服务等。因此，企业必须进行系统规划，才能建设好自己的电子商务系统。

企业电子商务系统（如图1.13所示）是由基于企业内联网基础上的企业管理信息系统、电子商务站点和企业的经营管理人员组成的。

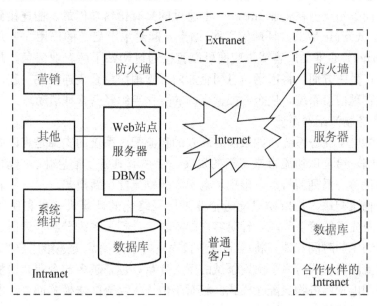

图1.13 企业电子商务系统的组成结构

（1）企业内部网络系统：当今时代是信息时代，而跨越时空的信息交流传播是需要通过一定的媒介来实现的，计算机网络恰好充当了信息时代的"公路"。计算机网络是通过一定的媒体如电线、光缆等将单个计算机按照一定的拓扑结构联结起来的，在网络管理软件的统一协调管理下，实现资源共享的网络系统。为方便计算机相互联网和信息共享，可以将Internet的联网技术应用到局域网来组建企业内部网，它的组网方式与Internet一样，只是使用范围局限在企业内部。

企业在组建电子商务系统时，应该考虑企业的经营对象是谁，如何采用不同的策略通过网络与这些客户进行联系。可将用户分为三个层次并采取相应对策：①对于特别重要的战略合作伙伴，企业允许他们进入Intranet系统并直接访问有关信息；②对于与企业业务相关的合作伙伴，企业同他们共同建设 Extranet 实现企业之间的信息共享；③对于普通的大众市场客户，可直接连接到 Internet。由于 Internet 技术的开放、自由特性，在 Internet 上进行交易很容易受到外来的攻击，因此，企业在建设电子商务系统时必须保证系统的安全性；否则，可能会使企业的电子商务系统无法正常运转，甚至会出现非常危险的后果。

（2）企业管理信息系统：这是功能完整的电子商务系统的重要组成部分，是电子商务系统所对应的企业的后端信息系统，其基础是企业内部信息化。企业管理信息系统在组织中发挥着收集、处理、存储和传送信息，以及支持组织进行决策和控制的作用。

根据企业内部的不同组织功能，可以将信息系统划分为营销、制造、财务、会计和人力资源信息系统等。要使各职能部门的信息系统能有效地运转，必须实现各职能部门的信息化。

在这些信息系统中，存放着对企业发展至关重要的信息资源，电子商务系统必须与后端信息系统集成到一起，在企业范围内实现高度的信息共享，才能充分实现电子商务系统的价值，提高企业的竞争力，在激烈的竞争环境中立于不败之地。

（3）电子商务站点。在企业 Intranet 上建设的具有销售功能的、能连接到 Internet 上的 WWW(World Wide Web，环球信息网)站点，起着承上启下的作用，一方面它可以直接连接到 Internet，企业的顾客或供应商可以直接通过网站了解企业信息，并通过网站与企业进行交易；另一方面，将市场信息同企业内部管理信息系统连接在一起，将市场需求信息传到企业管理信息系统，使企业根据市场的变化组织经营管理活动。

4）电子商务物流配送系统

一个完整的电子商务系统，如果没有高效的物流配送系统的支撑是难以维系的。电子商务时代的来临，给全球物流带来了新的发展，使物流具备了信息化、自动化、网络化、智能化、柔性化等一系列新特点，出现了电子商务物流配送新模式。

电子商务物流配送，是指物流配送企业采用网络化的计算机技术和现代化的硬件设备、软件系统及先进的管理手段，针对客户的需求，进行一系列分类、编码、整理、配货等工作，按照约定的时间和地点将确定数量和规格要求的商品传递给用户的活动及过程。这种新型的物流配送模式带来了流通领域的巨大变革，越来越多的企业开始积极搭乘电子商务快车，采用电子商务物流配送模式。相对于传统的物流配送模式而言，电子商务物流配送模式具有以下优势。

（1）能够实现货物的高效配送。在传统的物流配送企业内，为了实现对众多客户所需的大量资源的合理配送，需要大面积的仓库用于存货，并且由于空间的限制，存货的数量和种类受到了很大的限制；而在电子商务系统中，配送体系的信息化集成可以使虚拟企业将散置在各地分属不同所有者的仓库通过网络系统连接起来，使之成为"集成仓库"，在统一调配和协调管理之下，服务半径和货物集散空间都放大了。在这种情况下，货物配置的速度、规模和效率都大大提高，使得货物的高效配送得以实现。

（2）能够实现配送的适时控制。传统的物流配送过程是由多个业务流程组成的，各个业务流程之间依靠人来衔接和协调，这就难免受到人为因素的影响，问题的发现和故障的处理都会存在时滞现象；而电子商务物流配送模式借助于网络系统可以实现配送过程的适时监控和适时决策，配送信息的处理、货物流转的状态、问题环节的查找、指令下达的速度等都是传统的物流配送无法比拟的,配送系统的自动化处理、配送过程的动态化控制、指令的瞬间到达都使得配送的适时控制得以实现。

(3) 物流配送过程得到了简化。传统物流配送的整个环节由于涉及主体的众多及关系处理的人工化,所以极为烦琐;而在电子商务物流配送模式下,物流配送中心可以使这些过程借助网络实现简单化和智能化。如计算机系统管理可以使整个物流配送管理过程变得简单和易于操作;网络平台上的营业推广可以使用户购物和交易过程变得效率更高、费用更低;物流信息的易得性和有效传播使得用户决策的速度加快、过程简化。很多过去需要较多人工处理、耗费较多时间的活动都因为网络系统的智能化而得以简化,这种简化使得物流配送工作的效率大大提高。

5) 网上支付结算系统

这是网上交易完整实现的很重要的一环,也是高级电子商务系统的标志,但是由于信用、安全、观念等问题的影响,导致许多电子虚拟市场的交易并不是完全在网上完成,只是在网上达成交易,通过传统手段进行支付结算,关于网上支付结算的相关内容将在后面章节论述。

上述五个方面缺一不可,Internet 信息系统保证了电子商务交易系统中信息流的畅通,是交易顺利进行的核心,企业、组织和消费者是主体,实现其信息化和上网是网上交易的前提,电子商务服务商是网上交易顺利进行的手段,而配送和支付是其保障。

2. 电子商务系统环境

电子商务系统除了提供信息交换、配送、支付等基础服务外,还面临着信息安全问题、身份识别问题、信用问题、法律问题、隐私问题、税收问题等。解决这些问题,必须从外部市场环境着手。对于信用问题、税收问题,必须制定相关经济政策;对于安全问题,可通过强化技术解决;对于法律问题、隐私问题,则需要通过立法解决。因此,发展电子商务是一项系统工程,需要企业主导、政府引导和社会参与。

1) 经济环境

经济环境是影响电子商务发展的基本环境。涉及诸如网上企业信息化、商业电子化和金融电子化的程度,以及政府围绕电子商务的税收制度、信息定价、信息访问的收费、信息传输成本、隐私问题等制定的政策等内容。

2) 社会环境

电子商务发展还面临着企业、组织与消费者是否愿意上网的问题,包括网络消费者市场的发展和消费者的购买行为、网上产业市场的发展及其购买行为和网上一般组织机构的市场发展及其购买行为等。

3) 法律环境

电子商务的健康发展需要一系列的法律法规作为保障。电子商务的法律环境包括电子商务交易方面的法规、电子商务安全方面的法规、电子商务知识产权方面的法规,以及电子商务的司法管辖权等。

4) 技术环境

技术环境包括电子商务系统建设的相关技术,对电子商务系统运行影响重大的安全技术(加密技术和认证技术)、电子支付技术,以及技术标准的设定。

1.3.2 电子商务系统的结构

为了更好地理解电子商务,下面介绍电子商务在一般性应用中的基本结构(由美国学者 Kalakota & Whinston 提出)。电子商务的各类应用建立在四大基础和两大支柱建设之上。

1. 四大基础

1) 网络基础结构

如同高速公路一样,网络是信息交流的主要通道,是实现电子商务的最底层的部分。整个网络是由骨干网、城域网、局域网层层搭建,使得任何一台联网的计算机能够随时同这个世界连为一体。电子商务对网络基础设施建设提出的技术需求包括能容纳多种网络技术,支持多种协议,高度的可靠性和安全性,灵活性、可扩展性和高性价比等。

2) 多媒体内容和网络宣传

有了信息高速公路,使得通过网络传递信息成为可能,如何传递信息和传递何种信息要看用户的具体操作。HTML(Hyper Text Mark-up Language,超文本标记语言)能够将多媒体内容组织得易于检索和富有表现力,用于指定浏览器显示和打印文档的方式;而 SUN 公司推出的 Java 编程语言可更方便地使这些传播适用于各种网络、设备、操作系统,以及各种界面等,Java 已成为互联网世界中最受欢迎、最有影响的编程语言;还有目前互联网上最流行的信息发布方式——WWW,由超文本链接的 HTML 文件构成的系统称为 WWW,它可以组织全球各地网站上的互相链接的信息页面。

3) 报文和信息交换基础

信息传播工具提供了两种交流方式:①非格式化的数据交流,如 FAX 和 E-mail,主要是面向人的;②格式化的数据交流,像前面讨论过的 EDI,它的传递和处理过程是自动化的,是面向机器的。

HTTP(Hyper Text Transfer Protocol,超文本转移协议)是互联网上通用的消息传播工具,是信息传输时使用最为广泛的一种通信协议。HTTP 采用客户机/服务器模式,用户的 WWW 浏览器打开一个 HTTP 会话,并向远程服务器发出 WWW 页面请求,作为回答,服务器产生一个 HTTP 应答信息,并把它送回到客户机的 WWW 浏览器,如果客户机确定收到的信息是正确的,就断开连接,HTTP 会话结束。

4) 贸易服务的基础设施

这主要是指为了方便贸易所提供的通用的业务服务,是所有的企业、个人做贸易时都需要的,主要包括安全、认证、电子支付和目录服务等。

为了在互联网的开放性环境下进行商业行为,交易安全性是首要的条件,用交易各方的电子证书来提供端到端的安全保障。目录服务将有关信息妥善组织,使之方便地增、删、改。目录服务支持市场调研、咨询服务、商品购买指南等。

2. 两大支柱

1) 政策法律和隐私权问题

政策法律和隐私权问题,是指电子商务的相关政策与法令。

随着网络的加速发展，网络投机、诈骗，以及违法犯罪也不断出现。为了推动电子商务健康有序地发展，创造一个良好的法制环境是必不可少的。国际上人们对于信息领域的立法工作十分重视，早在1996年6月联合国国际贸易法委员会就制定了《电子商务示范法》，为在世界范围内解决电子商务法律问题和为各成员国制定各自的网络法律提供了法律框架并奠定了基础。欧盟、美国、加拿大、澳大利亚、新加坡，以及中国香港等国家和地区都相继推出了与电子商务有关的法律。我国电子商务立法与电子商务的发展速度相比明显滞后，针对电子商务的法律法规还有待健全，如个人隐私权、信息定价等问题也需要进一步界定。同时，各国的不同体制和国情，与Internet和电子商务的跨国性是有一定冲突的，这就要求加强国际的合作研究。

2）各种技术标准和安全网络协议

各类标准和协议定义了用户接口、传输协议、信息发布标准、安全协议等技术细节。就整个网络环境来说，标准对于保证兼容性和通用性是十分重要的。许多厂商、机构都意识到标准的重要性，正致力于联合起来开发统一标准。

在以上四个基础和两个支柱之上，就可以建立完整的电子商务应用，如电子市场、电子广告、网上娱乐、家庭购物、SCM、信息服务等。

本 章 小 结

随着互联网和信息技术的发展，企业借助互联网，以电子手段为工具，开展商务活动。电子商务是在Internet等网络与传统信息技术系统丰富的资源相结合的背景下应运而生的一种动态商务模式。电子商务改变了传统的面对面的商务模式，通过网络为全球用户提供每周7天、每天24小时的全天候服务，完成了包括采购、销售、商贸磋商、价格比较、营销推广、宣传促销、售前/售后服务、客户关系等一系列的商务活动。这些业务活动不仅涵盖企业与企业之间的商务活动。整个交易过程实现了无纸化、高效率、低成本、数字化、网络化、全球化的运作目的。完整的电子商务系统一般包括基础网络平台、商家客户及消费者、网上支付中心、认证中心、物流配送中心等基本要素，基本涵盖了信息流、资金流和物流运作所必需的平台。

案例分析

苏宁获"2014中国移动电子商务领先企业"奖

第二届中国移动电子商务应用创新发展论坛在成都落下帷幕。苏宁凭借其在移动互联网的创新探索，获得"2014中国移动电子商务领先企业"奖。据悉，此次评选由中国电子商务协会主办，总计收录企业210家，最终评选出10家优秀企业代表。该奖项旨在树立电商企业中的创新标杆，评选出在移动电子商务模式创新、移动支付手段创新、O2O(Online To Offline)模式创新等领域皆有出色表现的优秀企业。

据苏宁移动购物事业部负责人介绍，面对互联网发展浪潮，苏宁一直在积极创新转型，于2009年上线了苏宁易购。2013年，移动互联网的深入发展推动着传统消费方式的变革，苏宁审时度势，积极布局移动端，创新性地提出了线上线下融合的O2O互联网零售新模式。2014年，苏宁将打造以苏宁易购客户端为核心，由苏宁红孩子、易付宝、苏宁应用商城、苏宁阅读、PPTV等客户端组成的移动客户端矩阵，形成多个应用产品相互补充的应用矩阵群。据了解，苏宁利用移动端连接线上线下的创新举措引领着移动电子商务的发展浪潮。苏宁上述负责人指出，首先，通过客户端实现比价和下单，推出易付宝打通线上线下多终端支付，实现支付闭环。其次，利用各种显示屏或二维码墙来弥补实体店的空间限制，以虚拟方式增加产品出样。第三，使用基于门店的 LBS(Location Based Service)＋O2O 独特引流方式，即通过移动端"附近苏宁"功能为线下店吸引客流，用户可以在线上查找商品，然后查找最近的苏宁门店，关注该门店近期促销信息，在线下进行体验。此外，重视用户体验，打造以移动端为入口的全流程线上线下服务，推出门店社交与购物社交于一体的社交购物平台。

目前，苏宁旗下已经拥有苏宁易购、苏宁红孩子、苏宁彩票、易付宝、苏宁天气、苏宁阅读、苏宁应用商店等多个移动客户端，产品形态覆盖了天气、支付、社交、互联网金融等各类应用。

苏宁移动购物事业部负责人表示，未来苏宁易购将开发"千人千面"模式，着眼于客户喜好和需求，在移动电子商务模式、移动支付手段、O2O 模式等方面不断创新，以强化行业资源优势。

资料来源：http://tech.hexun.com/2014−06−19/165857848.html

思考：

（1）苏宁成功的秘诀是什么？
（2）苏宁易购的 O2O 模式的实质是什么？
（3）苏宁使用 LBS＋O2O 的原因是什么？

复习思考题

一、填空题

（1）企业内部的电子商务使_____、_____之间更为便利地进行通信和交流，为企业内部用户提供_____。
（2）由于互联网的_____，企业在网络上树立的形象具有国际性的特征，对企业拓展市场发挥着重要作用。
（3）网络经济是以网络为基础的经济，Internet 成为人类信息和知识流通的一种新工具，它还可以提供_____。
（4）Internet 的前身是 1969 年美国国防部高级研究项目局建立的一套军事网络信息系统，名为_____。
（5）_____为用户提供 Internet 接入服务。

二、名词解释

（1）EDI
（2）ICP
（3）ESP

三、简答题

（1）电子商务的各种定义分别是什么？
（2）电子商务具体应用有哪些？
（3）电子商务能给企业带来哪些效益？

(4) EDI 系统的组成有哪些?

四、论述题

(1) 什么是电子商务产生的条件?对各条件进行简要叙述。
(2) 论述电子商务系统环境具体有哪些。
(3) 试述电子商务环境下物流配送模式的优势。

五、实践题

(1) 试从一个电子商务网站购买一本书或其他物品,体会网上购物流程。
(2) 浏览一个商业网站,对该网站所提供的功能特别是客户服务方面进行评价。

第 2 章 电子商务的商业模式

电子商务技术正在推动企业建立新的商业模式和盈利模式，促使公司发挥新的作用。一些电子商务模式正在改变创造价值的方式。实施电子商务的组织必须采用其中一种或多种模式。每种电子商务模式都在企业对消费者和企业间的环境中实施。这些商业模式和盈利模式互相并不排斥。最成功的电子商务组织同时采用多种商业模式和盈利模式。

本章知识结构框架

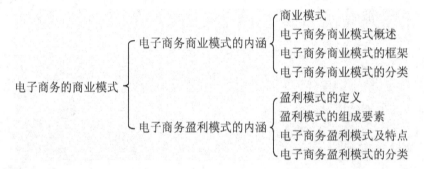

学习目标与要求

通过本章的学习，读者能够明确电子商务商业模式的要素；理解网络时代电子商务的商业模式及特点；分析电子商务的盈利模式及特点以及企业的利润来源；运用理论分析新兴电子商务商业模式和盈利模式。

引导案例

土豆网的盈利模式

土豆网于2005年4月15日正式上线,是全球最早上线的视频网站之一。2014年1月,"土豆网"正式更名为"土豆",标志着土豆进入品牌发展的新阶段。

2014年3月土豆推出"4+1"战略。其中"4"代表的是土豆在内容方面更专注动漫、音乐、韩国娱乐、时尚四个垂直文化领域;而"1"则代表土豆推出的"一个频道"战略,基于"频道主"和"订阅者"两个视角全方位架构跨屏和线上线下体验系统,并结合用户体验、商业模式、运营机制等环节,提出了5个"一"规划。

土豆基本上还是依靠广告作为主营业务收入。打开土豆网的视频,首先看到的是广告覆盖视频,然后广告呈开门状一瞬间消退,广告的图像大而清晰,黑色的背景界面让观众将百分百的注意力集中到广告界面上。

土豆新发布的广告系统,与电视广告的单向传播模式不同,土豆新上线的3秒广告系统会根据用户提供的个人资料,以及用户在网站上停留的时间、点击的视频等上亿存储数据的计算,分析视频观众的品位、收入、学历、爱好等。例如,对事业有成的"金领",主要会播放豪宅、高尔夫俱乐部、名牌服饰、汽车等广告;对刚踏入职场的时髦女孩,主要提供求职、化妆品、服装、商场等广告,避免插播体育赛事、汽车、房产之类广告,以免引起她们的反感,造成广告无效投放。

土豆为用户提供了很多小产品,例如,播客百宝箱、工具箱,还有很多制作或者剪辑视频的工具,是第一个推出视频译制的方式,每一个人都可以建立一个属于自己视频的主页。在外部对用户的鼓励上,会做一些活动,每天都有一两个土豆播客的作品出现在东南卫视一个叫"播客风暴、土豆制造"的栏目上。

资料来源:http://abc.wm23.com/houjiaxinjiayou/235594.html

不难看出,土豆的电子商务商业模式和电子商务盈利模式都不是单一的,这也是符合电子商务发展的规律的。

2.1 电子商务商业模式的内涵

2.1.1 商业模式概述

1. 关于商业模式的几种表述

"商业模式"(Business Model)随着互联网在商业领域中的普及应用而流行起来。商业模式的特点与其在价值链中的定位关系密切。具体而言,商业模式是一个系统,由不同组成部分、各部分的连接关系及其系统的动力机制三方面组成。国际上比较有代表性的商业模式概念的表述见表2-1。

表 2-1 商业模式概念的各种表述

对商业模式概念的表述	提出该概念的专家
创造价值的商业系统	Petrovic(1998)
描述了产品、服务和信息流的体系结构,描述了商业活动中各个参与者的角色和他们的潜在收益,描述了收入的来源	Paul Timmers(1998)
产生收入、赚钱的方法	Michael Rappa(1999)
企业给顾客的价值和创造该价值、获得收入流所需要的企业及其伙伴网络的体系结构	Yves Pigneur(1999)
从技术输入到经济产出的转换器	Henry Chesbrough & Richard Rosenbloom(2000)

从表 2-1 中可以看出商业模式概念的表述基本上是以价值为核心,都是从不同的角度强调商业模式中某个组成部分的重要性,基本上是以满足最终顾客的价值利益为最终目标。从价值链发展到价值网络构建,通过减少成本、增加产出来获取附加值是企业协作、共享价值增值的可行方法和必要途径。

知识链接

价 值 链

"价值链"(Value Chain)最初是由美国哈佛大学教授迈克尔·波特于 1985 年提出来的。波特认为:企业的价值创造是通过一系列活动构成的,这些活动可分为基本活动和辅助活动两类。基本活动包括内部后勤、生产作业、外部后勤、市场和销售、服务等;辅助活动则包括采购、技术开发、人力资源管理和企业基础设施等。这些互不相同,但又相互关联的生产经营活动,构成了一个创造价值的动态过程,即价值链。

波特的"价值链"理论揭示了企业与企业的竞争,不只是某个环节的竞争,而是整个价值链的竞争;整个价值链的综合竞争力决定企业的竞争力。这种深刻的认识和分析不仅指出了价值链理论的作用,而且指出了其巨大的商业价值。

资料来源:王汝林.移动商务理论与实务.北京:清华大学出版社,2007

创建商业模式的一般思路和过程如图 2.1 所示。由此可见,商业模式是以目标价值为核心,以实现目标价值的各种流为主要脉络,以实现流的各种使用性实体为基础的层次体系。

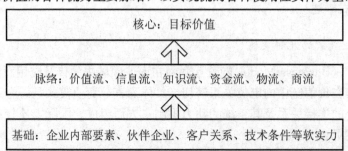

图 2.1 商业模式的层次体系

2. 商业模式的定义

著名电子商务专家,美国北卡罗来纳大学奥斯汀分校的迈克尔·拉帕(Michael Rappa)教授给商业模式下的定义是:商业模式是公司维持自身发展(即取得收入)所采取的商务经营方法,通过指明公司在价值链中的位置来阐述它如何赚取利润。

欧盟电子商务事务委员会负责人保罗·蒂姆(Paul Timmer)给出的商业模式的定义包含以下内容。

(1) 产品、服务和信息流动的体系架构,包括各商务的主体及其任务的描述。

(2) 各商务主体潜在利益的描述。

(3) 收入来源的描述。

商业模式的设计是商业策略(Business Strategy)的一部分,将商业模式运用到公司的组织结构(包括机构设置、工作流和人力资源等)以及系统(包括IT架构和生产线等)中去则是商业运作(Business Operations)的一部分。商业模式和商业模式设计是指在公司战略层面上对商业逻辑(Business Logic)的定义。

本书编者认为商业模式是指一个企业从事某一领域经营的市场定位和盈利目标,以及为了满足目标顾客主体需要所采取的一系列业务活动的方法。也就是说,企业通过哪些活动为它提供的产品和服务创造价值。例如,家乐福的商业模式就是从买卖商品的过程中赚取差价获取利润;而电视台的商业模式就比较复杂,为观众免费提供电视内容,涉及广告商和内容提供商。

一个企业可能同时采取多种商业模式,影响公司业绩的首要因素就是它的商业模式,它是公司运行的秩序,公司依据它建立,依据它使用其资源,超越竞争者,向其客户提供服务和商品,向客户提供更大的价值,实现价值增值,从而使自己获利,它具体体现了公司现在如何获利,以及在未来长时间内的计划。模式是能够使一个公司拥有持久的竞争优势、能够使公司的业绩在长期内领先其对手的关键。

3. 商业模式的构成

一个公司要想持续获利,必须不断向客户提供对他们有价值的而竞争者不能提供的东西。客户价值可以通过两种形式提供:差别化和较低成本的产品。由于客户价值不能同样适合所有的客户,公司还必须瞄准一个合适的市场提供具有合适价值的产品和服务。就是说,市场和产品的范围也是很重要的,向合适的客户提供合适的价值只是模式的一部分。公司还必须正确地定价。要向客户提供价值,公司必须从事提供价值的关键活动。这些活动必须由受到良好管理的人来执行,这些个人能力的发挥和公司增值活动的好坏取决于领导者的能力。

公司竞争优势取决于这些能力的特点。一家公司经常有多个收入来源,当它需要决定向客户提供什么样的价值、如何定价、进行什么活动的时候,必须将所有的收入来源都考虑进去。一个构造良好的商业模式可以使它的各个组成部分都能盈利。然而一旦公司开始盈利,竞争者就会出现,来分取一杯羹。拥有优势的公司必须考虑其盈利的持久性。它必须找到能够持久盈利并且保持其竞争优势的办法。利润点和成本也扮演着关键的角色。

总结以上内容，可以把商业模式概括为一个系统，它由不同部分、各部分之间的连接环节及其系统的"动力机制"组成，主要包括以下内容。

(1) 公司向客户提供的价值。
(2) 公司的目标客户群。
(3) 向目标客户群提供的产品或服务的范围。
(4) 收入的来源。
(5) 对所提供价值的定价。
(6) 向客户提供价值所必须进行的活动。
(7) 进行这些活动所需要的能力。
(8) 为保持自己的竞争优势，公司所必须采取的措施，以及具体实施、实现的方法。

商业模式是一个系统，整个系统运行的好坏不仅取决于系统各部分，还取决于各部分之间的关系。这样，如果公司向客户提供的价值是低成本的，那么公司所进行的活动应该体现这种特点。当然除了公司商业模式中各部分之间的联系外，商业模式与公司所处环境之间也存在相互关系。一个好的商业模式总是尽量利用环境中的各种机会，努力减小所产生的不利影响。商业模式的各个部分及其连接环节不是一成不变的。管理者经常在竞争者迫使他们改变之前主动调整一些组成部分或它们之间的联系。在一些产业中，公司必须对它们的商业模式不断创新。它们必须在其他公司迫使它们改变之前做出改变。不论是始于公司对其竞争对手的先发制人或是对其竞争者的防御，还是对其他机会或威胁的反应，所有这些都能够引起公司改变机制。20世纪90年代，戴尔公司经常被当成不断进行商业模式创新的典范。

2.1.2 电子商务商业模式概述

1. 电子商务商业模式的含义与内容

通常把企业在网络环境下的商业运作模式称为电子商务商业模式，它是企业运用信息技术，特别是网络技术，从事企业生产经营和服务活动、创造利润以维持自身生存与发展所采取的方法与策略的战略组合。电子商务商业模式一般是通过对企业经营方式和价值增值过程的仔细分析，确定企业应该采用哪种技术手段将网络信息技术与其生产经营活动紧密结合，以实现企业的利益目标最大化而采用的企业战略组合。

企业通过网络环境下的具体商业运作方式产生收益来维持公司的生存。电子商务商业模式意味着一个企业如何在价值链中定位从而获得收益。企业以其核心竞争力提供效益最大化的增值服务是其成功的关键。在国际贸易中，若让每个企业都拥有独立的电子商务环境，既不经济也不现实，但是在竞争激烈的市场环境下单独让企业从事进出口业务则很难满足国际市场快速变化的要求。主要是因为：①企业太小，在全球环境下一般鲜为人知，品牌知名度不高，很难被客商发现；②企业的产品质量可信度和服务水平未被大众接受和认同，影响产品交易和服务工作的开展；③中小企业要想依靠自身的力量建设规范的电子商务交易系统并与银行、运输、保险、商检以及其他相关部门建立网际链接是非常困难和极不经济的。因此，需要找到一种适合这类企业应用电子商务的商业模式和建设电子商务的应用系统平台，发挥中小企业的核心竞争力。

在网络经济时代,企业采取哪种网上商业模式运作,是需要仔细研究并认真对待的问题。网络环境下的企业生产经营模式与传统市场环境下的市场运作模式不同,需要企业根据自己的业务发现这两种模式的差异,并对价值增值过程加以发掘,找到适合企业自身的电子商务商业模式。

根据电子商务商业模式的定义,电子商务商业模式包括3层内容。

(1) 商务活动内容。首先要了解企业的生产经营,明确维持企业生存与发展的业务内容是什么。不同的企业,其生产经营的内容是不同的,由提高企业核心竞争力所做的分析得出这样的结论:企业开展的商务活动内容应围绕提高企业核心竞争力的目标,生产型企业主要是推出满足消费者需求的产品并提供优质服务,服务型企业主要是从事产品贸易并提供相关服务,例如,外经贸企业主要从事进出口贸易及提供相关的服务。

(2) 价值增值方式。由于企业业务不同,因此获取利润的方式也是不同的。生产型企业依靠产品的附加值获取利润;服务型企业分为两类,即流通型和增值型企业,流通服务型企业通过经销产品的批零差价获取利润,而增值服务型企业通过各种增值服务赚取利润。例如,外贸企业的进出口业务主要通过提供进出口贸易代理服务,为其他生产型企业提供市场信息、产品设计指导、营销、采购、咨询等一系列相关的增值服务获取利润。此外,对自营进出口业务的企业来说,以产品销售差价或代理佣金的形式从代理客户或接受服务的企业那里取得相应的劳动所得收入,是它们主要的价值增值方式。在应用电子商务以后,这类外贸企业主要通过电子商务综合服务平台为其他企业代理业务、提供服务、自营业务等多种方式获取利润。

(3) 应用系统建设。应用系统建设包括硬件与软件环境的建设,如计算机系统的选型、网络设备的安装与调试、系统软件与应用软件的开发与应用等。电子商务商业模式的应用主要是基于电子商务业务模式的价值增值的具体过程,以及实现这个过程的电子商务应用系统的框架建设。

如何确保商务活动在互联网中正常运行并创造出更大的价值,建设需要考虑的重点问题。

2. 电子商务商业模式的特点

电子商务商业模式是企业商业模式在网络经济环境下的具体应用,其创新点体现在以下3个层次上。

(1) 目标价值层次。在传统经济中,企业商业模式的构建以企业利润最大化为目标,对于顾客利益和价值链中其他企业的利益通常考虑较少,因此存在着供需矛盾和企业之间的矛盾。供需矛盾会因"牛鞭效应"而放大,这主要是因为供应链企业之间的供需关系不透明;企业之间的矛盾产生,主要是因为价值网络中扮演同一或相近角色的企业之间存在竞争,导致无法实现本来可以通过协作达到的高效率。在电子商务模式下,这种状况得以改变,企业利用电子商务平台实现信息共享、快速沟通,能够对顾客价值需求加以理解、满足,并且能够在供应链之间实现信息快速交换;供应链企业间的信息和资源都实现共享,企业能够彼此谅解、协商、谈判和沟通以达成价值目标最大化的共识,在此基础上进行协同作业以实现利益分享和价值增值最大化。

(2) "流"层次。基于目标价值的电子商务商业模式的核心在于建立一个规范的电子商务环境以及不断提升电子商务技术的应用能力。在电子商务商业模式中,"流"层次包含的各种"流"的作用和地位与传统商业模式不同。价值流、信息流和知识流成为关注的对象,基于"流"的处理能力表现为不断采用新的理论和方法。先进的技术方法能使信息流以更快、更稳定的方式流动,知识能够在更广的范围内得到共享和使用。通过对价值流的分析和重新设计,在整个价值网络中可以从两个方面来增加新的价值:一方面通过消除无效或效率低下的运转环节,大幅度降低交易成本;另一方面增加已存在的商业活动的价值以提升整个产品或服务的新增价值。

(3) 使能性实体层次。在电子商务环境下,企业向外延伸扩展,必然会导致企业伙伴关系网络的拓展,也会增加企业协同作业机制在使能性实体层次中的重要地位。对于使能性实体部分来说,使能性实体是上层结构实现的基础。表2-2是电子商务商业模式与传统企业商业模式的对比。

表2-2 电子商务商业模式与传统企业商业模式的对比

商业模式的特点	传统企业商业模式	电子商务商业模式
目标价值层次	企业利润最大化	兼顾企业利润、顾客利润和上下游合作方利润
"流"层次	资金流、物流、信息流	价值流、信息流、知识流
使能性实体层次	功能性	使能性

事实上真正在电子商务上获得成功的企业,无论是网络公司还是传统企业,都将电子商务的全新模式创造性地与企业的核心竞争力结合起来,创造出自己独特的价值链和商业模式。英特尔每年在网上销售300亿美元的产品,并在网上发展了遍及30多个国家的代工生产的合作伙伴;戴尔由于在电子商务上领先一步,其资金流动率和利润率均居全行业前茅,迅速跃升至全球个人计算机厂商领先集团。

这些在电子商务上取得初步成功的企业,除了它们自己作为IT企业在技术上具有的先天优势外,更重要的是它们通过电子商务将自身的核心竞争力进一步发挥出来。电子商务的作用是对价值链进行重组,创新原有的商业模式,使得信息、资源的流动更便捷顺畅,并且强化和发展企业的核心竞争力。仔细分析这些在电子商务上取得成功的企业,会发现它们的商业模式均基于以下几个方面。

(1) 以产品为重点。这类企业一般都是制造企业,库存、制造就是它们的关键价值过程,因此它们的电子商务模式是在企业内部(如ERP等管理软件平台)运行,从而优化企业的各种资源,降低运作成本,提高企业的生产效率。海尔就是以产品为重点的典型企业,在行业内乃至全国企业信息化和电子商务开展方面都居于领先地位。

(2) 以客户为重点。这类企业的关键价值一般都在价值链的前端,主要是在销售或者服务环节。为顾客提供快速、及时、适当的服务是它们的价值所在。例如电信、金融、零售行业的企业拥有大批集中的客户,它们的电子商务模式就是进行客户关系管理,利用信息平台获得客户知识,增加客户价值。

(3) 以信息服务为重点。这类公司的产品就是信息。企业没有完整的价值链形态,处于价值链的某个节点。它们在这个节点上具有专项优势,因此通过自己的产品服务于整个价值链。著名的旅游综合类网站携程网就是典型的例子,它向客户提供旅行相关信息和服务。

目前,企业之间的新一轮竞争主要集中在对客户需求的反应和商务运作速度上。这样,实现电子商务将成为企业参与竞争的必备条件之一。但是,无论企业选择哪种方式进入电子商务领域,比如直接构建电子商务平台、与同业合作构建电子商务平台、收购网络公司、利用动态服务器网页(Active Server Pages,ASP)现成的平台,更关键的战略决策在电子商务领域之外。能否将信息技术融入企业的整体战略中,并找准在价值链中的位置,打造自己独特的价值链以获得竞争优势,才是电子商务商业模式成功的关键。

2.2 电子商务商业模式框架及分类

2.2.1 电子商务商业模式的框架

1. 电子商务商业模式的框架结构

企业的电子商务大多表现为利用电子的方式在客户、供应商和合作伙伴之间进行在线交易、协同商务与价值交换,提高交易流程的效率与企业效益是其追求的目标。将企业信息系统、供应商关系管理、供应链管理、客户关系管理及电子交易市场等进行系统集成与信息融合,形成统一的商用系统服务平台,实现从原材料采购直到产品销售和最终社会服务的一体化运作,是电子商务的目标。一般电子商务商业模式的框架结构如图2.2所示。

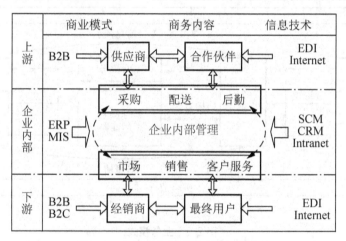

图2.2 电子商务商业模式的框架结构

2. 电子商务商业模式的建立

电子商务商业模式为实施电子商务进行系统规划与设计提供框架性指导。构建电子商务商业模式框架要完成两项任务。第一项任务是确定业务模式的核心内容,即理清企业应该采用什么样的商业运作方式来获取收益,以及企业为谁服务,服务内容是什么。这是电子商务运行的前提,也是电子商务系统的实现基础。例如,如果企业的服务对象是消费者，那么它未来的商业模式基本上是一种 B2C 的应用模式，而在电子商务系统实现时，应着重考虑如何将电子零售或电子服务功能做得更加贴近客户；相反，如果服务对象是企业，则运用 B2B 模式实现电子商务系统，主要从电子交易市场如何满足企业间的各种交易要求来提高服务功能和服务质量，考虑的关键问题自然会落到业务模式的分析与价值链增值模型的构建上。第二项任务是明确网络环境下商业模式的实现途径。例如，一家汽车销售企业在电子商务系统的哪个环节实现与业务伙伴或商业代理服务的联系，业务流程和信息流程应该按照什么样的方式运转，这些问题都需要在电子商务商业模式框架中加以解决。

具体而言，电子商务商业模式的建立包含以下内容。

(1) 业务模式确立，即分析企业的核心业务流程，确定商务活动的基本模式类型，确定企业未来商务发展的模式，包括企业的服务对象、核心业务和盈利模式、核心竞争力，以及价值链增值模型，如图 2.3 所示。对于生产型企业来说，核心业务流程需要梳理，根据企业目标对业务流程重组再造，构建新的组织结构与管理体系。从供应商或合作伙伴那里购进原辅材料组织生产开始，到产品生产出来以后，通过代理商、分销商和零售商将产品销售给最终用户结束，整个过程中客户需求是业务起点，也是价值链增值的重点，客户关系管理是业务模式的核心。对于服务型企业来说，通过批零价差和提供增值服务使价值链增值，使业务标准化、规范化与信息化，并在统一的标准化服务平台上工作，提高服务效率与效益是商务信息管理的目标。

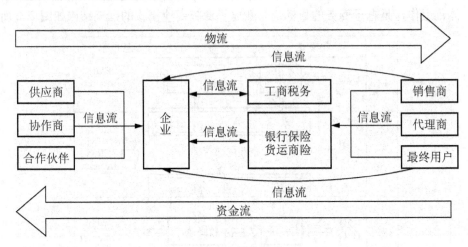

图 2.3　业务模式

(2) 价值链增值模型，即通过对企业核心商务流程进行分析，以缩短企业产品供应链、加速客户服务响应、提高客户个性化服务、实现企业信息资源的共享和增值为目标，抽象企业业务流的基本逻辑组成单位，并界定其相互关系。包括分析利用信息技术手段对企业商务活动各环节的影响，分析企业内部信息系统在企业商务信息管理过程中的支持作用，确定与企业外部信息系统的交互接口，抽象企业商务信息管理模型中的基本组成单位等环节。

在价值链增值模型(见图 2.4)中，确定价值增值的环节是重点。将上下游企业整合到一个服务平台组织资源优化配置是价值链增值模型构建的主要思想。生产、销售或生产销售一体化的企业,价值链增值集中体现在对供应商管理、供应链管理、客户关系管理与营销渠道的选择上。将各增值环节集中在统一的贸易服务平台上进行一体化运作,是企业价值链产生增值的源泉。

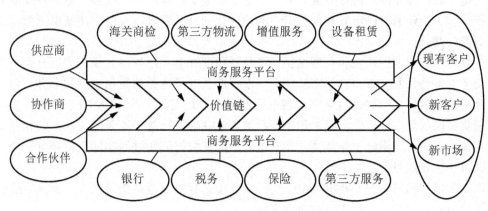

图 2.4　价值链增值模型

（3）应用系统框架建设,即从电子商务目标及整个价值链增值过程来看,需要将信息系统规划实施方法与企业业务处理过程结合起来考虑,这样能够使应用系统框架结构的设计和实际要求相吻合,也就是将业务内容与 CRM,SCM 以及电子交易市场等系统在统一的服务应用平台上进行集成以实现商务信息的融合,使各系统相互连通、信息共享。在企业的网络环境下,进一步与企业资源管理系统和管理信息系统集成以实现管理信息的融合,利用浏览器/服务器系统实现与外部信息融合,构建一个基于互联网环境的开放共享的有机整体系统。

3. 建立电子商务商业模式的工具和方法

在明确业务流程和企业在价值创造、价值增值中的作用,以及选择企业所适合的应用系统时,可以通过采用以下工具逐步建立电子商务商业模式。

（1）通过对价值链的分解、分析和重组建立电子商务模型。从内部业务模式、外部价值链上下游合作方等角度综合考虑企业在价值链中所处的位置,结合信息技术建立信息系统统一平台,形成在价值链中的竞争优势。

（2）基于过去的案例。通过回顾以往案例的成功经验和失败教训,依据新的条件和状况建立新的商业模型。该方法通过比较分析不同的商业模型,针对不同的模型设计需求,采用文字描述、图形表示、计划、报告等各种可视形式表现新的商业模型。

（3）运用评估法。例如,使用平衡计分卡方法对模型各组成成分的重要性进行打分评估,从而建立针对具体情形的模型。

（4）运用情景模拟法。该方法在处理未来商业环境的不确定性方面具有很强的能力,核心工具是使用模型模拟器。管理者可在无任何风险的实验环境下对模型进行模拟和实验,情景的动态性有助于企业对环境的变化预先做出反应,并制订相应计划的备案。

2.2.2 电子商务商业模式的分类

1. 电子商务商业模式的分类依据

对电子商务商业模式进行分类，有利于电子商务企业运用一个或多个电子商务商业模式进行运营。企业通过确定其在价值链中的地位找到自己获取收益的方法是电子商务商业模式分类的基础。

迈克尔·拉阳教授从企业获利途径和产品的角度对电子商务商业模式进行分类；欧盟电子商务委员会保罗·蒂姆教授则从业务创新程度和电子商务功能集成度两个方面对电子商务商业模式的体系结构进行规划，将电子商务商业模式划分为11个类别，用纵坐标描述功能集成度的复杂性，横坐标表示创新程度，直观地图解电子商务商业模式的相互关系及分类体系，同时指明电子商务商业模式由低级向高级的演变过程实际上就是电子商务商业模式推陈出新的过程。

图2.5描述的是保罗·蒂姆的电子商务商业模式分类体系结构，在每个具体模式旁都标出了该模式对应的具有代表性的企业名称。

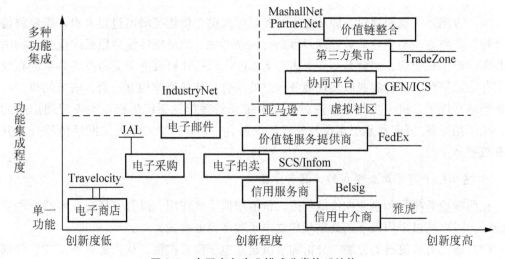

图2.5 电子商务商业模式分类体系结构

雷纳·阿尔特(Ratner Alt)和汉斯·迪特尔·齐默尔曼(Hans Diseter Zimmermann)从模型分析的对象和模型的实际用途两个角度划分电子商务商业模式。雷纳·阿尔特把电子商务商业模式分为市场与角色模型、部门与行业模型和收入模型三类；而汉斯·迪特尔·齐默尔曼把电子商务商业模式分为实际模型、参考模型和仿真模型三类。

皮特·马丁内斯(Peter Martiniz)以市场范围(服务单一或多个市场)和主要的关注焦点(关注内容或交易)为标准将电子商务商业模式划分为5个大类和11个小类(此外还有混合型模型)；杰弗里·雷波特(Jeffury Rayport)将电子商务商业模式的发展分为四个阶段，分别是以提供内容为基础的电子商务商业模式、广告驱动的电子商务(将浏览量转化为收入流)商业模式、以交易为主体的电子商务商业模式和以建立长期客户关系为基础谋取利润的第四代电子商务商业模式。

综观上述电子商务商业模式分类，可以看出电子商务商业模式基本上是采用价值关系进行分类的。

2. 典型的电子商务商业模式

随着互联网的蓬勃发展和电子商务的日新月异，各种新的盈利点逐渐显露并被发掘出来。单纯依靠交易对象来划分已经不足以全面概括电子商务商业模式，因此，从电子商务各参与者在价值链中所处位置和所提供的服务对电子商务商业模式进行划分，通过分析现有的电子商务典型应用对电子商务商业模式加以归类。电子商务的商业模式应用至今，已经基本固定并且能够可靠运行。综合国内外现状，现介绍比较典型的电子商务商业模式。

1）电子商店

这是最为常见的一种电子商务模式。很大程度上，可以将B2C电子商务模式称为电子商店。一般来说，一个公司只要建立了一个网站，就可以把它当作电子商店的雏形了。如果在这个雏形上添加产品订购和货款支付功能，电子商店最为核心的部分就完成了。电子商店提供了丰富的商品种类，不受地域限制，价格一般低于传统商店，同时网上购物没有时间限制，可以实现全天候的购物体验，因而得到迅速发展。国内比较著名的电子商店有当当网上书店、京东商城等。不仅产品的制造商可以运营这种电子商务模式，比如戴尔网上商城；而且中间商或者零售商也可以运营这种电子商务模式，比如红孩子网上商城。

2）电子采购

电子采购，也称作电子招/投标系统，这种电子采购模式基本属于B2B电子商务。通过在线招/投标系统进行大批量或大价值的采购，能够拓展采购范围、节约时间、降低成本，寻找质量更为优良的产品。一般这种电子商务模式运营者主要是产品或者服务的需求者。通用电气公司是最先采用这种系统的，并得到全面推广应用。目前政府的大部分采购活动都通过电子招/投标系统实现。

3）电子商城

电子商城与电子商店不一样。电子商店一般是运营商自己进行网上买卖；而电子商城一般由运营商创建并运营，电子商城汇集了大量的网上店铺，而运营商主要负责提供销售技术支持，并将部分摊位出租收费，同时收取一定比例的服务费。在这个市场中，运营商还提供相应的虚拟社区，为客户增加服务的价值。广告也是这种模式的一大收入来源，例如先前陷入危机的8848公司后来改变了商业模式，由一贯的电子商店转变成了电子商城。

4）电子拍卖

电子拍卖提供了一种网上竞价的机制，将传统的拍卖放在网上进行，建立了拍卖的动态定价机制，同时网上拍卖还可以提供一整套的服务，比如签订合同、支付、运输等。对于电子拍卖的提供商来说，他们的收入来源主要在于交易佣金收取及广告收入，比如易趣拍卖。

5）第三方电子市场与电子交易所

集成众多购买者和销售商，提供交易平台，进行平台的管理和运营管理，对多重业务提供交易服务和营销支持。一些行业内的垂直市场较多，比如中国化工网。

知识链接

第三方电子市场

第三方电子市场,也可以称为第三方电子商务平台。泛指独立于产品或服务的提供者和需求者,通过网络服务平台,按照特定的交易与服务规范,为买卖双方提供服务,服务内容可以包括但不限于"供求信息发布与搜索、交易的确立、支付、物流"。

第三方电子商务平台具有以下特点。

(1) 独立性。不是买家也不是卖家,而是作为交易的平台,像实体买卖中的交易市场。

(2) 依托网络。第三方电子商务平台是随着电子商务的发展而出现的,和电子商务一样,它必须依托于网络才能发挥其作用。

(3) 专业化。作为服务平台,第三方电子商务平台需要更加专业的技术,包括对订单管理、支付安全、物流管理等能够为买卖双方提供安全便捷的服务。

资料来源:http://www.wm23.com/wiki/10794.htm

6) 在线直销

制造商绕过传统中间商而将产品和服务通过电子商务平台直接销售给终端消费者,最经典的案例就是戴尔公司采取在线直销模式取得了成功,使戴尔公司成为全球最大的PC制造商。

7) 虚拟社区

虚拟社区实质上就是一个网上论坛,是网络上提供内容和信息的一种重要方式,虽然并不是所有网络社区都是经营性和商业化的,但是由于社区会吸引到大量的人群注意力,社区拥有者可以进行商务和经营,因而具有很大的商业价值。社区经营者依赖于社区成员的忠诚,不断投入各种资源,发展与社区成员之间的关系,广告和内容定制服务是虚拟社区的主要收入来源。虚拟社区也是其他商业模式的辅助功能,为客户提供交流的平台或咨询的场所,建立一个虚拟社区有助于提高客户的忠诚度,而且可以及时得到客户在其他方面的反馈。

8) 会员制

按照传统会员管理模式,为会员企业提供信息服务、交易匹配、价格折扣等会员服务,主要依赖会员费、广告费等获取收益。

9) 信息中介商

该类商务模式主要提供诚信、搜索、内容、信息匹配及其他服务,通过订阅或者是付款阅读的方式获得收入。一般综合类的门户网站,比如雅虎,都属于信息中介商。信息中介提供信息的范围很广,从日常生活信息到学术研究、行业研究报告,各种信息都可以放在网上,盈利方式包括免费阅读、收取广告收入、发展会员;组织俱乐部(虚拟社区),收取会员费;按次或阅读量收取费用。更为重要的是,信息中介商在企业价值链整合的过程中还可以扮演重要角色,即有时价值链整合商及价值链供应商都需要信息中介商提供的信息服务。他们通常将信息按照某种方式分类,有些是免费的,有些则收取费用,同时还在某种程度上提供专业咨询。另外,免费的信息往往挂带大量的网络广告,用以获取收入。搜索引擎也是一种信息服务,提供免费服务的同时通过广告收入获得利益。

10) 实物交换

交易双方以实物交换的方式来交换其不需要的过手商品。市场中间经济负责安排这类交易，比如国内的换客易物网就是专门开展实物交换的电子商务平台。

11) 群体采购

由第三方寻找个人或中小企业的订单，并将这些订单集中起来形成一个数目较大的订单，最后由第三方与供应商进行协商以实现最好的交易，通过群体采购模式使个人或者中小企业享受大量采购的价格折扣。这种模式又称作"大批量采购模式"，著名的采购集成商以 Letsbutit.com 为代表。

12) 价值链整合商

该类商务模式的运营者主要是对价值链的各个环节进行某种程度的整合，给客户提供全面的、富含多种信息产品的增值性服务。通过对价值链中各个环节的信息流研究探索出更为合理的价值链模式。举个例子来说，产品的生产供应和产品的运输是企业价值链中的两个不同的环节，由不同的价值链服务提供商进行服务，而价值链整合商是试图将同一价值链中的这两个环节放在一个服务平台上，即对价值链进行了整合。这种电子商务模式的收入来源主要是咨询费用、网上交易佣金。比如 Carpoint.com 公司就提供了贷款和保险等多种与购买汽车相关的服务。

13) 价值链服务提供商

该类商务模式专注于价值链的某些方面，专门提供供应链功能方面的服务，比如网上支付或者物流，通过这些服务可以加强自身的竞争优势。比如银行本身是价值链的一个服务供应商，负责货款的结算和支付，提供网上支付与划拨等服务，那么这个银行一定会吸引更多的客户，获得极大的竞争优势。价值链服务提供商一般是通过服务收费，或者是通过一定比例的收入折扣取得。

14) 信用服务及其他服务

信用服务指的是运营商在网上为客户提供认证、鉴别授权、咨询等信用业务。该类模式下，运营商往往在特定领域具有专业授权、电子授权或者第三方的授权。中间信用机构的服务在传统模式中也存在，比如一些商检机构、认证机构，因此提供网上信用服务的商务模式功能也就比较单一，创新程度并不算很高。该类商务模式的收入来源主要是通过收取一次性费用取得，还有一些后续的软件销售和咨询费用作为后期的补充收入。

以上是国外电子商务的这些典型的电子商务模式，基本已经囊括了目前主要网络企业的价值创造过程。这些模式中不仅包含了人们头脑中典型的 B2B、B2C 分类，而且包含了提供价值链服务的网络公司，还包含了为电子商务服务的许多传统企业，比如银行、运输公司等。他们在这个商务交易过程中创造并体现了价值，取得了收入，因此，我们把它划为电子商务某种商务模式的代表。

2.3 电子商务盈利模式的内涵

2.3.1 盈利模式的定义

盈利模式就其最基本的含义而言是指做生意的方法，是一个企业赖以生存的模式，一种能够为企业带来收益的模式,是对企业现在如何赚钱、将来如何规划的描述。盈利模式是寻求企业经营活动的利润来源、生成过程和产出方式的系统方法,对盈利模式的分析就是探讨如何获得最大利润。

一般而言,经营利润可以用数学模型表示为

$$总利润 = \sum (单位利润率 \times 销售额)$$

盈利模式包含三个关键组成部分:一是价值发现决定利润的来源;二是价值匹配决定盈利水平的高低;三是价值管理决定盈利水平的稳定性。

对于盈利模式概念的理解可以分为广义与狭义两个层面。从广义的角度讲,盈利模式是企业在经营过程中确立起来的以盈利为目的的商务结构与业务结构。商务结构主要指企业外部所选择的交易对象、交易内容、交易规模、交易方式、交易渠道等商务内容及其时空结构;业务结构则是指满足商务结构需要的企业内部从事的研发、采购、生产、营销、管理等业务内容及其时空结构。前者直接反映的是企业资源配置的效率,后者反映的是企业资源配置的效益。从狭义的角度讲,盈利模式就是企业相对稳定和系统的盈利途径和方式。

任何行业的利润都是基于企业盈利要素"价值匹配度"不同而分成不同区域的,如高利润区、平均利润区、低利润区和无利润区。不同利润区的盈利模式是完全不同的,自然利润状况也不同;与此同时,企业处于何种利润区是由盈利模式决定的。因此,一个企业只有在盈利模式设计完成的前提下,才能进行业务规划设计、营销模式规划、财务预算、人员管理考核方式设计等相关运营层面的规划,否则就会出现各种脱节。一个好的盈利模式能够清楚地描述企业的利润来源和价值创造过程,可以为企业带来持续的利润和竞争力。

2.3.2 盈利模式的组成要素

在我国,电子商务的发展在经历了"概念炒作"的第一阶段和电子商务网站竞相涌现的第二阶段后,目前已进入理性发展的第三阶段。所谓理性,一方面,是指对电子商务的理论认识,改变过去重"电子"轻"商务"的错误观点,认识到电子商务的"电子"只是工具,"商务"才是核心;另一方面,在对电子商务盈利模式的选择上,不再求大求全,而是根据企业自身的特点,做专、做深,创建具有核心竞争能力的电子商务模式。管理意义上的核心竞争能力,是指企业在经营过程中所形成,不易被竞争对手模仿,且能带来超额利润的能力。这种能力反映在电子商务盈利模式选择上,是指选择一种不能为其他企业所学习的模式,或学习成本相当高的模式。企业通过电子商务方式可以创造新的顾客价值来源,实现企业价值,并在此基础上构建盈利模式。

盈利模式的五项基本组成要素是利润源、利润点、利润杠杆、利润屏障和利润通道,它们构成了盈利模式的逻辑结构。

(1) 利润源是企业的目标市场,即其产品与服务的购买者与使用者群体。一个企业如果想拥有理想的利润源,首先要保证其具备一定的规模,其次要对利润源的需求和消费行为有深刻的认识,最后要善于挖掘和创造新的利润源。

（2）利润点是企业赖以盈利的产品和服务，这是实现利润的基础。利润点必须符合目标市场的需求，并能为构成利润源的客户创造价值，最主要的是要能够为企业带来利润。

（3）利润杠杆是企业为了获得利润而进行的产品生产、服务提供、内部管理，以及吸引顾客购买等一系列业务与管理活动。

（4）利润屏障是企业为防止竞争者掠夺本企业的利润而采取的防范措施，这是实现利润的必要保障。

（5）利润通道是企业获得利润的路由与途径，这是利润实现的必经之路。它反映了信息、产品、服务和资金的流向，以及实现利润的直接来源。盈利模式组成要素逻辑结构如图 2.6 所示。

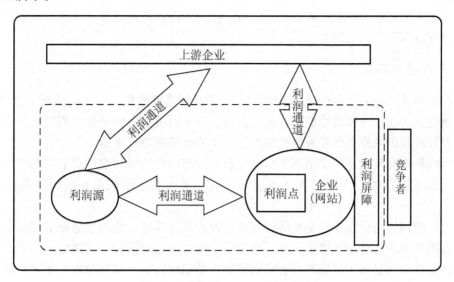

图 2.6 盈利模式组成要素逻辑结构

2.3.3 电子商务盈利模式及特点

电子商务的盈利模式在本质上并没有偏离这一概念，对其进行探讨有助于企业明确经营方向和重点，获得更多的利润。电子商务盈利模式是指电子商务企业能为客户提供价值，同时企业和其他参与者又能分享利益的有机体系。它包括产品及服务、信息流和资金流的结构，以及不同参与者及其角色的描述，还包括不同参与者收益及其分配的划分等。

电子商务盈利模式是指各经营主体探讨电子商务环境下企业的利润来源、生成过程和实现方式的系统方法。电子商务盈利模式的形成和确定仍然要明确三个方面的内容，即企业发现电子商务中新的价值源泉，形成企业与新的价值发现的较高匹配度，提高价值管理水平实现持续盈利的能力。

电子商务盈利模式根据其形成过程可以归纳为以下几个特点。

（1）创新性。企业电子商务需要在实践中发掘，因此电子商务盈利模式具有创新性。

（2）差异性。由于各企业性质不同、资源不同、经营管理方式不同，其盈利模式各具特色，因此企业盈利模式的差异化能够为其创造竞争优势。

（3）适应性。企业的盈利模式要与企业的资源相适应，盈利模式应该是企业资源的有机整合，企业要通过不断地调整和反馈以找到最佳契合点，充分利用和发挥资源的集体优势。

（4）持续性。成功的电子商务盈利模式应该有稳定的根基，因此，电子商务盈利模式具有持续性。

2.4 电子商务盈利模式的分类

电子商务环境给企业盈利模式的确定创造了更为广阔的空间，人们对商务活动电子化的动机源自网络化创造了新的利润源泉。电子商务在价值链上的具有不同的运行模式，相应地，根据利润在价值链上的来源环节，可以把电子商务的盈利来源分为以下几类，从利润规律角度分析盈利模式的本质。

2.4.1 产品盈利模式

产品盈利模式是基于生产成本的降低。产品盈利模式是指在一个企业的经营管理中，经营者始终以产品作为利润生成和产出的载体。换句话说，采用产品盈利模式的企业，所有经营要素都是围绕建立产品差异化核心竞争力进行培植与配置的。

在线销售商品模式是通过网络平台销售自己生产的产品以加盟厂商的产品，这是目前比较常见的盈利模式。在线销售的商品除了有形的商品，还包括在线销售数字内容的商品。

通过在线销售商品模式，企业能够有效地减少交易环节，大幅度地降低交易成本。企业如果以市场平均价格水平销售商品，获利水平极大地超越同行，从而能运用更有效的促销手段；如果以明显低于市场平均价格水平的售价销售商品，必然争取到更多的顾客，薄利多销的同时被施以巨大的压力。此外，企业通过开展内部电子商务，提高企业的素质和管理水平，从而压缩库存，减少制造成本，提高生产效率，最终降低总的运营成本而获利。企业还可以通过有效的在线销售获得雄厚的财力支撑，不断加速产品的更新换代，在不断给消费者带来满意的同时走在行业的前沿。

该种电子商务的盈利模式应该成为我国企业和国民经济发展的主要方向。例如，美国生产重型机械的卡特彼勒公司实行电子商务之后，库存从40亿美元减到10亿美元，从而降低了成本，增加了利润。

2.4.2 渠道盈利模式

渠道盈利模式是第三方利润。渠道盈利模式利用渠道的专有特征或者竞争对手的弱点，建立别人所不具有的经营能力和势力范围，依靠这些能力形成一种交换资本，进而通过为需求方提供服务而产生盈利。

企业通过电子商务，实现业务伙伴之间的供应链集成管理，绕过中间商，精简中间环节，缩短采购周期，从而减少采购成本和销售费用，降低运营成本，为企业开发新的渠道，创造新的利润来源，我们称之为第三方利润。美国通用电气公司的照明部自从将大部分手工采购转向电子采购后，产生了积极的效应，明显改善了服务，同时还节省了劳动力和原材料成本。如此一来，企业靠深度分销得到的信息数据建立了全面及时的市场控制信息系统，随时监控每个片区的整体情况，能够对异常情况作出及时反应。

2.4.3 产品互动盈利模式

产品互动盈利模式是创造顾客价值。产品互动盈利模式是指企业的生产综合市场消费者需求及企业生产能力两方面要素，并以需求为起点，提升企业自身研发和生产能力，结合营销推广而实现盈利。

企业在电子商务模式下通过价值链的整合，建立更快速的市场反应体系，实现真正的以客户为中心的"有效客户反应"战略，从而准确获得消费者的需求并给予满足，提供个性化的产品和服务，实现产品生产与顾客需求的互动，进而获得超额利润。

可以采用区域型、垂直型分站加盟、频道共建的方法实现。在线提供服务模式的网站应该坚持一个原则，坚持做"离不开"的网站。如果提供的服务能给用户带来效用且离不开，那就是成功的服务网站模式。如 2009 年比较流行的开心网偷菜等社区游戏，给用户带来轻松、减压的效果，为众多年轻人，特别是上班一族，甚至众多小孩所痴迷，这就是一种通过产品与消费者有效互动的模式，是一种离不开的模式。它有持续的户群，所以能盈利；而在线音乐和在线电影却不能获此特殊待遇，因为人们可以通过其他途径得到音乐和电影带来的娱乐和享受，目前还是一种离得开的模式，其盈利模式有待进一步深入思考。

2.4.4 服务盈利模式

服务盈利模式是提供信息服务。服务盈利模式是指企业建立健全服务内容和提升服务质量，提供差异化服务，将服务变成盈利来源，以点带面，实现企业盈利。

作为第四大传播媒体的互联网，涉及政治、经济、科技、法律、文化及人类社会的各个方面，成为人们获取知识的主要渠道，因此企业可以利用电子商务的平台，开展网上信息服务。例如，一个美国青年开发了全美汽车批号数据管理系统，用于二手汽车交易，任何人只要支付 10 美元的信息费，就可以了解汽车出厂后几年的运行和修理状况，对于价值几百美元的汽车来说，10 美元显然微不足道。互联网的商机是无限的，随着我国工业化进程的发展，互联网不仅提供更多的信息服务，同时创造更多的机会。典型代表有以下几类。

1. 会员制

会员制模式包括网上店铺出租、公司认证和产品信息推荐等多种服务组合而成的增值服务，它一般适用于提供企业之间交易平台的 B2B 电子商务网站。

会员制的业务主要包括向会员提供线下认证、线上商铺和排名等服务，从而向会员收取一定比例的年费。费用第一年交纳，第二年到期时需要客户续费，续费后再进行下一年的服务，不续费的会员将恢复为免费会员，不再享受多种服务。

2. 搜索竞价

电子商务平台的商品日益丰富引发了大量的搜索应用，在搜索结果中排列靠前则显得至关重要，由此出现了一种收费模式。根据搜索关键字竞价的业务，用户可以对某一个关键字提出自己的价格，最终最高价的用户获得一段时间内享用此关键字搜索结果的某一名次排名。

3. 商铺、物品登录和物品交易收费

电子商务平台可以分为商铺和物品。因此，卖家注册商铺可以收费，每个物品的上架和交易成功，电子商务平台都可以根据物品标的大小收取不同的费用。商铺服务一般会提供不同等级的服务，免费、普通和高级等。根据商铺形式、展现形式等不同而收取不同的费用。物品登录费用一般是根据标的物品的区间不同而设置不同的价格，物品交易费用则以交易数额的一定比例来收取。

该类网站在网上大量存在，如很多的行业网站、招商网站、旅游代理网站等。但做得最好的往往都有自己的核心竞争能力，如准入优势、行业优势或者是其他方面的优势。

该模式比较典型的代表有阿里巴巴、淘宝、易趣、拍拍等购物平台，它们的成功在于吸引了足够的买家和卖家来形成有足够物品的交易市场。

2.4.5 规模盈利模式

规模盈利模式是建立战略合作联盟。规模盈利模式是指在企业或者商业的发展过程中，把扩大市场空间或者经营范围作为应对竞争、获取利润的基本保障。特别是企业或商业发展最好和最坏两种情况下，企业家所擅长的盈利办法或突围的优先等级是扩大生意规模。通过结盟的形式快速打开市场，这是目前一些电子商务企业所采用的快速开发市场的方式，从而实现低成本集团化和产业链联盟化。

1. 在线提供服务模式

在线能提供的服务是多样的，如网络游戏、搜索引擎、广告支持、社区在线交流、在线音乐、在线电影、电子邮箱、虚拟空间等。有的盈利模式是明晰的，如网络游戏，2003年度《福布斯》中国富豪排行榜中，第二名的盛大网络和第十七名的第九城市都是依赖网络游戏盈利。广告支持模式也是盈利的，中国几大综合网站，如网易、搜狐、新浪，还有著名的搜索网站，如百度、雅虎、Google等，很大一部分收入都来自广告业务。但广告支持模式只适合有很大用户群的网站，对一般网站并没有多大的盈利支持。目前，很多网站的收费邮箱也能带来一些收入，但免费邮箱的并存使得收费邮箱业务增长缓慢。提供虚拟空间的网站也能盈利，但要靠规模经济。

2. 网络广告

当电子商务平台聚集了足够的人气、具有广告投放价值时，在不影响用户访问体验的前提下，网络广告服务是电子商务平台首选的盈利模式，即通过把电子商务站点的广告位明码标价，通过广告代理公司或自行售卖的方法出售广告位。

2.4.6 支付、物流环节收费

线上的实物交易一般利用传统的线下方式，通过互通电话、线下银行支付和物流公司运输完成。近年来，随着大量网上支付公司的发展和物流体系的重组，支付和物流环节的业务也逐渐发展为一大高利润业务。例如，网上交易买家可以先把预付款通过网上银行汇到支付公司的专用账号，待卖家发货到手后，支付公司会把买家的账款汇到卖家账号，这样可以解除电子商务交易用户网上支付安全性的若干问题，买家不用担心接收不到货物还要付款，卖家也不用担心发出了货物没有收到款等问题的出现。网上支付公司的日益普及极大地促进了电子商务的发展。

2.4.7 无线增值服务

无线增值服务是建立在移动通信网络基础上的数据服务。随着我国无线增值业务的用户数量不断增长，无线增值业务收入增长水平已经超过了其他电信业务的增长水平。电子商务的高端发展也同样需要无线增值服务的支持。例如，电子商务异地交易需要短信提醒来辅助安全性，电子商务资讯信息的传递需要短信发送以增加时效性；电子客票的交易更适用于无线业务等。电子商务企业提供无线增值服务，并通过包月、计时等多种形式收费。

2.4.8 移动商务模式

移动商务模式的发展是与手机的不断普及、手机功能的不断完善同步进行的。手机使用者可以通过网上彩信、收发邮件，进行各种交友和商务活动；还可以进行许多种类内容的订阅下载，甚至照相、摄像等。短信市场的主流地位不可取代，主要在于它的价格优势，而利用彩信发一张彩色图片的贺卡的费用低廉，其他服务的包月费用一般也很经济。由于手机行业的飞速发展，如今手机短信和彩信收入已成为电子商务网站盈利的一个重要来源。

电子商务盈利模式严格来说只有成功和不成功之分，就是能不能持久地帮助企业获取利润。现有的电子商务企业存在各种各样的盈利模式及若干种盈利模式的组合。总而言之，网站的盈利其实无非是销售产品、销售服务或者两者结合，区别是可能销售别人的产品也可能销售自己的产品。

盈利模式是对企业所有经营资源的协同，不是单一要素能够持续的，所以难以严格区分开来。企业要想实现长久的持续经营，就要选择合适的商业模式，找到盈利点，形成持续的盈利能力。

电子商务盈利模式说到底是一种资源的认识和使用模式的设计过程，不同的企业基础不同，执行能力各有差异，只要将资源的使用模式设计得能够扬长避短，同样可以达到盈利状态，从商业的最终目的来说，能实现盈利的模式就是有效的模式。电子商务盈利模式也是一样，只要企业能够找准电子商务下新的价值需求，并进行有效匹配，达到盈利效果即可。这个匹配的过程可以随着企业对成本的承受能力而不断提升，最终达到最优化。

电子商务盈利模式是多样的，新的盈利模式也在不断出现。企业对电子商务盈利模式的选择是专业化好，还是多元化好，都要根据企业自身的特点来决定。专业性网站要做专做深，毋庸置疑。门户网站求大求全，但盈利的也只是其中的几种模式。故电子商务盈利模式的选择都可以归结到一点，即要培养自己的核心竞争能力，要做专做深，才能实现网站的可持续发展。

本章小结

电子商务的商务模式就是企业利用互联网长期获取利润的方法。它是一个系统,包括各个部分、链接环节及动力机制,它利用互联网的特性来获利,包括注入利润点的选取、价值、规模、收入来源、定价、关联活动、实施等要素。而电子商务盈利模式是电子商务企业一直在探索的目标。按照电子商务创造收益来源不同可将电子商务盈利模式分为多种,这些盈利模式既适合企业与消费者之间的电子商务,也适合企业与企业之间的电子商务以及个人与个人之间的电子商务。

案例分析

到喜啦:婚庆O2O的独特生存模式

说起婚庆行业的现状,其刚性需求是首要的特性;其次,消费比较集中。然而目前市场中并没有出现规模比较大的婚庆公司,更多的是地方性婚庆企业。尽管如此,其行业市场规模却不容忽视。

随着移动互联网的发展,O2O概念异常火爆,因此,不少O2O创业者开始进军婚庆市场,市面上也涌现出不少婚庆O2O创业公司,比如下面要介绍的到喜啦。

1. 到喜啦简要信息

到喜啦隶属于上海到喜啦信息技术有限公司,2010年5月由董事长李文创办于上海虹口区。到喜啦婚宴网是一家垂直婚宴、喜宴预订的电子商务平台,除覆盖的婚宴酒店,还包括婚纱摄影、婚庆用品、婚纱礼服等主要婚庆相关的品类。网站于2010年7月正式上线。

2. 到喜啦运营模式

婚庆市场这块大蛋糕,吸引不少O2O创业者的眼球。亿欧网此前发布的O2O产业图谱中,亿欧网记者已整理出十几家婚庆O2O创业企业。婚庆企业如何从中脱颖而出,其核心在于必须打造具有个性化的特色模式。

与喜事网、爱结网等众多竞争对手相比,到喜啦更注重自己的服务质量与产品是否完善,从婚宴切入,以婚宴预订为基础不断地向婚庆行业扩展,实现一站式婚庆服务。

第一,丰富的酒店选择,到喜啦已与近千家酒店与商家建立合作关系。

第二,省时,无论是在PC端还是移动端,消费用户只需三步即通过网站填写时间、消费金额、婚礼风格便可初步选择婚宴酒店范围并在短时间内和客服人员取得联系。

第三,省钱,到喜啦提供透明的酒店价格,免费为会员寻找和推荐最合适的婚宴酒店。

3. 到喜啦盈利情况

与众多婚庆O2O创业公司不同,到喜啦采用单向盈利模式,对消费用户提供完全免费的服务模式,只对商家收费。通过向预定成功的婚宴酒店收取佣金来实现盈利。据亿欧网了解到喜啦于2010年8月开始盈利,单月毛营收仅20万元,但截至2013年中旬,到喜啦月毛营收已达百万元。据统计,到喜啦已为超过十二万对新人提供了高效的婚礼婚宴服务。

婚庆行业虽说是块大蛋糕,但是如何抢到这块蛋糕也并非易事。其中,单频次消费,地域问题,用户成本问题,如何使用户更加信任和满意仍是众多婚庆O2O创业公司需面对的难题。

资料来源:http://www.100ec.cn/detail--6179947.html

思考:

(1) 到喜啦的运营模式的优势是否可以复制?

(2) 到喜啦的盈利模式是否可以持续?

复习思考题

一、填空题

(1) 商业模式概念的表述基本上是以价值为核心，都是从不同的角度强调_____的重要性，基本上是以_____为最终目标。

(2) 商业模式是_____的关键。

(3) 电子商务商业模式一般是通过_____的仔细分析，确定企业应该采用哪种技术手段将_____紧密结合，以实现_____而采用的企业战略组合。

(4) 电子商务盈利模式的形成和确定仍然要明确三个方面的内容：_____，_____，_____。

二、名词解释

(1) 商业模式
(2) 盈利模式
(3) 渠道盈利模式
(4) 服务盈利模式

三、简答题

(1) 盈利模式的5个基本组成要素是什么？
(2) 电子商务盈利模式的特点是什么？
(3) 电子商务商业模式的建立包含的内容有哪些？

四、论述题

(1) 试述比较典型的电子商务商业模式。
(2) 论述规模盈利模式的内容。

五、实践题

(1) 登录卓越网，选择购买一本书，描述网上购物的基本流程，分析网上购物流程与传统购物流程存在哪些不同。

(2) 分析比较 eachnet.com 和 taobao.com 盈利模式的异同点。

第 3 章 电子商务的技术基础

电子商务是当代信息社会中网络技术、电子技术和数据处理技术等在商务领域中综合运用的产物，而电子商务技术就是电子商务活动中所运用的这些技术的统称。这表明电子商务技术是一种复杂的、涉及多学科的技术，同时它又集中体现了整个信息技术的最新发展。因此，要开展电子商务活动或者更好地对电子商务进行运作和管理，就需要了解和掌握电子商务技术。本章主要介绍电子商务系统涉及的技术种类，重点讨论 Internet 基础知识、Web 技术、数据库技术等基本内容。

本章知识结构框架

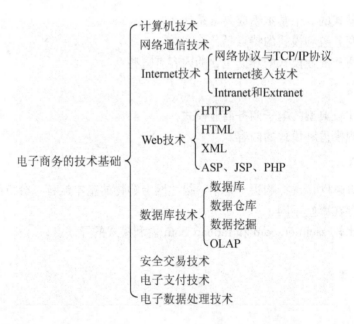

学习目标与要求

通过本章内容的学习，必须了解电子商务系统涉及的各种技术，掌握 Internet 技术、Web 技术、数据库技术的基本原理，为电子商务专业知识的系统学习奠定技术基础。

第3章 电子商务的技术基础

引导案例

日本航空采用 IBM 技术架构电子商务

日本航空公司于 1995 年激活了公司 Web 网站后,开始迅速探索透过 Web 激活电子商务服务的机会。日本航空公司电子商务战略的关键动力,源自于他们将自己定位于电子商务的领导者,以取得优势;另一个目的则是透过使用 Web 的电子商务来进一步开发国内旅游商务活动。最初的想法是开发一个 Web 票务信息和订票系统,该系统允许顾客订票、确认,以及取消订票,同时还能查看航班时刻表、空余座位,以及飞机抵达和起飞的信息。解决方案的建立来自于 IBM 全球服务部的帮助,整个解决方案采用了 IBM 的技术,该解决方案仍在不停地扩充,增加了一些新的服务,比如采用信用卡支付的国内订票系统。

IBM 的电子商务经验和技术专长是促进日本航空公司做出决定的关键动力。日本航空公司认为,他们和 IBM 关系的密切,源于 IBM 的技术专长和强大的航空商业知识。这两个因素使日本航空公司和 IBM 能在短时间内架构出一套复杂的电子商务解决方案。 IBM 的技术巩固了日本航空公司几乎所有电子商务方面的基础,包括大多数新近的电子商务解决方案。日本航空公司的 Web 体系结构使用了 IBM 的硬件、软件和中间插件,这一切都能和 IBM 设备的旧有系统相结合。日本航空公司将 IBM 视为一个重要的角色,IBM 推动订票系统的各种 Web 服务器和 S/390 主机间的整合,同时还将优化实时连接在一起的服务器和主机间的资料同步问题。

日本航空公司使用 Web 服务已经被顾客所广泛接受,每年进行线上订票的顾客数量倍增。据估计,日本航空公司线上订票的人数超过了总订票人数的 10%。日本航空公司从它的电子商务方案中获得了多方面的商业成效,包括国内及国际业务收入的双倍成长,以及大程度提高了顾客满意度。

资料来源:http://www.51cto.com/art/200510/10165.htm

日本航空公司将电子商务技术视为一种战略性的市场工具,电子商务系统的建立,帮助公司与客户建立了更加密切牢固的关系,增加了客户保有率,刺激了客户数量的增加。由此可见,电子商务技术的广泛应用,将大大提高企业的市场竞争力。

3.1 电子商务技术概述

3.1.1 电子商务涉及的技术

为了顺利完成电子商务交易过程,需要建立电子商务服务系统、通用的电子交易支付方法和机制,还要确保参与各方都能够安全可靠地进行全部商业活动。因此,电子商务涉及的技术非常广泛。

1. 计算机技术

作为整个 Internet 的核心,计算机技术在电子商务中扮演着最为重要的角色。基于 Internet 的电子商务要求以先进的高性能计算机为依托,在服务器端要求高性能的中小型计算机为电子商务提供强大的计算能力,使从事电子商务的企业不会担心因为网络流量过大而导致联网速度下降;在客户端要求高性能的个人计算机为用户的使用带来快捷的感受。

2. 网络通信技术

网络通信技术是指通过计算机和网络通信设备对图形和文字等形式的资料进行采集、存储、处理和传输等,使信息资源达到充分共享的技术。它包括网络设备、移动通信系统、网络接入设备等涉及的技术。常用的网络设备有中继器、网桥、路由器和网关。中继器互联同类型网关,只是在物理形式上互联,对信息格式和网络协议不进行变换;网桥把具有相同网络协议的两个网络在数据链路层上连接起来,它具有寻址和源路由功能,它检查所传送数据分组的目的地址是否在本网内,进而决定是否需要转发;路由器在不同的网络之间进行数据存储和分组转发,它决定在网络之间数据传输时的路由去向,具有判断网络地址和选择路径的功能;网关提供高层次的网络互联接口,又称为协议转换器,它将协议进行转换,数据重新分组,以使在两个不同类型的网络系统之间能够进行通信。

3. Internet 技术

电子商务系统中最基础的技术是 Internet,电子商务是在 Internet 的发展和推动下产生和发展的,包括 Internet、Intranet、Extranet 技术等。虽然 Internet 技术并非电子商务独有的技术,但 Internet 发展的好坏直接影响到电子商务的发展,它是电子商务的关键技术之一(具体内容见 3.2 Internet 技术基础)。

4. Web 技术

Web 是存储在全世界范围内的 Internet 服务器中数量巨大的文档的集合。Web 上大量的信息是由彼此关联的文档组成的,这些文档被称为主页或页面,它是一种超文本信息,通过超链接将它们连接在一起,Web 的内容保存在 Web 站点,即 Web 服务器中,用户可通过浏览器浏览 Web 站点的内容。可以说,Web 是一种全球性的信息服务系统,Internet 通过该系统在计算机之间相互传送基于超媒体的数据信息。

构成 Web 体系的基本元素:Web 服务器、Web 浏览器、浏览器与服务器间的通信协议 HTTP、写 Web 文档的语言 HTML、用来标识 Web 上资源的统一资源定位器 URL(具体内容见 3.3 Web 技术)。

万维网之父

2004 年 6 月 15 日,芬兰总统哈洛宁在芬兰首都赫尔辛基举行的"千年技术奖"颁奖仪式上,将 100 万欧元的巨额奖金和名为"顶峰"的纪念奖品颁发给蒂姆·伯纳斯-李(Tim Berners-Lee),充分肯定了他为提高人类生活质量并促进经济的可持续发展所做出的重大贡献。

伯纳斯-李 1955 年 6 月 8 日生于数学世家,牛津大学毕业,1980 年来到瑞士日内瓦的欧洲核子研究中心作软件工程师。他希望创建一种工具,让人们不管身处何地,都能通过计算机网络简单快捷地访问其他人的数据。1989 年,他朝着这个"全球系统"迈出了一大步:某一台计算机上的文档可以通过超文本链接到因特网上,让身处世界各地的人轻松共享信息,伯纳斯-李给系统命名为"World Wide Web(万维网)"。

1991年万维网开始得到广泛的应用，之后，伯纳斯-李相继制定了互联网的HTTP、HTML等技术规范，一直致力于互联网技术的研究，比他的发明更伟大的是，他没有为WWW申请专利或者限制它的使用，而是无偿地向全世界开放。

资料来源：http://news.sohu.com/2004/06/27/83/news220738342.shtml

5．数据库技术

在电子商务业务中需要使用储存在数据库中的大量信息。例如，商家为用户提供的商品信息、认证中心储存的交易角色的信息、配送中心需要使用的配送信息、商家管理用户的一些购买信息等。这些信息的存储和使用需要有好的数据库技术作为支持。它包括数据模型、数据库系统（Oracle、Sybase、SQL Server、FoxPro等）、数据仓库、联机分析处理、数据挖掘技术等，主要完成数据的收集、存储和组织、决策支持、Web数据库等（具体内容见3.4 数据库技术）。

6．交易安全技术

安全问题解决得如何直接影响到电子商务的发展。它涉及防火墙技术、网络安全监控技术和信息加密技术等。此外，若在网络上进行商务活动，需要有一个交易各方都信任的第三方机构来完成各方的认证，这涉及认证技术（具体内容见第10章 电子商务安全管理）。

7．电子支付技术

电子支付技术包括电子资金转账技术、数据自动俘获技术、银行清算系统等（具体内容见第8章 电子支付系统）。

8．电子数据处理技术

电子数据处理技术主要包括EDI技术、条码技术，条码技术为商品提供一套可靠的代码标识体系，为产、供、销等生产及贸易的各个环节提供通用语言，并为商业数据的自动采集和EDI的实现奠定了基础。

3.1.2 电子商务的技术标准

电子商务的实施需要大批的标准作为支持，尤其是电子商务的信息系统内部核心更是各个计算机应用系统的高度集成，每个系统运行的好坏也在于它们集成的合理性。所以，在美国著名的电子商务白皮书、欧共体的电子商务计划，以及我国的国家信息系统的建设目标中，都把标准问题放在主要的位置。

1．标准

关于"标准"的概念，国际标准化组织的指南文件是这样定义的："由有关各方根据科学技术的成就与先进经验，共同合作起草，一致或基本上同意的技术规范或其他公开文件，其目的在于促进最佳的公众利益，并由标准化团体批准。"

我国国家标准中描述为："标准是对重复性的事物和概念所做的统一规定。它以科学、技术和实践经验的综合成果为基础，经有关方面协商一致，由主观机构批准，以特定的形式发布，作为共同遵守的准则和依据"。

2. EDI 标准

EDI 所进行的数据交换是各参与方之间以相互商定的数据格式进行的业务文件的交换，这种相互商定的格式就是标准。因此，EDI 实现的关键就是制定统一的标准，而正是这统一的标准保证了 EDI 的开通。

EDI 标准分为以下几个方面：EDI 基础标准，EDI 管理标准，EDI 单证标准，EDI 报文标准，EDI 代码标准，EDI 通信标准，EDI 相关标准。其中，EDI 基础标准包括了 EDI-FACT 应用级语法规则、EDIFACT 数据元目录、EDIFACT 复合数据元目录、EDIFACT 段目录、EDIFACT 报文设计指南、EDIFACT 语法实施指南、EDIFACT 代码表、EDI-FACT 术语标准。EDI 单证标准包括了贸易单证标准、运输单证标准、海关单证标准、银行单证标准、保险单证标准、检验单证标准、邮政单证标准和其他单证标准。

UN/EDIFACT 具有以下特点。

(1) 包含了各类信息代码，使用范围较广。
(2) 包括了报文、数据元、数据段和语法等，内容较完整。
(3) 可以根据需要进行扩充，应用比较灵活。
(4) 适用于各类计算机和通信网络。

3. 电子商务标准

电子商务作为集成的信息系统或计算机应用系统，它的各个组成部分相互关联、相互依存、相互制约，共同影响着整个系统的功能和效率。为使电子商务信息系统的各个组成部分能够协调一致地工作，首先就要进行标准化的工作。只有通过制定、发布和实施各种对象标识、数据采集、数据处理、网络、通信接口等标准，才能使电子商务信息系统达到整体的实现。

电子商务信息系统标准化是系统建设、运行和管理维护的重要技术基础工作，它应遵循整体最优、统一实用、协商一致、便于扩充、相对稳定，以及可实验验证等原则。其工作内容非常广泛，主要包括以下方面的标准化工作：①电子商务信息系统基础通用术语标准；②电子支付标准；③元器件、设备、消耗品标准；④媒体标准；⑤软件工程标准；⑥数据库标准；⑦信息分类编码标准；⑧信息交换标准；⑨通用文件格式标准、信息记录格式标准、单证格式标准；⑩多语种文字信息处理标准；⑪字符集和系统编码标准；⑫接口标准；⑬网络技术、数据通信和开放系统互联标准，文本和办公自动化标准，图像数据处理标准，电子版权管理系统标准；⑭信息采集质量控制标准，信息安全、保密标准等。这些标准之间不可避免地存在着各种错综复杂的关系，既有交叉，又有重复，有时还可能相互抵触，所以在使用标准时应该注意标准的协调和匹配，解决兼容的问题。

我国电子商务技术标准一是起步晚，EDI 等领域内的技术标准工作在 20 世纪 90 年代才开始；二是标准未成体系，EDI 标准中，EDIFACT 有 170 多项，我国仅有十多项；三是积极采用国际标准，20 世纪 90 年代以来制定的电子商务国家标准约 650 项，采用国际标准的占 50%，这说明我国非常重视电子商务标准的国际化。

3.2 Internet 技术基础

3.2.1 网络协议与 TCP/IP 协议

1. 网络协议

使计算机能够互相传输和转换数据的规则被称为网络协议(Protocol)。

计算机网络是由各个独立的计算机系统与通信网络连接而成的,各个计算机系统之间可能不兼容,即使是兼容的系统,各机之间的频率也可能不同,因而在计算机间进行通信之前必须要有约定。所有的约定统称为"通信协议",它决定经由网络传输的信息格式和控制方式。

为了减少协议设计的复杂性,大多数网络都按层(Layer)的方式来组织。每一层都建立在它的下层之上。不同的网络,各层的数量、名字、内容和功能都不完全相同。但共同特点是第 n 层必须建立在第 $n-1$ 层的基础上,并为第 $n+1$ 层提供必要的功能服务,每一层完成特定的功能。第 n 层的具体实现方法对第 $n+1$ 层来说是透明的,即它的具体实现细节对上一层没有任何影响,上一层也不需要了解这些细节。例如,一台机器上的第 n 层与另一台机器上的第 n 层进行对话,通话的规则就是第 n 层的协议,最底层为第 1 层,是网络间两个实体的物理连接。

网络协议的分层取决于设计者的构思,两个不同设计者设计出的网络在层次上及每层功能和层间连接很可能是不同的,因而难以实现网络间通信。为了解决这个问题,国际标准化组织提出了一个网络分层的模型,称为开放系统互联参考模型(Open System Interconnection,OSI)。该模型只是对层次划分和各层协议做一些原则性说明,而不是一个具体的网络。其中各层具有以下作用和功能。

第一层:物理层。在物理介质上传输比特数据流。物理层充当通信电缆线的各种接口,也传输高层产生的数据信号,只有这一层可以与另一台计算机的对等层之间直接传递信息。

第二层:链路层。建立相邻(有线路相连)节点间的传送链路,通过差错控制提供数据帧在信道上无差错地传输,并进行数据流量控制。在发送端,负责从网络层向物理层发送数据帧;在接收端,将来自物理层的比特数据流打包为数据帧。

第三层:网络层。为传输层的数据传输提供建立、维护和终止网络连接的手段,把上层来的数据组织成报文分组,在节点间进行交换传送,控制信息的中间转发和路径选择。选择合适的网间路由或交换节点,确保数据及时传输。

第四层:传输层。建立点对点的通信通道,为上层提供透明的和可靠的数据传输服务,信息的传送单位是报文,确保报文无差错、按序、不丢失、无重复地传输。本层描述如何解决数据完整性,出错时的检测和恢复,线路利用等问题。

第五层:会话层。提供两个实体间建立、管理和拆除对话连接的方法。本层不参与具体的数据传输,只建立和维护应用之间通信的机制,规定网络物理地址与逻辑地址之间的转换,以及虚拟电路的建立和拆除。

第六层：表示层。提供通信实体间数据交换的标准接口，规定一种信息的标准形式，非标准形式之间以标准形式为中介进行翻译和转换。确定计算机之间交换数据的格式，可称其为网络转换器。

第七层：应用层。负责应用管理和执行应用程序。本层为用户提供 OSI 标准下的各种服务，管理和分配网络资源，为应用程序提供信息。充当应用程序访问网络服务的窗口，直接支持用户的应用程序，如文件传输、数据库访问和电子邮件等。

OSI 模型并非网络体系结构的全部内容，因为它并未确切描述各层的服务和协议，仅仅说明每层的功能。ISO 为各层制定了标准，这些标准是独立的国际标准。

2. TCP/IP 协议

TCP/IP 协议是指在互联网的各网络之间以及各成员网内部交换信息时要遵循的协议。TCP/IP 规范了网络上的所有通信设备，尤其是主机与主机之间的数据往来格式以及传送方式。

TCP/IP 协议是指一整套数据通信协议，最早是由斯坦福大学的两名研究人员于 1973 年提出的，被 UNIX 系统采用，随着 UNIX 的成功，TCP/IP 逐渐成为 UNIX 系统的网络标准协议，由于 TCP/IP 协议具有跨平台性，ARPANET 的试验人员在经过对 TCP/IP 改进以后，规定连入 ARPANET 的计算机都必须采用 TCP/IP 协议，美国国防部向全世界无条件地免费提供 TCP/IP，这等于向全世界公布了解决计算机网络之间通信的核心技术，TCP/IP 的公开，最终也导致了今天 Internet 的普及天下。

TCP/IP 协议的核心是传输控制协议（Transmission Control Protocol，TCP）和网际协议（Internet Protocol，IP）。IP 协议规定了计算机在通信时应该遵循的规则的全部具体细节。连接到 Internet 上的每台计算机都必须遵守 IP 协议的约定。每台计算机产生的分组都必须使用 IP 定义的格式。TCP 协议主要是解决分组交换中可能出现的问题，它自动检测丢失的分组并解决这一问题，自动检测到来的分组并按原来的顺序调整过来，自动检测重复发来的分组并只接收最先到达的分组。

实际上 TCP/IP 代表一组协议，它包括四层，即网络接口层、网际层、传输层和应用层，每一层由若干协议构成。

1) 网络接口层

网络接口层是 TCP/IP 工作的基础，是与具体的网络线路进行数据交换的部分。它的任务是，接收网际层来的数据包，并把这些数据包发送到指定网络，或者接收网络上来的数据包，向网际层提交。TCP/IP 在这一层没有规定任何协议，但可以使用绝大多数的网络接口。

2) 网际层

网际层有最重要的 IP 协议，还有 ICMP、ARP 和 RARP 协议。网际层接收传输层来的 TCP 包，并在包头中加上接收端主机地址，形成 IP 包发送到低层；相反，IP 层也可以接收由更低层（网络接口层）发来的数据包，并把该数据包发送到更高层——TCP 或 UDP 层。IP 协议不保证数据传送的可靠性，在主机资源（如发送或接收缓冲区）紧张的时候可能丢弃数据包，因为 IP 并没有做任何事情来确认数据包是按顺序发送的或者没有被破坏。数据传送的可靠性由 TCP 协议来保证。

网际层还有其他一些协议,ARP(Address Resolution Protocol,地址解释协议),将IP地址翻译为物理地址,将主机IP地址映射为硬件地址的过程;ICMP(Internet Control Message Protocol,控制消息协议),用于向网络中其他主机发布有关IP网络信息;RARP(Reverse Address Resolution Protocol,反向地址解释协议),其功能是找某一IP地址对应的物理地址。

3) 传输层

传输层具有TCP协议,除此之外还有UDP和NVP协议。UDP(User Data gram Protocol,用户数据报协议),是在网络中进行面向无连接的数据传输的协议,它仅仅把数据包从端口送出去,而不保证数据包可靠到达接收主机。

TCP则是一种面向连接的协议,即收、发双方在进行数据传送之前必须先建立链接,链接成功后才开始数据传送,数据正确传送完毕之后再拆除链接,因而能保证数据可靠地传送到接收主机。

NVP(Network Voice Protocol,网络语音协议),用于在IP网络中实时传送压缩的数字语音信息。

传输层的作用主要是接收应用层来的数据报文,将其分成若干段,每段称为报文组,并为每个报文分组添加包头,形成TCP包,就像被装入信封,包头上有分组序号和校验码等信息,以便接收端依据序号还原报文。另外,传输层还要接收从网际层来的分组,进行校验,若出错,要求重发该分组;否则按序号拼装分组形成报文,交应用层处理。

4) 应用层

应用层向用户提供一组常用的应用程序。这些协议有SMTP(Simple Mail Transfer Protocol,简单电子邮件传输协议)、DNS(Domain Name Service,域名服务器)、NSP(Name Service Protocol,名字服务协议)、FTP(File Transfer Protocol,文件传输协议)、Telnet(Telecommunication Network,网络终端协议)。应用层将数据传给传输层或接收传输层送来的数据。

Internet上各种网络之间是通过路由器连接的,信息的传送是通过路由器来实现的。与路由器相连接的主机称为站点。一个路由器并不连接所有的站点,它只连通相邻的站点,信息是由路由器一个一个站点传送到目的地的。

 知识链接

IPv4 与 IPv6

IPv4是互联网协议(Internet Protocol,IP)的第4版,也是第一个被广泛使用,构成现今互联网技术基石的协议。1981年Jon Postel在RFC791中定义了IP,IPv4可以运行在各种各样的底层网络上,比如端对端的串行数据链路(PPP协议和SLIP协议),卫星链路等。局域网中最常用的是以太网。传统的TCP/IP协议基于的IPv4属于第二代互联网技术,核心技术属于美国。它的最大问题是网络地址资源有限,从理论上讲能够编址1 600万个网络、40亿台主机。但采用A、B、C三类编址方式后,可用的网络地址和主机地址的数目大打折扣,以致IP地址已经枯竭。其中北美占有3/4,约30亿个,而人口最多的亚洲只有不到4亿个。虽然用动态IP及Nat地址转换等技术实现了一些缓冲,但IPv4地址枯竭已经成为不争的事实。传统的TCP/IP协议是基于电话宽带及以太网的电器特性而制定的,其分包原则与检验占用了数据包很大的一部分比例,使传输效率低。网络正向着全光纤网络高速以太网方向发展,TCP/IP 协议将不能满足其发展需要。

IPv6 是 Internet Protocol Version 6 的缩写,其中 Internet Protocol 译为"互联网协议"。IPv6 是 IETF(Internet Engineering Task Force,互联网工程任务组)设计的用于替代现行版本 IP 协议(IPv4)的新一代 IP 协议。

与 IPv4 相比,IPv6 具有以下几个优势。

(1) IPv6 具有更大的地址空间。IPv4 中规定 IP 地址长度为 32,即有 $2^{32}-1$ 个地址;而 IPv6 中 IP 地址的长度为 128,即有 $2^{128}-1$ 个地址。

(2) IPv6 使用更小的路由表。IPv6 的地址分配一开始就遵循聚类(Aggregation)的原则,这使得路由器能在路由表中用一条记录(Entry)表示一片子网,大大减小了路由器中路由表的长度,提高了路由器转发数据包的速度。

(3) IPv6 增加了对组播(Multicast)支持及对流的支持(Flow Control),这使得网络上的多媒体应用有了长足发展的机会,为服务质量(Quality of Service,QoS)控制提供了良好的网络平台。

(4) IPv6 加入了对自动配置(Auto Configuration)的支持。这是对 DHCP 协议的改进和扩展,使得网络(尤其是局域网)的管理更加方便和快捷。

(5) IPv6 具有更高的安全性。在使用 IPv6 网络中用户可以对网络层的数据进行加密并对 IP 报文进行校验,极大地增强了网络的安全性。

资料来源:http://baike.baidu.com/view/7649.htm?from_id=214077&type=syn&fromtitle=tcp%2Fip&fr=aladdin

3.2.2 Internet 接入技术

互联网接入技术就是负责将用户的局域网或计算机与公用网络连接在一起的技术,由于这是用户与互联网连接的最后一步,因此,又叫最后一公里技术。

根据使用的媒体分类,Internet 接入网可以分为有线接入网和无线接入网两大类,各种各样的接入方式都有其自身的长短优劣,不同需要的用户应该根据自己的实际情况作出合理的选择。

1. Internet 有线接入方式

1) 公用电话交换网

一条电话线加一个 Modem 的方式接入互联网,覆盖面广,不受距离限制,投资小且安装简单。其缺点是速率低,独占电话线,每次建立连接的时间较长,随着宽带的发展和普及,它逐渐被淘汰。

2) 综合业务数据网(Integrated Service Digital Network,ISDN)

国际电信标准化组织于 1984 年给出了 ISDN 的定义:ISDN 是电话网和数字网相结合演化而成的一种网络,它提供端到端的数字连接,包括话音业务和非话音业务等广泛的业务类别,用户可以通过一套标准化的用于多种目的的接口访问这个网络。

ISDN 接入技术俗称"一线通",它采用数字传输和数字交换技术,将电话、传真、数据、图像等多种业务综合在一个统一的数字网络中进行传输和处理。用户利用一条 ISDN 用户线路,可以在上网同时拨打电话、收发传真,就像两条电话线一样。ISDN 基本速率接口有两条,即 64Kb/s 的信息通路和一条 16Kb/s 的信令通路,简称 2B+D,当有电话拨入时,它会自动释放一个 B 信道来进行电话接听。

就像普通拨号上网要使用 Modem 一样,用户使用 ISDN 也需要专用的终端设备,主要由网络终端 NT1 和 ISDN 适配器组成。网络终端 NT1 好像有线电视上的用户接入盒一样必不可少,它为 ISDN 适配器提供接口和接入方式,是用户传输线路的终端设备,是实现在普通电话线上进行数字传送和接收的关键设备,是电话局程控交换机和用户终端设备之间的接口设备;ISDN 适配器的功能是使现有的非 ISDN 标准终端(模拟电话机、G3 传真机、PC)能够在 ISDN 上运行。

利用 ISDN 接入互联网具有以下优点:①速率较公用电话网有较大提高,若同时使用两个 B 信道,速率可达 128Kb/s;②可实现 2B 信道的动态带宽分布,在用 2B 信道上网时,用户如需拨打或接听电话,系统可自动释放一个 B 信道,实现电话、上网两不误;③采用数字信号传输,可靠性高。缺点:①连接时仍需要拨号,每次建立链接的时间较长;②带宽受限,速率仍是瓶颈。

3) xDSL 数字用户线路

xDSL 是 DSL(Digital Subscriber Line)的统称。DSL 技术是一种先进的调制技术,是指在双绞铜线(即普通电话线)的两端分别接入 DSL 调制解调器,利用数字信号的高频带宽特性,进行高速传送数据,也可以利用进入家庭的电话线路携载高速数据,实现数字网络的接入。使用这种技术,将会在数据到达中心局的电话交换系统之前把数据信息与语音信息分离。这样做有两个好处:首先,可大大增加数据的发送量,因为主要是话音交换机而不是电话线限制数据发送量;其次,电话交换系统和干线免于被那些长时间的数据呼叫占用。常用的 xDSL 技术数据见表 3-1。

表 3-1 常用 xDSL 的技术数据

xDSL	名称	下行速率	上行速率	双绞铜线对数
HDSL	高速率数字用户线	1.544~2Mb/s	1.544~2Mb/s	2 或 3
SDSL	单线路数字用户线	1Mb/s	1Mb/s	1
IDSL	基于 ISDN 数字用户线	128Kb/s	128Kb/s	1
ADSL	非对称数字用户线	1.544~8.192Mb/s	512Kb~1Mb/s	1
VDSL	甚高速数字用户线	12.96~55.2Mb/s	1.5~2.3Mb/s	2
RADSL	速率自适应数字用户线	640Kb~12Mb/s	128Kb~1Mb/s	1
S-HDSL	单线路高速数字用户线	768Kb/s	768Kb/s	1

在各种 xDSL 技术中,ADSL 技术最引人注目。ADSL(Asymmetric Digital Subscriber Line)称为非对称数字用户环路,它是一种利用传统电话线来提供高速网际网络上网服务的调制/解调技术。

所谓非对称是指用户线的上行速度与下行速度不同,上行速率低(640K~1Mb/s),下行速率高(1~8Mb/s),特别适合于传输多媒体信息业务,也符合了一般网络使用者的习惯和特性,即接收的资料量远远比其送出的资料量多。

ADSL除了具有很高的传输速率外，其更吸引人的地方是它具有和ISDN一样的功能，就是上网和打电话互不干扰，在一条普通电话线上打电话同时进行ADSL传输，使用频分复用技术，在同一铜线上分别传输数据和语音信号，数据信号不通过电话交换机，减轻了交换机的负担。因此，使用ADSL上网不需要交纳电话费，并且不需要拨号，一直在线，属于专线上网方式。

ADSL方案的最大特点是不需要改造信号传输线路，完全可以利用普通铜质电话线作为传输介质，配上专用的Modem即可实现数据高速传输。在ADSL接入方案中，每个用户都有单独的一条线路与ADSL局端相连，它的结构可以看成是星形结构，数据传输带宽是由每一个用户独享的。

ADSL技术可以为基于因特网的应用带来更高的接入带宽，大大提高了Web浏览、文件下载、Web视频音频等应用的性能，无疑是用户高速上网中很具吸引力的技术，非常适合中、小企业，是目前个人宽带上网的一种主要方式。但是它有一个致命的弱点：用户距离电信局交换机房的线路距离不能超过4～6km，这就限制了它的应用范围。

4）DDN专线接入

DDN（Digital Data Network，数字数据传输网）是随着数据通信业务发展而迅速发展起来的一种新型网络。DDN的主干网传输媒介有光纤、数字微波、卫星信道等，用户端多使用普通电缆和双绞线。DDN将数字通信技术、计算机技术、光纤通信技术，以及数字交叉连接技术有机地结合在一起，提供了高速度、高质量的通信环境，可以向用户提供点对点、点对多点透明传输的数据专线出租电路，为用户传输数据、图像、声音等信息。DDN的通信速率可根据用户需要在$N \times 64 \text{Kb/s}(N=1\sim32)$之间进行选择，当然，速度越快租用费用也越高。

DDN的基本特性是在数据通信中全程采用数字传输技术，与采用模拟传输技术的数据通信相比，DDN具有传输质量高、信道利用率高的优点；与分组交换数据网相比，DDN具有信息传输率高、网络传输延时小的优点。由于DDN用户信息是根据实现约定的协议，在固定通道带宽和预先约定速率下顺序连续传输的，免去了目的端对信息的重组，因此减少了延时；DDN对数据终端设备的数据传输率没有特殊要求，网络运行管理简便。DDN非常适用于数据信息流量大的数据通信场合。

DDN专线接入适合于对带宽要求比较高的场合，主要适用于企业单位用户，它可以把企业局域网接入中国公共计算机互联网，使企业高效地向全球获取、发布信息，为企业走向世界创造无限商机。DDN专线接入对用户端的要求为：一条专线、一台基带Modem、一个路由器、内部局域网和计算机、相应的通信软件。DDN的收费一般可以采用包月制和计流量制，这与一般用户拨号上网的按时计费方式不同。用户租用DDN业务需要申请开户，一般租用费较贵，普通个人用户负担不起，因此中小企业较少选择。

2. Internet无线接入方式

由于铺设光纤的费用很高，对于需要宽带接入的用户，一些城市提供无线接入。用户通过高频天线和ISP连接，距离在10km左右，带宽为2～11Mb/s，费用低廉，但是受地形和距离的限制，适合城市里距离ISP不远的用户，性能价格比很高。

1) GSM 接入

GSM(Global System for Mobile Communication，环球移动通信系统)是一种起源于欧洲的移动通信技术标准，是第二代移动通信技术。该技术是目前个人通信的一种常见技术。GSM 是 1991 年开始投入使用的。现在已经成为欧洲和亚洲的标准。GSM 数字网具有较强的保密性和抗干扰性，音质清晰，通话稳定，并具备容量大、频率资源利用率高，接口开放，功能强大等优点。我国于 20 世纪 90 年代初引进此项技术标准，此前一直是采用蜂窝模拟移动技术，即第一代 GSM 技术(2001 年 12 月 31 日我国关闭了模拟移动网络)。目前，中国移动、中国联通各拥有一个 GSM 网，为世界最大的移动通信网络。用户通过手机的 GSM 网拨号连接 ISP 的服务器，从而实现无线 Internet 接入。

2) CDMA 接入

CDMA(Code Division Multiple Access，码分多址分组数据传输技术)，被称为第 2.5 代移动通信技术。CDMA 手机具有话音清晰、不易掉话、发射功率低和保密性强等特点，发射功率只有 GSM 手机发射功率的 1/60，被称为"绿色手机"。更为重要的是，基于宽带技术的 CDMA 使得移动通信中视频应用成为可能。CDMA 与 GSM 一样，也是属于一种比较成熟的无线通信技术。CDMA 数字网具有以下几个优势：高效的频带利用率和更大的网络容量、网络规划简单、通话质量高、保密性及信号覆盖好，不易掉话等。另外，CDMA 系统采用编码技术，其编码有 4.4 亿种数字排列，每部手机的编码还随时变化，这使得盗码只能成为理论上的可能。

3) GPRS 接入

相对原来 GSM 的拨号方式(即电路交换数据传送方式)，GPRS(General Packet Radio Service，通用无线分组业务)是分组交换技术。由于使用了"分组"的技术，用户上网可以免受断线的痛苦，此外，使用 GPRS 上网的方法与 WAP 并不同，用 WAP 上网就如在家中上网，先"拨号连接"，而上网后便不能同时使用该电话线，但 GPRS 就较为优越，下载资料和通话是可以同时进行的。从技术上来说，如果单纯进行语音通话，不妨继续使用 GSM，但如果有数据传送需求时，最好使用 GPRS，它把移动电话的应用提升到一个更高的层次。同时，发展 GPRS 技术也十分"经济"，因为它只需对现有的 GSM 网络进行升级即可。GPRS 的用途十分广泛，包括通过手机发送及接收电子邮件，在互联网上浏览等。

GPRS 的最大优势在于它的数据传输速度非 WAP 能比。目前的 GSM 移动通信网的数据传输速度为 9.6Kb/s，而 GPRS 达到了 115Kb/s，此速度是常用 56Kb/s modem 理想速率的两倍。除了速度上的优势，GPRS 还有"永远在线"的特点，即用户随时与网络保持联系。

4) 3G 通信

3G(3rd Generation，第三代移动通信技术)技术又称为国际移动电话 2000，该技术规定，移动终端以车速移动时，其传输数据速率为 144Kb/s，室外静止或步行时速率为 384Kb/s，而室内为 2Mb/s。但这些要求并不意味着用户可用速率达到 2Mb/s，因为室内速率还将依赖于建筑物内详细的频率规划及组织与运营商协作的紧密程度。然而，由于无线 LAN 一类的高速业务的速率已可达 54Mb/s，在 3G 网络全面铺开时，人们很难预测 2Mb/s 业务的市场需求将会如何。

5）无线局域网

WLAN(Wireless LAN，无线局域网)是计算机网络与无线通信技术相结合的产物，它不受电缆束缚，可移动，能解决因有线网布线困难等带来的问题，并且具有组网灵活、扩容方便、能与多种网络标准兼容、应用广泛等优点。WLAN既可满足各类便携机的入网要求，也可实现计算机局域网远端接入、图文传真和电子邮件等多种功能。

无线网络的出现就是为了解决有线网络无法克服的困难。虽然无线网络有诸多优势，但与有线网络相比，无线局域网也有很多不足。无线网络速率较慢、价格较高，因而它主要面向有特定需求的用户。目前无线局域网还不能完全脱离有线网络，无线网络与有线网络是互补的关系，现在还只是有线网络的补充，而不是替换。近年来，适用于无线局域网产品的价格正逐渐下降，相应软件也逐渐成熟，此外，无线局域网已能够通过与广域网相结合的形式提供移动互联网的多媒体业务。相信在未来，无线局域网将以它的高速传输能力和灵活性发挥更加重要的作用。

 知识链接

4G

4G(Fourth Generation Communications System，第四代移动通信系统)是第三代移动通信系统的延续，是一种设想用来替代3G蜂窝的第四代无线蜂窝系统。4G集3G与WLAN于一体，能够以100Mb/s的速度下载，4G的速度是3G的10倍。4G通信技术具备向下相容、全球漫游、与网络互联、多元终端应用等优点，并能从3G通信技术平稳过渡至4G。4G网络应用包括移动视频直播、移动/便携游戏、基于云计算的运用、"增强现实"导航等。

与3G相比，4G移动通信系统的技术有许多超越之处，主要具有以下特点。

(1) 高速率。对于大范围高速移动用户(250km/h)，数据传输速率为2Mb/s；对于中速移动用户(60km/h)，数据速率为20Mb/s；对于低速移动用户(室内或步行者)，数据传输速率为100Mb/s。

(2) 以数字宽带技术为主。在4G移动通信系统中，信号以毫米波为主要传输波段，蜂窝小区也会相应小很多，在很大程度上提高了用户容量，但同时也会引起一系列技术上的难题。

(3) 良好的兼容性。4G移动通信系统实现了全球统一的标准，让所有移动通信运营商的用户能够享受共同的4G服务，真正实现一部手机在全球的任何地点都能进行通信。

(4) 较强的灵活性。4G移动通信系统采用智能技术使其能自适应地进行资源分配，能对通信过程中不断变化的业务流大小进行相应处理而满足通信要求，采用智能信号处理技术对信道条件不同的各种复杂环境进行信号的正常发送与接收，有很强的智能性、适应性和灵活性。

(5) 多类型用户共存。4G移动通信系统能根据动态的网络和变化的信道条件进行自适应处理，使低速与高速的用户及各种各样的用户设备能够共存与互通，从而满足系统多类型用户的需求。

(6) 多种业务的融合。4G移动通信系统支持更丰富的移动业务，包括高清晰度图像业务、会议电视、虚拟现实业务等，使用户在任何地方都可以获取任何所需的信息服务。将个人通信、信息系统、广播和娱乐等行业结合成一个整体，更加安全、方便地向用户提供更广泛的服务与应用。

(7) 先进技术的应用。4G移动通信系统以几项突破性技术为基础，如OFDM多址接入方式、智能天线和空时编码技术、无线链路增强技术、软件无线电技术、高效的调制解调技术、高性能的收发信机和多用户检测技术等。

(8) 高度自组织、自适应的网络。4G移动通信系统是一个完全自治、自适应的网络，拥有对结构的自我管理能力，以满足用户在业务和容量方面不断变化的需求。

资料来源：http://wiki.mbalib.com/wiki/4G

3.2.3 Intranet 和 Extranet

1. Intranet

Intranet 是在统一行政管理和安全控制管理之下，采用 Internet 的标准技术和应用系统建设成的企业内部的信息管理和交换平台。

Intranet 是传统企业网与 Internet 相结合的新型企业网络，是在传统企业办公自动化系统和管理信息系统的基础上，采用 Internet 的协议标准和技术来构筑或改建成的企业内部互联网，是在一个组织内部使用 Internet 技术实现通信和信息访问的方式。企业利用 Intranet 技术构建企业内部网络，连接雇员、合作伙伴及客户，对外提供广告宣传、技术支持等服务，同时还充分利用 Internet 提供的信息资源；对内则用于企业内部事务处理、信息交换、信息共享、信息获取及网上通信、网上讨论等方面。

Intranet 是一种继承 Internet 的 TCP/IP、WWW、FTP 和 Telnet 等技术成果的企业内部网，它能以较少的投资和较短的开发周期，创建或将企业内部管理信息系统改造成一个开放、安全、高效的企业信息系统。基于 Intranet 的系统可在不改变原有系统功能要求的基础上增加许多新的网络服务功能，实现与 Internet 的互联。例如，可把公司的简介、新闻、产品信息、文件档案等放在 Web 主页上，向公众提供；有些公司还利用 Intranet 进行客户服务、接受订单、信息反馈等，并将其视为重要的对外联系的窗口。通过 Intranet 将企业所需要的信息连接起来，产生的效益是过去局域网无法比拟的，如图 3.1 所示。

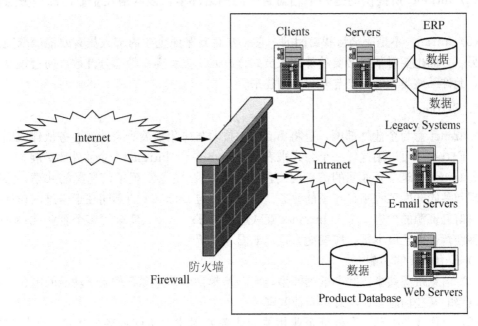

图 3.1 企业 Intranet 结构图

1) Intranet 的功能

（1）企业内部信息发布。利用 Intranet，企业内部信息，如日常新闻、年度报告、产品价格信息、公司机构等,可通过如同 Internet 上的 Web 站点一样的 Web 服务器向分散在全国乃至全世界的雇员发布,这样,企业内部网就变成了全球性的信息网络。

(2) 充分利用现有的数据库资源。现代企业普遍建立了管理信息系统来管理其业务,已有各式各样的数据库在应用,但是,使用这些数据库必须在客户机上安装相应的客户软件,使用很不方便。有了 Intranet 以后,Web 技术使一般的工作人员通过浏览器来访问各种复杂的数据库,CGI(Common Gateway Interface,公共网关界面)和 ASP(动态服务器网页)技术使访问数据库变得十分简单。

(3) 理想的营销工具,实现企业的电子商务。利用 Intranet,营销人员不管身在何处,都可使用浏览器来查阅企业内部网上的各种多媒体信息,同时营销人员收集的信息可及时反馈到公司。无论是在全球还是在我国,电子商务都以比人们预料的还要快得多的速度发展着。企业利用 Intranet,可实现网上销售、网上支付、网上服务等,在全球经济一体化的今天,电子商务已成为时代发展的潮流。

(4) 协同工作环境。现代企业的集团性质,使企业(公司)内的工作群体往往在分散的环境下协同工作,必须使用具有交互性质的工具来完成群体各成员间的信息交流。使用 Intranet,WWW 页面和动态 Web 技术就会成为工作群体之间进行协同工作的理想环境。

2) Intranet 的特点

(1) Intranet 通过防火墙与企业以外的网络相对隔离,提高了 Intranet 的安全保护能力。

(2) Intranet 所提供的是一个相对封闭的网络环境,该网络在企业内部是分层次开放的。

(3) Intranet 不是完全自我封闭的,它一方面要保证企业内部人员有效地获取交流信息;另一方面也要对某些必要的外部人员如合伙人、重要客户等部分开放,通过设立安全网关,允许某些类型的信息与外界之间往来。

2. Extranet

Extranet 意为企业外部网,是将 Internet 技术与应用扩展到企业的业务伙伴或固定的客户。Extranet 可以用这样一个公式来表示:Extranet=Intranet+企业外部扩展。

Extranet 构筑了企业间的信息网络,通过 Web 浏览器实现了信息源的共享,协同信息处理和共同开发工程项目与新的业务。Extranet 与 Intranet 的不同在于信息的访问控制和共享信息资源的内容。多个 Intranet 互联形成了 Extranet,实现了多个企业优势互补的合作型经营,而且成本低,应变能力强,如图 3.2 所示。

1) Extranet 的功能

(1) 信息资源共享。共享数据库型,WWW 提供的信息和条件检索功能的组合实现对企业内部的某些信息资源与外部企业共享。

(2) 合作业务处理。和外部企业相关的业务处理建立协同处理的连接,包括数据交换,数据更新,形成完整的业务流程。

(3) 共同开发新的业务与工程合作。利用 WWW 系统与技术面向工程项目中不同的企业实现虚拟的联合企业,灵活合作。

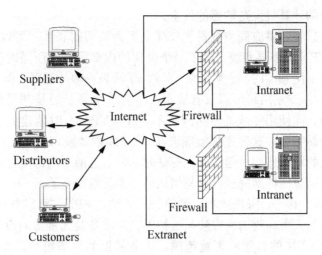

图 3.2　企业外联网结构图

2) 外部网的网络类型

(1) 公共网络。如果一个组织允许公众通过任何公共网络访问该组织的内部网，或两个或更多的企业同意用公共网络把它们的内部网连在一起，公共网络外部网就出现了。在这种结构中，安全性是最大问题，因为公共网络不提供任何安全保护措施。为了保证合作企业之间交易的安全，每个企业在把它的信息送到公共网络之前，必须对这些信息提供安全保护。内部网一般采用防火墙来检查来自因特网的信息包，但是防火墙也不是百分之百的安全。这就是公共网络外部网在实际中很少采用的原因，因为风险太大了。

(2) 专用网络。专用网络是两个企业间的专线连接，这种连接是两个企业的内部网之间的物理连接。专线是两点之间永久的专用电话线连接。和一般的拨号连接不同，专线是一直连通的。这种连接的最大优点就是安全，除了这两个合法连入专用网络的企业，其他任何人和企业都不能进入该网络。所以，专用网络保证了信息流的安全性和完整性。

专用网络的最大缺陷是成本太高，因为专线是非常昂贵的。每对想要用专用网络的企业都需要一条独立的专线把它们连到一起。例如，如果一个企业想通过专用网络与七个企业建立外部网连接，企业必须支付七条专线的费用。企业一般把这个问题称为"伸缩"问题：增加专用网络的数目很困难且昂贵、耗时。那么企业到底该如何在它们的内部网之间建立紧密和专用的联系呢？答案可能就是基于虚拟专用网络设计的外部网。

(3) 虚拟专用网络（Virtual Private Network，VPN）。VPN 外部网是一种特殊的网络，它采用一种叫做"隧道"或"数据封装"的系统，用公共网络及其协议向贸易伙伴、顾客、供应商和雇员发送敏感的数据。这种通道是因特网上的一种专用通路，采用隧道技术，将内部网的数据封装在隧道中，通过 Internet 进行传输。远程访问服务器把用户数据打包进 IP 信息包中，这些信息包通过电信服务商的网络传递，在 Internet 上，则需要穿过不同的网络，最后到达隧道终点，然后数据拆包，转换成最终的形式。VPN 就像高速公路上的一条单独的密封的公共汽车通道，公共汽车通道外的车辆看不到通道内的乘客。由于最敏感的数据处于最严格的控制之下，VPN 也就提供了安全的保护，可保证数据在外部网上的企业之间安全地传输。利用建立在因特网上的 VPN 专用通道，处于异地的企业员工可以向企业的计算机发送敏感的信息。

如果一个企业想和其供应商或贸易伙伴建立更为密切的联系，可以用 VPN 把它们连接在一起。建立 VPN 不需要专线，除了每个公司的内部网外，所需的唯一设施就是因特网。人们常常把外部网和 VPN 混为一谈，虽然 VPN 是一种外部网，但并不是每个外部网都是 VPN。设计虚拟专用网络可以节省成本，尽管其主要目的是利用合作企业间的联盟创造一种竞争优势。同使用专线的专用网络不一样，VPN 适时地建立了一种临时的逻辑连接，一旦通信会话结束，这种连接就断开了。VPN 中"虚拟"一词的意思是：这种连接看上去像是永久的网络连接，但实际上是临时的。一旦两个内部网之间发生交易，VPN 就建立起来，交易通过因特网完成；交易结束后，连接就终止了。

VPN 的优点是：其一，降低成本，借助 ISP 来建立 VPN，可以节省大量的通信费用，企业不必投入大量的人力和物力去安装与维护 WAN 设备及远程访问设备；其二，容易扩展，若企业想扩大 VPN 的容量和覆盖范围，企业需做的事情很少，而且可以立即实现，只需与 ISP 签约或重新签约；其三，可随意与合作伙伴联网，在过去，企业如果想与合作伙伴联网，双方的技术部门就必须协商如何在双方之间建立租用线路，有了 VPN 之后，这种协商也毫无必要，真正达到"要连就连，要断就断"。

Internet、Intranet 和 Extranet 是电子商务功能完整实现的网络环境。Internet 采用 TCP/IP 协议实现了在不同的计算机网络间有效地进行数据通信和传输，利用 Web 系统和技术实现了电子商务的各种应用，形成了新的、直接的、交互的网上经营活动；Intranet 提供了企业内部共享信息资源的开放平台，加强了信息处理能力和协同工作能力，形成新的业务流程，挖掘智力资本，提高企业内部工作质量；Extranet 是覆盖企业与合作伙伴和固定客户的网络，以形成相关信息的共享、相关业务的协同理和灵活合作的企业团队。

总之，Intranet 主要满足企业内部商务活动的需要；Extranet 是满足企业之间商务活动的需要；Internet 是满足针对全部市场商务活动的需要。它们是企业利用互联网技术实现商务活动的三个层次，技术都一样。

3.3 Web 技术

Web 技术结构如图 3.3 所示，在该结构中，Web 客户机是指安装了浏览器的客户端，Web 服务器是用以存放多媒体数据资源和执行 Web 服务的主机。中间件可以调用 Web 服务器中的数据库和其他应用程序，常用的中间件有 CGI、JDBC、Web API。

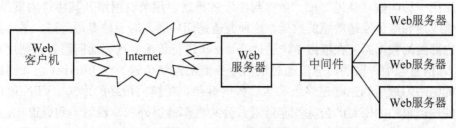

图 3.3　Web 技术结构

Web 通信的基本原理是：由浏览器向 Web 服务器发出 HTTP 请求，Web 服务器接到请求后进行相应的处理，并将处理结果以 HTML 文件的形式返回给浏览器，客户浏览器对其进行解释并显示给用户，Web 服务器要与数据库服务器进行交互，必须通过中间件来实现。

3.3.1 HTTP

HTTP 是负责传输和显示 WWW 页面的 Internet 协议。

一个完整的 HTTP 事务由 4 个阶段组成：①客户机与服务器建立 TCP 连接；②客户向服务器发送请求；③如果请求被接受，则服务器响应请求，发送应答，在应答中包含状态码和请求的 HTML 文档；④客户与服务器关闭连接。

超文本传输协议是一个无连接、无状态的协议。所谓无连接，是指限制每次连接只处理一个请求。客户和服务器建立连接之后，由客户向服务器发送一个请求，作为响应服务器向客户传送一个 Web 文档，而当客户接到来自服务器的应答后即关闭该连接。采用无连接的协议可以充分利用网络资源。无状态，是指协议对于事务处理没有记忆能力。也就是说，如果后续的事务处理需要用到前面的信息，则必须重新传输，这样可能导致每次连接传送的数据量增大。然而，在服务器不需要先前信息时，应答的速度可以更快。

如果 WWW 页面含有电影、声音和图像等内容，客户机就对每个对象发出一个请求。这样，一个包含一种背景声音和三种图像的 WWW 页面就要求五个独立的服务器请求信息来检索四个对象(背景声音和三种图像)以及带有这些对象的页面。由于 HTTP 的用户数增长很快，它对 Internet 有极其重要的影响。

3.3.2 HTML

HTML 是构成 Web 页面的主要工具，是用来表示网上信息的符号标记语言。

20 世纪 60 年代，科学家开始定义一种通用的标记语言，这种语言用来描述电子文档及其构成。1986 年，国际标准化组织(ISO)采用了一种叫做标准通用标记语言(Standard Generalized Markup Language，SGML)的特殊语言作为标准。作为一种编程元语言，SGML 提供了一套标记文档的系统，该系统独立于其他任何应用软件，独立于操作平台。但是它的安装耗资不菲，而且需要很特殊的技术，这种技术是大部分 WWW 设计者所不具备的，并且 SGML 的工具相当昂贵，用 SGML 创建文档类型定义的成本很高，特别是用人工来做，SGML 学起来比较困难。HTML 是一种特殊的 SGML 文档类型，是 SGML 的一个简化版，删去了 SGML 中很少用到的特征，并增加了一些新的特征，如连接 WWW 文本的超链接。

在网上，如果要向全球范围内发布信息，需要有一种能够被广泛理解的语言，即所有的计算机都能够理解的一种用于出版的"母语"。WWW 所使用的出版语言就是 HTML 语言。通过 HTML，将所需要表达的信息按某种规则写成 HTML 文件，通过专用的浏览器来识别，并将这些 HTML"翻译"成可以识别的信息，就是现在所见到的网页。

HTML 的特点和功能是：HTML 作为一种标记性的语言，是由一些特定符号和语法组成的，所以了解和掌握它的使用是十分容易的。可以说，HTML 在所有的计算机编程语言中是最简单易学的。

由于 HTML 语言是标记性的语言，它在浏览器中是用来解释执行的，无须编译，因而 HTML 编写的文档适合在各种浏览器中进行浏览。只要用一个相应平台下的浏览器，就可以实现任何平台网络文档的阅读。

组成 HTML 的文档都是 ASCII 文档，所以创建 HTML 十分简单，只需一个普通的字符编辑器即可，如 Windows 中的记事本也可用来编译 HTML。也可以采用专用的 HTML 编辑工具，如 CoffeeHTML、HomeSite、HTMLEdit Pro 等工具，它们的特点是能够自动检查 HTML 文档中的语法错误并协助改正。

有许多图形化的 HTML 开发工具，使网页的制作变得非常简单。如微软公司推出的 Microsoft FrontPage，Micromedia 公司推出的 Dreamweaver 等编辑工具，都被称为"所见即所得"的网页制作工具。这些图形化的开发工具可以直接处理网页，而不用书写复杂的编码。但是，受到图形编辑工具自身的约束，用户很难编辑出一些精确的效果。一个高级的网页编写者应该在掌握图形编辑工具的基础上进一步学会 HTML，以便快速地编写出使自己满意的网页。

3.3.3　XML 技术简介

随着互联网的迅猛发展和普及，人们可以通过计算机与互联网连接，从世界各地实时地接收和发送大量最新的信息，但在信息交换的过程中存在着一个突出的问题，就是多种多样的数据格式，给信息的有效使用带来了障碍。所以，在信息时代，如何以最便捷、最可靠、最有效的方式获取所需的信息是一个很大的困扰。人们期待能够找到一种可以描述任何逻辑关系的数据格式来统一电子数据的存储，从而不再因为数据格式的不统一而苦恼和困惑。目前，能够担当此任的就是 XML（eXtensible Markup Language，可扩展标记语言）。

1. XML 简介

XML 是专为 Web 应用而设计的，它是 SGML 的一个优化子集，是由 W3C 于 1998 年 2 月发布的一种标准。它以一种开放的自我描述方式定义了数据结构，在描述数据内容的同时能突出对结构的说明，从而体现出数据之间的关系，这样所组织的数据对于应用程序和用户都是友好的、可操作的。

XML 是一种元标记语言，使用者可按需创建新的标记，XML 的可扩展性就在于此。这些标记通过 XML DTD（Document Type Definition，文档类型定义）来加以定义。XML 的精髓是允许文档的编写者制定基于信息描述，体现数据之间逻辑关系的自定义标记，确保文档具有较强的易读性、清晰的语义和易检索性。因此，一个完全意义上的 XML 文档不仅仅是"格式良好的"，而且还应该使用了一些自定义标记的、"有效的" XML 文档，也就是说，它必须遵守文档类型定义 DTD 中已声明的种种规定。

DTD 是 Document Type Definition 的缩写，是作为 XML 标准的一部分发布的。DTD 描述了 XML 文件的文档结构，它含有一系列关于元素类型（Element Type）、属性（Attributes）、实体（Entities）和符号（Notations）的定义。它定义了文档所需的标记，可在文档里使用的元素类型，这些元素之间的联系和元素的属性。XML 文档可以在它的文档类型声明(Document Type Declaration)里声明该文档遵循某个 XML DTD。

目前大多数的面向 XML 应用，都对 XML DTD 做了很好的支持，XML DTD 的工具也相对较为成熟，且当前大多数与 XML 模式相关的算法研究都是基于 XML DTD 展开的。

2．XML 的特点

XML 主要具有以下特点。

(1) 可扩展性。正如 Java 允许使用者声明他们自己的类一样，XML 允许使用者创建和使用他们自己的标记。这一点至关重要，企业可以用 XML 为电子商务和供应链集成等应用定义自己的标记语言，甚至有些特定行业可以共同来定义本领域的特殊标记语言，作为该领域信息共享与数据交换的基础。

(2) 灵活性。HTML 很难进一步发展，这是因为它是格式、超文本和图形用户界面语义的混合，要同时发展这些混合在一起的功能是很困难的；而 XML 提供了一种结构化的数据表示方式，使得用户的显示界面分离于结构化数据，所以，Web 用户所追求的许多先进功能在 XML 环境下更容易实现。

(3) 自描述性。XML 文档通常包含一个文档类型声明，因而 XML 文档是自描述的。不仅使用者能读懂 XML 文档，计算机也能处理它。XML 表示数据的方式真正做到了独立于应用系统，并且数据能够重用。XML 文档被看做是文档的数据库化和数据的文档化。

除了以上先进特性以外，XML 还具有简明性。它只有 SGML 约 20％的复杂性，但却具有 SGML 约 80％的功能。XML 比完整的 SGML 简单得多，易学、易用并且易实现。另外，XML 也吸收了人们多年来在 Web 上使用 HTML 的经验。XML 支持世界上几乎所有的主要计算机语言，并且不同语言的文本可以在同一文档中混合使用，应用 XML 的软件能处理这些语言的任意组合。所有这一切将使 XML 成为数据表示的一个开放标准，这种数据表示独立于机器平台、供应商，以及编程语言。它将为网络计算注入新的活力，为信息技术带来新的机遇。目前，许多大公司和开发人员已经开始使用 XML，包括 B2B 在内的许多优秀应用已经证实了 XML 将会改变今后创建应用程序的方式。

XML 与 HTML 相比主要存在以下差异。

(1) 信息提供者能够任意定义新的标签与属性名称。

(2) 文件结构可以是任意阶层或者是网状结构。

(3) XML 不像 HTML 只有内建的样式，XML 有样式表标准，称为可扩展式语言(XSL)。

(4) XML 除了支持与 HTML 的简单连接，还提供了功能更强大的超链接。XML 的超链接机制被定义为 XML 连接语言(XLink)与 XML 指标语言(XPointer)。

3.3.4 ASP 开发技术

ASP 称为服务器端动态网页，是 Microsoft 开发的服务器脚本环境。通过 ASP 可以与前面介绍的 HTML、脚本语言和一些组件相结合来创建动态、交互而且高效的 Web 应用程序，以进行网络信息处理工作。由于 ASP 是微软开发的脚本语言技术，它嵌入到 IIS 中，因此，ASP 成为 Windows 用户首选的一种信息系统开发环境。

1. ASP 的工作原理

当浏览器向 Web 服务器发出请求.asp 文件时,服务器端的脚本便开始运行,Web 服务器调用 ASP,用它从头至尾处理所请求的文件,执行脚本命令,并将 Web 页以 HTML 文件格式发送到浏览器。

因为脚本运行于 Web 服务器端而不是客户端,生成发送到浏览器的 HTML 文件等工作便由 Web 服务器负责。所以 ASP 文件不能像 HTML 文件那样直接被浏览器打开,而必须在服务器端运行环境下通过程序解释才能执行。因为返回到浏览器的只是脚本的运行结果,所以 Web 服务器端脚本无法被预先复制,从而 ASP 可以防止用户查看源代码和复制脚本。

由于 ASP 与浏览器无关,所以不存在兼容问题,不需要编译和连接的直译式语言环境,同时还具有编程环境简单(纯文本文件形式,在任何文本编辑器都能编辑),传输数据小,易于存取在数据库等主要优点,加上语法结构简单易学,因而 ASP 成为当前采用最为普遍的 Web 应用程序。但是,ASP 也存在运行速度相对缓慢和某些网络操作系统不支持等问题。

2. ASP 的功能

动态网站对于 Web 开发者而言,不仅能获得用户的反馈信息,根据用户需求进行网站更新,还能够通过用户身份确认,实现信息的有偿提供,获取收益。对于用户,ASP 能增强用户在互联网的参与度,从被动的信息接受者转变为信息的获得者,用户能根据需要,迅速从网上找到有用的信息。

ASP 的强大功能使它成为当今世界网络上应用最多的服务器端脚本设计环境,其主要具备以下功能。

(1) 处理用户以表单形式提交的访问请求。

(2) 直接操作数据库,进行查询、插入、更新、删除等操作。

(3) 记录客户端相关数据信息。

(4) 实现多个页面间数据共享。

(5) 在应用中嵌入 Active X,COM 组件和 Java Applet。

把以上这些功能综合起来,ASP 就能实现网络信息处理和管理工作。

3.3.5　JSP 技术

1. JSP 简介

JSP(Java Server Pages)是由 Sun Microsystems 公司倡导,许多公司参与一起建立的一种动态网页技术标准,其在动态网页的建设中有强大而特别的功能,主要用于创建可支持跨平台及跨 Web 服务器的动态网页。

JSP 技术可以让 Web 开发人员和设计人员非常容易地创建与维护动态网页,特别是商业系统。作为 JavaTM 技术的一部分,JSP 能够快速开发出基于 Web 且独立于平台的应用程序。JSP 把用户界面从系统内容中分离开来,使得设计人员能够在不改变底层动态内容的前提下改变整个网页布局。简单地说,一个 JSP 网页就是在 HTML 网页中包含了能够生成动态内容的可执行应用程序代码。例如,一个 JSP 网页可以包含 HTML 代码所显示的静态文本和图像,也可以调用一个 JDBC 对象来访问数据库,当网页显示到用户界面上以后,它将包含静态 HTML 内容和从数据库中找到的相应动态信息。在 JSP 网页中,要把用户界面和应用程序分开,可以考虑在网页设计人员和开发人员之间执行一项非常方便的授权任务。它也允许开发人员去创建灵活的代码,从而非常容易地进行更新和重复利用。由于 JSP 网页能够根据需要自动进行编译,Web 设计人员无须重新编译应用程序逻辑就可以改变表述代码,这也使得 JSP 与 Java Servlet 相比,成为一种可以更灵活生成动态 Web 内容的方法。

2. JSP 技术特点

1) 将内容的生成和显示进行分离

使用 JSP 技术,Web 页面开发人员可以使用 HTML 或者 XML 标识来设计和格式化最终页面,也可使用 JSP 标识或者小脚本来生成页面上的动态内容。生成内容的逻辑被封装在标识和 JavaBeans 组件中,并且捆绑在小脚本中,所有的脚本在服务器端运行。如果核心逻辑被封装在标识和 JavaBeans 中,那么其他人,如 Web 管理人员和页面设计者,都能够编辑和使用 JSP 页面,而不影响内容的生成。

2) 强调可重用的组件

绝大多数 JSP 页面依赖于可重用的,跨平台组件(JavaBeans 或者 Enterprise JavaBeans TM 组件)来执行应用程序所要求的更为复杂的处理。开发人员能够共享和交换执行普通操作的组件,或者使得这些组件为更多的使用者或客户团体所使用。基于组件的方法加速了总体开发进程,并且使得各种组织在他们现有的技术水平和优化结果的开发努力中得到平衡。

3) 采用标志简化页面开发

Web 页面开发人员并不都是熟悉脚本语言的编程人员。JSP 技术封装了许多功能,这些功能是在易用的且与 JSP 相关的 XML 标志中进行动态内容生成时所需要的。标准的 JSP 标志能够访问和实例化 JavaBeans 组件,设置或者检索组件属性,下载 Applet,以及实现用其他方法难于执行的编码和耗时的功能。通过开发定制化标志库,JSP 技术是可以扩展的。今后,第三方开发人员和其他人员可以为常用功能创建自己的标志库,这使得 Web 页面开发人员能够使用熟悉的工具,并能使用如同标志一样的执行特定功能的构件来工作。

3.3.6 PHP 技术

PHP 是一种在电脑上执行的脚本语言,主要的用途在于处理动态网页。PHP 与微软的 ASP 颇有几分相似,都是一种在服务器端执行的嵌入 HTML 文档的脚本语言,语言风格类似于 C 语言,现在被很多的网站编程人员广泛地运用。PHP 独特的语法混合了 C 语言、Java、Perl 及 PHP 自创的新语法。它可以比 CGI 或者 Perl 更快速地执行动态网页。用 PHP 制作的动态页面与其他的编程语言相比,PHP 是将程序嵌入到 HTML 文档中去执行,执行效率比完全生成 HTML 标记的 CGI 要高许多;与同样是嵌入 HTML 文档的脚本语言JavaScript相比，PHP在服务器端执行，充分利用了服务器的性能；PHP执行引擎还会将用户经常访问的PHP程序储存在内存中，其他用户再一次访问这个程序时就不需要重新编译程序了，只要直接执行内存中的代码即可，这也是PHP高效率的体现之一。PHP具有非常强大的功能，CGI和JavaScript的所有功能PHP都能实现，而且支持几乎所有流行的数据库及操作系统。

PHP最早由Rasmus Lerdorf在1995年发明，现在PHP的标准由PHP Group和社群进行维护。PHP以PHP License作为许可协议，它也是自由软件基金会所认可的自由软件。PHP目前被广泛应用，特别是在服务器端的网页程序开发方面。一般来说，PHP大多执行在网页服务器上，透过执行PHP代码来产生供用户浏览的网页。PHP几乎可以在任何的操作系统上执行，而且使用PHP完全是免费的。根据2007年4月的统计资料，PHP已经被安装在超过2 000万个网站和100万台服务器上。

下面列出三种技术的比较，见表3-2。

表3-2 ASP、JSP、PHP比较

程序界面	操作系统	Web服务器	执行效率	稳定性	开发时间	修改时间	程序语言	网页结合	学习门槛	函数支持	系统安全	使用网站
ASP	Win32	IIS	快	中等	短	短	VB	佳	低	少	极差	多
JSP	均可	多种	快	一般	较短	较短	Java	差	较低	不定	佳	多
PHP	均可	多种	快	佳	短	短	PHP	佳	低	多	佳	较多

3.4 数据库技术

计算机与人类相比最大优势的就是能够迅速准确地处理大量的数据，所以，从计算机诞生之日起，数据处理就是它的基本功能和关键技术。数据处理的中心问题是数据管理。数据管理技术是指对数据进行分类、组织、编码、存储、检索和维护的技术。对电子商务来说，数据管理是电子商务平台建设的一项支撑技术，数据管理对电子商务的支持主要表现在提供电子商务中各种数据的存储和管理，为电子商务提供决策支持两个方面。

3.4.1 数据库技术概述

数据库是以一定组织方式长期存储在计算机内，独立于应用，并可被多用户、多应用程序共享的数据集合。其主要特点是：①数据结构化，采用一定的数据模型来组织数据，数据不再面向应用，而是面向系统；②数据共享性高，程序独立于数据，数据的冗余少，减少了数据的不一致性，易扩充；③数据独立性高，提供了数据的完整性、数据的安全性、数据的并发控制和数据的可恢复性功能；④数据由DBMS(Database Management System)统一管理和控制。

数据库系统主要由数据库管理系统(DBMS)、数据库(Data Base, DB)、应用程序(Wireless Access Point, AP)、计算机系统(Computer System, CS)、数据库管理员

(Database Administrator,DBA)构成。数据库管理系统(DBMS)是为数据库的建立、使用和维护而配置的软件,是数据库系统的核心。它建立在操作系统的基础上,对数据库进行统一的管理和控制。用户使用各种数据库命令及应用程序的执行,都要通过数据库管理系统。数据库管理系统还承担着数据库的维护工作,按照 DBA 所规定的要求,它要保证数据库的安全性和完整性。

随着代表结构化信息的数据库与数据仓库技术的迅速发展,除了目前广泛应用的关系型数据库管理系统(Sybase、Oracle 等),近年来还出现了一些新的发展方向,如面向对象的数据库(Object-Oriented Database, OODB)、多维数据库(Multi Dimensional Database, MDDB)、主动数据库和多媒体数据库等。数据库技术还与其他多学科技术进行有机组合,形成面向专门应用领域的数据库技术,如数据挖掘(Data Mining,DM)、数据库中的知识发现(Knowledge Discovery in Database, KDD)、智能代理(Agents)、智能信息检索技术等。

3.4.2 数据仓库、联机分析处理和数据挖掘

1. 数据仓库(Data Warehouse)

传统的数据库技术是单一的数据资源,即数据库为中心,进行事务处理、批处理到决策分析等各种类型的数据处理工作。近年来,随着计算机应用的发展,网络计算开始向两个不同的方向拓展,一是广度计算,二是深度计算。广度计算的含义是一方面把计算机的应用范围尽量扩大,同时实现广泛的数据交流,互联网就是广度计算的特征;另一方面就是人们对以往计算机的简单数据操作,提出了更高的要求,希望计算机能够更多地参与数据分析与决策制定等领域。

著名的数据仓库专家 W. H. Inmon 在其著作 *Building the Data Warehouse* 中提出,数据仓库是一个面向主题的、集成的、相对稳定的、反映历史变化的数据集合,用于支持管理决策。根据数据仓库概念的含义,它具有以下 4 个特点。

(1) 面向主题。操作型数据库的数据组织是面向事务处理任务的,各个业务系统之间各自分离,而数据仓库中的数据是按照一定的主题域进行组织的。主题是一个抽象的概念,是指用户使用数据仓库进行决策时所关心的重点方面,一个主题通常与多个操作型信息系统相关。

(2) 集成的。面向事务处理的操作型数据库通常与某些特定的应用相关,数据库之间相互独立,并且往往是异构的。而数据仓库中的数据是在对原有分散的数据库数据抽取、清理的基础上,经过系统加工、汇总和整理得到的,必须消除数据源中的不一致性,以保证数据仓库内的信息是关于整个企业的一致的全局信息。

(3) 相对稳定的。操作型数据库中的数据通常实时更新,数据根据需要及时发生变化。而数据仓库的数据主要供企业决策分析之用,所涉及的数据操作主要是数据查询。一旦某个数据进入数据仓库以后,一般情况下将被长期保留,即数据仓库中一般有大量的查询操作,但修改和删除操作却很少,通常只需要定期地加载和刷新。

(4) 反映历史变化。操作型数据库主要关心当前某一个时间段内的数据,而数据仓库中的数据通常包含历史信息。系统记录了企业从过去某一时点(如开始应用数据仓库的时

点)到目前的各个阶段的信息,通过这些信息,可以对企业的发展历程和未来趋势做出定量分析和预测。

整个数据仓库系统是一个包含以下 4 个层次的体系结构。

(1) 数据源是数据仓库系统的基础,是整个系统的数据源泉。数据源通常包括企业内部信息和外部信息,内部信息包括存放于 RDBMS(Relational Database Management System)中的各种业务处理数据和各类文档数据;外部信息包括各类法律法规、市场信息和竞争对手的信息等。

(2) 数据的存储与管理是整个数据仓库系统的核心。数据仓库的真正关键是数据的存储和管理。数据仓库的组织管理方式决定了它有别于传统数据库,同时也决定了其对外部数据的表现形式。要决定采用什么产品和技术来建立数据仓库的核心,则需要从数据仓库的技术特点着手分析。针对现有各业务系统的数据,进行抽取、清理和有效集成,按照主题进行组织。数据仓库按照数据的覆盖范围可以分为企业级数据仓库和部门级数据仓库。

(3) OLAP 服务器对分析需要的数据进行有效集成,按多维模型予以组织,以便进行多角度、多层次的分析,并发现其趋势。其具体实现可以分为 ROLAP、MOLAP 和 HOLAP。ROLAP 基本数据和聚合数据均存放在 RDBMS 之中;MOLAP 基本数据和聚合数据均存放于多维数据库中;HOLAP 基本数据存放于 RDBMS 之中,聚合数据存放于多维数据库中。

(4) 前端工具主要包括各种报表工具、查询工具、数据分析工具、数据挖掘工具,以及各种基于数据仓库或数据集市的应用开发工具。其中,数据分析工具主要针对 OLAP 服务器,报表工具、数据挖掘工具主要针对数据仓库。

数据仓库技术是近几年发展起来的,但企业数据仓库的建设,还是以现有企业业务系统和大量业务数据的积累为基础建立的。数据仓库不是静态的概念,只有把信息及时交给需要它们的使用者,供用户作出改善其业务经营的决策,信息才能发挥作用,信息才能有意义。而把信息加以整理归纳和重组,并及时提供给相应的管理决策人员,是数据仓库根本任务。

2. 联机分析处理(On-Line Analytical Processing,OLAP)

联机分析处理的概念最早是由关系数据库之父 E. F. Codd 于 1993 年提出的。当时,Codd 认为联机事务处理(OLTP)已不能满足终端用户对数据库查询、分析的需要,SQL 对大数据库进行的简单查询也不能满足用户分析的需求。用户的决策分析需要对关系数据库进行大量计算才能得到,而查询的结果也不能满足决策者提出的需求。因此 Codd 提出了多维数据库和多维分析的概念,即 OLAP。

联机分析处理是一类针对特定问题的联机数据访问和分析,并通过对信息的多种可能的观察形式进行快速、稳定和交互性地存取,允许管理决策人员对数据进行深入观察,使分析人员、管理人员或决策者能够从多种角度,对从原始数据中转化出来的且真正为用户所理解的并真实反映企业维特性的信息进行快速、一致、交互地存取,从而获得对数据更深入了解的一类软件技术。

OLAP 的目标是满足决策支持,多维环境的特定查询和对报表及相应的图形分析展示的需求。联机分析处理技术的发展速度很快,在数据仓库的概念提出不久,联机分析处理的理论及相应工具就被相继推出了。联机分析处理是数据仓库系统的主要应用,支持复杂的分析操作,侧重决策支持,并且能提供直观易懂的查询结果。OLAP工具可以同数据挖掘工具、统计分析工具配合使用,以增强决策分析功能。

3. 数据挖掘(Data Mining)

当今数据库的容量已经达到上万亿的水平1 000 000 000 000(T)个字节,在这些大量数据的背后隐藏了很多具有决策意义的信息。数据挖掘就是在"数据矿山"中找到蕴藏的"知识金块",帮助企业减少不必要投资并提高资金回报。世界范围内具有创新性的公司都开始采用数据挖掘技术,以判断哪些是他们的最有价值客户,重新制定他们的产品推广策略,用最小的花费得到最好的销售。

1) 数据挖掘的定义

数据挖掘就是从大量的、不完全的、有噪声的、模糊的、随机的数据中,提取隐含在其中的,人们事先不知道的,但又是潜在的、有用的信息和知识的过程。该定义包括多层含义,数据源必须是真实的、大量的、含噪声的;发现的信息应是用户感兴趣的知识;发现的知识要可接受、可理解、可运用;并不支持发现普遍认知的知识,仅支持特定的发现问题。数据挖掘是一门很广义的交叉学科,它汇聚了不同领域的研究者,尤其是数据库、人工智能、数理统计、可视化、并行计算等方面的学者和工程技术人员。

2) 数据挖掘的功能

数据挖掘技术是对面向特定数据库的数据进行微观、中观、宏观的统计分析和综合推理,试图发现事件间的相互关联,指导实际问题的求解,或对未来的活动进行预测。数据挖掘的目标是从数据库中发现隐含的、有意义的知识,主要有以下5类功能。

(1) 自动预测趋势和行为。数据挖掘在大型数据库中自动地寻找预测性信息,例如,数据挖掘使用过去有关促销的数据,寻找未来投资中回报最大的用户。

(2) 关联分析。关联分析的目的是找出数据库中隐藏的关联网。有时,用户并不知道数据库中数据的关联函数,即使知道也是不确定的,因此关联分析生成的规则带有可信度。

(3) 聚类。数据库中的记录可被划分为一系列有意义的子集,即聚类。聚类增强了人们对客观现实的认识,聚类技术主要包括传统的模式识别方法和数学分类方法。

(4) 概念描述。概念描述就是对某类对象的内涵进行描述,并概括这类对象的有关特征。概念描述分为特征性描述和区别性描述。前者描述某类对象的共同特征;后者描述不同类对象之间的区别。

(5) 偏差检测。数据库中的数据常有一些异常记录,而从数据库发现出这些偏差是很有意义的。偏差包括很多潜在的知识,如分类中的反常实例、不满足规则的特例、观测结果与模型预测值的偏差、量值随时间的变化等。偏差检测的基本方法是,寻找观测结果与参照值之间有意义的差别。

 知识链接

大 数 据

大数据(Big Data),或称巨量资料,指的是所涉及的资料量规模巨大到无法通过目前主流软件工具,在合理时间内达到撷取、管理、处理并整理成为帮助企业经营决策更积极目的的资讯。(在维克托·迈尔—舍恩伯格及肯尼斯·库克耶编写的《大数据时代》中大数据指不用随机分析法(抽样调查)这样的捷径,而采用所有数据的方法)大数据的 4V 特点:Volume(大量)、Velocity(高速)、Variety(多样)、Veracity(真实性)。

"大数据"作为时下最火热的 IT 行业的词汇,随之而来的数据仓库、数据安全、数据分析、数据挖掘等围绕大数据的商业价值的利用逐渐成为行业人士争相追捧的利润焦点。对于"大数据"(Big Data)研究机构 Gartner 给出了这样的定义:"大数据"是需要新处理模式才能具有更强的决策力、洞察发现力和流程优化能力的海量、高增长率和多样化的信息资产。

资料来源:http://baike.baidu.com/subview/6954399/13647476.htm

3.4.3 数据库技术与电子商务

电子商务是指利用 Internet、Intranet 和 Extranet 等网络进行的商务活动,其商务活动不仅包含电子数据交换所涉及的电子交易,还包括电子函件交流、网上站点宣传和利用 Internet 技术改造的其他传统应用。电子商务应用的前提是企业管理信息系统的广泛使用,而数据库技术是企业管理信息系统的核心技术之一。在电子商务环境中,数据库的应用表现在两个方面。

1. 网站数据库化(Web Database)

随着网络的发展,更多的企业建立起自己的网站系统,以实现电子商务。在电子商务活动中,需要大量的动态数据,这就使网站从处理"文件型"的数据,进而发展到需要结合数据库系统,以满足多方位的需求。建立网上联机数据库,使用数据库来管理整个站点,将网站数据库化,则只要更新数据库的内容,网站中的信息会随之自动更新。将网站数据库化后,通过数据库技术,不仅可以通过更新数据库中的数据,自动达到更新网页;还可以将网站的内容存储在数据库中,利用数据库管理,通过更新数据库的搜索功能,增强网上搜索功能;又能使使用者借助浏览器,通过 Internet 或 Intranet,存取 Web 数据库的数据,以实现各种基于 Web 数据库的应用。

传统数据库的应用主要体现在对数据的访问,而 Web 数据库则是在网络环境下的应用数据库,即只要建立起网络服务器,就可以通过服务器实现对数据库的访问。通过网络访问数据库具有以下特点。

(1) 无须开发数据库的前端。将各种网络上的应用软件改变为 Web 数据库应用软件,将浏览器作为用户界面,即可使绝大多数的数据库应用都能通过网络方便地实现,无须开发数据库的前端。

(2) 开发过程简单,标准统一。因为 HTML 是网络信息的组织方式,网络数据库的开发者只需了解 HTML,即可开发网络数据库,从而使开发过程实现简单化和标准化。

(3) 便于跨平台使用。一般的操作系统都有现成的网络浏览器可供使用,因此只需为网络服务器编写 HTML 文档,就可以被大多数平台上的浏览器浏览,便于跨平台应用。

2. 电子商务数据库支持 Web 访问

早期 WWW 上大多数信息都是静态的,信息的内容完全由信息的提供者决定,信息的变化只能由网络管理人员来进行更新,用户往往处于被动状态,网站缺少互动性。随着网络技术和数据库技术的发展,以及电子商务的实现,人们需要更多地在网络上进行交互式的信息交流,并按自己的需求去查询感兴趣的信息、在线购物和访问数据库等,这种交互性提高了用户参与的积极性。为了提供动态信息,增强 Web 的交互能力,既需要有后台数据库的支撑,也需要有数据库与 Web 服务器之间的接口。Web 访问数据库的方法主要有公共网管接口 CGI 法和专用服务器 API 法等。

本 章 小 结

　　电子商务是在 Internet 等网络与传统信息技术系统丰富的资源相结合的背景下应运而生的一种动态商务模式,电子商务系统的建设、运行和发展离不开相关技术的支撑,电子商务系统涉及的技术主要有计算机技术、网络通信技术、Internet 技术、Web 技术、数据库技术、交易安全技术、电子支付技术、电子数据处理技术等,电子商务系统的建设和实施还需要大量的技术标准作为支撑。

　　本章重点介绍了 Internet 技术基础、Web 技术、数据库技术,其中基于 Web 的电子商务开发技术主要包括 HTML、XML、ASP、JSP、PHP 等技术;数据库技术通过与其他多学科技术有机组合,形成面向专门应用领域的数据库技术,如数据挖掘(Data Mining, DM)、数据库中的知识发现(Knowledge Discovery in Database, KDD)、智能代理(Agents)、智能信息检索技术等。

案例分析

Intranet 带给 ANE 第二个"黄金季节"

1. ANE 公司简介

　　ANE 公司是一家总部设在纽约的大型跨国制药公司。该公司在美国以外的二十多个国家设有生产子公司,在五十多个国家设有销售分支机构和办事处。经过近十年的发展,该公司业绩取得极大发展,其股票在纽约证券交易所上也有不俗的表现。

2. ANE 公司利用 Intranet 及 Internet 的发展

　　虽然公司业绩逐年增长,但作为公司的首席执行官(CEO)的 Calvin 先生,却有着某种危机感。这种危机感主要来自于管理难度的增大所带来的管理成本的上升。由于公司的规模不断扩张,为了管理和协调公司与各相关利益主体的关系,Calvin 和其他一些高层主管不得不频繁穿梭于世界各地,同时组织规模的扩大也带来员工与管理层的沟通问题。传统的管理方式带来的是效率的低下和管理成本的不断攀升,所有这些都将对公司的战略目标构成威胁。

　　Calvin 在组织公司人员进行分析论证和接受一家著名管理咨询公司的建议的基础上,做出决定,公司应当从完善企业内部网络(Intranet)着手,利用互联网的优势,变传统的管理为数字化管理,为公司的发展服务。

　　由于 ANE 以前也曾建有简单的企业内部网,在此基础上搭建 Intranet 平台并不困难,不久公司的 Intranet 便正式投入广泛的使用。ANE 公司利用互联网,不仅实现了总公司与各子公司、分公司及办事处的联网,而且与供应商、分销商也建立了网络联系。公司的采购成本、销售成本下来了,公司的内部沟通更迅捷了。Calvin 先生也不必再为一些并不太重要的事情而亲自出马了,只要轻点鼠标,利用

E-mail等形式就能与有关人员进行及时信息交流与沟通，从而可以将更多的精力放在计划、组织和决策上。值得一提的是自从建立Intranet后，公司获得了一些意想不到的收获，那便是来自公司内部员工和公司客户的建议与意见。近年来公司采取的许多重大的革新举措，很大程度上是来自于对这些信息的分析与提炼。

如今ANE公司正处于发展的第二个"黄金季节"（第一个"黄金季节"来自于五年前公司在研制一种攻克癌症的配方上取得的突破性进展），Calvin先生正在构想建立网上销售系统，直接面向客户和消费者，建立B2B和B2C的电子商务模式，树立自己的品牌，如果能够取得成功，公司的业绩将会有很大的提高。

资料来源：http://www.233.com/ec/zl/fudao/20061026/104501810.html

思考：

（1）ANE公司是如何利用Internet技术推动企业发展的？

（2）结合正在发展的WAP(Wireless Application Protocol，无线应用协议)协议，给出ANE公司发展Internet的建议。

（3）上网查找相关资料，找出其他公司利用Internet改变公司盈利状况的实例。

复习思考题

一、填空题

（1）Web所有活动的基础是基本的客户/服务器结构，信息存储在_____上。

（2）电子商务系统中，从信息的组织和表达来看，_____成为信息在网络中最有效的表达方式，_____成为最常见的信息组织和表达渠道。

（3）网页浏览需输入标准网址，其格式一般为：_____＋目录名＋文件名。

（4）_____是最早的标记语言，而且是一种丰富的元语言，几乎可以用来定义无数种标记语言。

（5）HTML文件实际上是由HTML语言组成的一种_____文件。

（6）XML文档数据采用_____结构表示。

（7）_____是Java语言编写的包含在网页里的"小应用程序"。

（8）支持ActiveX的唯一的浏览器是_____。

（9）CGI程序的输出主要可分为两部分：_____和_____。

（10）_____是Java平台的基础，它发挥抽象计算机的作用。

（11）模式是对数据库结构的一种描述，不是数据库本身，_____是数据库物理结构和存储方式的描述，是数据库内部的表示方法。

（12）传统数据库管理技术的特征在于对_____的有效管理和使用。

二、单项选择题

（1）微软开发的WWW浏览器是(　　)。

A. Netscape　　　　　　　　　　B. Internet Explorer

C. Mosaic　　　　　　　　　　　D. Navigator

(2) 下列不属于企业内部电子商务的是（　　）。
A. 工作组通信　　B. 电子出版　　C. 个人理财　　D. 销售队伍生产率
(3) 互联网邮局协议是（　　）
A. IMAP　　B. HTTP　　C. POP　　D. MIME
(4) 下列正确的 IP 地址是（　　）。
A. 10.0.191.19　　B. 193.56.7　　C. 10.0.191.256　　D. 202.196.22.45.89
(5) 三种最流行的 WWW 服务器程序是（　　）。
A. Apache HTTP Server，Internet Information Server，Netscape Enterprise Server
B. Apache HTTP Server，Internet Information Server，SQL Server
C. Internet Information Server，Netscape Enterprise Server，SQL Server
D. Apache HTTP Server，Netscape Enterprise Server，SQL Server
(6) 电子商务软件的功能不包括（　　）。
A. 购物车　　B. 商品目录显示　　C. WWW 展示　　D. 交易处理机制

三、名词解释

(1) 数据仓库
(2) 数据挖掘
(3) OLAP
(4) HTML

四、简答题

(1) 客户端脚本与服务器端脚本的本质区别是什么？后者的优势是什么？
(2) 电子商务系统涉及的主要技术有哪些？
(3) Internet、Intranet、Extranet 有哪些区别与联系？
(4) 什么是网络协议？简述开放系统互联参考模型的结构。
(5) Internet 系统有哪几种常用的接入方案？
(6) TCP/IP 协议的工作原理是什么？
(7) WWW 的实质是什么？它与 Internet 的区别是什么？
(8) 对 ASP、JSP、PHP 技术进行比较分析。

五、论述题

(1) 什么是 Internet，它主要提供哪些服务？对各项服务进行简要叙述。
(2) 论述电子商务系统建设所涉及的主要技术。

六、实践题

(1) 某中学想把学校的计算机网络连入 Internet，制作一份不同接入方案的比较分析报告，并帮助学校确定最佳接入方案。
(2) 为某大型零售企业设计一份运用数据仓库、数据挖掘技术进行客户关系管理的实施方案。

第 4 章 网络调查分析

信息通信技术的发展和互联网的普及，使网上的信息越来越丰富，信息传递的速度和范围不断提高，这使得通过互联网获得一手资料和二手资料变得越来越方便快捷。互联网为企业、消费者提供了开展网络调查、搜集各种需求信息的优越条件和环境。越来越多的企业和机构开始利用互联网，采取各种有效的信息工具开展网络调查。本章主要介绍网络调查的基本方法和网络消费者的行为分析，重点探讨网络问卷的设计方法和网络消费者行为的影响因素和决策过程。

本章知识结构框架

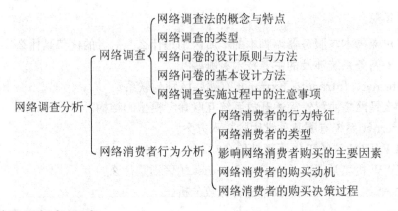

学习目标与要求

通过本章内容的学习，了解网络调查法的特点和类型，了解网络消费者的行为特征、购买动机和决策过程；掌握网络问卷的设计方法，掌握网络消费者行为的影响因素。

引导案例

网络调查平台——问卷星

问卷星是一个专业的在线问卷调查、测评、投票平台，提供自助式在线设计问卷、回收答卷、数据统计分析等系列功能，以及样本服务和设计问卷等增值服务。与传统方式或其他类似软件相比，使用问卷星可以大幅提升工作效率，同时节省大量成本。问卷星的客户已经涵盖跨国公司、市场调研/咨询公司、政府机构、高校及科研机构、媒体等各个行业和领域。

问卷星的使用具体包括以下流程。

(1) 创建问卷：用户可通过文本导入、问卷模板、逐题添加创建问卷、人工录入问卷四种方法创建问卷。问卷星提供了所见即所得的设计问卷界面，支持单选题、多选题、主观题、矩阵题、排序题、量表题、比重题、表格题、滑动条和上传附件等31种题型，还支持跳题逻辑、引用逻辑和关联逻辑等。

(2) 发布问卷并设置属性：问卷设计好后可以直接发布并设置相关属性，例如，问卷分类、说明、公开级别和访问密码等。

(3) 邀请问卷：通过发送邀请邮件，或者用Flash等方式嵌入到公司网站或者通过QQ、微博、邮件等方式将问卷链接发给好友填写。

(4) 查看调查结果：可以通过柱状图和饼状图查看统计图表，卡片式查看答卷详情，分析答卷来源的时间段、地区和网站。

(5) 创建自定义报表：自定义报表中可以设置一系列筛选条件，不仅可以根据答案来做交叉分析和分类统计，而且还可以根据填写问卷所用时间、来源地区和网站等筛选出符合条件的答卷集合。

(6) 下载调查数据：调查完成后，可以下载统计图表到Word文件保存、打印，或者下载原始数据到Excel导入SPSS等调查分析软件做进一步的分析。

问卷星主要提供自助服务和样本服务。

(1) 自助服务是用户创建可以在线填写的网络问卷，然后通过QQ、微博、邮件等方式将问卷链接发给好友填写，问卷星自动对结果进行统计分析，用户可随时查看或下载问卷结果。自助服务分为免费版、专业版和企业版。

(2) 样本服务是问卷星在自身专业的在线问卷调查平台的基础上提供的一项增值服务，帮助用户邀请符合条件的目标人群填写问卷。目前问卷星拥有超过260万份的样本资源。为了确保回收的答卷数据真实有效，问卷星样本服务提供了严格的质量控制机制。

资料来源：http://www.sojump.com

问卷星作为网上调查平台的典型代表，凭借其快捷、方便、低成本等特性逐渐受到调查者的青睐。在大数据时代，应用网络调查法，通过互联网高效、快捷地获取数据、处理数据是企业准确分析和预测市场变化的重要手段，也是企业电子商务能否成功的关键。

4.1 网络调查概述

4.1.1 网络调查法的概念与特点

1. 网络调查法的概念

网络调查法(Web Survey),是一种以各种基于互联网的技术手段为研究工具,利用网页问卷、电子邮件问卷、网上聊天室、电子公告板等网络多媒体通信手段来收集调查数据和访谈资料的一种新式调查方法。该方法充分利用了 Internet 的信息交流和远程交互功能,将网页制作技术、数据库管理技术和远程控制等技术结合于一体,使得研究者能够通过互联网络来收集、管理和处理调查研究的数据和信息,不仅降低了科研的成本,提高了科学研究的效率,而且同时也增加了调查数据收集的准确性和科学性,有效地降低了传统印刷问卷调查可能出现的各种调查测量误差。

2. 网络调查法的特点

(1) 以多媒体形式呈现,具有较强的互动性。在网络的研究应用上,HTML 语言的不断演进使网络问卷设计者能运用颜色、创新的问卷呈现、分割窗口、插件、动画、音乐与其他传统纸本问卷不可能达到的独特设计特征,实现了问卷设计多样化,使得受访者在回答时有多种选择,例如按钮式选项、下拉菜单选项等。尤其值得一提的是,网络调查还具有强大的逻辑跳转功能,可有效降低受访者在填写问卷时的认知负担,减少填写错误。这种适应性的设计让问卷内容随着受访者回答的答案而有所改变,受访者就不会看到与自身无关的题目,可降低受访者的困惑。

此外,在网络问卷中可为受访者提供问卷填写进度计数器,使之清楚问卷进行的进度,在一定程度可降低中途放弃问卷调查的概率。同时,当受访者对问卷内容有不了解或是疑问的地方,随时可以通过 E-mail 等方式对研究者提出疑问,这种研究者与受测者间的良好互动可以帮助调查研究进行得更为顺利,并进而达到提升内容效度的可能。研究者还可以利用发送 E-mail 的方式来提醒受访者填写问卷,这种无应答催复和提醒的功能可以有效提高回收率。

更为重要的是,由于互联网强大的信息传递功能,使得研究者较好地掌控调查过程中数据的传递状况。如果服务器上的程序执行发生问题,浏览器便会发出一条错误信息告知使用者,使用者便可以立刻重新操作并再次传送作答资料。另一方面,采用电子邮件系统作为调查工具时,如果电子邮件投递失败,邮件服务器系统会立刻回传传递失败的信息。

(2) 调查时间较短、范围广和反馈快,可降低调查的成本。在调查的反馈时间方面,由于网络调查工作实施快,网上信息的迅速传递保证了企业能及时、迅速地发布调查信息,在调查的同时,通过计算机系统的统计分析处理,企业能及时获取调查反馈信息或调查结果。不仅如此,互联网的开放性,任何企事业单位和个人都可以通过互联网不受地域、时间的限制发起和参与调查。网上调查的结果还可以通过互联网迅速传递,使人们及时获得所需结果,实现了调查信息的共享。

在网络调查的成本方面，当建置网络调查系统时，虽然起初的建置成本较高，但是当进行大样本的问卷调查时，则可以省下传统邮寄问卷的印刷、装订、邮资等成本。因此，随着调查的样本数增加，网络调查的成本通常会随之降低，而传统问卷调查则因为样本的增加，花费更多的印制、邮寄等成本，所以网络调查特别适用于大样本的问卷调查上。另外，利用计算机技术进行分析也可省下许多人力成本。网络调查结束后，研究者可以直接从系统中下载问卷调查数据，不需要进行人工的资料整理和分析动作，省掉了许多传统问卷调查所需要花费的时间。

（3）互联网匿名特点可降低社会期待效应，提高数据质量。计算机辅助自填问卷比访谈员主持的调查可减少产生社会预期回应。网络问卷属于自填式问卷的一种，减少了研究者与其他受访者受作答情境的影响，加以网络的匿名性，更能使受访者减少作答时的无关考虑，而减少测量误差。由此可促使受访者提供较为真实的答案。

关于网络调查客体的争议

调查客体的问题主要集中在对样本代表性的争议上。简单地说，网络调查的客体通常是作为个体的网民。实际的情况并非乐观，网络调查的客体常常成为质疑网络调查信度和效度的主要因素之一。存在问题主要有三点：第一，以网民作为调查整体，是否具有代表性；第二，主动应答受访者提供的数据是否具有代表性；第三，一些商业调查公司自行组织的派诺（Panel）作为调查客体是否具有客观性和代表性。

目前中国网民突破6亿人，但网民始终无法代表全部人口，网民组成在性别、年龄结构、收入、就业、受教育情况、城市化及农村居民等人口统计变量所呈现的结构与中国现实的社会结构仍有出入。从统计学上讲，抽样框不具有代表性调查结果的科学性就要冒风险。

其次，从实际操作上讲，网络调查的客体也并非等于全体网民，而只能是随机抽样中被选中的、主动应答的受访者。主动应答受访者的意见是否具有代表性？那些因为各种原因沉默、无应答的受访者的意见是无法测量的，这也必定带来调查结果的偏差。

而一些商业调查公司自行组织的派诺比起上述两个调查客体问题则引来更大的争议。美国哈里斯调查集团（Harris）旗下的 Harris Pollonline 网站长期面向全球征募自愿应答者成为派诺会员，在出现调查任务时向派诺会员发送调查邀请。这些主动应答的派诺成员每完成一次调查会得到相应积分，集齐一定积分就可兑现奖品。而哈里斯向他们提供各种形式的奖励，甚至包括50～10 000美元现金奖。主动应答者中可能存在政治、宗教或特定领域的狂热者，或依靠派诺挣钱的人。他们提供数据的客观性和代表性则更成问题。

要解决客体样本代表性的问题，恐怕只能等到网络普及率接近100%时，不说完全不可能，但至少需要很长的时间。有研究者想出更加折中的办法——网上调查与其他调查方式相结合。

资料来源：王思彤. 这样的网络调查能作为考核依据吗[J]. 中国统计，2009，01：20

4.1.2 网络调查的类型

根据不同的分类标准，网络调查法有两种分类方式。一种是以研究范式作为分类标准，将网络调查法分为"网络定量调查"和"网络定性调查"；另一种是以调查抽样方式为分类标准，将网络调查法分为"基于便利抽样的调查"和"基于概率抽样的调查"。

1. 基于研究范式的网络调查法分类

基于研究范式的网络调查法可以分为网络定量调查和网络定性调查两大类。其详细分类如图 4.1 所示。

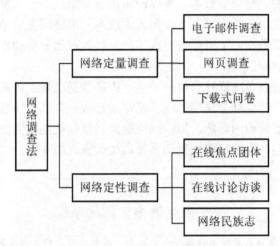

图 4.1 基于研究范式的网络调查法分类

1) 网络定量调查

网络定量调查可以划分为电子邮件调查、网页调查和可下载的调查问卷 3 种。

(1) 电子邮件调查。电子邮件调查是以较为完整的 E-mail 地址清单作为样本框，使用随机抽样的方法发放 E-mail 问卷，然后再对受访对象使用电子邮件催请回答。在调查实施中，访问者通过多媒体技术，可以向受访者展示包括问卷、图像、样品在内的多种测试工具。该种调查方法较具定量价值，在样本框较为全面的情况下，调查结果可用于推论研究的总体，对特定网民的行为模式、消费规模、网络广告效果、网上消费者消费心理特征等可获得多方面的准确资料。

网上调查也存在局限性，它只能反映网民的意见。由于我国的网民数量有限，而且其实际生活方式受网络的支配程度较低，因此目前网上调查的运用仍属探索性阶段。从技术要求来看，实施电子邮件调查最关键的是拥有较多的 E-mail 地址名单，而实施主动浏览调查又需要限制一址多答，在这一问题解决前，大部分可供浏览访问的主题不应与访问者有过强的利益牵连。由于问卷生成工具的不同电子邮件调查又可分为三种：文本式的电子邮件调查、电子邮件软件调查和附件式电子邮件调查。

(2) 网页调查。网页调查又可分为纯超文本格式网页调查、固定表格式互动网页调查和定制互动式网页调查。

① 纯超文本格式网页调查是指调查的问卷是超文本格式的（HTML）。这种调查往往是单页长问卷的形式，被访者单击按钮或填写文字框完成问卷，最后把数据一次提交发出。该种调查方法不能实现真正的交互功能，不能逻辑跳跃、不能控制答案修改和不能实现实时差错等，但它可实现最大灵活的设计问卷，例如可插入图形、声音、录像剪辑、动画等形式的多媒体组件。

② 固定表格式互动网页调查是利用调查生成软件的另一种新的网上调查形式，就是

经常所提的专业调查软件。此外现在还出现了一些新网站,调查者无须下载软件,可以在线使用软件设计问卷。该种调查方法的新颖之处在于调查方可以设计复杂问卷,它支持逻辑分支和跳跃、筛选甄别和自动差错等功能。这种方法之所以称为"固定格式"是因为调查问卷的格式受所使用软件的限制只能选择某种问卷格式,如有的每页只能显示一个问题或几个问题,问题的版面和背景只有有限的几个选择等。在费用方面,有些软件公司会要求调查方只能把调查问卷放在他们的服务器上并支付一定的使用费用,或者调查方可以使用自己的服务器,但需支付的费用会更高。

③ 定制互动式网页调查是功能最强的网上调查方式。该种方式需要高级技术人员按照客户需要编辑问卷。它同样具有固定格式互动网页调查所具备的一些技术控制功能,如逻辑分支和跳跃、筛选甄别和自动错误检验等,此外还可以根据需要设计更复杂的问卷。在版式方面,可以满足调查方对于美观的要求,还可以在调查中插入实时网页或文件下载以满足不同的调查需要。但在功能增强的同时也会加大时间和成本的投入。

(3) 下载式问卷。下载式问卷一般是指被访者下载调查文件,用事先安装在自己计算机上的软件打开。因为事先安装了软件,所以只需下载很小的文件。问卷效果与固定格式的网页调查问卷相似。运行时会生成一个数据文件,当 PC 下一次联网时,数据文件就会上传,完成数据回收。所以下载调查比其他形式的网上调查方法更费钱费时间,而且由于需要安装软件,对被访者的操作计算机的技术要求也比较高。此外离线填答问卷和再次上网都会延长调查周期,还可能造成无应答率上升,所以这种方式通常应用在利用固定样本库和预先招募被访者的调查项目中。

2) 网络定性调查

网络定性研究方法可以分为在线焦点团体、在线讨论访谈和网络民族志 3 种。

(1) 在线焦点团体。在线焦点团体是利用专门基于在线社区的调查软件实现的一种实时定性调查方式。目前很多调查公司都有类似软件,操作比较简单方便。客户可以实时通过另一个界面监测讨论的进程,可以随时向讨论主持人秘密地提出对讨论内容的意见和建议。主持人一般是两位,一位擅长主持讨论,控制讨论局面,另一位对互联网和计算机技术精通,以便排除可能发生的意外技术问题或提供术语解释等,可在一定程度上代替传统的小组访谈和头脑风暴等方法。

在具体应用时,在线焦点团体可分为同步与异步的两种形式。"同步的在线焦点团体"通常使用在线聊天室,所有成员同时上线进行,而"异步的在线焦点团体"则使用电子邮件和电子邮件列表等方式,受访者可在任何时间阅读或送出信息。目前,随着宽带网络的应用,交互式视频会议系统也逐渐成为一种常用的在线访谈工作。

(2) 在线讨论访谈。在线讨论访谈通过 BBS 或网络聊天与对象进行访谈,其具体操作方法通常是,首先建立一个讨论区,邀请目标人员进入某个网页,参加关于某个话题的讨论,持续时间往往比较长。对开放式问题,调查者可以从参加者提供的答案中得到非常丰富的信息,对封闭式问题,也可以得到一个倾向比例等信息。这种方法不支持数据自动回收,尤其适用于以得到关于某主题的快速反馈或了解人们对某事物印象为目的的调查。

(3) 网络民族志。网络民族志其研究资料来自于以下两方面:网络论坛内容的复本;研究者对于社区之成员、互动与意义的观察记述。其中,复本的获得相对比较容易,因为网络论坛的内容原本为文字的形式;而资料的搜集必须情境化,网络民族志法需克服其相对于面对面研究之社会与实体线索的缺乏,转而以情境、隐喻、符号来诠释意义。

2. 基于抽样方式的网络调查法分类

以抽样方式为分类标准的基本依据,就是视研究者是否将调查结论推论至更大范围的人群而定。例如,基于概率抽样的网络问卷调查结论可以推论至样本之外的人群;而基于便利抽样的结论则通常无法做到这一点。基于抽样方式的网络调查法可以分为基于便利抽样的网络调查和基于概率抽样的网络调查两大类,其详细分类如图 4.2 所示。

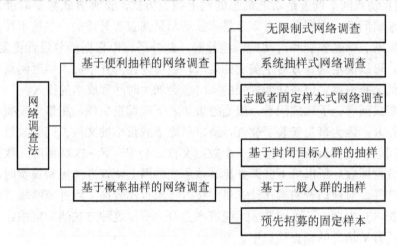

图 4.2 基于抽样方式的网络调查法分类

1) 基于便利抽样的网络调查

便利抽样的特点就在于运用了一种无计划性的方式来选择调查对象。该种方法允许任何一名潜在的调查对象都自由选择是否参加调查。换言之,在调查研究中,当样本成员被选择的概率无法计算时,则属于是便利抽样。便利抽样所需要的时间和工作量要比概率抽样少得多,因此其成本一般较低。但是便利抽样的统计推论会出现许多问题。便利抽样并不是用于总体与部分人群之间关系的估算,这通常是概率抽样的擅长之处。

(1) 无限制式网络调查。简单地说,所谓"无限制式网络调查"就是将调查问卷贴于网站上供人自由填写。目前,该种网络问卷调查形式可以说是随处可见。例如,一些新闻机构经常会定期地组织一些娱乐性的网络民意调查,参加这类网络问卷调查纯粹是自愿行为。这种调查之所以被称为"无限制",是因为任何可以登录问卷所在网站的人不仅可以自由填写问卷,而且无任何填写次数的限制。

(2) 对网站访问者的系统抽样式网络问卷调查。所谓"系统抽样",是指在抽样框中有规律地每隔 N 个对象抽取一名样本。例如,在某个网站的访问者中,每隔一定的数量就自动在访问者屏幕上"弹出"调查问卷,邀请对象来填写。若将目标人群定义为"某个特定网站的访问者",那么,这种从每隔一定数量的访问者中选择样本的方式是一种概率抽样方式。不过,对于其他目标人群来说,这种方法仍然是一种便利抽样。

(3) 志愿者固定样本式网络问卷调查。调查志愿者固定样本法,是一种由许多愿意参加调查的志愿者组成的人群。这个人群所组成的固定样本一般是通过各种宣传方式招募而来。

2) 基于概率抽样的网络调查

(1) 基于封闭目标人群的抽样。所谓"封闭人群",是指在某一个组织内部能够列出某种形式的成员名单的目标人群。举例来说,公司雇员的名单,大学教职员工的名单或杂志的订阅者名单,都属于是封闭目标人群。通常,在这种情况下,要想针对这样的人群创建一个抽样框是一件相当容易的事情。如工商学院的内部邮箱可以查到全校教职工的名单和邮箱,经常有人在其中做调查。

(2) 基于一般人群的抽样。研究者将那种与封闭人群相对的人群称之为"一般人群"(或开放人群)。例如,某一个省份或城市的居民,或者是那些具有不良药物反应的患者,都属于是一般人群。显然,要想与这样的一般人群进行联系,实属难事。因为研究者基本上不可能获得一份涵盖全体成员的电子邮件地址的名单,自然也就不可能据此创建一个抽样框。就目前的实际情况来说,要想在网络调查中进行概率抽样,唯一可行的方法就是通过各种常规的通信手段与潜在的调查对象进行联系(如信函和电话),然后,要求对象通过网络(或其他某些方法)来填写问卷。不过,这种做法的结果就是,通过网络来进行调查而节省下来的成本将基本上都被抵消。这就意味着研究者必须采用混合调查模式,以便使那些尚未上网的对象也能够回答问卷,或者研究者为那些尚未上网的对象提供必需的软、硬件设备作为整个调查过程的一个组成部分,或者研究者自己必须愿意接受这样一个现实,即抽样框与目标人群之间存在着巨大的差异。

(3) 预先招募的固定样本。所谓"预先招募的固定样本",是指事先通过一些概率抽样的方法招募而来的潜在调查对象,他们可重复参加以后的调查。

网络市场调查的分类

网络市场调查的方法一般分为两类:一类是直接收集资料的方法,即由调研人员直接在网上搜索第一手资料的方法;另一类是间接收集资料的方法,即在网络上收集他人编辑与整理的资料的方法。

网络市场直接调查指的是为了特定的目的在互联网上收集一手资料或信息的过程。根据采用调查方法的不同,可以分为网上问卷调查法、专题讨论法和网络观察法,常用的网上直接调查方法是网上问卷调查法和专题讨论法。

网络间接调查主要利用互联网收集相关的市场、竞争者、消费者,以及宏观环境等二手资料及信息。二手资料的来源有很多,如政府出版物、公共图书馆、大学图书馆、贸易协会、市场调查公司、广告代理公司和媒体、专业团体等。其中,许多单位和机构都已在互联网上建立了自己的网站,各种各样的信息都可通过访问其网站获得,再加上众多综合型ICP(互联网内容提供商)、专业型ICP,以及成千上万个搜索引擎网站,使得互联网上二手资料的收集非常方便。

资料来源:韩彩霞.网络营销[M].北京:对外经济贸易大学出版社,2010

4.1.3 网络问卷的设计原则与方法

网络问卷是搜集网上第一手资料的主要方式。网络问卷既便利又费用低廉,已经为企业和其他调查机构所普遍采用。

1. 友好反馈界面的网络问卷设计原则

1）技术兼容性原则

所谓"技术兼容性原则"是指在设计网络问卷时，必须充分考虑到调查对象在计算机设备、浏览器及网速等方面的差异，防止受访者因问卷使用了一些高级的技术手段而无法读取、填写问卷。

HTML语言的不断发展提高了问卷设计者运用颜色、创新的问题显示方式、分页、嵌入式程序、动画、声音和其他一些在印刷问卷中无法想象的高级设计功能。然而，这些高级功能大多数都对计算机的处理能力、软件版本提出了更高的技术要求。另外，在调查对象读取网络问卷时，所需要的下载时间也相应增加。而对于某些受访者来说，其所使用的浏览器和各种软件的版本、功能各不相同，这就有可能使得一部分受访者无法收到问卷或读取这种使用各种高级技术编制成的问卷。对其他一些调查对象来说，也可能会由于下载时间的增加而使之放弃参加调查。在设计网络问卷时，研究者必须充分考虑目标群体拥有的计算机硬件、浏览器和传输时间等方面的限制因素。在可能的情况下，研究者应尽可能不要采用最新的技术手段来设计问卷，以免由于下载时间过长等原因而导致受访者中途退出调查。

2）操作方便性原则

所谓"操作方便原则"是指在设计网络问卷时，必须充分考虑和权衡计算机本身的操作方法与受访者预先设想的问卷填写操作方法两者之间的逻辑一致性。

当受访者按照操作提示开始填写问卷时，他会自然而然地将眼前的问卷填写过程与以往曾经完成的问卷填写联系起来，如问题的提问方式、操作方法和选择答案的方法，进而据此开始阅读问卷和选择答案。在进行上述这一系列认知思维活动的同时，受访者可能会暂时忘记自己是坐在计算机前填写问卷，而是像以往那样用笔在印刷问卷上填写答案。这就有可能会导致受访者下意识地按照传统的方式来用鼠标直接选择答案，却忘记了所要求的在开始之前单击"回复"按钮。另一方面，对于那些经常使用计算机但没有多少问卷填写经验的人来说，他们首先会考虑计算机的操作方式，同时不会想到问卷填写的基本方式。这时，根据友好反馈界面设计原则编制出来的网络问卷，就可以同时在计算机操作方式和问卷填写方式两者之间提供一个重要的协调和平衡的作用。

3）混合应用性原则

所谓"混合应用性原则"是指网络问卷的设计过程中，应充分考虑到问卷在混合调查模式下的应用情况。换言之，所设计出的问卷可能既用于网络调查，同时也需要被用于各种传统方式的调查。

目前，由于各种技术因素的限制，许多调查对象可能并不具备上网的条件。而且在一些调查研究中，研究者在设计调查时，也可能需要为受访者提供多种调查反馈方式，因为这对于提高调查的反馈率有一定帮助作用。

2. 网络问卷设计的思路与方法

如今，由于互联网本身所具备的强大的多媒体功能，为研究者设计网络问卷时提供了丰富多彩的设计选择，越来越多的实证性研究开始关注网络调查问卷设计的特点问题。与此同时，正是由于这种问卷设计选择的多样性特点，使得网络调查设计的质量和效果控制问题相应变得更加复杂。

1) 一般性设计问题

（1）在编制网络问卷时，只有在确有必要或除此之外别无他法之时，才着重使用颜色、声音、图片、动画和各种嵌入式程序这些复杂的功能。该项设计原则在混合模式的调查中尤其重要。因为在这种调查中，网络问卷只是诸种数据收集方式中的一种，除此之外还有印刷问卷或电话问卷等。这就要求各种形式的问卷都应在格式等方面尽量保持一致，以免出现测量误差。简言之，在设计网络问卷时，可以充分借鉴印刷问卷的设计原则和方法，使之保持一种简单明了、朴实无华的风格，尽量避免使用可能分散调查对象注意力的图片、声音和动画等功能。

（2）在设计网络问卷时，问卷字体的选择至关重要，尤其要注意使计算机屏幕上的文本显示具有良好的可读性。通常情况下，对于中文问卷来说，宋体字是最佳的问卷字体，因为目前无论使用何种操作系统或浏览器，只要是中文版软件，宋体字是字库中最基本的一种字体，不会出现由于受访者的系统不支持某种字体而无法正常显示的问题。同样，字号也应选择那种在各种屏幕分辨率下都能清晰可辨的大小，字号的大小必须保证在目前常见的屏幕分辨率下具有良好的可读性。

（3）网络问卷的版面布局必须不受计算机屏幕分辨率变化的影响。设计欠佳的网络问卷在不同的屏幕分辨率下可能会呈现出不同形式的版面布局，因而可能会对不同受访者的阅读和理解产生某种程度的误导，极易导致调查的测量误差。不过通常情况下，如果在设计问卷时采用的是专门的网络调查软件，出现这种情况的可能性相对较小。但如果研究者是自己使用 HTML 语言来手工编制问卷，那么出现这个问题的可能性就会比较大。实际上，解决这个问题的一种简单办法是使用 HTML 中的<table>标记符，即将整个问卷置于一个固定宽度的表格之中。在这种情况下，受访者计算机屏幕分辨率的变化只会使整个问卷出现变化，却对其屏幕布局无任何影响。

（4）尽量少用网页的滚动条。因为从受访者的角度来说，回答问题的操作步骤越简单，所需的时间和精力就会越少，也就越可能降低中途退出率。因此在问卷设计中，回答问题和进入下一个问题的操作步骤必须保持在最小量。当然，同时还必须用最简洁的说明来向调查对象说明回答问题所需要的操作步骤。例如，如果当对象回答完一道题之后，必须拉动滚动条方能看到"下一题"的按钮，那么就极有可能使之困惑不解，甚至中途退出填写。

2) 版面的设计细节

许多实践和研究都表明，在网络问卷设计中，最重要的一项原则就是保持网络问卷屏幕布局的清晰性、易懂性和易操作性。通常情况下，问卷屏幕的布局应该主要包括 3 个基本组成部分：标题部、问题部和导航部。

（1）在问卷的顶部应只放置少量的一般性信息。如将实施调查机构的图标置于左上角，其下是联系方式（如电话和电子邮件等），屏幕上方中间部分应放置调查的标题。在问卷的右上角部分，可放置某种形式的问卷填写进度指示器，用来向调查对象展示整个问卷的长度及其目前所在位置。进度指示器既可用文本形式，如标明百分比或第几页，也可用图形，如进度条。

不过，在设计进度指示器时，必须注意设计应尽量不要增加额外的问卷下载和显示时间，因为这对反馈率有负面影响。同时也应避免使用一些浏览器可能不支持的嵌入式程序来设计指示器，或者要求调查对象必须下载和安装一些特殊的插件程序。这些设计方式都可能会增加对象问卷填写的时间。

(2) 问卷版面的中间部分应包括各种要求受访者回答的问题。每一个调查问题通常都由以下3个部分组成。

① 题干：即问题的文本部分。

在设计时，题干应采用常见的字体来显示。有时为突出题干内容，或与问卷其他的文本性内容区别开来，设计者可考虑使用粗体或不同的颜色。为强调题干中的某些关键词，也可采用颜色识别的方式。在网络问卷设计中，不同颜色的应用虽然无成本的差异，不过需要指出的是，问卷中的这些色彩设置对于调查对象中的色盲者来说是毫无意义的，这一点是设计者需要事先考虑的一个因素。

② 操作说明：包括如何回答该问题，以及如何进入下一个问题等。

填写操作说明的清晰与否，是影响调查对象是否能完成问题回答和进入下一个问题的至关重要的因素。

③ 问题选项：其格式根据问题的类型不同而各不相同，如开放题、封闭题、可全选题和数字题等。

在填写帮助的下方，则是问题选项。这一部分根据问题类型的差别，其格式各不相同，在设计时需要根据实际情况和需要来区别对待。

开放题，是指调查对象可在其中输入相应文本内容的题型。对于这种题型，经常出现的一个问题是，受访者搞不清究竟应该输入多少字才算合适，是寥寥数语呢，还是一段话。尤其是对于那些计算机操作新手来说，他们很有可能会由于看到开放题的文本框很小而判断只能输入很少的字符，却不知道这个文本框会随着更多字符的输入而自动生成一个滚动条。因此，在设计开放题时，尤其是在问卷中第一次出现此题型时，应在题干之后加注文本框可容纳的最多字符数（或行数），这样就可以在一定程度上降低受访者在输入文字时的顾虑。

封闭型问题，HTML则提供了众多的问题选项设计格式。设计者可根据需要从中选择使用。通常情况下，较常用的格式有单选钮、下拉菜单、下拉框和多选框等。

单选按钮的优点之一，就是其外形酷似印刷问卷中的单选题，故受访者见到后会感觉很熟悉。选择时只需单击其中之一即可选中；若需修改，则直接单击另一个，原来的选择则自动消失。但是单选按钮也有一些缺点，主要表现在三个方面：一是单选按钮外形较小，需要用鼠标精确定位后方能选中。这对于某些年龄较大或鼠标操作不熟练者，并非易事；二是单选按钮被选中之后，只能修改而无法消除；三是单选按钮排版时占版面空间较多，尤其是问题选项较多时更是如此，占用大量的问卷版面空间。因此，为了使对象无须滑动滚动条即可看到全部的问题选项，当选项数量过多而无法显示在一屏之中时，可以考虑将之分开并行排列于两列或三列之中。这时应在全部选项周围增加一个带颜色的边框，以增加答案的视觉整体感。

下拉菜单题型是另一种单选题型的选项格式，同时也是网络问卷所特有的题型。其操作方法是：首先单击下拉菜单区域，隐藏于其中的选项就会自动显示出来，然后调查对象可从中任选其一，完成后下拉框自动收回。该题型最大的优点在于在容纳大量选项的同时而不占用过多的问卷版面，例如询问受访者籍贯的问题就非常适合用下拉菜单题型。该题型的缺点在于操作复杂，通常至少需要单击三次鼠标方能完成选择。同时可能出现明显的"次序效应"。当调查对象面对下拉菜单题型时，更倾向于选择那些在单击之后直接显现出的答案，而不是那些需要拉动滚动条方能显示的答案。

多选题实际上是一种极易导致测量误差的题型。其使用方式是在一长列选项之中，对象可选择其中任何数量的答案。这种题型最常见的问题就是调查对象在选择了其中几个答案之后，通常就会受"够用效应"的影响，不再认真阅读下面的选项，直接就开始回答下一道题。这种情况显然会影响调查结果的质量，因为有一些选项根本就未被真正看到，自然也就不可能被选择。

数字题，这种题型的显示格式通常会依据其有效的数字范围限制而各不相同。若所要求填写的数字范围有限，它实际上就变成了一种可使用单选按钮的封闭题型。这时只需列出相应的数字范围选项即可，选择方式简单，通常不易产生测量误差。但如果数字的范围较大而无法用单选按钮来列出选项时，就只能用设置数字填充框的方式来要求调查对象输入相应的数字。显而易见，不管在任何类型的调查中，要求受访者在问卷上填写数字都极易产生误差，因为调查对象很有可能输入非数字内容或超出限定范围的数字。表现在网络问卷中，就要求研究者在问卷中增加相应的错误检验程序。

（3）网络问卷屏幕布局的第三部分是问卷的底部。此处通常放置问卷的"导航按钮"，如"下一题"，"重新回答"或"提交问卷"等。当调查对象单击此类按钮后，问卷将会自动进行答案检验。只有当答案填写正确无误时，才会进入下一题；若所选答案有误，则会自动出现错误提示信息，向对象提示错于何处及如何改正。

3）问卷的导航问题

关于网络问卷的填写顺序导航问题，通常有两种基本的导航方式：主动式导航和被动式导航。

（1）主动式导航是指网络问卷在设计时已事先定义好问题回答的顺序，调查对象只能按照规定好的路径来回答问题，只有回答了前面的问题后，才能进入下一个问题。一般情况下，不允许调查对象自由选择回答的顺序，不过当出现逻辑错误时，还是可以允许返回修改答案。其优势在于在问卷中包含跳答题时，可以保证不同的调查对象只能看到和回答与自己有关的问题，同时无关问题则不显示。这样即使在问题总量很大的情况下，不同情况的受访者只需要填写其中与自己相关的问题，因而可大大减少问卷的篇幅，可有效降低中途退填率。局限性在于调查对象可能会产生一种受制于人的感觉，显然并不是所有受访者都愿意接受这种感觉。

（2）被动式导航则相反，它可以让调查对象完全自己控制填写的进度和方式，可以选择问卷的任何一个问题开始问卷填写进程。优势是给了调查对象更大的自由回答空间，但相应地会产生一些问题，如略过了某些问题的回答，或者填写了不应回答的问题等。这种方式不仅会产生较高的问题选项无应答率，同时也可能出现更高的中途退出率，因为虽然调查对象无须填写全部的问题,但却能够看到全部问题,这会使之在视觉上和心理上都产生一种要回答的问题数量太多、太复杂的感觉,因而导致中途退出填写。

因此,从保证数量与质量的角度来说,在设计网络问卷时选择主动式顺序导航效果要好一些。不过,这同时也就对网络问卷的设计程序提出了更高的要求,它必须能够为研究者提供一系列完整的问卷控制功能。例如,在每一页问卷上,必须能够设计出进入下一题和返回上一题的按钮;同时也应该能够使浏览器的"前进"和"返回"按钮失效,以防止调查对象随意使用。

4.1.4 网络问卷的基本设计方法

1. 首页的设计

(1) 在问卷首页增加一个欢迎页面,强调本问卷填写的便捷性特点,以便提高调查对象的参与动机。同时还应加入一段简短的问卷填写操作说明,指导对象顺利完成随后一步的问卷填写。

目前在网络调查中,调查对象通常都会首先收到一封调查邀请函,其中包括调查原因的简略说明和网络问卷所在的网址等信息,以便鼓励对象积极参加问卷填写。通过单击"问卷网址",对象就可直接进入问卷网页。在这一页中同样也应该包含对本次调查的简单介绍,以便使对象立刻就能清楚知道所到达的网址正确无误。但由于计算机屏幕显示内容的有限性,这种介绍文字应该简洁明了,尽量能在一屏内全部显示。

(2) 问卷的第一个问题应能在一屏内完全显示,无须使用滚动条。同时问题措辞应简洁明了,问题选项含义一目了然。

在问卷填写时,受访者看到的第一个问题回答的难易程度将会被其视为对整个问卷难易估计的指标。不仅传统印刷问卷如此,网络问卷也不例外。在网络问卷调查时,如果调查对象感觉很难理解第一个问题的含义,或不知如何操作来填写第一个问题时,那么这个调查的反馈率肯定无法保证。研究表明,在问卷的第一页内不宜使用下拉菜单选项,或需要拉动滚动条才能看到问题的全部内容。这样会给受访者留下一个消极印象,会使之认为要完成这个问卷填写会费很大的力气。

总的来说,设计第一个问题的原则是应该能够最大程度激发起调查对象的兴趣,使之认为参加这次调查是一件值得做的事件。另外,与传统印刷问卷一样,有关对象个人背景资料(如受教育程度、年龄、收入和婚姻状况等)也不宜被置于问卷的第一题。为避免调查对象需要拉动滚动条方能看到下一个问题,研究者应注意,在设计问卷时,每一屏幕的范围内只呈现一个或少数几个问题。额外的滚动条操作,不仅会增加对象的动作负担,而且过长的网页也会使之心理上产生一种问卷很冗长的感觉。显然,这两点都可能会对调查的反馈率产生消极影响。

(3) 不要在问卷页首单独提供冗长的问卷操作指南,而应在调查问题之后加入相应的操作说明。

在调查对象尚未见到问题之前就为他提供众多问题情境下的操作说明,对多数填写者来说是不可能完全记住的。多数情况下,当调查对象在后来的问卷填写过程遇到了需要操作说明时,他们经常不得不再次翻到这一页来查询,这实际上就白白浪费了前面的阅读时间。因此，在问卷中，恰当的方法是在调查对象需要的时候，再向之提供相应的填写说明。

2. 版面设计

（1）问卷中每一个问题的版面编排格式应尽量与通常的印刷问卷保持一致。与传统印刷问题相比，计算机软件强大的功能为网络问卷的版面编排格式提供丰富多彩的选择方式。因此，许多网络问卷在排版方式上出现了许多新的形式。但就目前的情况而言，在填写网络问卷时，绝大多数人的思维方式更多地是受传统问卷而不是计算机操作的影响。这就使得在面对这些与众不同的网络问卷时，许多调查对象可能产生认知上的不适应感觉，进而影响他们的填写效率和效果。

此外，在印刷问卷填写时，较高的背景亮度、较大的字号和间隔，通常都被对象在头脑中习惯地视为区分每一个问题开始的标志。因此在网络问卷中，也可以利用这种思维定式来引导调查对象识别出每一个问题的开端。同样，认知心理学的研究表明，在视觉阅读习惯上，当面对一个矩形的阅读框时，人们倾向于从左上角象限（即矩形的 1/4 区域开始阅读。所以在设计问卷时，可以将这一部分当作问题的开始处，而在右下角象限区域则是人们最不可能首先开始阅读的位置，这里就可以考虑用于放置调查机构图标（Logo）或问卷进度指标条等内容。

（2）尽量避免冗长的问题提问方式，控制每行问题的长度，以减少对象在计算机屏幕上阅读问题时视线来回移动的幅度。阅读心理学的研究表明，当面对冗长的语句时，人们会倾向于使用不规则的"跳读"方式，这就可能导致一些关键词被读者忽略，从而影响对问题内容理解的准确性；相反，当阅读短句时，则通常不会出现这种"跳读"现象。因此在设计问卷时，较短的句子长度可以保证每一位调查对象都能够获得对问题原意的准确感知。

在设计网络问卷时，通常有两种方式可以用来限制问题句子的长度。一种方法是，当某一行的最后一个字符达到事先规定的行宽时，就插入一个硬回车符号，显然这种方法不仅操作起来麻烦，而且也需要额外的时间来进行排版；另一种更高效的方法，则是利用表格编辑功能来限制每行的长度，将序号、问题和回答选项都置于表格单元之中，设计者只需定义好列宽之后，所有的问题长度都会完全一致，使用这种方法还有另一个好处，就是定义了表格的列宽以后，同时也就限制浏览器的显示百分比率，这样表格的应用不仅不会增加网络问卷的下载时间，而且还为改善问卷版面格式提供了诸多帮助。

（3）在设计网络问卷时，应尽量采用单页形式的问卷，以便使调查对象能够自由上下浏览问卷中的每个问题。不过当问题之间的顺序很重要时，如包括许多跳答题，也可以考虑采用"一题一页"的分页式问卷。另外在混合调查模式下，如电话访谈与网络问卷调查相结合时，为保持两种形式的调查问卷在格式上一致，也应采用分页式问卷。

（4）在设计问卷时，当问题选项所占的位置超出一屏所能显示的范围时，可以考虑将选项设置为平行排列的格式，但同时应增加适当的指导说明。

在那种若不将问题双行排列就会导致问题选项所占的空间超出一屏的情况下，可以考虑选择双行排列（偶尔也可能三行）。因为相对于印刷问卷来说，这种双行排列格式所带来的负面影响相对要小一些。因为通常计算机的屏幕都要比印刷问卷小一些，在这个相对较小的视觉范围内,第二行文字的可视性还可以接受。不过为了对这种格式进行弥补,应将所有选项都囊括于一个方框之中,使之产生一种"群组"的视觉效果。

3. 导航和续填设计

(1) 在设计问卷时,可利用图形标志或文字来随时提示问卷填写的进度情况。但应注意的是尽量避免使用各种高级编程技术,以免影响问卷的下载和显示速度。在填写印刷问卷时,调查对象很容易了解自己所处的位置及离最后完成还有几道题,但在网络问卷调查中则不同。研究发现,在进行网络问卷测试时,经常有对象在填到一多半时抱怨说,他们受不了如此冗长的问卷,故决定中途退出;而实际上,当他们发出这种怨言时,问卷后面的问题已所剩无几。由于这种临近结束而中途退出的现象频繁出现,在设计网络问卷时,有的研究者则刻意把那些本应被置于问卷末尾,易招致反感但同时又对调查目标至关重要的问题(如询问收入情况),提前到了问卷的前面,但是这样做的结果极有可能使得调查对象的中途"退出点"提前出现。

(2) 问卷的设计应允许调查对象在中断回答之后能够再次续填。在网络问卷调查中,如果能够允许那些由于某种特殊情况而无法一次性完成全部问卷填写的调查对象在保存已完成答案的前提下,再选择其他时间来完成问卷,那么,这将会对提高调查的反馈率非常有用。这种功能,实际上就是为对象提供了一种非常人性化的选择,使其可以在尚未完成问卷的情况下关闭填写窗口,或下线,然后在方便之时再重新登录继续填写。

4. 数据检验功能的设计

在设计网络问卷时,人们津津乐道的一项功能,就是它可以强迫调查对象必须回答问卷中的每一个问题。许多网络问卷设计软件都提供了类似功能。在填写过程中,对象若不完成前一个问题,则无法进入下一个问题。该项功能经常被当作网络问卷的一大优势被广为宣传。但实际上,不应该采取这种方式来强迫调查对象必须回答每一个问题,有时受访者可能确实有合理的理由不回答某一道题,或者他们确实不知道如何回答某些问题,这时这种强迫行为就可能导致对象中途退出调查。此外更为重要的是,这同时也违反调查研究法的基本原则,即受访者应被提前告知,其对问卷中每一问题的回答都是基于自愿的原则。

因此,在设计网络问卷时,研究者可以要求对象回答,但同时也应为每一个问题都增加"不愿回答"或"不知道"选项。这样既可要求对象回答每一个问题,同时也为对象提供了更多的选择余地。当然,这种方法也许并非是非常恰当的解决方案。

5. 隐私保护声明

在网络问卷设计中,确保参加者的隐私权,并在调查中突出强调这一问题,将可能对消除受访者的疑虑和提高反馈率有一定帮助。网络问卷应被置于一个经过数字加密保护的网页之上。不过,在这种情况下,当调查对象填写完毕,重新返回一个"非加密"的网页时,根据对象浏览器设置的不同,网页可能会显示一条关于非加密数据传递的信息。这时如果参加者不清楚这条提示信息的含义,他可能就会担心问卷是否真地被提交而感到不安。所以,最好的办法就是在调查对象填完问卷尚未离开加密网页之前,就为之提供一条提示:"您的回答已经被安全传递到我们的数据库。当你离开我们的网站时,你的浏览器可能会警告你将离开一个加密的网站。这是正常的,你完全不必担心。如果你看到这条提示信息,请直接单击'确定'按钮就可进入其他未加密的网页"。

4.1.5 网络调查实施过程中的注意事项

1. 网络问卷的测试

所谓"调查测试",是一种对研究的主要工具进行反复构思和检查的过程,主要目的是为实际调查和分析工作做好各种准备,以防止在调查实施过程中出现遗漏之处或各种错误。

问卷测试可以有效地发现设计中存在的各种问题,例如,要求受访者填写与研究主题不相关的个人信息;问题的选项之间相互有重叠,如1—3,3—6;所提的问题无法回答;相互有关联的问题数量太多;开放题数量太多;开放题所要求的信息用处不大;错误的默认设置(隐藏或显示);语义不清楚;在问题和选项中使用了暗示性的词语;术语不统一;使用了非排除性的问题选项,或问题选项之间互有重叠;在问题中使用了调查对象不熟悉的专业术语或技术用语;答案选择之后无法修改;为开放题所提供的文字书写空间不够;不一致的用词和拼写错误;问卷填写指导语不准确或干脆未提供;所估计的问卷填写时间不准确等。

通常在网络问卷测试过程中,主要包括以下测试内容:首先,在不同的计算机操作系统上对问卷进行兼容性测试,例如PC机和苹果机,以及各种不同的软硬件设置条件下的使用情况。其次,在不同厂商和版本的网络浏览器上进行测试,例如IE和Firefox的不同版本之间可能存在的性能差异。再次,在不同的网络连接速率下进行测试,即使是同一名调查对象在填写同一份问卷时都会产生各不相同的体验,尤其当问卷在用较慢的调制解调器连接时。最后,认真检查问卷中的跳答题设置是否准确无误,尤其当跳答是设置于不同的页面时,跳答题的检查就更加重要。因为只要稍不留意,就有可能将问题之间的逻辑关系设错,这可能会在调查中产生灾难性的后果,因为对象可能会因被错误的跳答迷惑而放弃填写。

2. 电子邮件邀请函的发送方式

目前网络调查中,利用事先所搜集到的受访者电子邮件来发送网络问卷是一种常用的方式。这种方式具有成本低、速度快和能够有效跟踪问卷填写情况等优点。但需要注意是,当调查对象数量较多时,例如样本量超过数千名时,如果同时而不是分批发送邀请函,那么问卷所在网络服务器很有可能会因大量受访者在同一时间内登录而速度变慢或出现技术故障,这会对反馈率产生致命的影响。通常调查对象在收到电子邮件邀请函后,要么在很快的时间内反馈,要么就根本不反馈。如果网络服务器因过多的登录用户而无法及时处理时,表现在调查对象方面,则可能无法看到调查问卷。在这种情况下,就很可能导致反馈率的下降。因此,分批发送电子邮件邀请函,将有利于分流受访者登录网络调查系统的时间,保证服务器的顺利运行。

3. 允许受访者随时报告错误

在网络调查中，调查对象多少都会遇到一些研究者事先无法预料的问题，例如无法使用密码登录问卷等。在这种情况下，设置一项专门电子邮件或免费电话的"咨询服务"，将对解决这类问题起到非常重要的作用。根据以往的研究表明，与常规信函调查相比，网络问卷调查所要处理的帮助电子邮件或电话工作量要大得多。如果研究者不提供该项服务，许多调查对象则很有可能因这些问题无法参加或退出调查。

4. 调查开始之后同样也可根据情况对问卷进行修改

在网络调查正式启动之后，如果出现下列两种情况，研究者则应进行相应的修改：第一，当问卷出现某种程序方面的错误时。例如，跳答题设置错误或某个问题答案的数据检验规则错误。这时尽管修改问卷是一项非常令人不快的情况，但研究者必须快刀斩乱麻，尽快改正错误；否则将会对整个调查的顺利进行及数据质量产生重大的影响。当然，如果问题相对无关紧要，则无须修改。第二，在一些特殊情况下，对某些调查对象填写的数据进行修改。例如，由于调查软件本身的程序错误或研究者疏忽而向研究对象发送了错误的密码，进而导致调查对象无法利用此密码登录问卷时；或者在屏幕甄别问答过程中，调查对象由于不小心而按错按钮而被拒之于问卷之外时，在这些情况下，研究者则应进行相应的程序修改以便调查对象能够重新参加问卷填写。

5. 应确保研究者及有关人员随时能够了解研究进展

在网络调查中，由于涉及大量技术性因素，因此通常情况下，问卷的设计、编制、发送或实施等环节通常都是由一些技术人员而非研究者一个人来操作，研究者一般仅对整个调查的流程进行监督和控制。但即使在这种情况下，当正式调查开始之后，如果研究者想测试一个调查对象提出的问题，或调查的资助者也想试填问卷以检验其实际效果时，就应预先准备一套测试密码，让他们能够随时登录问卷了解调查的进展情况。另外，研究者也可以通过这种方式来实时监控受访者的反馈情况，如开放题中的内容，如果出现问题，可直接与之沟通。这一点也正是网络调查与传统信函调查不同之处，研究者应充分利用。

6. 应利用跟踪催复法进行提醒和督促

如果可能，研究者应尽可能利用电子邮件来督促未完整填写问卷的对象前来补充填写。虽然中途退出填写的原因多种多样，但其中有一些很可能是由于调查之外的事情而中断填写，并准备以后再填写。在这种情况下，如果研究者及时向他们发出提醒信，那么这对提高整个调查的反馈率将会产生一定的作用。不过，要想做到这一点，就必须具备两个条件：一是问卷本身具备续填功能；二是研究者应在整个调查限期之内，经常检查调查数据库，及时发现残缺问卷，辨别对象身份并向之发出提醒信。

知识链接

网络调查中的非抽样误差

抽样调查的误差是指调查搜集到的样本资料与所研究总体的真实情况之间的差异。根据来源可以将抽样调查的误差划分为抽样误差和非抽样误差。抽样误差是指由于抽样调查的随机性引起的样本统计量与总体指标值之间的差异,是抽样调查所固有的,可以事先计算并加以控制;非抽样误差是指除抽样误差以外,抽样调查所带来的样本统计量与总体变量值的偏差。网络抽样调查的每一个阶段都可能产生非抽样误差。按照统计调查的过程划分,可以将统计调查分为调查方案设计、搜集资料、调查整理、调查结果的分析与解释这4个阶段。

1. 调查方案设计阶段

网络调查的调查问卷和调查表的设计不同于普通的平面调查的设计。运用计算机技术可以使得调查表华丽、好看,如果配上各种动画效果和多媒体技术,一份调查表会设计的声情并茂,从吸引调查者眼球来说会起到良好的效果;但另一方面也可能会分散调查对象的注意力。所以调查问卷的设计对抽样误差的影响也比较大。

2. 搜集资料阶段

调查对象通过网络方式接受调查,可以采用联机方式,也可以采用脱机方式填写调查问卷。在填答问卷的过程中,由于没有与调查员进行面对面的交流,调查对象在填写问卷时候会出现对指标的理解方面的误差。电脑屏幕与纸质材料对人的视觉冲击存在很大差异,会导致网络调查过程中填写问卷时出现无意识的错填、漏填等情况。这些都可以称作回答误差。回答误差是网络调查数据搜集阶段非抽样误差的主要来源之一。

3. 调查整理阶段

利用网络调查方式进行调查,数据的录入工作主要由调查对象也就是调查户完成。这样极易产生数据的录入误差,所以必须研究怎样提高数据录入质量。由于调查户录入的数据进入了网络调查系统的数据库,非抽样误差主要产生于数据的审核、整理过程中。

4. 调查结果的分析与解释阶段

了解网络抽样调查误差的主要来源,就可以根据各种类型非抽样误差的特点,在统计调查过程的各个环节,采取有针对性的控制措施,尽量减少非抽样误差对调查结果的影响。

资料来源:马慧敏.网络调查中的非抽样误差来源与控制[J].统计与决策,2011,05:17—20

4.2 网络消费者行为分析

网络消费者有狭义和广义两种理解:狭义的理解指在网上进行消费和购物活动的消费者人群;广义的理解指所有上网的人(网上购物者和网上冲浪者),即全体网民。根据CNNIC(中国互联网信息中心)的定义,网民即"平均周使用互联网至少1小时的人"。虽然网上冲浪者更多地是浏览网页、玩游戏,并不是真正地去购买网络产品,但他们的存在能够刺激网络的运用,使更多的人了解网络营销,进而成为网络消费者。

4.2.1 网络消费者的行为特征

人们通过对网络环境下消费者特征的研究,逐渐发现网络环境下消费者的共性。网络环境下消费者的特征在继承某些传统特征的同时又呈现出一些新的特点。由于互联网商务的出现,消费观念、消费方式和消费者的地位正在发生着重要的变化,互联网迅速的发展促进了消费者主权地位的提高,同时网络营销系统巨大的信息处理能力,为消费者挑选商品提供了前所未有的选择空间,使消费者的购买行为更加理性化。

1. 个性化的消费需求

在近代,由于工业化和标准化生产方式的发展,使消费者的个性被淹没于大量低成本、单一化的产品洪流之中。随着21世纪的到来，这个世界变成了一个计算机网络交织的世界，消费品市场变得越来越丰富，消费者进行产品选择的范围全球化，产品设计多样化，消费者开始制定自己的消费准则，整个市场营销又回到了个性化的基础之上。没有一个消费者的消费心理是一样的，每一个消费者都是一个细小的消费市场，个性化消费成为消费的主流。

2. 消费者需求的差异性

不仅仅是消费者的个性消费使网络消费需求呈现出差异性，对于不同的网络消费者因其所处的时代环境不同，也会产生不同的需求。不同的网络消费者，即便在同一需求层次上，他们的需求也会有所不同。因为网络消费者来自世界各地，有不同的国别、民族、信仰和生活习惯，因而会产生明显的需求差异性。所以，从事网络营销的厂商，要想取得成功，就必须在整个生产过程中，从产品的构思、设计、制造，到产品的包装、运输、销售，认真思考这些差异性，并针对不同消费者的特点，采取相应的措施和方法。

3. 消费的主动性增强

在社会化分工日益细化和专业化的趋势下，消费者对消费的风险感随着选择的增多而上升。在许多大额或高档的消费中，消费者往往会主动通过各种可能的渠道获取与商品有关的信息并进行分析和比较。或许这种分析、比较不是很充分和合理，但消费者能从中得到心理的平衡以减轻风险感或减少购买后产生的后悔感，增加对产品的信任程度和心理上的满足感。消费主动性的增强来源于现代社会不确定性的增加和人类需求心理稳定和平衡的欲望。

4. 消费者与厂家和商家的互动意识增强

传统的商业流通渠道由生产者、商业机构和消费者组成，其中商业机构起着重要的作用，生产者不能直接了解市场，消费者也不能直接向生产者表达自己的消费需求；而在网络环境下，消费者能直接参与到生产和流通中来，与生产者直接进行沟通，减少了市场的不确定性。

5. 追求方便的消费过程

在网上购物，除了能够完成实际的购物需求以外，消费者在购买商品的同时，还能得到许多信息，并得到在各种传统商店没有的乐趣。目前人们对现实消费过程出现了两种追求的趋势：一部分工作压力较大、紧张程度高的消费者以方便性购买为目标，他们追求的是时间和劳动成本的尽量节省；而另一部分消费者，是由于劳动生产率的提高，自由支配时间增多，他们希望通过消费来寻找生活的乐趣。今后，这两种相反的消费心理将会在较长的时间内并存。

6. 消费者选择商品的理性化

网络营销系统巨大的信息处理能力，为消费者挑选商品提供了前所未有的选择空间，消费者会利用在网上得到的信息对商品进行反复比较，以决定是否购买。对企事业单位的采购人员来说，可利用预先设计好的计算程序，迅速比较进货价格、运输费用、优惠、折扣、时间效率等综合指标，最终选择有利的进货渠道和途径。

7. 价格仍是影响消费心理的重要因素

从消费的角度来说，价格不是决定消费者购买的唯一因素，但却是消费者购买商品时肯定要考虑的因素。网上购物之所以具有生命力，重要的原因之一是因为网上销售的商品价格普遍低廉。尽管经营者都倾向于以各种差别化来减弱消费者对价格的敏感度，避免恶性竞争，但价格始终对消费者的心理产生重要的影响。因消费者可以通过网络联合起来向厂商讨价还价，产品的定价逐步由企业定价转变为消费者引导定价。

8. 网络消费仍然具有层次性

在网络消费的开始阶段，消费者偏重于精神产品的消费；到了网络消费的成熟阶段，等消费者完全掌握了网络消费的规律和操作，并且对网络购物有了一定的信任感后，消费者才会从侧重于精神消费品的购买转向日用消费品的购买。

4.2.2 网络消费者的类型

一般网络消费者大致可以分为 5 种类型（图 4.3）：简单型、冲浪型、接入型、议价型和内容型。网络营销人员应根据消费者的不同类型，从中确定自己的潜在消费群体，这样才能做到有的放矢。

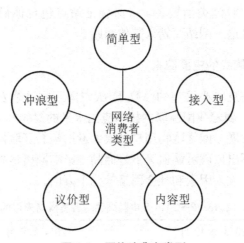

图 4.3 网络消费者类型

1. 简单型

简单型的消费者需要的是方便直接的网上购物。他们每月少量时间上网，但他们进行的网上交易却占了一半。时间对他们来说相当宝贵，上网的目的就是快捷地购物，购物前他们有明确的购物清单。零售商必须为该种类型的人提供真正的便利，让他们觉得在你的网站上购买商品将会节约更多的时间。要满足这类人的需求，首先要保证订货、付款系统的方便、安全。另外，网页的设计力求精简，避免过多的图像影响传输速度。

2. 冲浪型

冲浪型的顾客占常用网民的 8%，而他们在网上花费的时间却占了 32%，并且他们访问的网页数量是其他网民的 4 倍。很多冲浪者在网上漫步仅仅是为了寻找乐趣或找刺激。冲浪型网民对常更新、具有创新设计特征的网站很感兴趣。

3. 接入型

接入型的顾客是刚触网的新手，他们很少购物，而喜欢网上聊天和发送免费问候卡。那些有着著名传统品牌的公司应对这群人保持足够的重视，因为网络新手更愿意相信生活中他们所熟悉的品牌。另外，由于上网经验不足，一般对网页中的简介、常见问题解答、名词解释、站点结构图等链接感兴趣。

4. 议价型

议价型顾客有一种趋向购买便宜商品的本能，著名的 eBay 网站一半以上的顾客属于这一类型，他们喜欢讨价还价，并有强烈的愿望在交易中获胜。因此，站点上"free"这类字样犹如现实生活中的"大减价"、"清仓甩卖"等字样，对他们具有较强的吸引力。

5. 内容型

内容型的网络使用者通常都被网站的内容所吸引。根据其喜欢的内容不同，网民又可分为常常访问新闻的新闻型网民、常常访问商务网站的商务型网民、喜欢运动和娱乐网站的都归属于娱乐型网民。对该类消费者，务必保证站点包含他们所需要的和感兴趣的信息；否则他们会很快跳过这一网站而转入其他网站。

4.2.3 影响网络消费者购买的主要因素

根据中国互联网络信息中心发布的《第 34 次中国互联网络发展状况统计报告》相关数据（表 4-1）可以看出，随着我国互联网技术应用水平的提高和应用领域的拓展，电子商务类应用继续保持快速发展，网络购物用户规模大量增长。互联网为消费者创造了一种全新的购物模式，使其足不出户就可购遍天下好商品。影响网络消费者购买行为的主要因素有产品因素、心理因素、收入因素和社会因素等几个方面。

表 4-1　2013.12—2014.6 中国网民对各类网络应用的使用率

应用	2013 年 12 月		2014 年 6 月		年增长率
	用户规模/万	网民使用率	用户规模/万	网民使用率	
即时通信	53 215	86.2%	56 423	89.3%	6.0%
网络新闻	49 132	79.6%	50 316	79.6%	2.4%
搜索引擎	48 966	79.3%	50 749	80.3%	3.6%
网络音乐	45 312	73.4%	48 761	77.2%	7.6%
博客/个人空间	43 658	70.7%	44 430	70.3%	1.8%
网络视频	42 820	69.3%	43 877	69.4%	2.5%

续表

应用	2013年12月		2014年6月		年增长率
	用户规模/万	网民使用率	用户规模/万	网民使用率	
网络游戏	33 803	54.7%	36 811	58.2%	8.9%
网络购物	30 189	48.9%	33 151	52.5%	9.8%
微博	28 078	45.5%	27 535	43.6%	−1.9%
社交网站	27 769	45.0%	25 722	40.7%	−7.4%
网络文学	27 441	44.4%	28 939	45.8%	5.5%
网上支付	26 020	42.1%	29 227	46.2%	12.3%
电子邮件	25 921	42.0%	26 867	42.5%	3.6%
网上银行	25 006	40.5%	27 188	43.0%	8.7%

资料来源：中国互联网络发展状况统计报告，www.cnnic.net.cn

1. 产品因素

1）产品特性

互联网上市场有别于传统市场，由于互联网消费者群体的独特性，并不是所有的产品都适合通过互联网开展网上销售和网上营销活动。根据网上消费者的特征和其网上购买行为模式特点，网上销售商品首先要考虑其新颖性，即必须是时尚类商品。追求时尚与新颖是许多网上消费者进行网上购物的主要原因，该类消费者注重商品的款式、格调和社会流行趋势，讲求新潮、时髦和风格独特，力争站在时尚潮流的浪尖，而对商品的价格高低不予计较。

其次是商品的个性化。表现为企业根据网络消费者的个性化需求为其在商品功能、外观、结构上进行重新设计和组配，剔除冗余功能与结构，添加新的个性化功能，并根据个性化要求优化外观结构，以实现消费者高度个性化效用满意。

再次是网络消费者的商品购买参与程度。体验式消费要求消费者参与程度较高，这种体验往往要求消费者必须亲临现场感受商品和服务。该种体验或消费受到时间、空间、规模、价格等诸多因素的制约，但在网络时代，许多企业已开发了许多模拟体验软件，消费者在互联网上可通过模拟软件的引导，体验身临其境的消费感受，如网络游戏等。

2）产品价格

从消费者的角度讲，价格不是决定消费者购买的唯一因素，但却是消费者在购买商品时肯定要考虑的因素，而且是一个非常重要的因素。当今市场是一个不完全竞争的市场，这个市场最明显的特征就是完全垄断、寡头垄断、垄断竞争和自由竞争并存，决定商品价格的主要是企业，尤其是那些具有垄断性质的大企业。互联网的出现为建立一个完善的市场机制创造了条件，互联网上的信息具有透明性、完全性和平等性等特点，网上营销的价格对于互联网用户而言是完全公开的，价格的制定要受到同行业、同类产品价格的约束，从而制约了企业通过价格来获得高额垄断利润的可能，使消费者的选择权大大提高，交易过程更加直接。网络市场与传统营销市场相比，能够减少营销活动中的中间费用和一些额外的信息费用,可以降低产品的成本和销售费用,这正是互联网商业应用的巨大潜力所在。

3) 购物的便利与快捷

购物便利性是消费者选择购物渠道的首要考虑因素之一。由于互联网上商品贩卖与服务突破了时间和空间地域的限制,网上购物已经比传统购物更加方便了。但另一方面,不同网上商店是否容易被搜索到、搜索的速度,以及其网站页面、导航设计、商品的选择范围与详细目录、信息服务速度等都会影响到网络消费者对购买渠道的购买选择。

与传统购物相比的便利与快捷体现在时间上的便捷性和商品挑选范围的便捷性两方面。购物的便捷性主要体现在以下两个方面:时间上的便捷性是指网上虚拟市场全天候提供销售服务,随时准备接待顾客,而不受任何限制;商品挑选范围的便捷性是指消费者可以足不出户就在很大的范围内选择商品,对于个体消费者来说,购物可以"货比多家"、"精心挑选";对单位采购进货人员来说,其进货渠道和视野也不会再局限于少数几个定时、定点的订货会议或者几个固定的供应厂家,而是会大范围地选择品质最好、价格最便宜、各方面最实用的产品,这是传统购物方式难以做到的。

互联网络时代,消费者对兴趣爱好和效率的要求达到了极致。尽管与传统购物相比,通过互联网开展网上购物已经极为便利和快捷了,但网络消费者对"等待"是难以容忍的。网络消费者在购物便利性和快捷方面仍有诸多的抱怨和不满,这主要集中在难以找到有效的网站和某种特定的商品;网上商店的页面、导航设计存在操作不便;网上商店的信息服务速度过慢;网上订购手续复杂、烦琐等。

在互联网上,商家对消费者的这些抱怨与不满应引起重视。首先,要强化自身网络站点的网上市场推广,以利于消费者通过搜索引擎便能快速找到。其次,规划和重新设计网站的导航系统、网站页面和内容等,使网络站点更贴近消费者,更方便消费者操作使用。第三,升级服务器,优化数据库,提高网上信息服务速度与效率。第四,合理简化订购手续。

4) 安全性与服务

传统的购买一般是一手交钱一手交货,即"钱花出去了,商品在自己手里",网上购物一般需要先付款后送货,改变了传统交易的模式,这种购买的安全性、可靠性总让消费者担心与不安。网上消费者担心商品质量与宣传不符或差异过大,担心售后服务得不到保障,担心网商的信用与信誉,担心交易划账时信用卡的安全与个人信息的外泄,以及网商的订单处理速度、质量、送货费用和各项顾客服务等问题。网商必须在网络购物的各个环节加强安全和控制措施,增强消费者的购物信心,从安全性和顾客服务的加强与优化着手,培养消费者对网站的信心。同时,随着网络安全技术的不断发展和提高,网上购物将越来越安全,越来越有保障,网上购物服务将越来越优质。

2. 心理因素

消费者的个性心理包括消费者的需要、动机、兴趣、理想、信念、世界观等个性心理倾向,以及能力、气质、性格等个性心理特征,这是影响消费者行为的内在因素。消费者在购买决策上受到4种主要的心理因素的影响。

1)动机

动机是一种内在的心理状态,不容易被直接观察到或被直接测量出来,但它可根据人们的长期行为表现或自我陈述被了解和归纳。对于企业促销部门来说,通过了解消费者的动机,就能有依据地说明和预测消费者的行为,采取相应的促销手段;而对于网络促销来说,动机研究更为重要,因为网络促销是一种不见面的销售,网络消费者复杂的、多层次的、交织的和多变的购买行为不能直接观察到,只能够通过文字或语言的交流加以想象和体会。

2)知觉

知觉是指个人选择、组织和解释外来信息以构成其内心世界景象的一种过程。人们受动机激发以后就会准备行动,但是被激发的人将如何行动则取决于其对情况的知觉。处于相同激发状态和客观情况的两个人,可能因为对情况的知觉不同而产生不同的行为。

3)学习

学习是指个人由于经验而改变其行为。大多数的人类行为是从学习中得来的。人类的学习是通过冲动、刺激、提示、反应和增强等相互作用而产生的。冲动是指迫使一个人采取行动的强大内在刺激,它是指某种对象给予一个人的提示诱因和驱动力。提示是较微弱的刺激,它决定个人在何时、何地及如何反应;反应是指一个人对刺激所做出的回应行为;增强是指一个人在获得行为结果的正效应后,自身的刺激反应会进一步加深。

4)信念与态度

信念是指个人对某些事物所持有的想法;态度则是指个人对某些事物或观念所始终持有的评价、情感和行动倾向。通过行动与学习过程人们会形成某些信念和态度,这些观念又将影响他们的购买决策,公司应该尽可能使其符合消费者已有的信念或态度。

3. 收入因素

市场营销的经济环境主要是指企业市场营销活动所面临的外部社会经济条件。具体来说,主要是指社会购买力。通常影响购买力水平的因素有以下3个。

1)消费者收入

消费者收入主要是指消费者的实际收入。因为实际收入与名义收入并不是完全一致的,决定其购买能力的主要是实际收入。营销人员应注意实际收入的变动趋势。

2)消费者支出

消费者支出主要是指支出结构或需要结构的变化对市场营销的影响。消费者支出主要取决于消费者的收入水平,而这种收入水平又具体表现在可支配的个人支出。

3)居民储蓄及消费信贷

当消费者的收入一定时,储蓄数量越大,现实支出数量就越小,从而影响企业的产品销售量,同时,居民储蓄越多,潜在购买力越强。消费者信贷也是影响购买力的一个重要因素,因为消费者不仅以其货币收入购买所需要的商品,而且可用个人信贷来购买商品。

4. 社会影响因素

社会因素指消费者周围的人对他所产生的影响,其中以参照群体、家庭,以及角色地位最为重要。参照群体是影响一个人态度、意见和价值观的所有团体,可分为两类:成员团体——自己身为成员之一的团体,如家庭、同事、同业工会等;理想团体——自己虽非成员,但愿意归属的团体,如知名运动员、影视明星等,对消费者行为相当有影响力。参照群体对消费者购买行为的影响,表现在三个方面:一是参照群体为消费者展示出新的行为模式和生活方式。二是由于消费者有效仿其参照群体的愿望,因而消费者对事物的看法和态度也会受到参照群体影响。三是参照群体促使人们的行为趋于某种"一致化",从而影响消费者对某些产品和品牌的选择。

社会文化对消费者购买行为也有影响作用,这一点在网络环境下也不例外。人类的某种社会生活久而久之必然会形成某种特定的文化,包括一定的态度和看法、价值观念、道德规范,以及世代相传的风俗习惯等。文化是影响人们欲望和行为的一个很重要的因素。企业的最高管理层做出市场营销决策时必须研究这种文化动向。

4.2.4 网络消费者的购买动机

所谓动机是指推动人进行活动的内部原动力,即激励人行动的原因,是人行动的内在驱动力。动机分为两类:一类是生理性动机,如肚子饿了会产生对食物的需要,口渴了要喝水;另一类是心理性动机,它是由人们的感知、认识、感情、意志等心理过程引发的动机。网络消费者购买动机是指在网上购买活动中,使网络消费者产生购买行为的某些内在驱动力。网络消费者的购买动机可以分为两大类:心理动机和需求动机。

1. 心理动机

心理动机是由于人们的认识、情感、意志等心理过程而引起的购买动机。网络消费者在购买行为中的心理动机主要体现为感情动机、理智动机和信任动机。

1)感情动机

感情动机是由人的感情需要而引起的购买动机。它分为情绪动机和情感动机两类。情绪动机是低级形态的感情购买动机,它是由人们情绪的喜、怒、哀、乐等变化所引起的购买动机,这种购买动机具有冲动性和不稳定性。针对情绪购买动机,在促销时,卖方有必要营造一种可引导购买者或购买者可接受的情绪环境。情感动机是高级形态的感情购买动机,它主要是由于人们的道德感、美感、群体感、友谊感等情感需要所引发的购买动机,这种购买动机一般比较稳定、深刻,如通过互联网络提供的网上购买异地送货服务为异地的亲朋好友购买鲜花和馈赠礼品。

2)理智动机

理智动机是消费者对某种特定的商品或服务有清醒的认识和了解,并在此基础上做出理性决策和理性购买行为的购买动机。理性购买动机具有客观、周密、理性控制等特点。网络消费者大多具有较强的分析判断力,他们一般阅历丰富,受教育程度高,在网上购物时往往是经过反复比较各个在线商场的商品,详细了解所要购买商品的性能、功效、价格、使用方法等以后才决定是否购买,购买活动较少受外界的影响与干扰。

3)信任动机

信任动机是基于对某个品牌、某种产品或服务、某个企业的信任而产生的重复性的购买动机。网络消费者基于理智经验和感情,对一些特定的网站、商品、广告因为特殊的信任与偏好而经常重复性、习惯地访问。信任动机在网上一般是由于搜索的便利、图标广告的独特性和吸引力、站点内容、企业的相当地位和权威性,以及产品或服务的良好声誉而形成。网络消费者一旦对某一网站产生信任动机,不仅自己会经常光顾、忠诚消费,而且还会在网上对众多网民和网下对自己的社交圈层进行宣传和影响,这对企业网站的推广极为有利。

在现实生活中,网络消费者的心理动机还呈现出一些不同的表现形式,如求实、求同、求美、求名、求廉、求便、求新等。不同的购买动机导致不同的购买行为,企业必须认真、深入地研究网络消费者的消费心理动机,科学决策和组织营销活动。

2. 需求动机

人们在生存的过程中会产生各种各样的需求,由需求产生购买动机,再由购买动机导致一系列的购买行为活动。人类需求的形式有低级的,也有高级的。美国著名的心理学家马斯洛在 1943 年出版的《人类动机的理论》一书中提出需求层次理论,如图 4.4 所示。这种理论有三个基本假设:一是人们在生活的过程中有着不同的需求,只有未满足的需求能够影响人们的行为;二是人的需求按重要性可排成一定的层次,包括从基本的生理需求到复杂的自我实现的需求;三是当人的某一级需求得到最低限度的满足之后,才会追求高一级的需求。根据这三个基本假设,马斯洛把人的需求划分为五个层次:生理需求、安全需求、归属和爱的需求、尊重的需求和自我实现的需求。前三个层次属于基本需求,后两个层次属于高级需求。对多数人而言,在实际生活中,每个个体的需求不是单一层次的,而是以多层次复合型形式呈现出来,由于条件的限制,这些需求往往只能部分地得到实现。

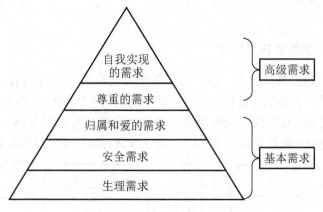

图 4.4 马斯洛的需求层次理论

在传统营销中,马斯洛需求层次理论被广泛地应用。但网上虚拟市场与传统营销市场毕竟有很大的差别,需求层次理论虽然可以解释虚拟市场中的许多购买行为,但在网络虚拟市场中仍显不足,需要进一步加以补充、丰富和完善。信息网络的发展构成了一个独特的虚拟社会,从表面上看,这个虚拟社会在聚集各种资源,实质上这个虚拟社会在聚集人的需求,它为人们的各种个体需求的有效聚集提供了一种广阔的平台。企业利用这一特殊的网络平台不断满足传统的层次需求,也有效地满足着虚拟环境下的新需求、兴趣、聚集和交流。在虚拟社会中人们的需求动机分为以下 3 种。

（1）兴趣需求。在互联网虚拟环境下，许多人的兴趣与爱好不再被压抑，互联网络为每个消费者个体的兴趣与爱好提供了释放和发展平台。热爱音乐的不但可以尽情聆听，还可以自由创作并在网际开展广泛交流；热衷体育的可随时随地尽情欣赏，不再受限于电视、广播，不再苦恼于昔日直播、重播与工作、学习间的矛盾冲突；爱好收藏的可尽情把玩古今奇玩，可谓"旧时王谢堂前燕，飞入寻常百姓家"。网际畅游用户主要出自两种动机：一是网络探索的内在驱动力，互联网络给人类展示了一个前所未有的广阔世界，包罗了人类几十万年来的知识精华，涵盖了人类知识的方方面面；二是个人追求成功和完整的内在驱动力，人们通过网络寻找自己所需的各种信息、商品和服务，并通过吸收与创造，追求成功的愉悦。

（2）聚集。"物以类聚，人以群分"，个体与群体相比存在时间、精力、资源、知识、技能等诸多方面的不足。互联网为具有相似经历的人们的聚集提供了机会与平台，这种聚集不受时间、空间诸多因素的限制，形成了富有意义的网上虚拟组织。如"癌症防治组织"，为癌症的预防及癌症病人与家庭提供专业支持，他们探讨这种疾病，交流防治方法、疗效和医疗研究的国内外动向信息。这种网上虚拟组织极为民主，气氛和谐，成员与成员之间平等、互助、互爱，与传统组织中的紧张状态截然不同。

（3）交流。传统的个体与群体相比交流范围小，效率低。聚集在一起的网络用户，既是网上信息的享用者，又经常免费为他人提供信息，这种信息多为沟通而不是一种交易。随着交流频次的增加、交流范围的不断扩大，带动对某些商品和服务有相同兴趣的成员聚集在一起，形成商品信息交易网络，并进而向电子商务发展。互联网络虚拟社会的这种广泛深入、快捷而充分的交流使社会资源有效地降低内耗，优化了社会资源配置，提高了社会资源利用效率。

4.2.5 网络消费者的购买决策过程

网络消费者的购买决策过程，也就是网络消费者购买行为的形成和实现的过程，如图4.5所示。这是一个复杂的过程，在实际购买之前各种购买行为早就已经开始，并且延长到实际购买后较长一段时间。网络消费者的购买决策过程可分为唤起需求、收集信息、比较选择、购买决策和购后评价5个阶段。网络消费者购买决策最终必须确定以下内容。

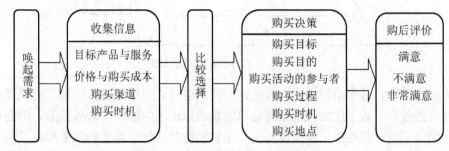

图4.5 网络消费者的购买决策过程

（1）购买目标，即消费者购买什么。

（2）购买目的，即消费者为什么购买。它是消费者购买时所追求的利益、价值和满意度。

(3) 购买活动的参与者，即哪些人参与购买决策，各参加者所承担的责任与要履行的义务。

(4) 购买过程，即消费者如何购买。

(5) 购买时机，即消费者何时购买。

(6) 购买地点，即消费者在何处购买。

网络消费者购买决策五个阶段的行为都是为这"6项购买确定"服务。

1. 唤起需求

任何购买的起点都是唤起需求，网络购买也不例外。消费者的需求受到内外双重刺激而产生。当消费者对网上某种商品或服务发生兴趣后，经过商品或服务的多层次、多角度反复刺激，以及自身的认知与不断参与，理解与认识逐渐增强，从而产生购买欲望。这是消费者做出消费决定过程中所不可缺少的基本前提，如果不具备这一基本前提，消费者也就无从做出购买决定。

对于网络营销来说，诱发需求的动因只能局限于视觉和听觉，文字的表述、图片的设计、声音的配置是网络营销诱发消费者购买的直接动因。从这方面讲，网络营销对消费者的吸引具有相当的难度，这要求从事网络营销的企业或中介商注意了解与自己产品有关的实际需求和潜在需求，了解这些需求在不同时间的不同程度，了解这些需求是由哪些刺激因素诱发的，进而巧妙地设计促销手段去吸引更多的消费者浏览网页，诱导他们的需求。

2. 收集信息

当需求被唤起，在消费者心中，往往已有一个初步的购买行动计划与安排。首先第一步总是收集各种相关信息资料，了解市场供求行情。这些信息资料主要包括以下内容。

1) 目标产品与服务信息

即能满足需求的各种类型的产品与服务信息，这些产品和服务信息通常延伸到相关企业和品牌。

2) 价格与购买成本信息

即产品和服务的网络销售价格与购买成本。这种购买成本不仅仅是最后的交易成本，它还包括购前的信息收集、咨询、评价、决策所耗费的金钱、时间和精力等经济成本和精神成本。

3) 购买渠道信息

即不同渠道的产品或服务和价格存在较大的差异，其安全性和产品或服务质量与信誉也有所不同。

4) 购买时机信息

即产品与服务在促销期间与常规销售期间的价格相比要低得多，新产品刚上市时价格一般总是最高的，一段时间后就会调低价格。此外，一些特殊节假日和突发事件也会影响网上商品的购买时机。

信息收集必须遵循针对性、积累性、预见性和计划性这四项原则。信息收集一定要有的放矢，针对需要展开，所收集到的信息不但要真实、准确、客观，还要力求深刻和系统，保持连贯性和完整性。要收集有预见性的购买信息，以最低的成本在最佳时机购买最优质的产品和服务。整体信息收集工作要有计划,讲求时效,避免信息收集工作出现盲目、重复和打乱仗现象。

信息收集的渠道主要包括历史文献、期刊、关系渠道,网上搜索和传统直接接触这4种。

(1) 历史文献、期刊。有些专业购买涉及的技术知识专业程度高,可先通过专业历史文献、期刊予以先行查询。

(2) 关系渠道。主要指个人的亲朋、好友、同事对同类购买的经验体会信息,这些信息在网上通过电子邮件传递与沟通非常快捷。

(3) 网上搜索。即直接通过互联网搜集所需的相关购买信息。

(4) 传统直接接触。如接触展览、上门推销和各类广告宣传等。

网络购买的信息收集带有较强的主动性,并根据主观需要积极开展,不断浏览、跟踪查询,以寻找新的购买机会信息。良好的信息收集将为下一步的比较选择打好坚实基础。

3. 比较选择

消费者要求的是企业所提供的产品与服务能实现其需求的满足,企业要求的是消费者具有实际支付能力。消费者将不同渠道收集到的各种信息资料进行比较、分析、研究,了解各种商品的特色和性能,充分考评产品的功能、可靠性、稳定性、式样、价格和售后服务。对于一般消费品和低值易耗品,易于做出比较选择,但对高档耐用品,消费者一般要慎重选择。

由于网上购物不直接接触实物,消费者对网上商品的评价依赖于企业对商品的感观描述,网上的购买者往往担心网上产品的质量、功效和售后服务,担心厂商信用和交易安全性,所以企业的网上宣传对产品的描述要充分,功效切合实际,切忌过分夸张,更不可欺瞒消费者和网上公众。

4. 购买决策

网络消费者在完成对商品的比较选择之后便进入购买决策阶段。购买决策是指网络消费者在购买动机的支配下,从两件或两件以上的商品中选择一件满意商品的过程。它是网络消费者购买活动中最主要的部分。

与传统购买相比,网络消费者在购买前的准备工作要全面、仔细、理性,在真正实际购买时要快捷于传统。由于是虚拟市场交易,企业要取得交易成功,首先必须取得消费者信任、对支付的安全感和对产品的喜爱。

网络环境下消费者在决策购买某种商品时,一般必须具备三个条件:第一,对厂商有信任感;第二,对支付有安全感;第三,对产品有好感。所以,树立企业形象,改进货款支付办法和商品邮寄办法,全面提高产品质量,是每一个参与网络营销的厂商必须重点抓好的三项工作。这三项工作抓好了,才能促使消费者毫不犹豫地做出购买决策。

网络消费者的购买决策可分为以下4种类型。

1) 习惯性购买决策

即指对于价格低廉、经常购买、功能相近、品牌差异小的产品,消费者不需要花时间进行选择,也不需要经过信息搜集、产品特点评价等复杂过程,其购买决策行为最为简单。消费者只是被动地接收信息，出于熟悉而购买，也不一定进行购后评价。对该类产品，市场营销者可以采用价格优惠、电视广告、独特包装、销售促进等方式鼓励消费者试用、购买和续购其产品。

2）寻求多样化购买决策

有些产品品牌差异明显，但消费者并不愿花长时间来选择和评价，而是不断变换所购产品的品牌，这样做并不是因为对产品不满意，而是为了寻求多样化。针对这种购买行为类型，市场营销者可采取销售促进和占据有利货架位置等办法保证供应，播放有创新的广告，传播品牌差异，鼓励消费者购买。

3）化解不协调购买行为决策

有些产品品牌差异不大，消费者不经常购买，而购买时又存在一定的风险。此时消费者一般要对商品进行比较、分析和评估，只要价格公道、购买方便、机会合适，消费者就会决定购买。购买以后，消费者会感到某些不协调或不够满意，在主动积极使用过程中，会了解更多情况，并寻求种种理由来减轻、化解这种不协调，以证明自己的购买决定是正确的。经过不协调到协调的过程，消费者会产生一系列的心理变化，针对这种购买行为类型，市场营销者应注意运用价格策略、人员推销策略，选择最佳销售地点，并向消费者提供有关产品评价的信息，使其在购买后相信自己的正确决定性。

4）复杂购买决策

当消费者购买一件贵重的、不常买的、有风险的而且又非常有意义的产品时，由于产品品牌差异大，消费者对产品缺乏了解，因而需要有一个学习过程，以广泛了解产品性能、特点，以及品牌文化等，从而对产品产生某种看法，最后决定购买。对于这种复杂购买行为，市场营销者应采取有效措施帮助消费者了解产品的性能、品牌及其相对重要性，并介绍产品与品牌优势及其给购买者带来的利益，从而影响购买者的最终选择。

5. 购后评价

消费者购买商品后，往往通过使用体验产品的功效、性能和品牌，比较产品实际效用与预期，对自己的购买行为进行评估、检验和总结反思，思考这种购买行为是否理智、合理、经济等，进而形成对产品、品牌和企业的具体评价与整体印象。

好的评价结果会使消费者对可供选择的品牌形成某种偏好，并得到进一步心理强化，从而形成重复购买意图，进而重复购买所偏好的品牌。但是，在购买意图和决定购买之间，有两种因素会起作用：一是别人的态度；二是意外情况。也就是说，偏好和购买意图并不总是导致实际购买，尽管二者对购买行为有直接的影响。

不好的评价结果导致消费者修正购买行为，即推迟或者回避做出某一购买决定。这往往是因为受到了可觉察风险的影响。可觉察风险的大小随着这一风险所支付的货币数量、不确定属性的比例及消费者的自信程度而变化。市场营销人员必须了解引起消费者有风险感的那些因素，进而采取措施来减少甚至消除消费者可觉察的风险。

消费者在购买产品后会产生某种程度的满意和不满意感。购买者对其购买活动的满意感（S）是其产品期望（E）和该产品可觉察性能（P）的函数，即

$$S=F(E, P)$$

若 $E=P$，则产品达到消费者对产品的预期，消费者会满意；

若 $E>P$，则产品未达到消费者对产品的预期，消费者不满意；

若 $E<P$，则产品超过消费者对产品的心理预期，消费者会非常满意。

消费者根据自己从卖主、朋友及其他来源所获得的信息来形成产品期望。如果卖主夸大其产品的优点，消费者将会感受到不能证实的期望，这种不能证实的期望会导致消费者的不满意感上升或满意度下降。E 与 P 之间的差距越大，消费者的不满意感也就越强烈。所以，卖主应使其产品真正体现出其可觉察性能，有效引导消费者的产品期望，以便使购买者感到满意。事实上，那些有保留地宣传其产品优点的企业，反倒使消费者产生了高于期望的满意感，并树起良好的产品形象和企业形象。

消费者对其购买的产品是否满意，将影响到后续的购买行为。如果对产品满意，则在下一次购买中可能继续采购该产品，并向其他人宣传该产品的优点。但是，如果消费者对产品不满意，则会修正自己的购买行为，通过放弃或退货来减少不和谐感，或通过寻求证实产品价值比其价格高即"值得购买"的有关信息来提高和谐感。市场营销人员应该采取措施，利用人脑思维机制中存在的一种在自己的意见、知识和价值观之间建立的协调、一致、和谐的驱使力，尽量减少和消除购者买后的各种不满意感。

研究和了解消费者的需求及其购买决策过程，是企业市场营销成功的基础。网络营销人员通过了解网络购买者如何经历需求唤起、信息收集、评价选择、购买决策和购后评价的全过程，采取措施增强企业网络营销的有效性，培养忠诚的网络购买者。

本 章 小 结

网络调查是一种以各种基于互联网的技术手段为研究工具，利用网页问卷、电子邮件问卷、网上聊天室、电子公告板等网络多媒体通信手段来收集调查数据和访谈资料的一种新式调查方法。网络调查是开展电子商务的基础环节，也是网络营销成功开展的关键。对于网络问卷调查来说，网络问卷的恰当设计、准确发放和有效回收是网络问卷调查成功与否的关键。

本章重点介绍了网络调查方法和网络消费者行为分析，其中网络调查方法主要包括网络调查的类型、网络问卷的设计原则和方法、网络调查实施过程中的注意事项等。消费者行为分析主要包括网络消费者的类型、特征，影响网络消费者购买的因素，网络消费者购买动机和决策过程。

消费行为网络问卷调查

您好！首先非常感谢您参与此项研究。这份调查问卷的目的是研究中国消费者的消费行为，所有资料只作为学术研究使用。研究结果的可信程度取决于您对问题认真和客观地回答。问卷中的答案没有正确和错误、好与坏之分，请您在填写此问卷时，细心阅读各项问题，真实地表达您的感受。您的回答对我的研究会有莫大的帮助，谢谢您的参与！

请回忆您以往购买或使用您最钟爱的服饰产品时,如外衣、内衣、鞋子、包袋等产品,它给您留下了印象最深刻的消费经历。请结合这一深刻的消费经历,如实回答下列问题(如果您没有特别钟爱的服饰产品消费经历,则请任意选择您其他钟爱产品的消费经历)。

您回忆的这次消费经历有关产品或品牌是:*(必填)

1.1 关于产品享乐性价值的测量

HED1. 我感觉该产品令人很兴奋*(必填,单选)
○1. 非常不同意 ○2. 不同意 ○3. 不确定 ○4. 同意 ○5. 非常同意

HED2. 我感觉该产品很有趣*(必填,单选)
○1. 非常不同意 ○2. 不同意 ○3. 不确定 ○4. 同意 ○5. 非常同意

HED3. 我感觉该产品令人很愉快*(必填,单选)
○1. 非常不同意 ○2. 不同意 ○3. 不确定 ○4. 同意 ○5. 非常同意

HED4. 我感觉该产品令人很感动*(必填,单选)
○1. 非常不同意 ○2. 不同意 ○3. 不确定 ○4. 同意 ○5. 非常同意

HED5. 我感觉该产品令人很享受*(必填,单选)
○1. 非常不同意 ○2. 不同意 ○3. 不确定 ○4. 同意 ○5. 非常同意

1.2 关于产品功利性价值的测量

UT1. 我认为该产品很有用*(必填,单选)
○1. 非常不同意 ○2. 不同意 ○3. 不确定 ○4. 同意 ○5. 非常同意

UT2. 我认为该产品很有益*(必填,单选)
○1. 非常不同意 ○2. 不同意 ○3. 不确定 ○4. 同意 ○5. 非常同意

UT3. 我认为该产品很有效*(必填,单选)
○1. 非常不同意 ○2. 不同意 ○3. 不确定 ○4. 同意 ○5. 非常同意

UT4. 我认为该产品很有必要*(必填,单选)
○1. 非常不同意 ○2. 不同意 ○3. 不确定 ○4. 同意 ○5. 非常同意

UT5. 我认为该产品和我有关*(必填,单选)
○1. 非常不同意 ○2. 不同意 ○3. 不确定 ○4. 同意 ○5. 非常同意

1.3 关于消费情绪的测量

PE1. 这个产品使我感到满足*(必填,单选)
○1. 非常不同意 ○2. 不同意 ○3. 不确定 ○4. 同意 ○5. 非常同意

PE2. 这个产品使我感到喜爱*(必填,单选)
○1. 非常不同意 ○2. 不同意 ○3. 不确定 ○4. 同意 ○5. 非常同意

PE3. 这个产品使我感到惊奇*(必填,单选)
○1. 非常不同意 ○2. 不同意 ○3. 不确定 ○4. 同意 ○5. 非常同意

PE4. 这个产品使我感到乐观*(必填,单选)
○1. 非常不同意 ○2. 不同意 ○3. 不确定 ○4. 同意 ○5. 非常同意

PE5. 这个产品使我感到高兴*(必填,单选)
○1. 非常不同意 ○2. 不同意 ○3. 不确定 ○4. 同意 ○5. 非常同意

PE6. 这个产品使我感到兴奋*(必填,单选)
○1. 非常不同意 ○2. 不同意 ○3. 不确定 ○4. 同意 ○5. 非常同意

1.4 关于品牌钟爱的测量

BT1. 我满意这个品牌*(必填,单选)

○1. 非常不同意　○2. 不同意　○3. 不确定　○4. 同意　○5. 非常同意
BT2. 我信赖这个品牌*（必填，单选）
○1. 非常不同意　○2. 不同意　○3. 不确定　○4. 同意　○5. 非常同意
BT3. 这个品牌是诚实的*（必填，单选）
○1. 非常不同意　○2. 不同意　○3. 不确定　○4. 同意　○5. 非常同意
BT4. 这个品牌是安全的*（必填，单选）
○1. 非常不同意　○2. 不同意　○3. 不确定　○4. 同意　○5. 非常同意

1.5 您的基本信息

您的性别*（必填，单选）
○男　　　　　　　　○女

您的年龄*（必填，单选）
○18 岁以下　　○18～30 岁　　○30～40 岁　　○40～50 岁　　○50 岁以上

您的教育程度*（必填，单选）
○初中以下　　○高中/中专/技校　　○大专　　○本科　　○硕士及以上

您的职业是*（必填，单选）
○医生　　　　○教师　　　　○其他专业技术人员　○企业管理人员　○企业一般职员
○个体户　　　○自由职业者　　○公务员　　　　○在校学生　　○待业

您的个人月收入大约为*（必填，单选）
○2 500 元及以下　○2 500～5 000 元　○5 000～10 000 元　○10 000～20 000 元
○20 000 元及以上

谢谢您的支持与配合，祝您新的一年万事如意！

资料来源：http://www.diaochapai.com/survey/c55bdcb8－f12f－4b22－b1b2－17e0eca95486

思考：
(1) 以上关于消费行为的网络调查，在问卷设计方面有哪些可取和不足之处？
(2) 从网络调查问卷中，可以看出网络调查与传统线下调查有哪些不同？
(3) 结合案例说明如何增加网络调查的反馈率？

复习思考题

一、填空题

(1) 基于研究范式的网络调查法可以分为_____和_____两大类。
(2) 基于抽样方式的网络调查法可以分为基于_____的网络调查和基于_____的网络调查两大类。
(3) 通常情况下，网络问卷屏幕的布局应该主要包括三个基本组成部分：_____、_____和_____。
(4) 一般网络消费者大致可以分为五种类型：_____、_____、_____、_____和_____。
(5) 影响网络消费者购买行为的主要因素有_____、_____、收入因素和社会因素等几个方面。

(6) 网络消费者的购买动机可以分为两大类：_____和_____。

(7) 感情动机是由人的感情需要而引起的购买动机，它分为_____和_____两类。

(8) 消费者在购买产品后会产生某种程度的满意和不满意感。购买者对其购买活动的满意感是其_____和该产品_____的函数。

二、单项选择题

(1) 下列(　　)不是网络调查法的特点。
A. 具有较强的互动性　　　　　　B. 调查时间较短、范围广和反馈快
C. 调查结果更为精确　　　　　　D. 可降低社会期待效应

(2) 通常影响购买力水平的因素不包括(　　)。
A. 消费者收入　　　　　　　　　B. 银行利息
C. 消费者支出　　　　　　　　　D. 居民储蓄及消费信贷

(3) (　　)是低级形态的感情购买动机，它是由人们情绪的喜、怒、哀、乐等变化所引起的购买动机。
A. 情感动机　　　B. 情绪动机　　　C. 理智动机　　　D. 信任动机

三、名词解释

(1) 网络调查法
(2) 技术兼容性原则
(3) 网络消费者

四、简答题

(1) 简述网络调查法的特点。
(2) 简述基于研究范式的网络调查法分类。
(3) 友好反馈界面的网络问卷设计原则具体包括哪几项原则？
(4) 网络消费者行为特征是什么？
(5) 影响网络消费者购买的主要因素有哪些？
(6) 简述网络消费者的购买动机。

五、论述题

(1) 论述网络问卷的基本设计方法。
(2) 论述网络消费者的购买决策过程。

六、实践题

确定一个研究主题，设计问卷内容，并根据本章所讨论的网络问卷设计原则和方法来编制一份网络问卷。完成之后，有条件的可将之发布于互联网上并进行测试。

第 5 章 电子商务系统的解决方案

电子商务系统的规划与网站建设是一项系统工程，涉及系统规划、系统分析、系统设计等步骤，需要建立一个比较完整的组织，以保证最终规划出的电子商务系统不会偏离企业的最终需要。电子商务网站建设是电子商务活动的双方进行信息交流的平台，在电子商务应用中起着极其重要的作用。电子商务网站的建设涉及 Web 服务器、网络环境、操作系统、数据库管理系统及应用软件等多方面技术，以及电子商务网站的推广与维护。

本章将就电子商务系统规划设计和电子商务网站建设等内容进行阐述。

■ 本章知识结构框架

电子商务系统的解决方案
- 基础构架
  - 网络平台
  - 基础平台
  - 应用系统
- 电子商务系统的规划
- 电子商务系统的设计与集成
- 电子商务系统的创建
- 电子商务系统的测试
- 电子商务系统的发布
- 电子商务系统的维护

■ 学习目标与要求

通过本章的学习，读者将能够明确电子商务系统的构架；理解电子商务系统规划、设计、创建、测试、发布和维护的全过程。理解电子商务系统是以服务于企业的业务过程优化再造为目标，全面提升信息系统的技术内涵，实现"以产品为中心向以客户服务为中心"的战略转移，达到对外充分适应、快速反应，对内高效沟通、快速决策。

第5章 电子商务系统的解决方案

引导案例

谷歌钱包难推广

互联网正在成为金融业门口主要的"野蛮人"。互联网金融发展之快速,令其与传统金融之间的关系从亲密无间到现在的剑拔弩张。他们抢夺金融机构的客户,用低成本削弱其盈利根基,通过海量信息削弱其定价与交易优势。随着对余额宝监管呼声的加强,力挺者和力毁者兼而有之。

谷歌钱包推出于 2011 年,采用 NFC(Near Field Communication,近距离无线通信)技术,用户可以通过谷歌钱包绑定信用卡的功能,直接刷手机消费。谷歌钱包看上去确实很方便,买东西吃饭坐出租车时,只需掏出手机轻轻一刷,支付即可完成。但一年以后这款移动支付产品的推广相当不顺利,支持的运营商和手机机型寥寥无几,远未达到谷歌预期。近日甚至有传言称,谷歌准备放弃这种产品。

谷歌钱包之所以迟迟难以推进,最核心的原因不是技术问题,而是产业链上下游都不配合。换句话说,这条产业链由谷歌、电信运营商、手机制造商、信用卡公司、银行、连锁商户组成,都是各自领域的巨头,都不配合推广。目前美国四大运营商只有一家支持。美国最大移动运营商 Verizon 以该业务存在安全漏洞为由,拒绝与谷歌合作,而维萨、万事达卡这样的信用卡公司也有自己的小算盘,万事达卡和谷歌达成合作协议,但是维萨则想推出自己的移动支付端。

资料来源:http://www.cnbeta.com/articles/277212.htm

谷歌钱包失败的原因归根结底就是上下游不支持,由此可以看出企业电子商务系统的实现不仅仅要看企业开发电子商务系统的技术水平,同时更应该认清企业成长的生态链条是否相互支持。

5.1 电子商务解决方案的内涵与基础构架

5.1.1 电子商务解决方案的内涵

一个完整的电子商务解决方案是一项复杂的系统工程,内涵广泛,它不仅包含了企业的信息化,而且还包括物流配送管理系统、在线市场定位、网站风格的个性化设计、如何开展网络商务活动等。因此可以这样给电子商务解决方案定义,所谓电子商务解决方案,是指为实现电子商务所需要的硬件、软件、技术、运行措施和管理机制的集合,围绕着产品或服务的交易提供一系列软件功能,用来帮助企业构建电子商务站点、构建网上交易平台、提供网上支付接口、解决交易的后续流程,是最终为用户建立的低成本、高效率、具有赢利能力的电子商务系统。它主要包括以下内容。

(1) 硬件系统,是实现电子商务系统所需要的基本硬件设备,包括服务器、PC、路由器等网络硬件设备。

(2) 软件系统,是电子商务系统的运行及各个业务功能实现的平台。主要包括操作系统、数据库管理系统、Web 服务软件及一些必要的应用软件。

（3）技术系统，是建立软、硬件的组合，实现电子商务的各项功能，并将企业内部的信息管理系统进行集成，以便在开展电子商务时发挥重要作用，同时保证系统的安全有效运行。

（4）管理系统，是指实现电子商务所必需的人员配备、管理制度、商务策略、资金与资本运作规划、系统建设实施步骤、系统操作方法、各项业务处理方法等。

5.1.2 电子商务解决方案的基础构架

电子商务解决方案的基础构架是企业用于实现向电子商务转型的完整电子商务基础设施，它为企业提供一个完全整合的环境，主要包括硬件、软件及服务等组成部分，通过全面的系统继承管理，支持用户的多种应用。一般电子商务系统由三层框架结构组成，底层是电子商务网络平台，中间层是电子商务基础平台，第三层就是各式各样的电子商务应用系统。电子商务基础平台是各种电子商务应用系统的基础。

1. 电子商务网络平台

电子商务应用系统网络平台包括硬件平台和软件平台两个方面。要开展电子商务，首先建立企业内部网（Intranet），然后再利用网络互联设备与 Internet 相连接。企业内部网的主要作用是把企业内部的各个职能部门连接起来，实现信息与资源的共享，提高效率及管理水平。

1）Internet

Internet 是企业电子商务系统的用户访问接口，是企业与客户之间相互交流的通道。建设电子商务系统 Internet 部分的目的主要是实现企业 Intranet 和 Internet 之间的互联，它的主要内容包括接口方式、接口规格的设计及相互连接。

2）Intranet

电子商务系统的 Web 服务器、应用服务器等一般运行在局域网上，且要有以下要求。

（1）由于用户通过 Internet 访问服务器时，要求服务器有比较高的响应速度，因此，需要在局域网上配置高性能的服务器，而且要求网络具备较高的带宽。

（2）电子商务系统的局域网必须是安全可靠的网络环境。电子商务系统的局域网不仅和 Internet 互联，而且还需要和企业的内部网络连接，在这种情况下，局域网上的主机设备、应用系统和企业内部信息系统都存在被非法用户入侵的可能。一旦商务应用系统遭到恶意攻击，那么企业的商务活动就可能受到影响，所以强化网络的安全是非常必要的。通常都是采取设置防火墙，将网络隔离成敏感程度不同的区域，或者将网络划分为不同信任等级的网段、通过路由设备隔离等措施。

3）Extranet

从电子商务系统的体系结构来看，Intranet 建设所包含的主要任务是完成企业内部信息系统和电子商务应用系统的互联；而建设 Extranet 则主要是实现电子商务系统如何和网上银行、CA 认证机构的管理信息系统互联。

电子商务网络平台从硬件的角度考虑，网络设备的简单构成主要是网络服务器、应用终端设备，以及用于连接网络服务器和终端的交换机、路由器、集线器等设备和其他保障网站实现电子商务功能的网络硬件设备。

第5章　电子商务系统的解决方案

电子商务基础平台是各种电子商务应用系统的基础，是整个电子商务系统框架的中间层。一般认为，它主要包括身份认证(CA 认证)、支付网关和客户服务中心三大部分。广义上讲还包括社会配送体系、公关广告公司等相关部分，其真正的核心是 CA 认证。

网络操作系统主要是为所有运行在企业内部网上的系统提供网络通信服务，即实现网络协议。

服务器软件主要包括 Web 服务器软件、电子邮件服务器软件、文件服务器软件、打印服务器软件、远程登录服务器软件等。

客户端软件包括为实现电子商务系统特定功能而设计的专业软件、浏览器软件、电子邮件软件、FTP 软件等。其中，浏览器软件是 Internet 上提供给最终用户(客户机)的应用界面管理软件，通过浏览器可以使用 URL 来制定被访问的各种资源，集 WWW、电子邮件、FTP 等需求于一体。

 知识链接

FTP

FTP(File Transfer Protocol)协议是将文件从一台主机传输到另一台主机的应用协议。FTP 服务是建立在此协议上的两台计算机间进行文件传输的过程。FTP 服务由 TCP/IP 协议支持，因而任何两台 Internet 中的计算机，无论地理位置如何，只要都装有 FTP 协议，就能在它们之间进行文件传输。FTP 提供交互式的访问，允许用户指明文件类型和格式并具有存取权限，它屏蔽了各计算机系统的细节，因而成为计算机传输数字化业务信息的最快途径。

资料来源：http://www.educity.cn/it/30533.html

数据库管理系统主要用来完成对企业内部信息资源及网络信息资源的维护和管理。对 Intranet 来说，企业的信息资源使企业的关键数据具有极高的商业价值，对企业的经营管理至关重要。它们是海量数据的存储中心，这些数据在数据库管理系统中完成复杂的计算，并通过 CGI、ASP、API 等接口提供存储和更新操作。

 知识链接

CGI

CGI 是通用网关接口(Common Gateway Interface)的缩写，它主要用于服务器端动态输出客户端的请求(如 HTML 页面/二进制文件)。也就是说客户端请求参数不同，服务器端会给出不同的应答结果。

CGI 标准将这个接口定义的非常简单(即，Web 服务器收到客户端的请求后通过环境变量和标准输入(Stdin)将数据传递给 CGI 程序，CGI 程序通过标准输出(Stdout)将数据返回给客户端)。所以只要能操作标准输入/输出的程序语言都可以执行 CGI 程序，Perl/C++/Java/VB 等。

资料来源：http://www.educity.cn/wenda/86756.html

管理软件主要包括安全管理软件和系统维护与管理软件，如防火墙软件、电子交易安全软件、Web 服务器管理软件、CGI 接口管理软件、数据恢复与备份软件等，以维护和完成系统正常运行的特殊功能。

2. 电子商务基础平台

1) 身份认证

认证是证实实体身份的过程，是保证系统安全的重要措施之一。当服务器提供服务时，需要确认来访者的身份，访问者有时也需要确认服务提供者的身份。大多数电子商务公司都在为网上支付的安全问题而苦恼，尽管他们采取了各种各样的防范措施，但盗用他人账号的事情还是时有发生，这严重影响了消费者对网上消费和参与电子商务的热情。

身份认证是指系统的计算机及网络系统确认操作者身份的过程。计算机和计算机网络组成了一个虚拟的数字世界。在数字世界中，一切信息包括用户的身份信息都是由一组特定的数据表示，计算机只能识别用户的数字身份，给用户的授权也是针对用户数字身份进行的。而我们生活的现实世界是一个真实的物理世界，每个人都拥有独一无二的物理身份。如何保证以数字身份进行操作的访问者就是这个数字身份的合法拥有者，即如何保证操作者的物理身份与数字身份相对应，就成为一个重要的安全问题。

由于电子商务是用电子方式和网络进行商务活动，通常参与各方是互不见面的，因此身份的确认与安全通信变得非常重要，解决方案就是建立中立的、权威的、公正的第三方电子商务认证中心来完成。认证中心是承担网上安全电子交易认证服务，能签发数字证书，并能确认用户身份的服务机构，它所承担的角色类似于网络上的工商管理部门，其本身不从事商业业务，不进行网上采购和消费。

2) 支付网关

支付网关是银行金融系统和互联网之间的接口，是由银行操作的将互联网上的传输数据转换为金融机构内部数据的设备，或由指派的第三方处理商家支付信息和顾客的支付指令。其主要作用是安全连接银行专用网络与Internet的一组服务器，是完成两者之间的通信、协议转换和进行数据加密、解密，将不安全的Internet上的交易信息传给安全的银行专网，起到隔离和保护专网的作用。这样可以确保交易在用户与交易处理商之间安全、无缝隙地传递，并且无须对原有主机系统进行修改。它可以处理所有Internet支付协议、Internet特定的安全协议、交易交换、消息及协议的转换，以及本地授权和结算处理。另外，它还可以通过配置设定来满足特定交易处理系统的要求。离开了支付网关，网上银行的电子支付功能也就无从实现。

在整个电子商务交易过程中，网上金融服务是其中很重要的一环，并随着电子商务的普及和发展，网上金融服务的内容也在发生着很大的变化。网上金融服务包括了网上购买、网络银行、家庭银行、企业银行、个人理财、网上股票交易、网上保险、网络交税等，所有的这些网络金融服务都是通过网络支付或电子支付的手段来实现的。所以，从广义上说，电子支付就是资金或与资金有关的信息通过网络进行交换的行为，在普通的电子商务中就表现为消费者、商家、企业、中间结构和银行等通过Internet网络所进行的资金流转，主要通过信用卡、电子支票、数字现金、智能卡等方式来实现的。但由于电子支付是通过开放的Internet来实现的，支付信息很容易受到黑客的攻击和破坏，这些信息的泄漏和受损直接威胁到企业和用户的切身利益，所以安全一直是电子支付实现所要考虑的最重要的问题之一。随着网络市场的不断增长，Internet网络交易的处理将成为每一个支付系统的必备功能。支付网关，可以使银行或交易处理商在面对网络市场高速增长和网络交易量不断膨胀的情况下，仍可保持其应有的效率。

3）客户服务中心

客户是企业生存和发展的基础，改善企业与客户的关系是企业战略的中心。由于公司的利益直接来自于客户的满意度，因此为客户提供优质的服务对于企业形象、客户关系及市场地位都是至关重要的。客户服务中心（Customer Service Center）代表了一种先进的企业经营理念。

客户服务中心是以电话、传真、E-mail、Internet 等作为主要接入手段，运用计算机、通信和网络技术，快速完成大规模数据计算和信息分配，及时、准确、亲切、友好地解决客户请求的综合业务电子处理系统。服务中心通过电话、面谈、服务代理或自助方式向客户提供多种服务，为企业开创新的商业机遇，使客户在其方便的时间和地点能轻而易举地获得需要的信息和服务。服务中心为各地分散的客户提供服务优势更加明显，服务中心在各类企业的销售和市场活动中能起到长期的战略作用，有效协调市场并使企业增加销售量和业务量。

服务中心的三个要素是人、技术和业务处理。目前的客户服务中心分为呼入服务中心和呼出服务中心两类应用系统。呼入服务中心是回答客户查询的一种常用途径，所有客户都期望他们的呼叫得到快捷、准确、亲切的应答服务。呼叫者也可能不只是要求通话应答，他可能想输送信息给一个机构，例如故障查询，或者利用电话进入银行系统进行事务交易。呼出服务中心有资料收集、市场调研、政策发布、数据核对及特约服务等。客户服务中心常常是公司与客户之间的第一个接触点，因此，为客户提供优质的服务对于企业形象、客户关系及市场地位都是至关重要的。由于公司的利益直接来自于客户的满意度，各类公司纷纷建立服务中心，以此建立一流的客户关系。

在当今瞬息万变的社会中，企业只有不断提高自身的服务水平和工作效率，才能在激烈的市场竞争中立于不败之地。客户服务中心作为现代化的顾客服务手段，将计算机技术、信息技术与管理有机地结合在一起，从而将企业以顾客为本的发展战略提升到一个全新的高度。它主张以"客户为中心"为客户提供全面服务，同时客户服务中心还实现客户信息的集中管理，提供业务统计和分析等功能，为客户提供更加人性化的服务，并且帮助企业实现客户智能决策分析。

3. 电子商务应用系统

电子商务应用系统是电子商务系统的最顶层，主要是面向应用，提供具体电子商务系统的特定功能，以实现特定网络业务。

在建立了完善的企业内部网和实现了与互联网之间的安全连接后，企业已经为建立一个好的电子商务系统打下了良好基础，在此基础上，再增加电子商务应用系统，就可以开展电子商务活动了。一般来讲，电子商务应用系统主要以应用软件形式实现，它运行在已经建立的企业内部网之上。电子商务应用系统分为两部分：一部分是完成企业内部的业务处理和向企业外部用户提供服务，比如用户可以通过互联网查看产品目录、产品资料等；另一部分是极其安全的电子支付系统，它使得用户可以通过互联网在网上购物、支付等，真正实现电子商务。

电子商务的应用系统是整个电子商务系统的核心，它的设计和建设直接关系到整个电子商务系统的成败。电子商务应用系统主要功能是完成企业内部的业务处理和向企业外部用户提供服务,因此,电子商务应用系统可以划分为基础数据层、作业处理层、统计分析层和决策支持层四个层次。

基础数据层的功能主要是对整个应用系统的基础数据进行维护,包括对商品信息、客户信息,以及用户权限的管理等;作业处理层的功能主要是进行企业日常业务的处理,其主要目的是替代手工操作,减轻工作人员的劳动强度,加强信息记录的准确性、实时性,同时还可以收集手工操作无法完成的信息资源;统计分析层的功能主要负责对基础数据层和作用处理层采集到的信息进行查询和统计,然后通过各种图表的方式将各种信息按照用户的要求进行分类、检索等,并将信息反馈给用户。随着数据仓库技术的应用,信息系统通过对大量业务数据进行分析,可以预测商业经营趋势,并通过计算机系统的高速运算能力,进行未来的经营决策模拟,为企业管理层提供决策支持。

5.2 电子商务系统的规划与设计

5.2.1 电子商务系统规划

1. 电子商务系统规划的含义

一般来讲,规划的目的是为完成未来的某个目标设计相关的实施步骤,其主要内容是给出达到这一目标的行动计划,要求指明行动过程中的人员组织、任务、时间及安排。

传统信息系统规划是以企业商务模式处于稳定的状态为前提,在企业既有商务模式的基础上,集中针对企业内部信息流进行的技术改进和支持。

电子商务系统规划是以完成企业核心业务转向电子商务为目标,给定未来企业的商务模式,设计支持未来这种转变的电子商务系统的体系结构,说明系统各个组成部分的结构及其组成,选择构造这一系统的技术方案,给出系统建设的实施步骤及时间安排,说明系统建设的人员组织,评估系统建设的开销和收益。

2. 电子商务系统规划的主要任务

(1) 制定电子商务系统的发展战略。电子商务系统规划的目标是制定同企业整体战略相一致的电子商务系统的发展战略。制定电子商务系统的发展战略,首先要调查分析企业的目标和经营战略,评价现行信息系统的功能、环境和应用状况。在此基础上,确定电子商务系统的目标,制定电子商务系统的发展战略及相关政策。

(2) 进行可行性分析。根据电子商务系统的环境、资源等条件,评估系统建设的开销和收益所提出的电子商务系统项目是否有必要、有可能进行。

(3) 制定电子商务系统的总体开发方案。在对企业初步调查及分析的基础上,根据电子商务系统的目标和发展战略设计电子商务系统的总体结构,以及系统各个组成部分的结构及其组成,拟定构造这一系统的技术方案。

(4) 制订项目实施计划。根据电子商务系统总体开发方案确定要完成的任务,制定一个详细的进度表。进度表中,应规定各项任务优先次序和完成任务的时间安排,给项目组成员分配具体任务和确定任务完成的时间。

5.2.2 电子商务系统的设计与集成

1. 电子商务系统的设计

需求分析结束之后，就可开始电子商务系统的设计和开发工作。首先要进行系统方案的设计工作。电子商务系统设计是从总体目标及企业所能提供的技术、经济、人员、组织等各方面条件，确定系统设计技术及设计结构。

系统设计技术应遵循以下几项原则。

(1) 技术的先进性原则。在方案设计的时候首先应对当前的各种计算机技术、软件设计语言、通信技术等进行了解，系统设计应选择开发时的先进技术，而不能选择过时技术，这会减少过时技术带来的技术落后风险，提高系统的安全性，但是，也不能只考虑先进性，因为最新的技术往往有不稳定的特点，会增加系统的运行风险。

(2) 符合企业信息的整体技术战略。企业内部涉及多个部门多种工作任务，因此，在方案设计时要考虑到整体要求，各部分的技术要相互兼容，这更有利于信息系统的管理。

(3) 与现行的应用具有良好的兼容性。企业的电子商务系统是分步骤、分时期完成的，在构建新的电子商务系统时也要考虑到已经存在的各种应用，例如，个别部门内部已经实现了办公室自动化体系或者已经通过网络方式与合作伙伴之间的联系体系，在设计新的系统时要把这些已经存在的信息系统兼容进去，减少企业耗费，增强电子商务系统的实用性，减少系统试运行的磨合时间，减少新系统对企业现实工作造成的不便。

(4) 技术成熟性原则。在设计时不能只考虑到技术的先进性，还要考虑到技术的稳定性，必须要用成熟的技术。

(5) 技术可扩充性原则。采用的技术不能只适合某一种类型的硬件体系，应该适合开放性的网络，采用的技术要能够升级、兼容性好。

系统设计方案要根据用户的需求来确定，系统的设计中的主要部分是对程序的设计。程序的设计方法有两种：购买现成的软件模块(下载)和编写程序段。常用的语言是面向对象的设计语言。

2. 电子商务系统的集成

系统设计好以后，需要把应用软件和软件系统支持平台及硬件设备集成在一起，并且还要与其他信息系统进行交流。

电子商务系统的集成是有先后顺序的。首先，系统进行硬件集成，就是把构建电子商务系统的所有硬件按照事先规划好的集成在一起，形成一个物理通路，这是软件系统顺利运行的保证；其次，构建后台操作系统和核心数据库的集成，即实现硬件基础上的系统软件的集成，通过这个阶段的集成，可以实现对硬件系统的基础管理，实现后台数据信息的互传，在数据互传时可以没有友好的界面，但是一定要实现数据按要求传输；再次，实现应用软件的集成，把已经编写好的软件模块进行连接，实现所有的信息系统功能，最后实现电子商务系统进入到现实的商务流程当中，替代旧的信息系统，使电子商务系统与现实生活实现"无缝对接"，发挥电子商务系统的真正作用，实现高层次的集成。

电子商务系统的集成是一个连接的过程，即把前面的设计工作与后面的使用工作结合起来。设计部分是程序人员独立完成的工作，由于它脱离使用者，因此容易造成与现行脱节的现象，通过集成阶段，可以调整在设计过程中的缺陷，加强系统的使用性。

5.3 电子商务系统实施

5.3.1 电子商务系统的创建

1. 域名申请

众所周知，域名就是在互联网上用于查找网站位置的专有标志。域名所具备的网上"索引"的功能特性，可为企业在互联网上招来商机、延伸品牌价值。在新经济时代，任何企业要想步入互联网都不能跨越拥有域名这个基础阶段，因此，域名重要的存在价值是毋庸置疑的。

当确定了企业电子商务网站的整体规划后，就可以着手进行建立网站的具体工作。首先要做的工作是进行企业网站的域名注册。在申请域名之前，必须先查询所需的域名是否已被注册。

1）国外注册域名

如果企业选择在国际上注册域名，通常有两种注册的方法：一是直接在美国的域名注册机构 InterNie 的网站上联机注册；二是通过国内的国际域名注册代理机构注册。

2）国内注册域名

如果企业选择在国内注册域名，有两种注册的办法：一是直接在 CNNIC 注册；二是通过 CNNIC 的代理注册机构代理注册。

3）域名注册的注意事项

（1）符合规范。在申请域名时应注意申请符合规范的域名。例如，www.nice.cn.com 就不是一个好的域名，比较合适的域名应该是 www.nice.com、www.nice.cn 或 www.mce.com.cn。我国部分企业的域名遭到了其他境外机构的抢注，其抢注的一般是 .com 国际顶级域名，目的是索要巨额转让费。

（2）短小精悍。在已注册的以 .com 和 .net 等为后缀的域名中，可以发现许多字母少并有一定字面含义的单词或者单词组合形成的域名，如 dragon.com。也可以利用一些单词的缩写，或者在缩写字母后加上一个有意义的简单词汇组成比较短小的域名，如 cnnews.com。

（3）容易记忆。为了便于别人了解和记忆，除了字符数少之外，容易记忆也是很重要的一项因素。一般来说，通用的词汇容易记忆，如 business.com。某些有特殊效果或特殊读音的域名也容易记忆，如 amazon.com、163.com 等。

（4）不容易与其他域名混淆。造成域名混淆的原因可能有几种情况，一种是上面所说的组成一个域名的两部分使用连字符；第二种情况是后缀 .com 或者 .net 的域名分属不同所有人所有，例如，网易下的"163.com"与 163 电子邮局的"163.net"两个域名就很容易造成混乱，许多人都分不清两者的关系；第三种情况是国际域名和国内域名之间的混乱,例如"85818.com.cn"是上海梅林正广和的一个网上购物网站的域名,而"85818.com"则曾经属于另外一个名为"域名博士"网站的域名。

(5)与公司名称、商标或核心业务相关。当看到"ibm.com",就会联想到这是IBM公司的域名,看到"travel.com"或"auctions.com"的域名就会想到分别是在线旅游或者拍卖网站,这无疑是一笔巨大的财富,难怪一些特殊的域名可以卖到数百万美元。也正因为如此,一些企业著名商标被别人作为域名注册之后,要花很大代价来解决。

(6)尽量避免文化冲突。2000年,新浪网的域名"sina.com.cn"也受到置疑,甚至被要求改名,其原因在于"sina"在日语中和"支那"的发音相同,而"支那"是日本右翼对中国的蔑称,因此,新浪网的域名引起了包括一些在日本的华人的不满,此事被吵得沸沸扬扬。

2. 网站建设

1)电子商务网站的总体设计

一般来说,一个网络站点不可能包含所有的信息,面面俱到是不可能设计出一个优秀的电子商务站点的。因此,在网站建设初期就应有明确的指导方针和整体规划,确定网站的发展方向和符合本企业特点的服务项目。

(1)确定网站建设目的。建设电子商务网站,必须首先确定网站建设的目的,也就是要回答为什么要建立电子商务网站的问题。电子商务战略的制定,为电子商务网站的建设指明了方向,但具体应用目的还需要认真考虑,因为针对不同的应用目的有不同的设计思路。

电子商务网站建设的目的一般可以分为:开展B2B交易,开展B2C交易,开展拍卖业务,用于企业形象建设,拓展企业联系渠道,作为交易中间商,建立市场交易场所,开展中介服务,作为服务性网站,其他应用目的等。

对于网站设计人员来说,通过与业务人员的沟通,确定网站建设目的,是一项非常重要但又容易被忽略或轻视的一项工作。尤其是当专业的网站设计人员帮助企业建立网站,但设计人员又没有该企业的行业经验时,与企业业务人员的沟通就更加重要了。

(2)定位网站客户。对于电子商务网站来说,确定网站的客户群体十分重要。只有清楚地确认网站的客户群体、客户的需求、客户的兴趣,才可能在网站上提供客户所需要的内容和信息,留住目标客户群体。网站对客户了解得越多,网站成功的可能性越大。

网络客户群体具有多样性,网站的设计必须与之相适应。确定客户群体,也就是要创建一个客户兴趣圈,以便在目标客户中突出网站的价值。

企业网站必须进行客户需求分析,即在充分了解本企业客户的业务流程、所处环境、企业规模、行业状况的基础上,分析客户表面的、内在的、具有可塑性的各种需求。有了客户需求分析,企业就可以了解潜在客户在需求信息量、信息源、信息内容、信息表达方式、信息反馈等方面的要求,有了客户需求分析,企业网站才能够为客户提供最新、最有价值的信息。

(3)确定网站内容框架。确定了网站建设目的和客户群体后,下一步工作是目标细化,构架网站内容框架,主要包括网站核心内容、主要信息、服务项目等。然后,将网站内容大纲交给上级或业务人员审核批准,形成网站设计的总体报告。在内容框架中,还应注明这些内容的信息来源,哪个部门应该提供哪方面的信息等。

确定内容框架后,就可以勾画网站的结构图了。结构图有很多种,如顺序结构、网状结构、继承结构、Web 结构等。网站应依据自己网站的内容反复讨论后确定。多数复杂的网站会综合运用到几种不同的结构图。画出结构图的目的,主要是便于有逻辑地组织网站和链接;同时,可以根据结构图去分配工作和任务。

(4) 设定网站盈利模式。一个企业要发展电子商务业务,建立自己的电子商务网站,其目的总是希望自己企业的经营通过电子商务得到更好的发展,能够获得更多的商业机会和经营利润。但是,企业在开展电子商务的起始阶段需要在各方面有较大的投入,并且在当前电子商务发展的大环境还不够完善的情况下,部分企业在电子商务上的投入还难有产出。主要原因是企业在发展电子商务时还很难把握网络营销的突破点和赢利点。

没有利润的企业网站肯定是不能长期维持下去的,因此,盈利模式的设定对网站来说是十分重要的。网站的经营收入目标与企业网站自身的知名度、网站的浏览量、网站的宣传力度和广告吸引力、上网者的购买行为对本网站的依赖程度等因素有十分密切的关系。因此,企业网站应该从上述因素的分析来设定本网站的盈利模式。

(5) 设定主要业务流程。通过电子商务进行并完成网上交易是一个比较复杂的技术流程,但这一复杂的流程应当尽量做到对客户透明,使客户购物操作方便,让客户感到在网上购物与在现实世界中的购物流程没有本质的差别和困难。

一个好的电子商务网站必须做到:不论购物流程在网站的内部操作有多么复杂,其面对用户的界面必须是简单和操作方便的。

2) 网站开发形式的选择

电子商务网站的开发有多种可选方案,主要包括购买、外包、租借和自建。

(1) 购买。在目前市场开发的商业化软件包中可以找到电子商务应用所需要的标准模块。与自建相比,购买现成的软件包成本较低,开发时间短,需要的专业人员少。购买法的主要缺点在于所购软件可能难以与现有的企业运作系统整合,无法满足企业全部电子商务的需求,而且所购买软件的设计已经成型,修改起来非常困难。一般来说,小企业或个体经营者常常选用这种方法。

(2) 外包。外包与购买有较多的相同之处。但外包可以在供应商开发的已有软件的基础上根据企业情况进行修改。开发商与企业的沟通,可以将开发商的技术优势与企业电子商务的需求密切结合,大大提高整个电子商务网站开发的成功率。

(3) 租借。与购买和自建相比,租借更能节省时间和开支,虽然租借来的软件包并不能完全满足应用系统的要求,但是大多数组织都需要的常用模块通常都包括进去了,在需要经常维护或者购买成本很高的情况下,租借比购买更有优势。对于无力大量投资于电子商务的中小型企业来说,租借很有吸引力,大公司也倾向于租借软件包,以便在进行大规模的电子商务投资前检验一下电子商务方案。

(4) 自建。自己建立电子商务网站与前面几种方式相比的主要缺点是开发时间长,网站(特别是大型网站)的运行可能出现这样或那样的问题,但是这种方式通常能更好地满足组织的具体要求,那些有资源和时间去自己开发的公司或许更喜欢采用这种方法,以获得差异化的竞争优势。然而,自己开发电子商务系统是极具挑战性的,因为无论从技术方面,还是从应用方面都会遇到大量的新问题,同时,还要考虑组织外部的使用者。

3) 网络服务方式的选择

(1) Web 服务器。在网络上提供资源并对这些资源进行管理的计算机叫服务器。服务器可分为 WWW 服务器、E-mail 服务器、数据库服务器和 DNS 服务器等。

WWW 服务器(WWW Server)通常也叫 Web 服务器(Web Server)。在有的资料中,Web 服务器是指 WWW 服务器、FTP 服务器和 Gopher 服务器的集成。

网络操作系统主要驻留在服务器上。因此,网络服务器的性能直接影响到网络的性能,网络服务器可以是高性能的微型机、中小型机或大型主机。不管选用哪种设备,服务器都必须具备一定的通信处理能力、快速访问能力和安全容错能力。

(2) 虚拟主机。虚拟主机是使用特殊的软硬件技术,把一台完整的真实主机的硬盘空间分成若干份,每一个被分割的硬盘称为一台虚拟主机。虚拟主机都具有独立的域名和 IP 地址,但共享其真实主机的 CPU、RAM、操作系统、应用软件等。虚拟主机之间完全独立,在外界看来,一台虚拟主机和一台独立的主机完全一样,用户可以利用它来建立完全属于自己的 WWW、FTP 和 E-mail 服务器,并且它可以租给不同的用户。

采用虚拟主机的拓扑结构如图 5.1 所示。

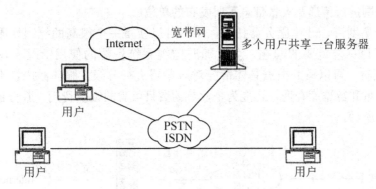

图 5.1 采用虚拟主机的拓扑结构

虚拟主机到因特网的连接一般采用高速宽带网,用户到虚拟主机的连接可采用公共电话网 PSTN、一线通 ISDN 和 ADSL 等。

采用虚拟主机技术的用户只需对自己的信息进行远程维护,而无须对硬件、操作系统及通信线路进行维护。因此,虚拟主机技术可以为广大中小型企业或初次建立网站的企业节省大量人力、物力及一系列烦琐的工作,是企业发布信息较好的方式。

采用虚拟主机方式建立电子商务网站具有投资小、建立速度快、安全可靠、无须软硬件配置及投资、无须拥有技术支持等特点。

选择虚拟主机主要考虑以下几项服务内容。

① 存储空间。因特网服务商必须提供存储空间,企业可根据发展的需求不断调整存储空间。

② 电子邮件。因特网服务商一般提供 3～5 个电子信箱,电子邮件目前是企业最常用的通信工具之一。

③ 网页制作。网页可委托因特网服务商制作,也可由企业自己制作。

④ IP 地址。因特网服务商必须提供独立的 IP 地址,并且支持多个域名指向同一个 IP 地址。

⑤ 文件传输。文件传输的主要功能是上传网页,在企业内部将网页文件上传到因特网服务商的虚拟主机上。

⑥ 时间。因特网服务商应提供每天 24 小时、每年 365 天的连续服务,因为商业网一旦开通就不允许长时间停机。

⑦ 速度。速度是企业网站的生命,选择因特网服务商时应重点考虑这个问题。

4)服务器托管

虚拟主机是由多个不同的站点共享一台服务器的所有资源,是入门级的站点解决方案。如果服务器上运行了过多的虚拟主机,系统就容易过载,从而直接影响网站浏览的效果。当企业对服务器有较高要求时,可以选择服务器托管。

服务器托管是指用户将自己的独立服务器寄放在因特网服务商的机房,即租用 ISP 机架位置,日常系统维护由因特网服务商提供,用户可以独立进行主机内部的系统维护及数据的更新。这种方式不计通信量和访问次数,也不需申请专用线路和搭建复杂的网络环境,因此也就节省了大量的初期投资及日常维护的费用。这种方式特别适用于有大量数据需要通过因特网进行传递及大量信息需要发布的单位。

从另一个角度讲,选择服务器托管,用户可以获得一个很高的控制权限,能够决定服务质量和其他一些重要的问题,可以随时监视系统资源的使用情况。在系统资源紧张、出现瓶颈时,可以马上根据具体情况对服务器进行升级。服务器托管不仅能够解决足够多的访问量和数据库查询,还能为企业节约数目可观的维护费用。服务器托管的拓扑结构如图 5.2 所示。

图 5.2 服务器托管的拓扑结构

相对于虚拟主机,服务器托管具有以下特点。

(1)灵活。当企业的站点需要灵活地进行组织变化时,虚拟主机将不再满足企业的需要。虚拟主机不仅仅被共享环境下的系统资源所限,而且也被主机提供商允许在虚拟主机上运行的软件和服务所限,用户希望连接互动化、内容动态化和个性化的要求也很难实现。而这些要求需要依靠托管独立主机才能得到较好的解决。

(2)稳定。在共享服务器的环境下,每个用户对服务器都有各自不同的权限,某些超出自己权限范围的行为,很可能影响整个服务器的正常运行。如果有的用户执行了非法程序,还可能造成整个共享服务器的瘫痪。而在独立主机的环境下,用户可以对自己的行为和程序严格把关、精密测试,保持服务器的高度稳定性。

(3)安全。服务器被用做虚拟主机的时候是非常容易被黑客和病毒袭击的。例如,乱发电子邮件可能会受到来自外界的报复;如果服务商没有处理好虚拟主机的安全隔离问题,某些用户可能会利用程序对其他用户网站进行非法浏览、删除、修改等操作。而服务器托管极少会出现这样的问题。

（4）快捷。虚拟主机因为是共享资源，因此服务器响应速度和连接速度都比独立主机慢得多。目前，大约10%～30%的访问者因为服务器响应速度过慢而取消了他们的请求，这就意味着可能丢掉了其中的一些潜在用户，而托管独立主机将彻底改变这种状况。

选择主机托管服务时应考虑以下因素。

（1）可靠性因素。为了保持竞争力，企业服务器必须每时每刻都处于在线状态，如果一个设施遇到问题，其功能可以由另一个设施来承担。

（2）安全因素。一个良好的主机服务设施可以提供一个安全基础设施，这个基础设施可以确保一个没有黑客入侵、没有故障和病毒的安全环境，所选择的托管主机设施既要不断地监控硬件设施，又要不断地监控进入到硬件设施中的数据和软件。身份证明和一些其他的访问控制可以对进入指挥中心的访问进行严格的控制。

（3）功能需求因素。托管主机设施应具备提供潜在的功能，特别是具有较高的带宽时，所有这些服务器和通道都有实时的监控，指挥中心能够及时发现问题并解决问题，为客户提供高质量的服务。

5）独立服务器

虚拟服务器和托管服务器都是将服务器放在因特网服务商的机房中，由因特网服务商负责因特网的接入及部分维护工作。独立服务器则是指用户的服务器从因特网接入到维护管理完全由自己操作。企业自己建立服务器主要考虑的内容有硬件、系统平台、接入方式、防火墙、数据库、人员配备等，其拓扑结构如图5.3所示。

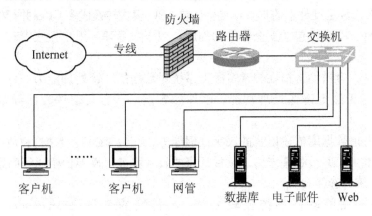

图5.3 独立服务器的拓扑结构

大型电子商务网站自备主机的构造相对复杂，除DNS、E-mail、Web、数据库服务器以外，还需要配置防火墙设备、负载均衡设备、数据交换服务器等，并使用较好的网络设备，采用网络管理软件对网站运行情况进行实时的监控。

独立服务器需要专用的机房、空调、电源等硬件设施，也需要操作系统、防火墙、电子邮件等运行软件，这些软、硬件都需要专职人员加以维护。因此，对企业来说，使用独立服务器需要有较多的支出。

6）网络数据库的选择

网络数据库（Network Database）是在网络上运行的数据库。网络数据库中的数据之间的关系不是一一对应的,可能存在着一对多的关系,这种关系也不是只有一种路径的涵盖关系,而可能会有多种路径或从属的关系。

一个用途广泛的动态网站必须依靠数据来支持,简单网站中的数据只能供用户浏览,先进的网站则可以实现网站和用户之间的互动,这就需要即时对网站数据进行添加、删除和修改。网络数据库数据存储量大、修改方便,能够进行动态数据组合,是为电子商务网站提供交互式服务的主要手段。

选择数据库管理系统时,应从以下几个方面予以考虑。

(1) 易用性。数据库管理系统的管理语句符合通用标准,面向用户的开发工具,能支持多媒体数据类型。

(2) 分布性。数据库管理系统支持分布式应用,即支持数据透明与网络透明。数据透明是指用户在应用中不需指出数据在网络中的什么节点上,数据库管理系统可以自动搜索网络,提取所需数据;网络透明是指用户在应用时无须指出网络所采用的协议,数据库管理系统自动将数据包转换成相应的协议数据。

(3) 并发性。在多任务分布环境中,可能会有多个用户点在同一时刻对同一数据进行读或写操作,为了保证数据的一致性,数据库管理系统应具有并发控制功能。

(4) 数据完整性。数据完整性是指数据的正确性和一致性保护,包括实体完整性、参照完整性、复杂的事务规则等。

(5) 可移植性。可移植性是指垂直扩展和水平扩展能力。垂直扩展要求新平台能够支持低版本的平台,数据库客户机服务器机制支持集中式管理模式,以保证用户以前的投资和系统;水平扩展要求满足硬件下的扩展,支持从单CPU模式转换成多CPU并行机模式。

(6) 安全性。安全性包括安全保密的程度,如账户管理、用户权限管理、网络安全控制、数据约束等。

(7) 容错性。容错性是指在异常情况下系统对数据的容错处理能力。评价标准包括硬件的容错,即有无磁盘镜像处理功能;软件的容错,即有无软件方面异常情况的容错功能。

其他还应考虑数据库描述语言的汉字处理能力(表名、域名、数据)和数据库开发工具对汉字的支持能力、并行处理能力、软件厂家的技术服务、性能价格比等因素。

7) 软件系统的选择

电子商务网站的软件系统比较复杂,与传统的 MIS (Management Information System,管理信息系统)有着较大的差别。传统的 MIS 着重考虑功能,而电子商务网站则对系统安全、运行速度、运行效率等方面的要求非常高。在软件系统的结构方面,电子商务网站需要考虑的问题主要有数据输入、数据管理、数据导出、智能与个性化设计及安全控制等。

软件系统的选择应当依据网站设计的整体方案。整体方案为电子商务网站设置了一系列的功能,软件系统一定要与网站的设计要求相吻合。

软件系统一定要与网站的硬件配置相匹配。目前电子商务网站常用的操作平台有 Windows Server、UNIX、Linux等。其中 Windows Server 搭建的网站对硬件设备的要求比较低。

很多软件系统对网站的运行效率和数据处理能力等方面并没有太大的差异，但对于技术人员来讲，则存在一个熟悉与否的问题。比较熟悉的软件系统较易于控制，而对不太熟悉的系统，则需要有一个实践了解的过程。

随着电子商务的迅速发展，许多电子商务解决方案的开发平台应运而生。例如，IBM公司推出的Web Sphere，Akopia公司推出的Tallyman，Microsoft公司推出的Site Server等电子商务系统。这些IT公司提供的电子商务的解决方案，可以方便地协助企业构建功能强大而且具有经济效益的网站。

对用户而言，如何方便、优惠、多选择性地购物，而非华而不实的运作方式。对商家而言，怎样降低销售成本和扩大用户群，解决支付、结算和送货的问题，并建立上述系统功能安全性的保障机制和相应的解决方案。

因此，在应用软件设计中，应主要遵循以下几项原则。

(1) 安全性原则。安全性是整个电子商务解决方案中最重要的一个方面。由于交易过程匿名性和非实时性的特征，以及整个系统的以对外开放性为基础，使安全性成为商家和客户重点关注的共同问题之一。因此，在系统设计时，需要充分保证消费者和商家在安全性方面的要求，可通过广泛采用密码技术、认证技术、安全用户授权体系等一系列的技术手段，并结合实时的信息沟通机制来保障系统的安全性。

(2) 可扩展性。系统设计除了可以适应目前的企业电子商务需要以外，应充分考虑用户以后的业务发展需要。只有这样才能保证随着数据量的扩大、用户数的增加，以及应用范围的拓展，系统的性能不会受到过大的影响，而只需调整硬件设备的性能即可。通过采用大型数据库管理系统及数据仓库技术来对数据进行管理，保证对海量数据的存取、查询及统计等的高性能和高效率。

(3) 开放性。系统设计不仅仅停留在当前的用户需要上，还要为今后业务发展及社会的发展提供接口。例如，目前解决了和银行业务间的联系，今后还要为与税务部门、政府部门等其他管理部门的联系同样预留接口，以适应不断发展的新的社会需求。

(4) 先进性。在兼顾系统成熟性的前提下，采用业界先进的技术，保证现有系统的先进性，使计算机系统发挥最大的效率，并随着技术不断发展得到相应的更新。

(5) 可靠性。软件设计应该有先进的容错能力，可防止操作不当引起数据混乱及系统崩溃，预防拒绝服务攻击的产生，拥有方便完善的数据备份能力。

3. 网站安全建设

为建设一个高效、可靠的Web商业服务网站，必须事先制定一套全面的Web服务安全策略和措施。Web服务安全策略应覆盖所有相关的组织单元，包括获取信息、组织营销、电子合同与支付、物流配送等。安全措施则应覆盖所有的Web系统、网络、数据库和软件。

如果采用虚拟主机方式建设网站，大部分安全问题(尤其是物理安全问题和黑客攻击问题)可以由虚拟主机提供商负责；如果采用独立服务器方式建立网站，那么，所有安全问题都必须由自己来操心了。但不管采取哪种形式，网站的内容安全、人员的操作管理都必须高度重视。

1）系统安全建设

从技术层面上讲，网站的安全问题可以归结为两个大的方面：网络安全和数据安全。

网络安全是指网络系统的安全，包括组成网络的硬件的安全和防止非法用户进入网络。硬件的安全性涉及物理介质的安全性，安全的网络硬件应该为信息的传输提供可信赖的安全通道，为信息的保存提供安全可靠的介质；网络安全的另外一个方面是应该能够有效地防止传输途中的信息被窃听，防止非法用户进入网络，以及防止黑客以其他方式进行恶意攻击，这是信息安全保护的第一道屏障。实现网络安全的设备有多种，如防火墙、安全网关、安全路由器、物理隔离设备等，某些操作系统和网络服务器软件也具有网络安全的防护作用。

数据安全保护是指对存放在网络中的数据的安全保护。常用的数据保护技术包括身份验证、权限控制、数据加密、病毒防范等。此外，为保证数据的绝对安全，还应配备数据备份和恢复处理设备，如双硬盘、镜像站点等。

对于网站的整体安全性，需要定期进行危险性与脆弱性分析，在危险性评估的基础上改进网站安全的建设。

2）安全管理制度

网站安全保护是一个系统工程，既涉及技术问题，又涉及管理问题。企业在网站开始建立时，就应当高度重视安全管理制度的建立。但这一工作常常被忽视。从电子商务运作的情况看，70%～90%的安全问题来自内部，来自管理的漏洞。所以，应加强网站安全管理制度的建设，加强对网站工作人员的监督。

4. 网站资源管理

1）账号管理

电子商务网站管理系统负责整个网站所有资料的管理，因此，管理系统的安全性显得格外重要。系统账号管理应该限制所有使用电子商务网站管理系统的人员与相关的使用权限，给予每个管理账号专属的进入代码与确认密码，以确认各管理者的真实身份。此外，要有账号等级的设定，依据不同的管理需求设定不同的管理等级，让各管理者能分工管理自己分内的工作且不会改动其没有权限去改动的资料。其他如密码有效天数、账号有效期限的设定等，让管理账号的安全性更为提高。而通过账号进入首页则可让拥有不同的管理账号等级的人员看到不同的管理页面样式，使用不同操作界面的管理页面，让其管理工作更为方便。

2）网站及商品资料管理

网站及商品资料管理部分的功能应该提供网站管理者对于网站各商店与商店内的商品的管理功能，让管理者可以很方便地新增、删除与修改各项资料，并可针对各商店不同的需求提供不同的商品属性与商品管理功能。除此之外，还应有对于特价商品的管理功能，使得网站内特价商品能在特别明显的位置出现，让顾客在选购时更为便利。

3）订单资料管理

此部分功能应包含所有对于网站订单的相关管理功能。可以统计出目前网站中各项商品的销售情况，依据销售数量与销售金额等来排名，使得结果一目了然。也可查询网站中各订单目前的处理状态如何，有多少新订单进来，能打印出订货单，设定订单出货，以及进行线上清款与顾客退货等相关信用卡交易行为。

4）会员资料管理

电子商务网站对于顾客通常是采用会员制度，要求顾客注册为会员，以保留顾客的基本资料，除了可借此了解顾客并与顾客取得联系外，还可以记录下顾客的相关资料，有需要时可直接从资料库取出，不需顾客重复输入很多繁杂的资料。管理系统也应提供相关的功能，让网站管理者能够简单地管理会员资料，随时依据所需查询会员资料，了解顾客的消费群等资料，以作为销售商品的参考。

5）留言板管理

网站留言板是为了增加网站及顾客间良好互动关系而设立的，顾客可在此留言板上留下各种要与其他顾客或网站共同分享的意见与想法。对于留言板管理部分，系统应提供多项功能以协助管理者能方便地新增、删除或修改留言板上的留言内容，以及对部分留言内容能加以回应。

6）最新消息管理

最新消息管理应提供对网站最新公告事项的相关管理功能，包含新增、删除、修改等功能，使得电子商场管理者能很方便地发布要告知顾客的各项最新消息。

5．网站网页和页面的特色设计

网站的整体风格如同电视广告一样，具有特色的主页和页面能给访问者留下深刻的印象，同时也代表公司的形象，增强了公司在信息时代的竞争力。如何把握网站的整体风格，使网站呈现的形式能很好地为内容服务，是一个需要反复思考的问题。

1）依据内容确定网页风格

无论是什么类型的网站，必然有它的主题内容，网站的风格必须同其主题相符合，同时还应考虑到浏览人群的性格特征。这就如同人们的衣着服饰，必须与他的年龄、身份、出席的场合，甚至与同行人的身份相符合；反之，如果一个电子商务网站选择了与其主题不相符的风格，不论它运用了多少先进技术和复杂形式，也会使人产生不协调的感觉。通常电子商务类的网站比较适合简明大方的风格，而生活服务类的网站则选用温暖亲切的风格较好。

2）合理安排网页内容元素的位置

网页内容元素的位置安排也就是对网页的排版。一个网站往往由多个网页组成，而每个网页又由一些元素组成，如Logo（图标）、Banner（旗帜条幅）、导航条、文字内容、图片内容、联系方式、版权信息等。对这些网页内容元素进行合理的排版设计是很重要的，目标是使每张网页都能重点突出、层次分明、错落有致、井井有条，切忌把网页搞得主次不分、杂乱无章。

主页是企业在Internet上的重要宣传阵地，代表公司的形象。因此，在主页中应有企业的标志物，使浏览者一眼就能判别出是谁的主页，网站的所有内容都应能在主页中找到其链接，网页的设计应以醒目为上，一目了然为本，切勿堆砌太多不必要的细节，或使页面过于复杂。企业电子商务网站的主页中应包含三项要点，即机构名称、提供的产品和服务及主页内容。

3）网页中色彩的运用

除了主色调之外，一个网站的颜色一般最多不宜超过五种（不包括图片的颜色）。如果网站用色太多，会让人觉得杂乱花哨，同时有不专业的感觉。例如，在新浪商城的网页中，在主色调外，还选用了其他四种颜色：用蓝紫色和墨绿色作为栏目的分割，这两种颜色和主色调为同一基色，使页面显得和谐自然；同时选用橙色作为网站导航，以起到突出的效果，从而形成层次感。网面上无论选用哪种颜色，能够很好地为站点的主题内容服务才是根本。

除了颜色的心理效应之外，在进行网页设计时还应注意颜色的可读性，要确保挑选的颜色在通用颜色调色板中存在，同时确保浏览者在阅读时不会感到吃力。

4）网页中图片的运用

网站的网页制作不能只用文字，过长的文字篇幅会使网页显得单调。在网页中插入图片可以令网页生色不少。但图片也不能用得太多，简单的图片堆砌会让人觉得累赘，而且影响网页的下载速度。所以网站中的图片既要美观、符合网站的内容，又要少而精，放在最需要的地方，起到画龙点睛的效果，增加网站的吸引力。例如，在新浪商城的网页中，只是在重点推销的商品中增加了商品的图片。

注意图片减肥也是网站图片运用一个重要的方面。在保证质量的前提下尽可能地减少图片的大小，这里的"大小"不是指尺寸的多少，而是指字节数的大小，图片减肥有利于缩短下载时间。

网页中合理地运用动画会使网页增添生气，常见的动画格式有 GIF 动画和 Flash 动画。Flash 动画通常可以很精彩，变化效果可以更加复杂美观，而且图片大小还可以控制在相对较小的范围内，但它需要安装插件方可浏览；GIF 动画的兼容性更好，但它的颜色和帧数不能太多，否则图片文件会很大且很难减肥。同样，动画图片在一个网页中也不宜出现太多。

5）网页中的背景音乐

多媒体的应用对网页的多姿多彩起了相当重要的作用。在个人网站中，应用背景音乐的网页较多，但一般对于企业的电子商务网站的主页来说，背景音乐建议少用，因为背景音乐会增大网页文件的大小，延长下载时间，也可能分散浏览者的注意力，使真正重要的内容得不到完全仔细的阅读。但是在对产品的介绍过程中加入背景音乐，在对上网者进入本网站时采用一些语音技术，如欢迎词："欢迎光临某某公司，本公司经营……"等会产生较好的效果。

综上所述，决定企业电子商务网站风格最重要的出发点，就是要为网站的主题服务，切实准确地传达网站的信息，方便浏览者阅读。因此，在网页的制作过程中，要综合平衡各方面的因素，呈现给用户一种完整、统一的风格。

5.3.2 电子商务系统的测试

系统测试是电子商务系统开发中一个非常重要的阶段。其重要性体现在它是保证系统质量和可靠性的最后关口，是对整个系统开发过程的最终审查。尽管在系统开发的各个阶段均采取了严格的技术审查，使系统能尽早发现问题并予以修正，但依然会留下差错，如果在系统运行前没有在测试阶段被发现并纠正，将对整个电子商务系统造成非常严重的影响。

系统测试是一个漫长的过程，测试阶段占用的时间，花费的人力和成本占整个系统开发的很大比例。统计表明，开发较大规模系统，系统测试的工作量大约占整个开发工作量的40%～50%，而对于一些特别重要的大型系统，测试的工作量和成本更大，甚至超过系统其他各阶段总和的若干倍。所以，不要以为程序设计完成后系统开发工作就接近尾声了，大量重要而艰巨的系统测试工作才刚刚开始。

1. 系统测试的对象

由于电子商务系统的开发很大程度上是软件系统的开发，那么经过程序设计阶段以后，系统测试的对象不仅仅是源程序。因为系统开发周期内的各个阶段是彼此衔接的，前一阶段发生的问题如不能及时解决，就会带入下一个阶段，因此，在测试阶段中发现的问题不一定是在编码阶段产生的，而是前面各阶段的错误的集中反映。也就是说，对程序设计阶段来讲，有些错误是继承的，因此，系统测试的对象显然不止是源程序，而应是整个系统，它把需求分析、概要设计、详细设计及程序设计各阶段涉及的需求规格说明、概要设计说明、详细设计说明以及源程序等开发文档都作为测试的对象。由于"程序＋文档＝系统"，所以系统测试的对象是整个系统。

2. 系统测试的目的

明确对象以后，应进一步搞清测试的目的。人们普遍认为测试的目的是为了证明系统是没有问题的，因此，程序编完后，只要找几个数据，使程序能够走通就完成了测试任务。从系统的角度看，这种认识不仅错误，而且是十分有害的。因为出于这个目的，就会不自觉地回避那些容易暴露软件错误的测试数据，从而使隐藏的错误不易被发现，因此，必须明确系统测试的目的是尽量找出程序的错误而不是证明程序的无错，应该以十分挑剔的态度找出程序中容易出错的地方，精心选取那些易于发生错误的测试数据。在测试过程中，必须谨记测试的目的是"找茬"，以这种观念来指导的系统测试才能避免犯主观错误。实践证明，大型系统在测试前是不可能没有错误的，因此，测试就是为了避免将错误遗漏到以后的工作中。

5.4 电子商务系统的发布与维护

5.4.1 电子商务系统的发布

电子商务系统测试完成后接下来的工作是系统的发布，该项工作涉及技术设备的安装调试、人员培训、场地环境准备等很多方面，是一项复杂的系统工程。在系统实施推广过程中，必须要建立相关的组织机构和保证措施，才能顺利地将企业的业务活动转移到电子商务系统这一技术平台上，降低企业业务切换的风险。

电子商务系统的实施与发布工作主要包括以下一些内容。

1. 系统运行环境准备

运行环境的准备主要包括系统运行的机房、电力、空调等设备的安装调试和计算机与网络设备的安装调试等。如果电子商务系统采用主机托管等方式，或者运行于商业化的

IDC(Internet Data Center,因特网数据中心)环境中,那么,还需要与这些单位取得联系,要求其进行配合,完成实施准备工作。

知识链接

IDC

因特网数据中心(Internet Data Center)简称 IDC,就是电信部门利用已有的互联网通信线路、带宽资源,建立标准化的电信专业级机房环境,为企业、政府提供服务器托管、租用及相关增值等方面的全方位服务。

通过使用电信的 IDC 服务器托管业务,企业或政府单位无须再建立自己的专门机房、铺设昂贵的通信线路,也无须高薪聘请网络工程师,即可解决自己使用互联网的许多专业需求。

IDC 主机托管主要应用范围是网站发布、虚拟主机和电子商务等。比如网站发布,单位通过托管主机,从电信部门分配到互联网静态 IP 地址后,即可发布自己的 WWW 站点,将自己的产品或服务通过互联网广泛宣传;虚拟主机是单位通过托管主机,将自己主机的海量硬盘空间出租,为其他客户提供虚拟主机服务,使自己成为 ICP 服务提供商;电子商务是指单位通过托管主机,建立自己的电子商务系统,通过这个商业平台来为供应商、批发商、经销商和最终用户提供完善的服务。

资料来源:http://www.perjit.com/show.asp?id=227

2. 人员培训

人员培训的对象主要包括电子商务系统的维护人员和业务使用人员。对于维护人员,主要培训其系统结构、性能、维护与管理等内容;对于业务使用人员主要培训其系统功能、操作方式等内容。

3. 数据准备

数据准备是指从企业既有的信息系统中搜索、加工整理新系统需要的原始数据,为电子商务系统的投产运行做好准备。电子商务系统的运行有一个切换过程,但是企业的业务处理过程是不允许中断的,而且电子商务系统的运行可能需要很多企业原有的基础性数据,所以,在实施准备阶段应对电子商务系统需要的资料和数据进行分类整理。

4. 试运行和上线切换

所谓试运行是指系统在一个与真实运行环境相似的准环境中运行,以便对系统的性能进行全面考核,这一过程不仅便于进一步排除系统潜在的问题,而且可以使业务人员尽快熟悉系统操作和新的业务处理流程,也能从中积累处理异常问题的经验。

该阶段主要应完成以下工作。

(1) 系统试运行初始化。在初始化过程中完成数据加载,需要配置与实际环境一致的控制参数。

(2) 系统试运行。在真实环境中运行,记录系统的运行参数。

(3) 制订系统上线切换计划和应急措施。系统试运行一段时间后,经过评测,由用户确定满足业务的需要,具备正式运行的条件后,需要给出正式上线的切换计划,同时还要对可能出现的异常情况,作好应急处理的预案,做到一旦系统上线发生意外,能够有办法保障企业的业务不致中断或瘫痪。

(4) 通知企业的维护管理和业务人员做好准备。

(5) 实施上线切换。

5. 系统发布

系统切换完成后,需要进行广泛的宣传,使得用户了解企业提供的新服务或新功能,吸引用户扩大企业的影响力。

5.4.2 电子商务系统的维护

1. 系统维护

电子商务系统运行之后,系统维护工作也就开始了。系统维护的目的是保证电子商务系统正常而可靠地运行,并且不断改善和提高系统,以充分发挥其作用。

系统维护的作用是为了保证系统中的各个要素随着环境的变化处于最新的、正确的工作状态。电子商务系统的运行维护就是对电子商务系统进行全面的管理,它一方面监控和管理系统输入与输出两个方向的信息流,以保证网上业务处理安全顺利的进行;另一方面要确保整个系统内容的完整性和一致性,从而为企业电子商务的运作提供良好的服务。因此,在系统的整个使用寿命中,都将伴随着系统维护工作的进行。

2. 电子商务系统维护工作的内容和类型

系统维护包括一般性维护和电子商务网站维护。

一般性维护主要是指硬件设备的维护、数据的维护、代码的维护和应用程序的维护;电子商务网站的维护主要是指网站内容的更新和交互信息的处理。网站维护的主要工作包括以下内容。

(1) 网站及时发布企业最新的价格、产品和服务等信息。

(2) 网站页面设计要经常更新。

(3) 对用户的投诉或需求信息要及时处理并向用户反馈处理结果。

(4) 对用户信息的搜索、统计并交各部门及时处理分析。

本 章 小 结

电子商务系统的核心是电子商务应用系统,它满足企业的商务活动要求。电子商务应用系统的基础是不同的服务平台,它们构成应用系统的运行环境。电子商务系统实施是企业应用电子商务的第一步。制定电子商务网站规划包括以下几个步骤:系统分析规划、系统设计、系统开发、系统实施和系统运行/维护。

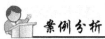
案例分析

58同城,天涯若比邻

58同城,2005年12月创立于北京。

北京时间2013年10月31日,正式于纽交所挂牌上市。这标志着58同城成功登录美国资本市场,成为一家生活服务领域的上市企业。

九年来，秉承着"人人信赖的生活服务平台"的愿景和"用户第一"的核心价值观，58同城一直孜孜不倦地追求技术的创新及服务品类的拓广、拓深，依托于人们飞速发展的日常生活需求，持续为用户提供"本地、免费、真实、高效"的生活服务。

截至目前，58同城的网站内容已经覆盖全国380个城市左右，每一天58同城都响应着来自全国各地海量的信息服务请求。每一位用户都可以通过58同城庞大而细致入微的服务体系，在最短时间内找到需要的本地生活服务。

在产品研发上，58同城一直致力于倾听用户的声音，深入挖掘用户的潜在需求，在"通过互联网让人们生活更简单"的企业使命指引下，提供房屋租售、招聘求职、二手物品、二手车、二手房、商家网页、宠物票务、旅游交友、餐饮娱乐等多种生活服务。将用户形形色色的生活服务需求聚集在58同城这个高效的平台上，58同城不仅仅是一个信息交互的平台，更是一站式的生活服务平台。

除了满足用户便捷生活的需求外，58同城也为各类商家提供了一个高性价比、高效率的整合营销推广平台。在网邻通VIP服务基础上提供精准推广、智能推广、置顶等多款推广产品。

2012年，58同城率先在行业推出"消费者保障计划"，是58同城所构建的"从消费者看到信息到完成交易的全过程中，信息安全、资金安全、可信赖的一套标准化系统流程"。58同城未来将在各产品版块逐步实现消费者保障的机制，使58同城这个生活服务平台对消费者的保护达到一个业内前所未有的高度，用户在进行交易时将更放心、更省心。

成立至今，58同城不断创新和优化平台价值，推出消费者保障计划、引入支付宝担保交易、实施先行赔付、改进移动端功能等，令58同城成为一家真正立足消费者根本利益的生活服务平台，将带领着整个生活服务业从信息的"量时代"走入安全和信任的"质时代"。

58同城企业文化包含以下内容。
① 使命——通过互联网让人们生活更简单。
② 愿景——人人信赖的生活服务平台。
③ 品牌定位——58，让生活更简单。
④ 58核心价值观——用户第一、主动协作、简单可信、创业精神、学习成长。

未来，通过坚持不懈的努力，不断完善的信用管理机制、消费者保障体系及更多深入的服务，58同城必将会使人们的生活变得更简单、更美好。

资料来源：http://about.58.com/home/introduction.html

思考：
(1) 58同城的成功与其网站首页的设计有怎样的关系？
(2) 通过58同城应该怎样理解"让生活更加简单"的品牌定位？
(3) 58同城的网站系统设计如何做到简单高效？

复习思考题

一、填空题

(1) 一个完整的电子商务解决方案是一项复杂的系统工程，它不仅包含了_____，还包括物流配送管理系统、在线市场定位、网站风格的个性化设计、_____等。

(2) 一般电子商务系统由三层框架结构组成，底层是_____，中间层是_____，第三层就是_____。

(3) 从电子商务系统的体系结构来看，_____建设所包含的主要任务是完成企业内部信息系统和电子商务应用系统的互联，而建设_____则主要是实现电子商务系统如何和网上银行、CA 认证机构的管理信息系统互联。

(4) _____是电子商务系统开发中一个非常重要的阶段。其重要性体现在：它是保证系统质量和可靠性的最后关口，是对整个系统开发过程的最终审查。

(5) _____的作用是为了保证系统中的各个要素随着环境的变化处于最新的、正确的工作状态。

二、名词解释

(1) 电子商务解决方案
(2) 身份认证
(3) 客户服务中心
(4) 系统试运行

三、简答题

(1) 电子商务解决方案的主要内容是什么？
(2) Intranet 的主要要求是什么？
(3) 电子商务应用系统中基础数据层、作业处理层、统计分析层和决策支持层四个层次的功能是什么？
(4) 简述域名注册的注意事项。
(5) 简述在应用软件设计中，应主要遵循的原则。

四、论述题

(1) 试述电子商务系统规划的主要任务。
(2) 试述电子商务系统设计技术原则。

五、实践题

访问苏宁易购网站，概括苏宁易购网站的功能设计。

第 6 章 电子商务的网络推广

据 CNNIC 统计数据显示,截至 2014 年 2 月 10 日,全球 gTLD(Generic top-level domain,通用顶级域)域名注册总量为 135 594 612 个。面对茫茫"网"海,企业如何在网络上开展营销活动才能脱颖而出呢?现在,网络营销取得成功的关键因素不再仅仅局限于建立一个优秀的电子商务网站,更在于如何让更多的客户和潜在客户找到企业网站,这就需要借助各种的网络推广手段。网络推广的目的在于让尽可能多的潜在用户了解并访问网站,从而获得有关的产品和服务等信息,为最终形成购买决策提供支持。从广义上讲,企业从开始申请域名、租用网络空间、设计网页、建立网站开始,就已经开始了网络推广活动,而通常所指的网络推广,是指通过网络手段进行的宣传和推广等活动。

本章知识结构框架

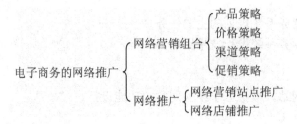

学习目标与要求

通过本章的学习,读者将能够明确电子商务的营销组合;理解网络时代电子商务的产品策略、价格策略、渠道策略和促销策略;理解电子商务开展网络营销实施的站点推广和网络店铺推广。

第6章 电子商务的网络推广

> **引导案例**
>
> ### 一枚钻戒的世界杯,DR与粉丝秀恩爱
>
> 世界杯正如火如荼地进行着,场外青岛啤酒、王老吉、恒大、江淮、东风日产等疯狂砸广告抢占声量,支付宝钱包等则通过游戏奖励等方式,让用户玩起简单的小游戏。目前,没有多少品牌重视微视营销,除了小米、杜蕾斯在做,而号称以粉丝为一切出发点的求婚钻戒Darry Ring,这次玩得很火。
>
> Darry Ring(DR真爱戒指)2014年5月开通在微视上的粉丝互动平台,就是因为发现在微视上有很多人在搜索自己,这说明粉丝对DR的喜爱认可度非常高。
>
> 有粉丝的地方就有Darry Ring,是DR重视粉丝,跟着粉丝走的意思,在微视官方举办的"世界杯足球宝贝大赛"中,让粉丝们自己晒玩足球的视频,活动首发当天视频总播放量就超过了百万,而最终获胜的足球宝贝女王将获得"男士凭身份证购买,一生仅能定制一枚"的DR真爱戒指。但女王同样需找到自己的真爱男友后,该男友同样需绑定身份证,向女王求婚时向DR申请领取该钻戒奖品,与足球女王承诺相守一辈子,DR才会同意送出。而Darry Ring的一生仅能定制一枚的真爱承诺并没有因活动而改变,活动对宝贝而言,已变成获得一生唯一真爱的机会。活动的特别奖品成功吸引新粉丝关注讨论。
>
> 移动化、社交化、视频化是移动社交产品的发展方向之一,DR信奉有粉丝的地方就有Darry Ring(DR真爱戒指),粉丝的喜爱DR一定不会忽视,成功借世界杯与粉丝互动,也是这一理念的初衷。
>
> 资料来源:http://www.admin5.com/article/20140623/549653.shtml
>
> 大型的体育赛事会习惯性地被用作品牌推广的工具,但是到底有多少品牌或产品的推广能够得到市场的认可,这对于企业推广来说不仅是一个时间选择的问题,而且还应该考虑推广时采用的策略和工具等问题。

6.1 网络营销组合

与传统的营销组合类似,网络营销同样涉及产品(Product)、价格(Price)、渠道(Place)和促销(Promotion)的合理组合,即4P理论。网络营销是一条特别的企业营销渠道,逐步从企业营销渠道的补偿演变成主要的渠道。下面从4P理论的不同方面对网络营销进行阐述。

6.1.1 网络营销的产品策略

1. 网络营销产品概念

在网络营销中,产品的整体概念可分为5个层次。

(1) 核心利益层次,是指产品能够提供给消费者的基本效用或益处,是消费者真正想要购买的基本效用或益处。如消费者购买电脑是为了学习电脑、利用电脑作为上网工具;

购买软件是为了压缩磁盘空间、播放 MP3 格式的音乐或上网冲浪。由于网络营销是一种以顾客为中心的营销策略，企业在设计和开发产品核心利益时要从顾客的角度出发，要根据上次营销效果来制定本次产品设计开发。需要注意的是网络营销的全球性，企业在提供核心利益和服务时要针对全球性市场，如医疗服务可以借助网络实现远程医疗。

（2）有形产品层次，是指产品在市场上出现时的具体物质概念。对于物质产品来说，产品的品质必须保障，必须注重产品的品牌，注意产品的包装，在式样和特征方面要根据不同地区的文化来进行针对性加工。

（3）期望产品层次，在网络营销中，顾客处于主导地位，消费呈现出个性化的特征，不同的消费者可能对产品的要求不一样，因此产品的设计和开发必须满足顾客这种个性化的消费需求。这种顾客在购买产品前对所购产品的质量、使用方便程度、特点等方面的期望值就是期望产品。为满足这种需求，对于物质类产品，要求企业的设计、生产和供应等环节必须实行个性化的生产和管理。对于无形产品，如服务和软件等，要求企业能根据顾客的需要来提供服务。

（4）延伸产品层次，是指由产品的生产者或经营者提供的服务，主要是帮助用户更好地使用核心利益的服务。在网络营销中，对于物质产品来说，延伸产品层次要注意提供满意的售后服务、送货和质量保证等。

（5）潜在产品层次，在延伸产品层次之外，由企业提供能满足顾客潜在需求的产品层次，它主要是产品的一种增值服务，它与延伸产品的主要区别是，顾客没有潜在产品层次仍然可以很好地使用顾客需要的产品的核心利益和服务。在高新技术发展日益迅猛的时代，有许多潜在需求和利益还没有被顾客认识到，这需要企业通过引导和支持更好地满足顾客的潜在需求。

2. 网络营销产品特点

一般而言，目前适合网络销售的产品通常具有以下特点。

（1）产品性质。由于网络用户在初期对技术有一定要求，所以用户上网大多与网络等技术相关，网上销售的产品最好是与高技术或与电脑、网络有关。一些信息类产品，如图书和音乐等也比较适合网上销售，还有一些类似于服务的无形产品也可以借助网络的作用实现远程销售。

（2）产品质量。网络的虚拟性使得顾客可以突破时间和空间的限制，实现远程购物和在网上直接订购，这使得网络购买者在购买前无法尝试或只能通过网络来尝试产品。

（3）产品式样。通过互联网对全世界各国家和地区进行营销的产品要符合该国家或地区的风俗习惯、宗教信仰和教育水平。同时，由于网络消费者的个性化需求，网络营销产品的式样还必须满足购买者的个性化需求。

（4）产品品牌。在网络营销中，生产商与经营商的品牌同样重要，一方面要在网络中浩如烟海的信息中获得浏览者的注意，必须拥有明确和醒目的品牌；另一方面，由于网络购买者可以面对很多选择，同时网络销售无法进行购物体验，所以购买者对品牌比较关注。

（5）产品包装。作为通过互联网经营的针对全球市场的产品，其包装必须适合网络营销的要求。

（6）目标市场。网络市场是以网络用户为主要目标的市场，在网络销售的产品要适合覆盖广大的地理范围。如果产品的目标市场比较狭窄，可以采用传统营销策略。

（7）产品价格。互联网作为信息传递工具，在发展初期是采用共享和免费策略发展而来的，网络用户比较认同网上产品低廉的特性；另一方面，由于通过互联网络进行销售的成本低于其他渠道的产品，网络销售产品多采用低价位定价。

3. 网络营销产品分类

上述网络营销产品的特点其实是由于网络的限制，使得只有部分产品适合在网上销售，随着网络技术发展和其他科学技术的进步，将有越来越多的产品在网络销售。在网上销售的产品按照产品性质与形态的不同，可以分为两大类：实体产品和虚体产品。

（1）实体产品。实体产品是指具有物理形状的物质产品。在网上销售实体产品的过程与传统的购物方式有所不同，在这里没有传统的面对面的买卖方式，网络的交互式交流成为买卖双方交流的主要形式。消费者或客户通过卖方的网页考察其产品，通过填写表格表达自己对品种、质量、价格、数量的选择，而卖方则将交货方式改为邮寄产品或送货上门，这一点与邮购产品颇为相似。因此，网络销售也是直销方式的一种。

（2）虚体产品。虚体产品与实体产品的本质区别是虚体产品一般是无形的，即使表现出一定形态也是通过其载体体现出来的，但产品本身的性质和性能必须通过其他方式才能表现出来。在网络上销售的虚体产品可以分为两大类：软件和服务。软件包括计算机系统软件和应用软件。网上软件销售商常常可以提供一段时间的试用期，允许用户尝试使用并提出意见。好的软件很快能够吸引顾客，使他们爱不释手并乐于购买这些软件。

服务可分为普通服务和信息咨询服务两大类。普通服务包括远程医疗、法律救助、航空火车门票、入场券预定、饭店旅游服务预约、医院预约挂号、网络交友、电脑游戏等，而信息咨询服务包括法律咨询、医药咨询、股市行情分析、金融咨询、资料库检索、电子新闻、电子报刊等。

对于普通服务来说，顾客不仅注重所能够得到的收益，而且还关心自身付出的成本。通过网络这种媒体，顾客能够尽快地得到所需要的服务，免除恼人的排队等候的时间成本。同时，消费者利用浏览软件，能够得到更多更快的信息，提高信息传递过程中的效率，增强促销的效果。

对于信息咨询服务来说，网络是一种最好的媒体选择。用户上网的最大诉求就是寻求对自己有用的信息，信息服务正好提供了满足这种需求的机会。通过互联网络，消费者可以得到包括法律咨询、医药咨询、金融咨询、股市行情分析在内的咨询服务和包括资料库检索、电子新闻、电子报刊在内的信息服务。

4. 网络营销新产品开发

（1）网络时代新产品开发面临的挑战。新产品开发是许多企业市场取胜的法宝。但互联网的发展使得在今后新产品开发获得成功的难度增大，其包括以下原因。

① 在某些领域内缺乏重要的新产品构思。

② 不断分裂的市场。激烈的竞争正在导致市场不断分裂，互联网的发展加剧了这种趋势，市场主导地位正从企业主导转为消费者主导，个性化消费成为主流，未来的细分市

场必将是以个体为基准的。

③ 社会和政府的限制。网络时代强调的是绿色发展，新产品必须以满足公众利益为准则，如消费者安全和生态平衡。

④ 新产品开发过程中的昂贵代价。

⑤ 新产品开发完成的时限缩短。

⑥ 成功产品的生命周期缩短。当一种新产品成功后，竞争对手立即就会对之进行模仿，从而使新产品的生命周期大大缩短。

网络时代，特别是互联网的发展带来的新产品开发的困难，对企业来说既是机遇也是挑战。企业开发的新产品如果能适应市场需要，可以在很短时间内占领市场，打败其他竞争对手。

（2）网络时代新产品开发策略。与传统新产品开发一样，网络营销新产品开发策略也有下面几种类型，但策略制定的环境和操作方法不一样。

① 新问世的产品，即开创了一个全新市场的产品。

② 新产品线，即使得公司首次进入一个现有市场的新产品。

③ 现有产品线外新增加的产品，即补充公司现有产品线的新产品。

④ 现有产品的改良或更新，即提供改善了的功能或较大感知价值并且替换现有产品的新产员。

⑤ 降低成本的产品，即提供同样功能但成本较低的新产品。

⑥ 重定位产品，即以新的市场或细分市场为目标市场的现有产品。

企业网络营销产品策略中采取哪一种具体的新产品开发方式，可以根据企业的实际情况决定。但结合网络营销市场特点和互联网特点，开发新市场的新产品是企业竞争的核心。对于相对成熟的企业采用后面几种新产品策略也是一种短期较稳妥的策略，但不能作为企业长期的新产品开发策略。

5. 网络营销新产品试销与上市

网络市场作为新兴市场，消费群体一般具有很强的好奇性和消费领导性，比较愿意尝试新的产品。因此，通过网络营销来推动新产品试销与上市，是比较好的策略和方式。但需要注意的是，网上市场群体还有一定的局限性，目前的消费意向比较单一，所以并不是任何一种新产品都适合在网上试销和推广的。一般对于与技术相关的新产品，在网络试销和推广效果比较理想，这种方式一方面可以比较有效地覆盖目标市场；另一方面可以利用网络与顾客直接进行沟通和交互，有利于顾客了解新产品的性能，还可以帮助企业对新产品进行改进。

利用互联网作为新产品营销渠道时，要让新产品能满足顾客的个性化需求的特性，即同一企业能针对网上市场不同顾客需求生产出功能相同但又能满足个性需求的产品，这要求新产品在开发设计时就要考虑到产品式样和顾客需求的差异性。如 Dell 电脑公司在推出电脑新产品时，允许顾客根据自己的需要自行设计和挑选配件来组装自己满意的产品。Dell 公司可以通过互联网直接将顾客订单送给生产部门，生产部门根据个性化需求组装电脑。因此，网络营销产品的设计和开发要能体现产品的个性化特征，适合进行柔性化的大规模生产，否则再好的产品也很难在市场上让消费者满意。

6.1.2 网络营销的价格策略

1. 网络营销定价目标

企业的定价目标一般与企业的战略目标、市场定位和产品特性相关。企业在制定价格时，主要依据产品的生产成本，这是从企业局部来考虑的。企业价格的制定主要是从市场整体来考虑的，它取决于需求方的需求强弱程度和价值接受程度，另外是来自替代性产品（也可以是同类的）的竞争压力程度，需求方接受价格的依据则是商品的使用价值和商品的稀缺程度，以及可替代品的机会成本。

在网络营销中，市场还处于起步阶段的开发期和发展时期，企业进入网络营销市场的主要目标是占领市场求得生存发展机会，然后才是追求企业的利润。目前，网络营销产品的定价一般都是低价甚至是免费的，以求在迅猛发展的网络虚拟市场中寻求立足机会。网络市场分为两大市场：一是消费者大众市场，二是企业组织市场。对于前者的网络市场，属于成长市场，企业面对这个市场时必须采用相对低价的定价策略来占领市场；对于企业组织市场，购买者一般是商业机构和组织机构，购买行为比较理智，企业在这个网络市场上的定价可以采用双赢的定价策略，既通过互联网技术来降低企业与组织之间的供应采购成本，又共同享受成本降低带来的双方价值的增值。

2. 网络营销定价的成本因素

企业的生产成本是企业定价的重要依据，而网络营销可以大幅度地降低销售成本。主要体现在降低营销及相关业务管理成本费用和降低销售成本费用两个方面，具体涉及以下几个方面。

（1）降低信息沟通成本。现实社会的许多沟通障碍是人为因素和信息闭塞造成的，通过互联网可以减少人为因素和信息不畅通的问题。在最大限度下降低采购成本，利用互联网可以整合和处理采购信息，统一从供应商订货，以求获得最大的批量折扣。通过互联网实现库存、订购管理的自动化和科学化，可最大限度减少人为因素的干预，同时能以较高效率进行采购，可以节省大量人力和避免人为因素造成不必要的损失。通过互联网可以与供应商进行信息共享，可以帮助供应商按照企业生产的需要进行供应，同时又不影响生产且不增加库存产品。

（2）降低库存。利用互联网将生产信息、库存信息和采购系统连接在一起，可以实现实时订购，企业可以根据需要订购，最大限度降低库存，实现"零库存"管理，这样的好处有：一方面减少资金占用和减少仓储成本；另一方面可以避免价格波动对产品的影响。正确管理存货能为客户提供更好的服务并为公司降低经营成本，加快库存核查频率会减少与存货相关的利息支出和存储成本。减少库存量意味着现有的加工能力可以更有效地得到发挥，更高效率的生产可以减少或消除企业和设备的额外投资。

（3）生产成本控制。利用互联网可以节省大量生产成本，一方面利用互联网可以实现远程虚拟生产，在全球范围寻求最适宜的生产厂家生产产品；另一方面利用互联网可以大大缩短生命周期，提高生产效率。使用互联网与供货商和客户建立联系使公司能够比从前大大缩短用于收发订单、发票和运输通知单的时间。有些部门通过增值网（Value Added

Network，VAN)共享产品规格和图纸，以提高产品设计和开发的速度。互联网发展和应用将进一步减少产品生产时间，其途径是通过扩大企业电子联系的范围，或是通过与不同研究小组和公司进行的项目合作来实现的。

3. 网络营销定价特点

(1) 全球性。网络营销市场面对的是开放的和全球化的市场，用户可以在世界各地直接通过网站进行购买，而不用考虑网站是属于哪一个国家或者哪一个地区。这种目标市场从过去受地理位置限制的局部市场一下拓展到范围广泛的全球性市场，这使得网络营销产品定价时必须考虑目标市场范围的变化给定价带来的影响。

因此，企业面对的是全球性网上市场，不能以统一市场策略来面对这差异性极大的全球性市场，必须采用全球化和本地化相结合原则进行。

(2) 低价位定价。互联网从科学研究应用发展而来，因此互联网使用者的主导观念是网上的信息产品是免费的、开放的、自由的。在早期互联网开展商业应用时，许多网站采用收费方式想直接从互联网赢利，结果被证明是失败的。网络产品定价较传统定价要低，还有着成本费用降低的基础，在上面分析了互联网发展可以从诸多方面来帮助企业降低成本费用，从而使企业有更大的降价空间来满足顾客的需求。

因此，如果产品的定价过高或者降价空间有限，在现阶段最好不要在消费市场上销售。如果面对的是工业、组织市场，或者产品是高新技术的新产品，网络顾客对产品的价格不太敏感，主要是考虑方便、新潮，这类产品就不一定要考虑低价定价的策略了。

(3) 顾客主导定价。顾客主导定价是指为满足顾客的需求，顾客通过充分的市场信息来选择购买或者定制生产自己满意的产品或服务，同时以最小代价(产品价格、购买费用等)获得这些产品或服务。简单地说，就是顾客的价值最大化，顾客以最小成本获得最大收益。

顾客主导定价的策略主要有顾客定制生产定价和拍卖市场定价。顾客主导定价是一种双赢的发展策略，既能更好地满足顾客的需求，同时企业的收益又不受到影响，而且可以对目标市场了解得更充分，企业的经营生产和产品研制开发可以更加符合市场竞争的需要。

6.1.3 网络营销的渠道策略

1. 网络营销渠道功能

网络营销渠道与传统营销渠道一样，以互联网作为支撑的网络营销渠道也应具备传统营销渠道的功能。营销渠道是指与提供产品或服务以供使用或消费这一过程有关的一整套相互依存的机构，它涉及信息沟通、资金转移和事物转移等。一个完善的网上销售渠道应有三大功能：订货功能、结算功能和配送功能。

(1) 订货功能。它为消费者提供产品信息，同时方便商家获取消费者的需求信息，以求达到供求平衡。一个完善的订货系统可以最大限度地降低库存，减少销售费用。

(2) 结算功能。消费者在购买产品后，可以有多种方式方便地进行付款，因此厂家

(商家)应有多种结算方式。目前国外流行的几种方式有信用卡、电子货币、网上划款等；而国内付款结算方式主要有邮局汇款、货到付款、信用卡等。

（3）配送功能。一般来说，产品分为有形产品和无形产品。对于无形产品，如服务、软件、音乐等，可以直接通过网上进行配送；对于有形产品的配送，涉及运输和仓储问题。国外已经形成了专业的配送公司，如著名的美国联邦快递公司，它的业务覆盖全球，实现全球快速的专递服务，以至于从事网上直销的 Dell 公司将美国货物的配送业务都交给它完成。因此，专业配送公司的存在是国外网上商店发展较为迅速的一个重要原因所在，在美国就有良好的专业配送服务体系作为网络营销的支撑。

2. 网络营销渠道特点

在传统营销渠道中，中间商是其重要的组成部分。营销中间商凭借其业务往来关系、经验、专业化和规模经营，提供给公司的利润通常高于自营商店所能获取的利润。但互联网的发展和商业应用，使得传统营销中间商凭借地域原因获取的优势被互联网的虚拟性所取代，同时互联网高效率的信息交换，改变着过去传统营销渠道的诸多环节，将错综复杂的关系简化为单一关系。互联网的发展改变了营销渠道的结构。

利用互联网的信息交互特点，网上直销市场得到大力发展。因此，网络营销渠道可以分为两大类：一类是通过互联网实现的从生产者到消费（使用）者的网络直接营销渠道（简称网络直销），这时传统中间商的职能发生了改变，由过去环节的中间力量变成为直销渠道提供服务的中介机构，如提供货物运输配送服务的专业配送公司，提供货款网上结算服务的网上银行，以及提供产品信息发布和网站建设的 ISP 和电子商务服务商。网络直销渠道的建立，使得生产者和最终消费者直接连接和沟通。另一类是通过融入互联网技术后的中间商机构提供网络间接营销渠道。传统中间商由于融合了互联网技术，大大提高了中间商的交易效率、专门化程度和规模经济效益。同时，新兴的中间商也对传统中间商产生了冲击，如美国零售业巨头 Wal-Mart 为抵抗互联网对其零售市场的侵蚀，在 2000 年 1 月份开始在互联网上开设网络商店。基于互联网的新型网络间接营销渠道与传统间接分销渠道有很大不同，传统间接分销渠道可能有多个中间环节，如一级批发商、二级批发商、零售商，而网络间接营销渠道只需要一个中间环节。

3. 网络营销渠道建设

由于网上销售对象不同，所以网上销售渠道有很大区别。一般来说，网络销售主要有两种方式，一种是 B2B，即企业对企业的模式，这种模式每次交易量很大、交易次数较少，并且购买方比较集中，因此网络销售渠道的建设关键是建设好订货系统，方便购买企业进行选择。由于企业一般信用较好，通过网上结算实现付款比较简单，另外，由于量大次数少，因此配送时可以进行专门运送，既可以保证速度又可以保证质量，减少中间环节造成的损伤。另一种方式是 B2C，即企业对消费者模式，这种模式每次交易量小、交易次数多，并且购买者非常分散，因此网络渠道建设的关键是结算系统和配送系统，这也是目前网上购物必须面对的门槛。由于国内的消费者信用机制还没有建立起来，加之缺少专业配送系统，所以开展网上购物活动时，特别是面对大众购物时必须解决好这两个环节才有可能获得成功。

在选择网络销售渠道时还要注意产品的特性,有些产品易于数字化,可以直接通过互联网传输,而对大多数有形产品,还必须依靠传统配送渠道来实现货物的空间移动,对于部分产品依赖的渠道,可以通过对万联网进行改造以最大限度地提高渠道的效率,减少渠道运营中的人为失误和时间耽误造成的损失。

6.1.4 网络营销的促销策略

1. 网络营销促销的特点

网络促销是指利用现代化的网络技术向虚拟市场传递有关产品和服务的信息,以启发需求,引起消费者的购买欲望和购买行为的各种活动。它突出地表现为以下3个特点。

(1) 网络促销是通过网络技术传递产品和服务的存在、性能、功效及特征等信息的。它是建立在现代计算机与通信技术基础之上的,并且随着计算机和网络技术的不断改进而改进。

(2) 网络促销是在虚拟市场上进行的,这个虚拟市场就是互联网。互联网是一个媒体,是一个连接世界各国的大网络,它在虚拟的网络社会中聚集了广泛的人口,融合了多种文化。

(3) 互联网虚拟市场的出现,将所有的企业,不论是大企业还是中小企业都推向了一个世界统一的市场。传统的区域性市场的小圈子正在被一步步打破。

2. 网络营销促销形式

传统营销的促销形式主要有四种:广告、销售促进、宣传推广和人员推销。在网上市场开展的促销活动,相应的形式也有四种,分别是网络广告、站点推广、销售促进和关系营销。其中网络广告和站点推广是网络营销促销的主要形式。

(1) 网络广告类型很多,根据形式不同可以分为旗帜广告、电子邮件广告、电子杂志广告、新闻广告、公告栏广告等。

(2) 站点推广就是利用网络营销策略扩大站点的知名度,吸引网上客户访问网站,起到宣传和推广企业及企业产品的效果。站点推广主要有两种方法,一种是通过改进网站内容和服务,吸引用户访问,起到推广效果;另一种通过网络广告宣传推广站点。前一种方法费用较低,而且容易稳定顾客访问,但推广速度比较慢;后一种方法可以在短时间内扩大站点知名度,但费用不菲。

(3) 销售促进就是企业利用可以直接销售的网络营销站点,采用一些销售促进方法,如价格折扣、有奖销售、拍卖销售等方式,宣传和推广产品。

(4) 关系营销是指通过借助互联网的交互功能吸引用户与企业保持密切关系,培养顾客忠诚度,提高顾客的收益率。

3. 网络营销促销作用

(1) 告知功能。网络促销能够吸引消费者对企业产品的注意。

(2) 说服功能。网络促销的目的在于通过各种有效的方式,解除目标公众对产品或服务的疑虑,说服目标公众坚定购买决心。例如,在同类产品中,许多产品往往只有细微的差别，用户难以察觉。企业通过网络促销活动，宣传自己产品的特点，使用户认识到本企业的产品能给他们带来特殊效用和利益，进而乐于购买本企业的产品。

（3）反馈功能。网络促销能够通过电子邮件及时地收集和汇总顾客的需求和意见，迅速反馈给企业管理层。由于网络促销所获得的信息基本上都是文字资料，信息准确，可靠性强，所以对企业经营决策具有较大的参考价值。

（4）创造需求。运作良好的网络促销活动不仅可以诱导需求，而且可以创造需求，发掘潜在的顾客，扩大销售量。

（5）稳定销售。由于某种原因，一个企业的产品销售量可能时高时低，波动很大，这是产品市场地位不稳的反映。企业通过适当的网络促销活动，树立良好的产品形象和企业形象，这很有可能改变用户对本企业产品的认识，使更多的用户偏爱本企业的产品，达到稳定销售的目的。

4．网络营销促销实施

对于任何企业来说，如何实施网络促销都是一个新问题，每一个营销人员都必须摆正自己的位置，深入了解产品信息在网络上传播的特点，分析网络信息的接收对象，设定合理的网络促销目标，通过科学的实施程序，打开网络促销的新局面。根据国内外网络促销的实践，网络促销的实施程序可以归纳成6个方面。

（1）确定网络促销对象。网络促销对象是针对可能在网络虚拟市场上产生购买行为的消费者群体提出来的。随着网络的迅速普及，这一群体也在不断膨胀，它主要包括三部分人员：产品的使用者、产品购买的决策者、产品购买的影响者。

（2）设计网络促销内容。网络促销的最终目标是希望引起购买，这个最终目标是要通过设计具体的信息内容来实现的。消费者的购买过程是一个复杂的、多阶段的过程，促销内容应当根据购买者目前所处的购买决策过程的不同阶段和产品所处的寿命周期的不同阶段来决定。

（3）决定网络促销组合方式。网络促销活动主要通过网络广告促销和网络站点促销两种促销方法展开。但由于企业的产品种类不同，销售对象不同，促销方法与产品种类和销售对象之间将会产生多种网络促销的组合方式。企业应当根据网络广告促销和网络站点促销两种方法各自的特点和优势，根据自己产品的市场情况和顾客情况，扬长避短，合理组合，以达到最佳的促销效果。网络广告促销主要实施"推式促销"，其主要功能是将企业的产品推向市场，获得广大消费者的认可；网络站点促销主要实施"拉式促销"，其主要功能是将顾客牢牢地吸引过来，保持稳定的市场份额。

（4）制定网络促销预算方案。在网络促销实施过程中，使企业感到最困难的是预算方案的制定。在互联网上促销，对于任何人来说都是一个新问题，所有的价格、条件都需要在实践中不断学习、比较和体会，不断地总结经验。只有这样，才可能用有限的精力和资金收到尽可能好的效果，做到事半功倍。

（5）衡量网络促销效果。网络促销的实施过程到了这一阶段，必须对已经执行的促销内容进行评价，衡量一下促销的实际效果是否达到了预期的促销目标。

（6）加强网络促销过程的综合管理。

6.2 网络推广

6.2.1 网络营销站点推广

1. 网络营销站点推广原则

网络营销站点作为企业在网上市场进行营销活动的阵地,站点能否吸引大量客户是企业开展网络营销成败的关键,也是网络营销的基础。站点推广就是通过对企业网络营销站点的宣传吸引用户访问,同时树立企业网上品牌形象,为企业的营销目标实现打下坚实的基础。站点推广是一个系统性的工作,它与企业营销目标是相一致的。网站推广与传统的产品推广一样,需要进行系统安排和计划,还要注意以下几个问题。

(1) 注意效益成本原则。即增加单位(如 1 000 个)访问者带来的效益与成本费用比较,当然效益包括短期利益和长期利益,需进行综合考虑。

(2) 稳妥慎重原则。宁慢勿乱,在网站还没有建设好而且不够稳定时,千万不要急于推广网站。第一印象是非常重要的,网民给企业的机会只有一次,因为网上资源太丰富了,这就是通常所说的网上特有的"注意力经济"。

注意力经济

著名的诺贝尔奖获得者赫伯特·西蒙在对当今经济发展趋势进行预测时也指出:"随着信息的发展,有价值的不是信息,而是注意力。"这种观点被 IT 业和管理界形象地描述为"注意力经济"(The Economy of Attention)。

注意力经济是指最大限度的吸引用户或消费者的注意力,通过培养潜在的消费群体,以期获得最大的未来商业利益的经济模式。在这种经济状态中,最重要的资源既不是传统意义上的货币资本,也不是信息本身,而是大众的注意力,只有大众对某种产品注意了,才有可能成为购买这种产品的消费者。而要吸引大众的注意力,其重要的手段之一就是视觉上的争夺,也正由此注意力经济也称为"眼球经济"。

资料来源:http://wiki.mbalib.com/wiki/%E6%B3%A8%E6%84%8F%E5%8A%9B%E7%BB%8F%E6%B5%8E

---

(3) 综合安排实施原则。因为网上推广手段很多,不同方式可以吸引不同的网民,所以必须综合采用多种渠道以吸引更多网民到网站上来。

2. 网络站点推广步骤

(1) 搜索引擎注册。根据调查显示,网民寻找新网站时主要是通过搜索引擎来实现的,因此在著名的搜索引擎上进行注册是非常必要的,而且在搜索引擎进行注册一般都是免费的。

(2) 建立链接。与网络站点建立链接,可以缩短网页间距离,提高站点的被访问概率。一般建立链接有以下几种方式。

① 在行业站点上申请链接。如果站点属于某些不同的商务组织，而这些组织建有会员站点，应及时向这些会员站点申请一个链接。

② 申请交互链接。寻找具有互补性的站点，并向它们提出进行交互链接的要求（尤其是要连接上站点的免费服务，如果提供这样的服务）。为通向其他站点的链接设定一个单独的页面，这样就不会使刚刚从前门请进来的顾客，转眼间就从后门溜到别人的站点上去了。

③ 在商务链接站点申请链接。特别是当站点提供免费服务的时候，可以向网络上的许多小型商务链接站点申请链接。只要站点能提供免费的东西，就可以吸引许多站点为其建立链接。寻找链接伙伴时，通过搜索寻找可能为站点提供链接的地方，然后向该站点的所有者或主管发送电子邮件，告诉他们可以链接的站点名称、URL 及简短的描述。

（3）发送电子邮件。电子邮件的发送费用非常低，许多网站都利用电子邮件来宣传站点。利用电子邮件来宣传站点时，一种方式是收集电子邮件地址，为防止发送一些令人反感的电子邮件，收集电子邮件地址时要非常注意，一般可以利用站点的反馈功能记录愿意接收电子邮件的用户的电子邮件地址；另一种方式是通过租用一些愿意接收电子邮件信息的通信列表，这些通信列表一般是由一些提供免费服务的公司收集的。

（4）发布新闻。及时掌握具有新闻性的事件（如新业务的开通），并定期把这样的新闻发送到行业站点和印刷品媒介上，将站点在公告栏和新闻组上加以推广。互联网络使得具有相同专业兴趣的人们组成成千上万的具备很强针对性的公告栏和新闻组，比较好的做法是加入这些讨论，让邮件末尾的"签名档"发挥推广的作用。

（5）提供免费服务。提供免费资源，在时间和精力上的代价都是昂贵的，但其在增加站点流量上的功效可以得到回报。应当注意的是，所提供的免费服务应是与所销售的产品密切相关的，这样所吸引来的访问者同时也就可以成为良好的业务对象，也可以在网上开展有奖竞赛，因为人们总是喜欢免费的东西。如果在站点上开展有奖竞赛或者是抽奖活动，将可以产生很大的访问流量。

（6）发布网络广告。利用网络广告推销站点是一种比较有效的方式。比较廉价的做法是加入广告交换组织，广告交换组织通过不同站点的加盟后，在不同站点交换显示广告，起到相互促进的作用。另一种方式是在适当的站点上购买广告栏发布网络广告。

（7）使用传统的促销媒介。使用传统的促销媒介来吸引客户访问站点也是一种常用方法，如一些著名的网络公司纷纷在传统媒介上发布广告，这些媒介包括直接信函、分类展示广告等。对小型工业企业来说，这种方法更为有效，应当确保各种卡片、文化用品、小册子和文艺作品上包含有公司的 URL。

3. 企业电子商务网站转化率

企业电子商务网站转化率就是指网站访问者中，有多少比例的人数进行了某项对网站有利动作行为。"转化率"主要分成三项数量指标：将互联网的流量转化成企业网站的流量；将企业网站的流量转化成第一次购买量；将第一次购买量转化成为重复购买量。不管是网站搜索引擎优化，还是做竞价广告网站推广，初步的效果只能带来更多访客，暂时性的提高网站流量，而网站要做强做大，不但要把客户引进来，还要把客户留下来，这就要考虑如何提高网站转化率,这也是网站优化发展的关键策略之一。很多企业网络营销的实施过程中,网络推广部分投入了比较大的精力,也产生了不错的效果,为网站带来了很多的流量,但真正通过网络产生的订单数量却没有多大的提升,这是因为企业网站用户转化方面出现了问题。网站推广只能给网站带来更多流量,但我们更应该做的是如何提高转化率,将更多的流量转化为真实的客户,为企业创造效益。

据艾瑞调查显示,使用电子商务交易平台进行网络交易的中小企业,其生存状况远远优于固于传统线下模式的企业,到2009年,金融危机所导致的原材料价格上涨、外贸和内需不旺、融资渠道匮乏等问题更加显著。不少企业遇到了前所未有的困境,特别是大多数依赖于出口生存的中小企业可能无法得到足够的外贸出口市场,企业发展受到严峻的挑战。同时,由于中小企业资金周转力度薄弱,技术和品牌价值不高,因此遭遇到的裁员和倒闭的风险也随之加大。此时,不少企业瞄准了电子商务在交易过程中低成本、高效率、营销面广的优势,大力开拓国内的销售市场,启动了利用电子商务挖掘内需的商业战略。根据艾瑞咨询统计数据显示,2014Q3中国电子商务市场交易规模为2.95万亿元,同比增长17.7%,环比增长4.5%,整体继续增长。从市场结构来看,B2B电子商务仍然是电子商务市场的主体,其中中小企业B2B电子商务交易规模占比达46.3%,同比略减少;而网络购物占比有小幅度提升。艾瑞咨询统计数据显示,2014Q3电子商务市场细分行业结构中,企业间电子商务仍然占主导地位,整体占比略减少至74.1%。其中,中小企业B2B与规模以上企业B2B占比均有小幅减少,占比分别减少0.9%与0.7%。另外,网络购物占比有小幅度提升,由上季度的22.1%增长至23.4%,占比较去年同期增长5个百分点。艾瑞咨询分析认为,2014Q3受中国经济下行压力增大,经济增速减缓,B2B电子商务市场增速相应下滑,整体占比相对减少;随着网络购物行业发展的日益成熟,各家电商企业除了继续立足于网购市场的深耕和精细化运作,不断扩充品类和优化物流及售后服务外,也在积极向三四线城市甚至农村市场扩张、并积极部署国际化战略及移动端发展战略,促使网购市场持续深入发展;出境游市场热度不减、周边游市场不断发展与核心OTA企业间持续价格战的消费刺激,助力在线旅游市场稳定增长。

不论是针对企业级服务的B2B网站,还是针对个人用户的B2C网站,都把网络推广所带来的访问量产生的顾客转化看作一个重要的效果评价指标,这一方面是主流网络推广服务,如竞价排名价格越来越贵,企业成本压力增加,反映出对"产出"的要求更高;另一方面也是企业对网络营销效果量化评估的需求更加明确的表现。受金融危机影响,江苏省很多传统企业转型开拓电子商务市场,但他们并不十分清楚如何通过互联网赢得客户、赢得市场、获取利润。很多企业不清楚电子商务网站最关键的因素是转化率(Take Rates),转化率是电子商务网站的运营核心。相当多的中小企业的电子商务网站仍然停留在"公司介绍、产品展示、在线汇单、联系我们"这不变的套路上。

企业电子商务网站运营成功的关键在于网站的转化率,即潜在客户转变成访问者,访问者转换成销售线索、服务申请者、客户或者一个订阅者。在普通的商业模式下,整个转换过程主要涉及三个要素,第一是访问者的需求,第二是符合访问者需求的产品或服务,第三是访问者获知产品或服务,并以一定代价获取产品或服务的过程。在网站运营经过了初期的宣传阶段之后，相比起流量，网站运营人员会更关注网站转化率。提高网站转化率的方法有很多，比如提供更好的售前咨询沟通服务，提供更多的权威信息，提高用户对网站的信任等。企业电子商务网站不同于一般靠流量支撑的门户网站或新闻网站，更需要的是将点击率转化成有效客户的比率。

1) 网站流量与转化率的关系

网站流量是转化的基础，转化是网站流量价值的最终体现。流量是网络营销之源，转化是网络营销之果。中小企业网站营销的目的在于获取销售机会，促进销售，不论是网站建设，还是网络推广都应当围绕这个目的来进行。企业网站是企业开展网络营销的基础平台，网络推广把众多的访问者（也就是流量）带到了企业网站，企业网站要通过各种手段，促使网站访问者采取下一步行动，即发起订单、咨询或留下联系信息，以实现流量变商机，帮助企业获取潜在客户，促进企业产品的销售，最终实现流量变销量。

在注意力经济时代，很多网站为提高流量不择手段，但最终并没有取得盈利，那是因为没有正确认识网站流量与转化的关系，只有得到转化的流量，才是有价值的流量。受现实条件约束，企业电子商务网站转化率不可能无限提高，而且越提高代价越大，而基于网民基数和企业接触面的有限，流量在一定时期内是无止境的，流量平均成本也不一定会随流量规模而提高，因此，获得合理成本的规模化流量成为企业电子商务网站突破性发展的核心。

企业电子商务网站在最初获得的廉价流量之后，要想获得流量规模的突破，没有流量成本投入是不可能的。低价策略是流量成本，是试图通过低价获得口碑流量和回头客；可接受高退货率的退货保障付出的是流量成本；品牌策略、社区策略、回头客策略等本质上都是流量成本的设计。总之，能够带来流量的付出都可以看成是流量成本。企业电子商务网站的流量成本如果对转化率的影响和对利润的影响在可接受范围内，企业就应当放心地投资。

2) 转化率与投资回报率成正比

中小企业电子商务网络营销成功与否的判断标准是投资回报率。

$$投资回报率＝回报/投资＝订单数订单价值/投资$$
$$回报＝订单数×订单价值＝(流量×转化率)×订单价值/投资$$
$$订单数＝流量×转化串＝[(投资/单流量成本)转化率]×订单价值/投资$$
$$流量＝投资/单流量成本＝(转化率×订单价值)/单流量成本$$

上面的公式中，假设某企业的订单价值是一个常量，那么该企业开展网络营销的投资回报率与企业电子商务网站转化率是成正比的，与单流量成本成反比。

3) 影响转化率的若干因素

影响企业电子商务网站转化率的因素有网站品牌、商品吸引力、客户服务、顾客行为、用户体验、流量质量等，每一因素又包括很多影响因子，如流量质量因素就包括直接输入名称或地址的流量、非搜索引擎的外部链接的流量、通用关键字或品牌关键字的流量、商品信息和顾客需求的契合度等影响因子，具体内容见表 6-1。

表6-1 影响企业电子商务网站转化率的因素

网站品牌	商品吸引力	客户服务	顾客行为	用户体验	流量质量
网站知名度、可信度、口碑、定位	商品是否有特色	及时的在线客户服务	搜索关键词的用户真实需求	网站访问速度	直接输入名称或地址的流量
完整的联系方式	商品是否有价格优势	通常的800或400电话	顾客忠诚度	网站易用性	非搜索引擎的外部链接的流量
权威的网络安全认证标志	商品描述的详细程度	在线留言板/及时解答	重复购买率	网站内容的关联性	通用关键字/品牌关键字的流量
第三方诚信认证	商品图片真实美观诱人	合理的配送周期/地理区域	用户真实点评率	网站设计美观度	商品信息和顾客需求的契合度
经营资质展示	商品的音频、视频展示	可靠、安全的多种支付渠道	顾客验收商品	购买流程便捷性	线上、线下投资回报率
顾客两次购买行为的间隔	商品打折等促销活动	有效的换、退货等保证	访问者行动路线短	商品陈列的合理性	活跃用户/企业的流量
网站备案信息	是否有积分返现或礼品	查询和跟踪订单	引导老客户进行转介绍	站内搜索/分类导航	流量用户从何而来
媒体报道	商品质量是否有保证	物流服务水平	订单平均金额	下单到收货时间	但流量成本

企业电子商务网站转化率过高或过低都不是合适的。企业电子商务网站转化率过高可能是因为尚未充分拓展规模性流量来源,说明网站推广力度不够或方法不当;网站转化率过低说明推广过度,精细化程度不高,大量访问量都是来自非目标客户,不仅不会提高公司的销售量,反而给客服咨询人员带来不必要的骚扰。这两种状态都没有使企业投资回报率达到最佳值。企业电子商务网站转化率的高低应当根据所处行业、所售商品、网站发展阶段及企业的经营策略等因素综合考虑,使之处于最优平衡状态。

4. 电子商务网站的推广方法

网站建设的真正目的是要使这个网站取得一定效果,能吸引众多的访问者,使目标客户能很方便地找到自己的网站。Internet网站上的Web站点多如牛毛,根据2014年7月发布的第34次中国互联网络信息中心公布的调查数据表明,截至2014年6月,我国域名总数为1 915万个,其中".CN"域名总数为1 065万个,占中国域名总数比例达到55.6%;".中国"域名总数达到28万个。我国网站总数为273万个,.CN下网站数为127万个。如何让客户在茫茫网海中寻找到自己的企业网站,如何使自己的网站能被更多的人浏览,尤其是潜在客户浏览,网站推广非常重要。就目前的网络状况及电子商务环境而言，实现电子商务网站推广的有效手段主要有搜索引擎、网上广告、交换链接、电子邮件及策划网上活动等形式。

1) 搜索引擎及竞价排名

从中国互联网络信息中心历次的互联网调查统计报告中看，大部分的用户都是通过搜索引擎得知新的网站，可以说，搜索引擎登录及竞价排名目前仍是最主要的网站推广手段。

搜索引擎有免费和收费两种。大部分搜索引擎网站提供免费的服务，只需在登录页中填入公司网站的名称、网址及邮箱地址即可。对于可免费登录的搜索引擎，可选择一些重要的搜索引擎（如 Yahoo!、Google、百度等）逐个手工登录；而对其他的免费搜索引擎，则可采用搜索引擎自动加注软件进行批量自动登录。此外，一些搜索引擎还提供按行业类别或关键字排名及关键字竞价排名的有偿服务。这类服务通常可以使网站网址出现在访问者按行业类别或关键字检索结果的前几十位，使得网站容易被访问者找到并访问，能达到良好的推广效果，尤其是关键字竞价排名服务（如百度竞价排名），它基于搜索引擎，效果比较直观，只要肯花钱就能占据较好的展示位置，是一种较好的推广方式。但正所谓"金无足赤"，由于搜索引擎竞价广告只在搜索结果页面展示，而且每个关键词都必须进行一次竞价，也存在着网民接触面有限、单个关键词竞争激烈的不足之处。

2) 网上页面广告

在知名网站的首页或内层页面中发布图形或文字广告则是另一种常见的付费网站推广方式，如新浪首页的条幅广告。该种方式的目的不是为了通过链接带来订单，而是保证自己的品牌在时刻传播。因此，应当选择在一些影响力大的门户网站、综合性商贸网站、行业性或区域性网站中发布广告。网络广告主要以图形为主，这样可通过图片或动画来生动活泼地展示广告主题，吸引访问者点击它而进入企业网站的广告页面，从而达到宣传企业网站的目的。网站通常按企业广告所处的页面及位置、广告发布时长等不同方式来计费，仍以新浪为例，其首页一个条幅广告一天的费用几乎和中央电视台黄金时段 15 秒的广告费相当。随着宽带网络的逐渐普及，如今的网页广告除传统的动画设计外，还加入了声音、视频等元素，使得网页广告具有更佳的表现力，能起到更好的网站推广作用，主要包括横幅旗帜广告（即 Banner，包括全尺寸和小尺寸两种，可以是静态图片、GIF 动画或 Flash 动画）、标志广告（即 Logo，它又分为图片和文字两类）、文字链接及分类广告（Classified Advertisement）等几种形式。

3) 商业分类广告

据统计，上网者查看分类广告与查看新闻的比例不相上下。分类广告是指按行业及目的等进行分类的各种广告信息，它具有针对性强、发布费用低、见效快、交互方便及站点覆盖广等优点。目前，网上提供这种服务的站点层出不穷，较常见的有阿里巴巴、中国制造网和中国商情网等。

4) 电子邮件广告

电子邮件推广主要以发送电子邮件为网站推广手段，常用的方法包括电子刊物、会员通信、专业服务商的电子邮件广告等。其中专业服务商的电子邮件广告是通过第三方的用户 E-mail 列表发送产品服务信息，是需要付费的。多数企业采用电子刊物和会员通信等免费途径来进行网站推广。这种方法通过会员注册信息、公开个人资料等方式获得目标客户的 E-mail 列表，然后定期按 E-mail 列表发送产品广告和促销信息，也可以在邮件签名栏留下公司名称、网址和产品信息等。E-mail 营销是网络营销方法体系中相对独立的一种，既可以与其他网络营销方法相结合，也可以独立应用。

5）网络资源合作推广方法

网站推广常常是利用外部资源，当网站具备一定的访问量以后，网站本身也拥有了网络营销的资源，而这样的网站之间可以进行资源合作，通过网站交换链接、交换广告、内容合作、用户资源合作等方式实现互相推广的目的。网站资源合作最简单的方式为交换链接，在合作网站上提供自己网站链接可以大大增加被搜索引擎搜索到的概率。对于大多数中小网站来说，这种免费的推广手段由于其简单、有效而成为常用的网站推广方法之一。

总之，网站推广策略要综合考虑多种相关因素，根据企业内部资源条件和外部经营环境来制定，并且对网站推广各个环节、各个阶段的发展状况进行有效的控制和管理，还应当基于其网站推广工作的目标、预算等对各种推广方式进行取舍，灵活地构建一套适合自身需要的成本低、效果佳的有针对性的网站推广解决方案，积极和持续地开展多层次、多样化和立体式的网站推广，努力把自己的网站和产品及服务推荐给尽可能多的现实和潜在顾客，从而为自己创造更好的经济效益。

6.2.2 网络店铺推广

1. 网络店铺推广的重要性

企业成功经营需要天时、地利及人和，无论是实体店还是网络店铺，从来都少不了人气，人人都想顾客盈门。营销已有"酒香也怕巷子深"的观念，如何让更多的人知道自己的店铺，走进自己的店铺，已成为网络营销的重要问题。

一个好的店铺想得到好的收益，必须依靠高流量和人气来支撑，而人气和流量的得来，一定要靠宣传推广。

2. 网络店铺推广的方法

1）免费宣传

（1）利用 QQ 群、电子邮件、微信进行宣传。

（2）搜索引擎收录，如 Baidu、Yahoo!、Google 等主要搜索引擎。

（3）微博、微信、个人博客，如淘宝个人空间、阿里巴巴博客、新浪博客、QQ 空间、行业类网站博客，通过博客软文的形式进行推广。

知识链接

软　文

"软文"，是由企业的市场策划人员或广告公司的文案人员来负责撰写的"文字广告"。通过特定的概念诉求、以摆事实讲道理的方式使消费者走进企业设定的"思维圈"，以强有力的针对性心理攻击迅速实现产品销售的文字(图片)模式。

软文的精妙之处就在于一个"软"字，好似绵里藏针，收而不露，克敌于无形。它追求的是一种春风化雨、润物无声的传播效果。

软文的定义有两种,一种是狭义的,另一种是广义的。

(1) 狭义的定义指企业花钱在报纸或杂志等宣传载体上刊登的纯文字性的广告。这种定义是早期的一种定义,也就是所谓的付费文字广告。

(2) 广义的定义指企业通过策划在报纸、杂志或网络等宣传载体上刊登的可以提升企业品牌形象和知名度,或可以促进企业销售的一些宣传性、阐释性文章,包括特定的新闻报道、深度文章、付费短文广告、案例分析等。

资料来源:http://wiki.mbalib.com/wiki/%E8%BD%AF%E6%96%87

(4) 旺旺推广群/群拍卖,针对性地加入同类旺旺群进行宣传。

(5) 潜在顾客广告,注意观察收藏夹,使用推广软件。

2) 付费宣传

(1) 通过直通车进行推广,按搜索点击量收费。

(2) 购买阿里巴巴浮动广告位,搜索区域位置,有选择性地进行广告位的购买。

(3) 参加淘客推广,设置适当佣金,让淘客们帮店铺宣传。相当于请了只需要付提成工资的业务员。

(4) 在网站上购买广告位。

(5) 购买行业类网站/社区广告位。

3. 网络店铺推广的方案与技巧

网店的建立可以说是网络营销的开始,网店推广才是重头戏,网站推广不开,网站意义不大。根据利用的主要网站推广工具,网站推广的基本方法也可以归纳为几种:电子邮件推广方法、购买推荐法、搜索引擎推广方法、资源合作推广方法、信息发布推广方法、病毒性营销方法、快捷网址推广方法、网络广告推广方法和综合网站推广方法等。

1) 以电子邮件为主要的网站推广手段

以电子邮件为主要的网站推广手段,常用的方法包括电子刊物、会员通信、专业服务商的电子邮件广告等。基于用户许可的 E-mail 营销与滥发邮件不同,许可营销比传统的推广方式或未经许可的 E-mail 营销具有明显的优势,比如可以减少广告对用户的打扰、增加潜在客户定位的准确度、增强与客户的关系、提高品牌忠诚度等。

根据许可 E-mail 营销所应用的用户电子邮件地址资源的所有形式,可以分为内部列表 E-mail 营销和外部列表 E-mail 营销,或简称内部列表和外部列表。内部列表也就是通常所说的邮件列表,是利用网站的注册用户资料开展 E-mail 营销的方式,常见的形式如新闻邮件、会员通信、电子刊物等;外部列表 E-mail 营销则是利用专业服务商的用户电子邮件地址来开展 E-mail 营销的,也就是以电子邮件广告的形式向服务商的用户发送信息。许可 E-mail 营销是网络营销方法体系中相对独立的一种,既可以与其他网络营销方法相结合,又可以独立应用。

通过网站交换链接、交换广告、内容合作、用户资源合作等方式,在具有类似目标网站之间实现互相推广的目的,其中最常用的资源合作方式为网站链接策略,利用合作伙伴之间网站访问量资源合作互为推广。每个企业网站均可以拥有自己的资源,这种资源可以表现为一定的访问量、注册用户信息、有价值的内容和功能、网络广告空间等,利用网站的资源与合作伙伴开展合作,实现资源共享,共同扩大收益的目的。在这些资源合作形式中,交换链接是最简单的一种合作方式,调查表明它也是新网站推广的有效方式之一。交换链接或称互惠链接,是具有一定互补优势的网站之间的简单合作形式,即分别在自己的网站上放置对方网站的 Logo 或网站名称并设置对方网站的超级链接,使得用户可以从合作网站中发现自己的网站,达到互相搁置的目的。交换链接的作用主要表现在几个方面:获得访问量、增加用户浏览时的印象、在搜索引擎排名中增加优势、通过合作网站的推荐增加访问者的可信度等。较之于是否可以取得直接效果,交换链接还有更深一层的意义,一般来说,每个网站都倾向于链接价值高的其他网站,因此获得其他网站的链接也就意味着获得了合作伙伴和一个领域内同类网站的认可。

2) 购买推荐位

在网上开店可以根据自己店铺的经营规模和经营阶段,采取适合的网络推广手段。一般来说,网上商店推广有购买推荐位、登录导航网站、BBS 论坛宣传等若干种方式。

"推荐位"又称为"促销位","购买推荐位"这种网络推广方式只适用于在第三方平台上开店(如易趣网)的店主们,而不适用于拥有独立的电子商务网站的店主。因为在网上开店平台上注册会员,登录商品的卖家有很多,他们卖的商品种类加在一起也有成千上万种。而对于网上买东西的顾客来说,他们很少有耐心去看完所有的商品列表,所以排列在第一页的商品相对来说会吸引更多的眼球。浏览量上升了,成交的机会相对就会大一些,对于一些热门的商品行业,购买推荐位更显得必要,不过购买推荐位是要付费的,所以也要有选择地购买。例如,在易趣网,推荐位是指商品在线出售期间,该商品内容在页面醒目位置以文字、图片形式显示的一种推荐方式。"购买推荐位"可以实现低投入、高回报,让商品出现在人气最旺的地方,拥有更多买家竞买,卖出更好的价钱。

3) 搜索引擎竞价排名

搜索引擎排名是比较常用的一种的网络推广服务,它以"提升企业销售额"为直接目标,具有覆盖面广、针对性强、操作灵活、投资回报高等特点。因为搜索竞价排名有众多其他类型服务不可替代的优势,所以逐渐成为网络推广的主流产品。

竞价排名与搜索引擎收费登录有类似之处,但本质上很不一样。说它们类似,是因为它们都借助搜索引擎这个平台来进行推广;说本质不同,是因为竞价排名不是像搜索引擎收费登录那样,按照排名的时间长短收费,而是按照为客户网站带来的实际访问量收费。

点击量是网络中的一个独特概念,如果网民注意到某个广告,并对它感兴趣,就会点击进广告客户的网站(如投放广告的企业网站),进一步了解相关产品和服务,记录一个广告被点击次数的多少,也就能精确统计出它的效果。竞价排名的收费方式正是记录下有效点击的次数,并以此为收费依据,因此,是一种真正按照效果收费的网络推广服务。

概括起来,竞价排名有以下 4 个特点。

(1) 广。竞价排名通常联合了众多知名网站,共同提供服务。譬如国内的百度搜索竞价排名服务,联盟包括了中国所有的主流门户网站,只要投入少量的资金,用户的网站就会占据中国所有大流量网站的搜索结果前列的黄金位置。这些网站不仅包括搜狐、网易、新浪、腾讯等人们难以想象得到的所有大牌网站,也包括上海热线、21cn 等地方强势网络媒体。只要在百度的竞价排名投入很少的一部分预付金,就可以在500多家网站的搜索结果里排在前列。这些网站的网络用户流量占到了中国所有网民流量的95%,无论哪里的用户都可以轻松看到排名结果,广泛的受众保证了这种营销方式的效果。

(2) 专。竞价排名的服务模式是让用户注册属于自己的产品关键字(即产品或服务的具体名称),当网民通过搜索引擎寻找相应产品信息时,该网站将出现在搜索结果的醒目位置,成为客户首选。这是真正的点对点广告投放,不浪费一分钱的广告费,让商品找到买家,让买家找到自己想买的产品,针对性极强。例如,人们想买手机时,他们会通过搜索引擎查找相关品牌的资料,排在前面的网站推广的产品就会有很好的销售机会。竞价排名就会解决这个问题,用户想买的东西正是广告要卖的东西,极大地降低了厂商的推广成本。

(3) 全。很多企业都提供多种产品或服务,即使是同一种产品,也往往有多种名称,竞价排名不限制用户注册的"产品关键字"数量。通过注册大量"产品关键字",企业的每一种产品都有机会被潜在客户发现,从而最大限度地得到潜在客户的访问,获得最好的推广效果。例如,一个鲜花销售店,在以往的宣传中它只能让人们了解到它是一个销售鲜花的商店,但参加竞价排名后,人们可以了解到它更多的产品和服务。例如礼品、蛋糕、鲜花店连锁、网上鲜花速递、水果篮等,同时到了节假日,它还可以根据人们的需求推出一些新产品与服务,并及时地注册新的关键字,让潜在的客户能在第一时间找到它,在短时间内带来巨大收益。

(4) 活。竞价排名按照为客户带来的访问量付费,任何参加竞价排名的用户都可以灵活地控制自己的成本预算,随时按照自己的监测效果来调整竞价产品关键字的价格。先进的成本控制措施使得用户的每一分钱都会物有所值,真正为用户带来良好的效益。

根据用户的实际使用效果来看,竞价排名是真正能够帮助企业带来新客户,提高销售额的有效的网络推广服务之一。它极其适合于希望自己的产品面向更大范围市场的中小企业用户,这种营销方式会得到更加广泛的应用。

4) 网络广告

网络广告就是在网络上做的广告。利用网站上的广告横幅、文本链接、多媒体的方法在互联网刊登或发布广告,通过网络传递到互联网用户的一种高科技广告运作方式。与传统的四大传播媒体(报纸、杂志、电视、广播)广告及近来备受垂青的户外广告相比,网络广告具有得天独厚的优势,是实施现代营销媒体战略的重要部分。互联网是一个全新的广告媒体,速度快、效果理想,是中小企业扩展壮大的很好途径,对于广泛开展国际业务的公司更是如此。

目前网络广告的市场正在以惊人的速度增长,网络广告发挥的效用越来越重要。以致广告界甚至认为互联网络将成为传统四大媒体之后的第五大媒体。因而众多国际级的广告公司都成立了专门的"网络媒体分部",以开拓网络广告的巨大市场。

(1) 网络广告的主要形式。

① 网幅广告(包含 Banner、Button、通栏、竖边、巨幅等)。网幅广告是以 GIF、JPG、Flash 等格式建立的图像文件,定位在网页中,大多用来表现广告内容,同时还可使用 Java 等语言使其产生交互性,用 Shockwave 等插件工具增强表现力。

② 文本链接广告。文本链接广告是以一排文字作为一个广告，点击可以进入相应的广告页面，这是一种对浏览者干扰最少，但却较为有效的网络广告形式。有时候，越简单的广告形式效果越好。

③ 电子邮件广告。电子邮件广告具有针对性强（除非肆意滥发）、费用低廉的特点且内容不受限制。特别是针对性强的特点，它可以针对具体某一个人发送特定的广告，是其他网络广告方式所不及的。

④ 赞助。赞助式广告多种多样，比传统的网络广告给予广告主更多的选择。

⑤ 与内容相结合的广告。广告与内容的结合可以说是赞助式广告的一种，从表面上看起来它们更像网页上的内容而并非广告。在传统的印刷媒体上，这类广告都会有明显的标示指出这是广告，而在网页上通常没有清楚的界限。

⑥ 插播式广告（弹出式广告）。访客在请求登录网页时强制插入一个广告页面或弹出广告窗口，它们有点类似电视广告，都是打断正常节目的播放，强迫观看。插播式广告有各种尺寸，有全屏的也有小窗口的，而且互动的程度也不同，从静态的到全部动态的都有。浏览器可以通过关闭窗口不看广告（电视广告是无法做到的），但是它们的出现没有任何征兆，而且肯定会被浏览者看到。

⑦ Bich Media。一般指使用浏览器插件或其他脚本语言、Java 语言编写的具有复杂视觉效果和交互功能的网络广告。这些效果的使用是否有效，一方面取决于站点的服务器端设置；另一方面取决于访问者浏览器是否能查看。一般来说，Bich Media 能表现更多、更精彩的广告内容。

⑧ 其他新型广告。如视频广告、路演广告、巨幅连播广告、翻页广告、祝贺广告等。

⑨ 电子邮件营销。通过电子邮件营销软件、电子邮件营销系统向目标客户定向投放对方感兴趣或者是需要的广告及促销内容，以及派发礼品、调查问卷，并及时获得目标客户的反馈信息。

（2）网络广告的特点。同传统的广告媒体相比，网络广告的特征主要体现在以下方面。

① 广泛性和开放性。网络广告可以通过互联网把广告信息全天候、24 小时不间断地传播到世界各地，这些效果是传统媒体无法达到的。另外，报纸、杂志、电视、广播、路牌等传统广告都具有很大的强迫性，而网络广告的过程是开放的、非强迫性的，该点同传统传媒有本质的不同。

② 实时性和可控性。网络广告可以根据客户的需求快速制作并进行投放，而传统广告制作成本较高，投放周期固定。而且在传统媒体上，广告发布后很难更改，即使可以改动往往也需付出很大的经济代价，而网络广告可以按照客户需要及时变更广告内容。这样，广告上的经营决策变化就能及时实施和推广。

③ 直接性和针对性。通过传统广告，消费者只能间接地接触其所宣传的产品，无法通过广告直接感受产品或了解广告的具体运作和服务的提供。而网络广告则不同，只要消费者看到了所感兴趣的内容，直接单击鼠标，即可进入该企业网站，了解到业务的具体内容。另外，网络广告可以投放给某些特定的目标人群，甚至可以做到一对一的定向投放。根据不同访问者的特点，网络广告以灵活地时间定向、地域定向、频道定向实现了对消费者的清晰归类，在一定程度上保证了广告的到达率。

④ 双向性和交互性。传统的广告信息流是单向的，即企业推出什么内容，消费者就只能被动地接收什么内容；而网络广告突破了这种单向性的局限，实现了供求双方信息流的双向互动。通过网络广告的链接，用户可以从厂商的相关站点中得到更多、更详尽的信息；另外，用户可以通过广告位直接填写并提交在线表单信息，厂商可以随时得到宝贵的用户反馈信息；同时，网络广告可以提供进一步的产品查询需求，方便与消费者的互动与沟通。

⑤ 统计性和评估性。传统媒体做广告，很难准确地知道有多少人接收到了广告信息。而网络广告不同，它可以详细地统计一个网站各网页被浏览的总次数、每个广告被点击的次数，甚至还可以详细、具体地统计出每个访问者的访问时间和 IP 地址。另外，提供网络广告发布的网站一般都能建立用户数据库，包括用户的地域分布、年龄、性别、收入、职业、婚姻状况、爱好等。这些统计资料可帮助广告主统计与分析市场和受众，根据广告目标受众的特点，有针对性地投放广告，并根据用户特点定点投放和跟踪分析，客观准确地评估广告效果。

⑥ 网络信息传递的感观性，使受众能身临其境。

(3) 网络广告的发布。

① 确立网络广告目标。包括手中的特点分析，要达到的效果。

② 确定网络广告预算。参考网络广告计费方法。

③ 广告信息决策。

④ 网络广告媒体资源选择。

⑤ 网络效果监测和评价。

(4) 网络广告效果评估的标准。

① 点选。这是指网路使用者进入网站后，点选过某特定广告的总次数，点选次数越多，就表示广告越受欢迎，广告的效果也就越好。而广告业者可以依据点选的次数多少，评估广告成功与否。

② 点选率。这是指到该网站人数与点选某特定广告次数的比率，比率越高，表示广告的效果越好。

③ 上站人数。这是指就某特定广告可能达到的上网人数，如一个网站有 3 000 人浏览过，那么这个广告就有 3 000 个上站人数。

④ 流量。这是指网络上有多少资料正在被传递，但同时也可用来表示某个网站受欢迎的程度。

⑤ 浏览量。这是指使用者所用浏览器向服务器要求下载某一资讯时，每点击一次就算浏览一次。

在短短的几年的时间内，网络广告经历了螺旋式上升发展历程，从精准投放为诉求吸引广告到回归传统媒体的广告营销策略，再跃升到新的精准投放模式。当前各国经济增长逐渐放缓，在这样的大环境下，国内企业无法避免地遭受了全球经济困局的影响，面对危机对自身发展的冲击，企业纷纷缩减开支和控制成本。因此，企业在广告投入方面，将更加倾向于选择低成本、高效率的投放渠道。随着国内互联网尤其是电子商务的迅速发展，互联网广告在企业营销中的地位和价值越显重要。

本章小结

网络营销策略是企业对其内部与实现营销目标有关的各种可控因素的组合和运用,是企业网络营销成败的关键。其中以产品、价格、渠道和促销策略在企业开展电子商务所采用的营销策略中最为常见。网络推广充分利用因特网的特点,达到在因特网的平台上广而告之的目的。当前使用较多的网络推广手段包括网络广告、搜索引擎优化和关键词推广等。

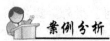
案例分析

透过世界杯看彩电：临场感、参与感

电视无疑成了四年一届世界杯期间最受关注的电子产品。

世界杯这种大型的国际体育赛事对于电视转播与制造技术的发展起到了积极的推动作用。从1966年的英格兰世界杯首次尝试录制彩色视频开始,再到2006年德国世界杯期间首次尝试了通过H.264编码方式进行高清赛事的转播,实现了从模拟信号向数字信号的转变;2010年南非世界杯期间首次尝试了3D视频转播……而在今年的巴西世界杯,最受球迷关注的是50寸以上的大屏电视、4K超高清电视、曲面电视和O-LED电视。这些新产品、新技术受到球迷追捧的主要原因在于他们对于提高临场感效果显著,让远在中国的球迷也能够近距离体验"桑巴的热情"。

从市场的表现来看,世界杯促销期间,彩电市场的结构发生了明显的转变。相较于价格较高的曲面电视和O-LED电视,4K超高清电视和大尺寸电视市场表现更为突出。据奥维咨询(AVC)预测数据显示:超高清电视方面,得益于上游面板厂商对超高清面板的积极推广和在各大厂家围绕世界杯展开的促销活动的助推,其渗透率得到了快速的提升,预计世界杯期间中国内销市场超高清电视的渗透率将达到17%;而2014年全年超高清电视的销量将可突破1 000万台,渗透率将突破22%。大尺寸电视方面,世界杯期间大尺寸电视的渗透率有望达到26%,预计大尺寸电视的全年销量将可达到1 147万台,渗透率可达25%。

在后硬件盈利时代中,除了通过提升硬件配置来提高球迷的临场感外,提升用户的参与感,让更多的用户和彩电进行互动、在电视上观看更多的视频内容、通过电视进行社交活动……是企业能否抓住用户,进而提高智能大生态的活跃度的关键。

从2013年下半年开始,互联网企业大规模跨界进入传统彩电行业,加速了传统彩电企业的变革步伐。2014年,乐视仅凭《我是歌手》这一栏节目就创造了高达4亿元的营收。互联网企业依靠内容收益补贴硬件的模式进一步压缩了传统彩电厂商依靠硬件创造利润的空间。和选秀节目相似,世界杯这种大型的国际体育赛事对于拥有内容资源和用户资源的企业来说是非常利于运营的内容资源。他们将通过收取后端广告费用、内容的增值服务、电视购物、版权转让等模式弥补硬件收益上的缺失,将彩电行业的商业模式更快地推向以用户运营为中心。

资料来源:http://jd.ccidnet.com/art/11117/20140613/5497065_1.html

思考:

(1) 对于彩电行业而言,如何更早地布局智能生态,通过合作或独立运营的方式弥补自己内容上的劣势?

(2) 对于彩电行业而言,如何建设临场感和参与感俱佳的智能生态圈?

复习思考题

一、填空题

(1) 与传统的营销组合类似，网络营销同样涉及_____的合理组合，即 4P 理论。

(2) 在网上销售的产品按照产品性质与形态的不同，可以分为两大类：_____和_____。

(3) 企业的定价目标一般与企业的战略目标、_____和_____相关。

(4) _____是指为满足顾客的需求，顾客通过充分的市场信息来选择购买或者定制生产自己满意的产品或服务，同时以最小代价(产品价格、购买费用等)获得这些产品或服务。

(5) _____就是通过对企业网络营销站点的宣传吸引用户访问，同时树立企业网上品牌形象，为企业的营销目标实现打下坚实的基础。

二、名词解释

(1) 核心利益层次
(2) 有形产品层次
(3) 期望产品层次
(4) 延伸产品层次
(5) 潜在产品层次
(6) 企业电子商务网站转化率

三、简答题

(1) 简述适合网络销售的产品通常具有的特点。
(2) 简述一个完善的网上销售渠道应有三大功能。
(3) 简述网络营销促销的特点。
(4) 简述网络营销站点推广原则。
(5) 简述竞价排名的特点。

四、论述题

(1) 试述网络营销体现在降低营销及相关业务管理成本费用和降低销售成本费用具体涉及的方面。

(2) 试述网络营销的促销作用。

五、实践题

(1) 通过阿里巴巴或其他平台将待销售的产品向消费者展示。

(2) 登录苏宁易购(http://www.suning.com)，总结网站中的哪些服务让你感到有意想不到的收获，并选一个喜欢的产品，为其设计一个网络广告并进行上传。

第 7 章 电子商务安全管理

随着电子商务的飞速发展,电子商务的安全问题日益成为人们关注的焦点。由于 Internet 本身的开放性,使得电子商务网上交易面临着各种各样的风险,由此也提出了相应的电子商务的安全控制要求。本章主要就电子商务安全的起因、防火墙技术、数字签名技术、安全认证系统、安全协议等方面进行较为深入的介绍。

本章知识结构框架

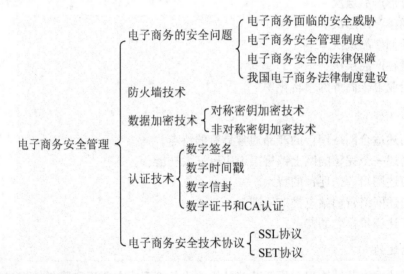

学习目标与要求

通过本章的学习,读者将能够明确电子商务面临的主要安全问题;理解网络时代电子商务的安全策略;理解电子商务安全保障的主要安全技术措施,如防火墙技术、数据加密技术和认证技术等。

第7章 电子商务安全管理

引导案例

7000多万QQ群数据公开泄露

2013年11月20日,国内知名安全漏洞监测平台乌云公布报告称,腾讯QQ群关系数据被泄露,在迅雷快传很轻易就能找到数据下载链接。根据QQ号,可以查询到备注姓名、年龄、社交关系网甚至从业经历等大量个人隐私。360互联网攻防实验室研究员安扬通过迅雷,下载到此次被曝光的QQ群数据库,通过简单测试验证了数据的真实性,数据库解压后超过90GB,有7000多万个QQ群信息,12亿多个部分重复的QQ号码。

腾讯公司回应称,此次QQ群数据库泄露确有其事,但这一漏洞是2011年发现的问题,当时已及时修复,不影响现有用户正常使用。与此同时,他们也正在全力防范减少此前数据库泄露可能带来的危害。

不过这么大规模数据在网上公开,由此引发的后遗症很难消除。目前已有网站打出"精准营销"的旗号,根据QQ用户的真实姓名、爱好、经历、从业特征发送垃圾邮件,更让人担心的是,这些数据可能被不法分子利用进行诈骗。如果一个人的真实姓名和QQ号、群关系都在网上暴露出来,诈骗信息将更加难以防范。

QQ群数据何以泄露?安全联盟安全专家余弦推测,应该是黑客利用腾讯相关业务的漏洞获取数据库访问权限,然后找到整个或关键的腾讯QQ群数据库,再整体导出。"当黑客掌握用户的社交关系后,可以完整了解用户个人情况,利用社交圈的信任关系进行诈骗,成功率很高。"

资料来源:http://www.he.xinhuanet.com/news/2013-11/22/c_118254393.htm

7.1 电子商务的安全问题

7.1.1 电子商务面临的安全威胁

从整个电子商务系统着手分析,可以将电子商务的安全问题划分为4类风险。

1. 信息传输风险

这是指进行网上交易时,因传输的信息被非法篡改、窃取和丢失,而导致交易的损失。

(1)冒名偷窃。如"黑客"为了获取重要的商业秘密、资源和信息,常常采用源IP地址欺骗攻击。IP欺骗就是伪造他人的源IP地址,其实质就是让一台机器来扮演另一台机器,以达到蒙混过关的目的。

(2)篡改数据。攻击者未经授权进入网络交易系统,使用非法手段,删除、修改、重发某些重要信息,破坏数据的完整性,损害他人的经济利益,或干扰对方的正确决策,造成网上交易的信息传输风险。

(3)信息传递过程中的破坏。信息在网络上传递时,要经过多个环节和渠道,由于计算机技术发展迅速,原有的病毒防范技术、加密技术、防火墙技术等始终存在着被新技术攻击的可能性，计算机病毒的侵袭、"黑客"非法攻击等很容易使数据在传递过程中泄露或丢失，威胁电子商务交易的安全。此外，各种外界的物理性干扰，如硬件故障、通信线路质量差或电源被切断、自然灾害等，都可能使数据丢失或者失真，影响到数据的有效性、真实性和完整性。

由于传统交易中信息传递和保存主要是通过有形的单证进行的，即使信息在传递过程中出现丢失、篡改等情况，也可以通过留下的痕迹找出原因，而网上信息被篡改时不会留下痕迹，因此网上交易时面临的信息传输风险比传统交易更为严重。

知识链接

黑　客

黑客一词，源于英文Hacker，原指热心于计算机技术，水平高超的电脑专家，尤其是程序设计人员。曾经，黑客是一种荣耀，一种美好的传统，它代表着反权威却奉公守法的网络英雄。但到了今天，黑客一词已被用于泛指那些专门利用电脑搞破坏或恶作剧的家伙。对这些人的正确英文叫法是Cracker，有人翻译成"骇客"。

资料来源：http://soft.yesky.com/security/hkjc/

2. 信用风险

网上交易有别于面对面的传统交易，如果没有信用保证，网上交易很难进行。

（1）来自买方的信用风险。消费者信用卡的恶意透支，或者用伪造的信用卡骗取卖方的货物，对于集体购买者来说，存在拖延货款的可能，卖方需承担风险。

（2）来自卖方的信用风险。卖方不能按质、按量、按时配送消费者定购的货物，或者不能及时履行与集团客户的合同，造成买方的风险。

（3）来自双方的信用风险。发信者事后否认曾经发送过某条消息或内容；收信者事后否认曾经收到过某条消息或内容；购买者确认了订货单而不承认；商家卖出的商品因价格差而不承认、不履行原有的交易。

3. 管理风险

（1）交易流程管理风险。在网络商品中介交易的过程中，客户进入交易中心，买卖双方签订合同，交易中心不仅要监督买方按时付款，还要监督卖方按时提供符合合同要求的货物。在这些环节上存在大量的管理问题，如果管理不善势必造成巨大的潜在风险，为防止此类风险需要有完善的制度设计，形成一套相互关联、相互制约的制度群。

（2）交易技术管理风险。网络交易技术管理的漏洞也带来较大的交易风险。

① 操作系统问题。有些操作系统中的某些用户是无口令的，如匿名FTP，允许没有账号的用户匿名登录，用户不需要口令就可以进入系统，这种安全漏洞可以造成网络的安全问题。

② 协议问题。协议的安全性主要是由于许多网络协议没有进行安全性方面的设计，以利于众多厂商的协议能够相互通信或相互兼容。这在给用户带来好处的同时，也埋下了安全的隐患。比如Internet采用TCP/IP协议，这种协议本身并没有采取任何措施来保护

传输内容不被窃取。TCP/IP 协议是一种包交换网络协议，各个数据包在网络上都是透明传输的，并且可能经过不同的网络，并由那些网络上的路由器转发，才能到达目的计算机。而 TCP/IP 协议本身没有考虑安全传输，很多应用程序，如 Telnet、FTP 等，甚至使用明文来传输非常敏感的口令数据。

③ 人员管理风险。人员管理常常是网上交易安全管理上的最薄弱的环节，近年来我国计算机犯罪大都呈现内部犯罪的趋势，其原因主要是因工作人员职业道德修养不高，安全教育和管理松懈所致。一类是没有警惕性的员工，当员工关注于他们自己的工作时，他们常常会忽略一些网络安全准则。例如，他们可能会选择一些非常容易记忆的密码，以便他们可以方便地登录他们的网络，但是，这种密码可能很容易被黑客们通过简单的常识或者某种被广泛使用的密码破解软件而猜出或者破解，员工可能会无意中导致其他的安全漏洞，包括意外地接收和传播计算机病毒等。另一类是心怀不满的员工，可能会报复性地通过病毒或者有意删除重要文件来损害他们的网络。有些可能会参与商业间谍行为，未经授权地访问保密信息，从而为竞争对手提供一些通过其他方式无法获得的信息。

传统交易经过多年发展，在交易时有比较完善的控制机制，而且管理比较规范，而网上交易还只经历了很短时间，还存在许多漏洞，这就要求加强对其进行管理和规范交易。

4. 法律风险

网上交易信息系统的技术设计是先进的、超前的，具有强大的生命力。但必须清楚地认识到，在目前的法律上还是找不到现成的条文保护网络交易中的交易方式，因此还存在法律方面的风险。一方面，在网上交易可能会承担由于法律滞后而无法保证合法交易的权益所造成的风险，如通过网络达成交易合同，可能因为法律条文还没有承认数字化合同的法律效力而面临失去法律保护的危险；另一方面，在网上交易可能承担由于法律的事后完善所带来的风险，即在原来法律条文没有明确规定下而进行的网上交易，在后来颁布新的法律条文下属于违法经营所造成的损失，例如，一些电子商务公司在开通网上证券交易服务一段时间后，国家颁布新的法律条文规定只有证券公司才可以从事证券交易服务，从而剥夺了电子商务服务公司提供网上证券交易服务的资格，给这些电子中间商经营造成巨大损失。

7.1.2 电子商务的安全管理要求与思路

1. 电子商务的安全要求

由于网上交易的人们不可能都互相认识，为了确保交易的顺利进行，必须在互联通信网络中建立并维持一种令人可以信任的环境和机制。为保障交易各方的合法权益，保证能够在安全的前提下开展电子商务，以下基本要求必须得到满足。

(1) 系统有效性。要对电子商务系统产生的潜在威胁加以控制和预防，保证系统运行及网上交易的有效性。

(2) 授权合法性。安全管理人员能够控制用户的权限，分配或终止用户的访问、操作、接入等权利，被授权用户的访问不能被拒绝。在电子商务过程中要求保证信息确实为授权使用的交易各方使用，使他们有选择地得到相关信息与服务，防止由于电子商务交易系统的技术或其他人为因素造成电子商务交易系统对授权者拒绝提供信息与服务，反而为未授权者提供信息与服务。

（3）信息保密性。电子商务作为贸易的一种手段，其信息直接代表着个人、企业或国家的商业机密，均有保密的要求。要保证信息如信用卡的账号和用户名等不泄漏给未授权的他人，防止信息被盗用和恶意的破坏，只有网上交易信息的保密性达到一定程度才能开展真正意义上的电子商务。因此，电子商务中的信息传播、存储、使用均有保密的要求，特别是对敏感文件、信息要进行加密，即使这些信息被截获，截获者也无法了解到信息内容。

（4）信息完整性。信息的完整性将影响到商务活动的经营策略和成功，保持网上交易各方信息的完整性是电子商务应用的基础，因此要预防对信息的修改和增减，也要预防信息的丢失和重复，要提供对信息进行完整性认证的手段，确保网络上的数据在传输过程中没有被篡改。

（5）真实性和不可抵赖性。在无纸化的电子商务方式下，不可能像在传统的纸面交易中通过手写签名和印章进行双方的鉴别，一般通过电子记录和电子合约等方式来表达，要提供通信交易双方进行身份验证的机制，证实他就是他所声称的那个人，用户不能抵赖自己曾作出的行为，也不能否认曾接到对方的信息，一旦抵赖，要有反驳的依据。

电子商务的安全管理，就是通过一个完整的综合保障体系来规避信息传输风险、信用风险、管理风险和法律风险，以保证网上交易的顺利进行。网上交易安全管理，应当跳出单纯从技术角度寻求解决办法的圈子，采用综合防范的思路，从技术、管理、法律等方面去思考，建立一个完整的网络交易安全体系，至少从三个方面考虑，并且三者缺一不可。

2. 电子商务安全管理制度

电子商务系统是面向社会的服务系统，参与电子商务的自然人或法人都有责任和义务保持系统正常运行工作，不得随意破坏。这对于从事网上交易的企业来说，保证商务活动安全特别重要，电子商务安全管理约束机制的建立，一方面需要用具体的文字对各项安全管理办法作出各项明确的规定；另一方面，要将责任落实到人，实现岗位职责的有效管理和全程监督，这是保证电子商务活动取得成功的环境基础。这些安全管理规章制度包括从业人员管理制度、信息保密制度、跟踪、审计、稽核制度、系统日常维护制度、数据备份制度、病毒防护制度和信息签发制度等。安全管理制度能否实施到位，是管理水平的具体体现，也是关系到电子商务系统安全顺利运作的重要保证。

1）从业人员的管理制度

电子商务系统运行的各类管理人员，在很大程度上支配着一个企业的命运，他们既要严于律己又要防患未然，面临双重任务，尤其是面对日趋严重的计算机网络犯罪，安全防范任务艰巨。众所周知，利用信息技术特别是计算机网络实施犯罪不同于一般意义上的犯罪，犯罪分子通常是一些高智商的复合型人才，犯罪带有明显的智能型特征，具有一定的隐蔽性、连续性、高效性等特点。因此，在对管理网管和辅助交易人员进行管理时，只按照安全管理条例管理并不能阻止犯罪行为发生，还需要采用先进的技术手段、严格的管理措施和人本化管理方法约束从业人员，加强社会公德与职业道德教育，强化法制观念遵纪守法。可以从以下几个方面入手：一是从业人员必须岗前培训，进行规章制度和法制教育；二是落实岗位责任制，对违反安全规定的行为予以打击，严肃处理责任人；三是贯彻落实安全运行制度与原则。这些制度原则包括：双人负责原则、相互监督原则，即重要业务不安排一个人单独管理，实行两人或多人相互制约监督机制；任期有限原则，任何人不得长期担任与交易安全有关的某一职务；最小权限原则，明确规定只有网络管理员才可进行物理访问，只有网络管理员才可进行软件安装工作等。

2) 信息保密制度

网上电子商务活动涉及企业的市场、生产、财务、供应等多方面的机密，必须实施严格的保密制度。保密制度需要将组织内的各种信息资源进行信息划分，确定安全级别，确保安全防范重点，并提出相应的保密措施。信息安全级别可以分为三级：绝密级，如企业战略计划、企业内部财务报表等，涉及此类信息的网址、密码不在Internet上公开，仅限于企业少数高层人员掌握；机密级，如企业的日常管理情况信息、重要会议通知和产品质量通报等，有关此部分的网址、密码也不在网上公开，只限于企业中层管理者以上的人员掌握；秘密级，如公司简介、新产品介绍及订货方式、客户建议等，这些信息可以在网上公开，供消费者浏览，但必须有相应的保护措施，以防非法侵害。保密工作中对密钥的管理尤为重要，电子商务活动中必然会使用大量的密钥，密钥管理的范围包括密钥产生、传递和销毁的全过程。密钥需要定期更换，防止外泄和非法盗用。

3) 跟踪、审计、稽核制度

跟踪制度要求企业必须建立网络交易系统日志机制，用来记录商务活动运行的整个过程。日志分为系统日志、交易日志、更新维护日志等多种。系统日志文件是自动生成的，其内容包括操作日期、操作方式、登录次数、运行时间、交易内容等，它对系统的运行进行监督、维护分析、故障恢复，这对于防止案件的发生或在案件发生后，为侦破工作提供监督数据，起着非常重要的作用。审计制度是对系统日志的检查、审核，便于及时发现问题，可以找出故意入侵系统行为的原始记录和对系统安全功能违反的原始记录，监控和捕捉各种安全事件，保存、维护和管理系统日志等。稽核制度是指工商管理、银行、税务人员利用计算机及网络系统进行执法的制度，它有助于稽核业务中的文件调阅、查询、审核，判断辖区内各电子商务参与单位业务经营活动的合理性、安全性以及漏洞堵塞情况，保证网上商务活动的安全，发出相应的警示警告并做出相应的处理处罚决定等一系列步骤与措施。

4) 系统日常维护制度

对于企业的电子商务系统来说，网络系统的日常维护主要针对企业内部网（Intranet）进行日常管理与维护，这是企业网管员一项繁重的任务。由于企业网络环境使用的计算机系统机号和网络设备品种众多，系统日常维护需要做的工作也就比较多，主要包括：①要对自动监管的各种设备，利用网管软件有效监控，找出系统故障，显示并通告网络流量、运行状态，并及时发布监控、统计与分析报告，另外还要优化网络性能，实行负载均衡，保证网络的吞吐能力与传输效率；②要对检测不到的设备实施监管，通过手工的方式检查运行状态，做到定期检查与随机抽查相结合，以便及时准确地掌握这些网络设备的运行状况,一旦故障发生能做到心中有数,随时处理;③要对各种数据进行备份与转储,实行数据备份与恢复制度,定期与不定期、自动与手动相结合的方式,数据备份主要是利用存储介质,如磁介质、纸介质、光碟、微缩载体等对数据进行存储、备份和恢复,有时还包括对系统设备的备份的保护措施,如容错计算机、双工存储系统等。

5) 病毒防护制度

在网络环境下,病毒无处不在,所以病毒的防范是重要的一环,它是保证电子商务正常进行的根本保证。如今,网上信息及交易活动常常遭到各种病毒的侵害,直接阻碍和破坏了电子商务活动的顺利进行,常规的病毒防范制度是一刻也少不了的。对于病毒防护,目前主要有硬件保护和软件防护两种。防杀病毒软件需要不断升级更新,网络防杀病毒软件目前有两种:一种是单机版防杀病毒软件产品;另一种是网络版防杀病毒软件产品。软件采取的方法都是检测病毒、排除病毒的方法,基本上系统被感染了病毒以后,防杀毒软件才会起作用。现在还有一种是事前防范事后处理的防杀毒软件产品,其原理是在网络端口设置一个病毒过滤器,事前在系统上安装一个防病毒的网络软件,能够有效地将病毒拒之于系统之外。但是,由于许多病毒都有一个潜伏期,因此采用定期清理病毒制度清除处于潜伏期的病毒显得尤为重要,可以防止病毒的突然爆发,保持系统处于一个良好的工作状态,确保电子商务系统的正常运行。

3. 电子商务安全的法律保障

市场经济又是法治经济,电子商务的发展需要建设和完善相关的法律体系。虽然从技术角度有各种保证电子商务交易的安全措施,但是人们对网上交易是否安全仍然心存疑虑,法律问题只有通过法律法规加以解决。这些问题都是一些人们最为担心的合同执行、赔偿、个人隐私、资金安全、知识产权保护、税收等诸问题,处理不当将会严重影响电子商务的应用普及。因此,研究与制定电子商务相关的法律法规,采取相应的法律保障措施势在必行。

1) 网上交易的法律法规

为了鼓励电子商务的发展,美国政府积极倡导建立全球统一商业法律框架。通过该法律框架确定、认可、强化和促进美国与世界各地进行网上贸易。现在,美国各州已实行了国内的《统一商业法规》(Uniform Commercial Legal Franework, UCC), UCC将通过下面一些方式来克服传统法规对网上交易推行带来的执行障碍。

(1) 确定和认可通过电子手段形成的合同的规则和范式,规定约束电子合同履行的标准,定义构成有效电子书写文件和原始文件的条件,鼓励政府各部门、厂商认可和接收正式的电子合同、公证文件等。

(2) 规定为法律和商业目的而作出的电子签名的可接受程度,鼓励国内和国际规则的协调一致,支持电子签名和其他身份认证手续的可接受性。

(3) 建立电子注册处。

(4) 推动建立其他形式的、适当的、高效率的、有效的国际商业交易的纠纷调解机制,支持在法庭上和仲裁过程中使用计算机证据。

(5) 建立与软件和电子数据的许可证交易、使用和权利转让有关的标准和任选的合同履行规则。

(6) 在国际上，美国政府支持所有国家采用联合国国际贸易法委员会(United Nations Commission on International Trade Law，UNCITRAL)提出的电子商务示范法作为电子商务使用的国际统一商业规范。

2) 信息安全的法律制度

网上交易的通信和数据的安全是网上交易的基础，保证网上交易信息安全，除了实行技术保障措施外，还需要有完整的法律规定的保障。美国政府已经批准了 OECD(Organization for Economic Co-operation and Development，经济合作与发展组织)的《信息系统安全性指南》，该指南涵盖了九项安全性原则，这些原则系统地阐述了高层次的需求，如明确安全责任的需求、知晓安全措施和手续的需求以及尊重其他用户的权利和合法利益的需求等。

3) 消费者权益保护的法律制度

消费者在网上购物面临与传统的购物方式不同的新的购物方式。一方面，消费者在网上购物，个人隐私信息可能被商家掌握和非法利用；另一方面，消费者网上购物无法亲自体验和挑选产品，消费者对购买商品不满意时，存在退货问题。由于网上购物可以跨越国界，消费者的权益易受到侵犯，因此，消费者如何利用有效法律武器来保护自己的权益，也是一个难题和新的课题。

4. 我国电子商务法律制度建设

我国电子商务的发展尚处在初级阶段，相关立法不够健全也不完善。我国的计算机立法工作始于20世纪80年代，直至1991年5月24日，国务院常务会议通过了《计算机软件保护条例》。这一条例是依照《中华人民共和国著作权法》的规定而制定的，是我国颁布的第一个有关计算机的法律。1994年2月18日，国务院令第147号发布了《中华人民共和国计算机信息系统安全保护条例》，为保护计算机信息系统的安全，促进计算机的应用和发展，保障经济建设的顺利进行提供了法律保障。1997年10月1日起我国实行的新刑法，第一次增加了计算机犯罪的罪名，包括非法侵入计算机系统罪、破坏计算机系统功能罪、破坏计算机系统数据程序罪，以及制作、传播计算机破坏程序罪等，这表明我国计算机法制管理正在步入一个新阶段，并开始和世界接轨，计算机法制的时代已经到来。

1997年6月3日，国务院信息化工作领导小组在北京主持召开了"中国互联网络信息中心成立暨《中国Internet域名注册暂行管理办法》发布大会"，宣布中国互联网络信息中心(CNNIC)成立，并发布了《中国Internet域名注册暂行管理办法》和《中国互联网络域名注册实施细则》。1997年12月8日，国务院信息化工作领导小组根据《中华人民共和国计算机信息网络国际联网管理暂行规定》，制定了《中华人民共和国计算机信息网络国际联网管理暂行规定实施办法》，详细规定了国际互联网管理的具体办法。与此同时，公安部颁布了《计算机信息网络国际联网安全保护管理办法》，原邮电部也出台了《国际互联网出入信道管理办法》，通过明确安全责任，严把信息出入关口，设立监测点等方式，加强对国际Internet使用的监督和管理。

为保护计算机网络安全，在《中华人民共和国计算机网络国际联网管理暂行规定》规定，我国境内的计算机互联网必须使用国家公用电信网提供的国际出入信道进行国际联网，任何单位和个人不得自行设立或者使用其他信道进行国际联网。除国际出入口局作为国家总关口外，邮电部还将中国公用计算机互联网划分为全国骨干网和各省、市、自治区接入网进行分层管理，以便对入网信息进行有效的过滤、隔离和监测。此外还规定了从事国际互联网经营活动和从事非经营活动的接入单位必须具备的条件，以及从事国际互联网业务的单位和个人应当遵守国家有关法律、行政法规，严格执行安全保密制度，不得利用国际互联网从事危害国家安全、泄露国家秘密等违法犯罪活动，不得制作、查阅、复制和传播妨碍社会治安的信息和淫秽色情等信息。

目前，我国有关电子商务安全的立法已经初具规模，形成了一套具有自己风格的体系，但还存在以下问题。

（1）对电子商务活动安全保护的间接性。电子商务活动作为一个新兴的社会现象，将在以后的若干年里成为主要的商务活动形式。对这种新型事物必须有专门的法律对它进行调整，而我国直接规定电子商务安全的法律还没有出台，上面介绍的都是对电子商务所依赖的计算机信息系统的安全进行保护的法律法规，它们对电子商务活动的安全提供的是一种间接的保护，而这种保护是很不充分的。

（2）相关立法比较分散，而且效力不高。我国有关计算机信息系统安全保护的法规和强制性标准名目众多，相当分散，执法人员和使用单位要了解有关情况，必须浏览、查找各种法规，这样给执法和普法带来了很大的不便，不利于对计算机信息系统安全进行保护。此外，现有法规多数属于行政法规，都是由国务院或者公安部制定并发布的，其效力层次远远不及法律，在适用上也不具有法律那样的权威性。

（3）对新出现的情况缺乏适应能力。现有法规对禁止行为采取列举式的方法加以规定，这种方法只能规范已出现过的不良行为，而计算机技术日新月异，利用计算机进行破坏或入侵的方法更是层出不穷，如2000年年初的黑客攻击就是黑客利用合法的方式造成的。这种行为给社会造成了巨大损失，但是依据现有法律却不能对这些人予以应有的法律制裁，无疑现有的相关法律缺乏灵活性，不能对新情况加以规范，而法律如果不具有一定的灵活性和超前性，那么它的生命力将是相当有限的，很快就会被飞速发展的社会现实所淘汰。

7.2 防火墙技术

7.2.1 防火墙的原理

防火墙是一种隔离控制技术，通过在内部网络（可信任网络）和外部网络（不可信任网络）之间设置一个或多个电子屏障来保护内部网络的安全。因此，设置防火墙的实质就是在企业内部网与外部网之间建立一个控制地带，检查网络服务请求分组是否合法，网络中传送的数据是否对网络的安全构成威胁。

防火墙是一种形象的描述，它可以是由软硬件设备构成的单独系统，也可以由路由器中的软件模块组成。它通常与路由器结合起来使用，路由器用来与Internet连接，而防火墙用来决定数据包是否可以通过。

实现防火墙的网络安全策略时，必须遵循以下两条准则。

(1) 未被明确允许的都将被禁止。
(2) 未被明确禁止的都将被允许。

基于准则(1)，防火墙应封锁所有信息流，然后对希望提供的服务逐项放开，这种方法可以造成一种十分安全的环境，因为只有经过仔细挑选的服务才被允许使用。其弊端是安全性高于用户使用的方便性，用户所能使用的服务范围受限制。

基于准则(2)，防火墙应转发所有信息流，然后逐项屏蔽可能有害的服务，这种方法构成了一种更为灵活的应用环境，可为用户提供更多的服务。其弊端是在日益增多的网络服务面前，网管人员疲于奔命，特别是受保护的网络范围增大时，很难提供可靠的安全保护。

7.2.2 防火墙的主要技术

1. 包过滤(Packet Filter)技术

包过滤技术是在网络层对通过的数据包进行过滤的一种技术，当它收到数据包后，先检查该数据包的包头，查找其中某些域中的值，再利用系统内事先设置好的过滤规则(或称逻辑)，把所有满足过滤规则的数据包都转发到相应的目标地址端口，而把不满足过滤规则的数据包从数据流中去除掉。这些被检查的域包括数据包的类型、源 IP 地址、目标 IP 地址、目标 TCP/IP 端口等。在过滤数据包时，通常是使用访问控制表来检查数据包的有关域的。

利用数据包过滤技术来建立防火墙，是目前应用得最普遍的一种网络安全措施，现有的大多数 Intranet 都采用了这种防火墙来保护网络内部不会遭受来自外部的侵害。

1) 包过滤技术的主要优点

(1) 方便有效。利用包过滤技术建立起来的防火墙，能有效地防止来自外部网络的侵袭，所有将要进入内部网络的数据包都必须接受包过滤器的检查，而且我们可以非常方便地通过修改过滤规则表来适应不断变化的需求。

(2) 简单易行。建立基于包过滤技术的防火墙非常容易实现，特别是利用合适的路由器来实现防火墙功能时，通常不需再额外增加硬件/软件配置。

2) 包过滤技术的缺陷

(1) 仅在网络层和传输层实现。对高层的协议和信息没有识别和处理的能力，这就使得它对通过高层进行的侵袭无防范能力。

(2) 缺乏可审核性。包过滤器只是对未能通过检查的数据包做简单的删除，但并不对该入侵数据包的情况进行记录，也不向系统汇报，从而不具有安全保障系统所要求的可审核性。

(3) 定义包过滤器比较复杂，因为网管员需要对各种 Internet 服务、包头格式以及每个域的意义有非常深入的理解，如果必须支持非常复杂的过滤，过滤规则集合会非常大，难以管理和理解。

2. 代理服务(Proxy Server)技术

包过滤技术的一个主要特点是，凡是可以满足包过滤规则的特定数据，便可以在

Internet 和 Intranet 之间直接建立链路，这样 Internet 上的用户就可以直接了解到 Intranet 中的情况，为了避免出现这种情况，可以使用代理服务技术。

代理服务技术是利用一个应用网关作为代理服务器的（如图 7.1），代理服务在应用层上进行，这样就可以防止 Internet 上的非法用户直接获取 Intranet 中的有关信息。在 Intranet 中设置一个代理服务器，将 Internet 进入 Intranet 内部的链路分为两段，从 Internet 到代理服务器的一段和从代理服务器到 Intranet 内部的另一段，用这种方法将 Intranet 与 Internet 隔离开来。

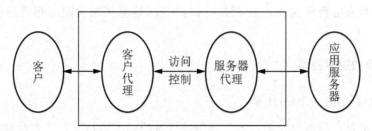

图 7.1 代理服务的工作原理

所有来自 Internet 的应用连接请求均被送到代理服务器中，由代理服务器进行安全检查后，再与 Intranet 中的应用服务器建立连接，所有 Internet 对 Intranet 应用的访问都必须经过代理服务器，这样，所有 Internet 对 Intranet 中应用的访问都被置于代理服务器的控制之下。同样，所有 Intranet 对 Internet 服务的访问，也受到代理服务器的监视。比如，内部用户对外发出的请求要经代理服务器审核，如果符合网管员设定的条件，代理服务器就会像一个客户机一样去那个站点取回所需信息转发给用户。

代理服务器像一堵真正的墙一样阻挡在内部用户和外界之间，从外面只能看到代理服务器而看不到内部资源，从而有效地保护内部网不受侵害。代理服务器可以实施较强的数据流监控、过滤、记录和报告等功能，代理服务技术主要通过专用计算机来承担。

1) 代理服务技术的主要优点

（1）屏蔽被保护的内部网。由于 Internet 上的非法用户只能通过代理服务器的方式来访问 Intranet，从而无法了解到 Intranet 中的情况，如主机的名称、IP 地址、信息的配置等，可以屏蔽受保护的内部网，增强网络的安全性。

（2）对数据流的监控。使用代理服务技术的防火墙软件能够将经过它的正常、异常和非法的数据包记录下来，以实施对数据流的监控，并可通过分析统计资料，及时发现在内部网中的不安全因素。

2) 代理服务技术的主要缺点

（1）实施时较困难。由于应用级网关只允许有代理服务的访问通过，所以它要求为每种网络信息服务专门开发出代理服务和相应的监控过滤功能的软件，每增加一种新的媒体应用，就必须对代理服务器进行设置，而且只要应用程序一升级，原来的代理服务就不再适用了。

（2）需要特定的硬件支持。由于代理服务需要处理大量进出 Intranet 的数据，因而通常需要专门的高性能计算机来承担这一重任。

7.2.3 防火墙的实现方式

防火墙基本类型分为网络级(包过滤型)防火墙和应用级防火墙。应用级的防火墙有三种常见的类型：双穴主机网关、屏蔽主机网关、屏蔽子网网关。

1. 网络级(包过滤型)防火墙

基于单纯的包过滤技术建立的防火墙，实现起来较容易，它有两个网络接口，位于内部网和外部网的交接处，只需配置好安全访问控制表即可。它具有包过滤技术的优缺点，其主要工作是对每个经过防火墙的 IP 数据包进行过滤。

由于包过滤器只能设置静态的安全过滤规则，难以适应动态的安全要求。对于采用动态分配端口的服务，如很多与 RPC(Remote Procedure Call Protocol，远程过程调用)服务相关联的服务器在系统启动时随机分配端口，就很难进行有效地过滤。

2. 应用级的防火墙

应用级的防火墙是建立在应用层网关基础上的，它的三种常见类型都有一个共同点：都需要有一台主机。通常被称为堡垒主机(Bastion Host)的机器用来充当应用程序转发者、通信登记和服务提供者的角色，因此它在防火墙中起着重要的作用，它的安全性关系到整个网络的安全。

1) 双穴主机网关

其中，堡垒主机充当应用层网关，在此主机中需安装有两块网卡，一块用于连接到被保护的内部网，另一块则用于连接到 Internet 上，并在堡垒主机上运行防火墙软件，被保护的内部网与 Internet 之间无法直接通信，必须通过该主机，这样就可以将被保护网很好地屏蔽起来，而 Intranet 是通过堡垒主机获得 Internet 的服务的。这种应用层网关能有效地保护和屏蔽 Intranet，且所需的硬件设备较少，容易验证其正确性，因而是目前应用得较多的一种防火墙，但堡垒主机容易受到攻击，它本身无法保护自己，一旦受破坏，实际上就变成一台没有寻址功能的路由器，一个有经验的攻击者就能使它寻址而使受保护网完全开放如图 7.2 所示。

图 7.2 双穴主机网关结构

2) 屏蔽主机网关

屏蔽主机网关是综合了包过滤器和双穴主机网关两种结构而成的，为了保护堡垒主机，而将它置入被保护网的范围中，也即在堡垒主机与 Internet 之间增设一个屏蔽路由器(Screened Router)。它不允许 Internet 对被保护网进行直接访问，只允许对堡垒主机进行访问，它可以有选择地允许那些值得信任的数据通过屏蔽路由器，与前面的双穴主机网关相似，它也是在堡垒主机上运行防火墙软件如图 7.3 所示。

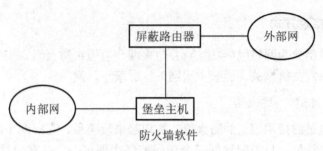

图 7.3 屏蔽主机网关结构

屏蔽主机网关是一种更为灵活安全的防火墙软件，它可以利用屏蔽路由器增加一层安全保护，但此时的路由器处于易受攻击的地位，一旦被攻破，所有的用户都可随意进出网络；另外，屏蔽路由器的安全规则配置要求较高，必须确保它和堡垒主机中的访问控制表协调一致，避免出现自相矛盾的情况。

3) 屏蔽子网网关

屏蔽子网网关(Screened Subnet Gateway)的结构是在屏蔽主机网关的结构基础上发展起来的。它是在内部网和外部网之间设立一个被隔离的小型的独立子网，并可将 Internet 上的用户提供的部分信息放到该子网中，这部分存放在子网上公用信息服务器上的信息应允许被外部网上的用户直接读取，具体的做法是在子网与 Internet 之间设置一个外部路由器来对子网进行保护，子网到 Intranet 之间采用屏蔽主机网关对 Intranet 进行保护。这样，Internet 上的用户要访问公共信息服务器时，只需通过外部路由器即可，但如果用户要访问 Intranet 中的信息时，则需通过外部和内部路由器后再去访问堡垒主机，然后再通过主机访问 Intranet 如图 7.4 所示。

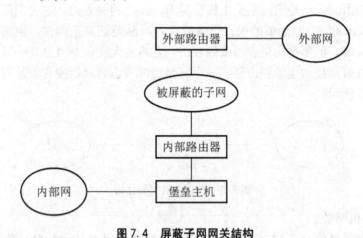

图 7.4 屏蔽子网网关结构

7.2.4 防火墙的局限性

防火墙是保护内部网免受外部攻击的极有效的方式，防火墙应是整体网络安全计划中的重要组成部分，但同时必须注意到防火墙并非是万能的，防火墙具有以下局限性。

(1) 防火墙不能阻止来自内部的破坏。只要简单地断开网络连接，防火墙便可以阻止系统的用户通过网络向外部发送信息,但如果攻击者已在防火墙内,那么防火墙实际上不起任何作用。

(2) 防火墙不能保护绕过它的连接。防火墙可以有效地控制通过它的通信,但对不通过它的通信毫无办法。例如内部用户直接从 ISP(Internet Service Provider,互联网服务提供商)那里购置直接的 PPP 或 SLIP 连接,然后绕过防火墙提供的安全保护,从而形成了一个潜在的后门攻击渠道。

(3) 防火墙无法完全防止新出现的网络威胁。防火墙是为防止已知威胁而设计的,虽然精心设计的防火墙也可以防止新的威胁,但没有一种防火墙会自动抵抗所出现的任何一种新威胁。

(4) 防火墙不能防止病毒。尽管许多防火墙检查所有外来通信以确定是否可以通过内部网络,但这种检查大多数是对源目的地址及端口号进行的,而不是对其中所含数据进行的,即使可以对通信内容进行检查,由于病毒种类太多且病毒在数据中的隐藏方式太多,所有防火墙中的病毒防护也是不实用的。

随着 Internet/Intranet 技术的飞速发展,网络安全问题愈来愈引起人们的重视。防火墙技术作为目前用来实现网络安全措施的一种主要手段,它主要是用来拒绝未经授权用户的访问,阻止未经授权用户存取敏感数据,同时允许合法用户不受妨碍的访问网络资源,如果使用得当,可以在很大程度上提高网络安全。但是没有一种技术可以百分之百地解决网络上的所有问题,比如,防火墙虽然能对来自外部网络的攻击进行有效的保护,但对于来自网络内部的攻击却无能为力。事实上,60%以上的网络安全问题来自网络内部,因此网络安全单靠防火墙是不够的,还需要有其他技术和非技术因素的考虑,如信息加密技术、身份验证技术、制定网络法规、提高网络管理人员的安全意识等。

7.3 数据加密技术

7.3.1 数据加密的原理

数据加密技术是网络中最基本的安全技术,主要是通过对网络中传输的信息进行数据加密来保障其安全性。

所谓加密,就是将有关信息进行编码,使它成为一种不可理解的形式。用来加密(解密)的算法为一数学函数,在加密或解密的过程中使用的可变参数称为密钥。加密后的内容叫做密文。加密技术能避免各种存储介质上的或通过 Internet 传送的敏感数据被侵袭者窃取,这是一种主动安全防御策略,用很小的代价即可为信息提供相当大的安全保护。

一般的数据加密模型如图 7.5 所示,它是采用数学方法对原始信息(明文)进行再组织,使得加密后在网络上公开传输的内容对于非法接收者来说成为无意义的文字(密文),而对于合法的接收者,因为掌握正确的密钥,可以通过解密过程得到原始数据。在图 7.5 中,E 为加密算法,Ke 为加密密钥,D 为解密算法,Kd 为解密密钥。

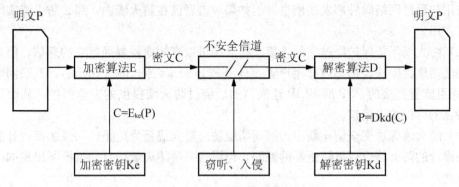

图 7.5 数据加密的一般模型

如果按照收发双方密钥是否相同来分类,可以将加密技术分为对称密钥加密技术和非对称密钥加密技术。

7.3.2 对称密钥加密技术

对称密钥加密技术利用一个密钥对数据进行加密,对方接收到数据后,需要用同一密钥来进行解密如图 7.6 所示。

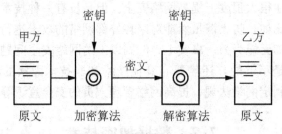

图 7.6 对称密钥加密技术

对称密钥加密技术中最具有代表性的算法是 IBM 公司提出的 DES(Data Encryption Standard,数据加密算法)。

DES 主要是利用交乘加解密器的设计原理。数据加密的技巧,就是将原始数据打散打乱,让别人很难组合起原始数据,相对也就能提高保密的效果。DES 方法的加密过程可分为 16 回合,每一回合都将上一回合打散的数据再打散一次,每一回合相当于在原始数据上加了一把锁,最后总共加了 16 把锁,锁加得越多,相对的保密性就越高。

DES 实现容易,使用方便,最主要优点在于加解密速度快,其主要弱点在于密钥数量大,管理困难,密钥的传输过程必须绝对地安全,一旦密钥泄露则直接影响到信息的安全性。

7.3.3 非对称密钥加密技术

对称密码技术的缺陷之一是通信双方在进行通信之前需通过一个安全信道事先交换密钥,这在实际应用中通常是非常困难的。如果事先约定密钥,则进行网络通信的每个人都要保留其他所有人的密钥,这就给密钥的管理和更新带来了困难。针对这些问题,1976

年,美国两位学者提出一种新的密钥交换协议,这就是"公开密钥系统"。

这种算法需要两个密钥:公开密钥(Public Key)和私有密钥(Private Key)。因为加密和解密使用的是两个不同的密钥,所以这种算法也叫做非对称加密算法。这对密钥中的任何一把都可作为公开密钥通过非保密方式向他人公开,而另一把则作为专用密钥加以保存。公开密钥用于对机密性的加密;专用密钥则用于对加密信息的解密如图 7.7 所示。专用密钥只能由生成密钥对的交易方掌握,公开密钥可广泛发布,但它只对应于该密钥的交易方有用。

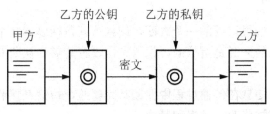

图 7.7 非对称密钥加密技术

虽然解密密钥在理论上可由加密密钥推算出来,但这种算法设计在实际上是不可能的,或者虽然能够推算出来,但要花费很长的时间因而成为不可行的。

在公开密钥系统中,加密密钥 Ke 是公开的,加密算法 E 和解密算法 D 也是公开的,只有解密密钥 Kd 是需要保密的。用 Ke 对明文 M 加密后,再用 Kd 解密,即可恢复明文,而且加密和解密的运算可以对调,加密密钥不能用来进行解密。

交易双方利用该方案实现机密信息交换包括以下基本过程。

(1) 交易方乙生成一对密钥,将其中的一把作为公开密钥向其他交易方公开。

(2) 得到了该公开密钥的交易方甲使用该密钥对机密信息进行加密后再发送给交易方乙。

(3) 交易方乙再用自己保存的另一把专用密钥对加密后的信息进行解密。

(4) 交易方乙只能用其专用密钥解密由其公开密钥加密后的任何信息。

非对称密钥加密技术的主要算法是 RSA(由 Rivest、Shamir、Adleman 研究发明,1997 年进入市场),该算法的思想是基于大数因子分解的难度基础上,即用两个很大的质数相乘所产生的积来加密。这两个质数无论用哪一个先与原文编码相乘,对文件进行加密,均可用另一个质数再相乘来解密。但要用其中的一个质数来求出另外一个质数,则几乎是不可能的事。

非对称密钥加密技术使密钥分配非常方便,对于网上的大量用户,可以将加密密钥用电话簿的方式印出。如果某用户想与另一用户进行保密通信,只需从公钥簿上查出对方的加密密钥,用它对所传送的信息加密发出即可,对方收到信息后,用仅为自己所知的解密密钥将信息解密,了解报文的内容,这种算法克服了对称密钥加密技术的弱点。这种技术的缺点是产生密钥很麻烦,速度较慢,最快的情况也比 DES 慢上 100 倍,一般只用于对少量信息加密。

由于加密技术是美国国家安全局控制的技术,很多加密技术的出口自然受到美国国家安全局的限制。例如,当美国使用 128 位的安全套接层技术(SSL)时,出口算法的密钥一般只允许达到 40 位,它的安全性显然比 128 位的密钥算法差得多。现在美国对这方面的限制有所放松,但是我国要开发自己的高强度加密技术,把加密技术掌握在自己手中,才能够比较主动地把握各类信息的安全性。

7.4 认证技术

7.4.1 信息认证的目的

信息认证是安全性的很重要的一个方面,信息认证包括以下几个目的。

(1) 可信性。信息的来源是可信的,指信息接收者能够确认所获得的信息不是由冒充者所发出的。

(2) 完整性。要求信息在传输过程中保证其完整性,指信息接收者能够确认所获得的信息在传输过程中没有被修改、延迟和替换。

(3) 不可抵赖性。要求信息的发送者不能否认自己所发出的信息,同样,信息的接收者不能否认已收到的信息。

(4) 访问控制。拒绝非法用户访问系统资源,合法用户只能访问系统授权和指定的资源。

7.4.2 数字签名

为了鉴别文件或书信的真伪,传统的做法是要求相关人员在文件或书信上亲笔签名或盖章,签名起到认证、核准和生效的作用,在电子商务过程中,人们通过网络传递商务合同,就出现了合同真实性认证的问题,数字签名技术就产生了。

数字签名实际上是公开密钥加密技术的一类应用,是通过哈希函数(Hash Function)即 Hash 编码法来实现的。

用安全 Hash 编码法(Secure Hash Algorithm,SHA)对明文中若干重要元素进行某种运算,得到一串 128 位的密文,叫做报文摘要(数字摘要),其特点是有固定长度,代表了文件的特征,不同的明文摘要的密文是不同的,而同样的明文其摘要必定是一致的,所以也称为数字指纹。

对报文摘要进行加密后就是数字签名,它的主要方式是报文的发送方先将消息经过哈希函数运算,得到报文摘要,然后用自己的私钥对消息摘要进行加密来形成发送方的数字签名,然后,这个数字签名将作为报文的附件和报文一起发送给报文的接收方。报文的接收方用发送方的公钥来对报文附加的数字签名进行解密,得到报文摘要,同时,接收方对收到的消息进行哈希函数运算,得到另一报文摘要,如果两个报文摘要相同,那么接收方就能确认:一是该数字签名是发送方的,二是消息在传输的过程中未被篡改,保持了完整性,即通过数字签名能够实现对原始报文完整性的鉴别和确保不可抵赖性如图 7.8 所示。假如发送方抵赖曾发报文给接收方,则接收方可将收到的用发送方私钥加密的消息摘要出示给第三者,第三者很容易用发送方的公钥去证实发送方确实发了消息给接收方。反之,如果接收方伪造发送方的报文摘要,那么他就不能在第三者面前出示用发送方私钥加密的报文摘要。在实现数字签名的同时,也实现了对报文来源的鉴别。

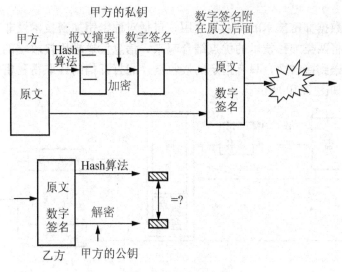

图 7.8 数字签名

7.4.3 数字时间戳

在电子商务交易文件中,时间是十分重要的信息。在书面合同中,文件签署的日期和签名一样均是十分重要的防止文件被伪造和篡改的关键性内容。数字时间戳服务(Digital Time Stamp Service,DTS)是网上电子商务安全服务项目之一,能提供电子文件的日期和时间信息的安全保护,由专门的机构提供。

数字时间戳是一个经加密后形成的凭证文档,它包括三个部分:需加时间戳的文件的摘要,DTS 收到文件的日期和时间,DTS 的数字签名。

时间戳产生的过程为:用户首先将需要加时间戳的文件用 Hash 编码加密形成报文摘要,然后将该摘要发送到 DTS,DTS 在加入了收到文件摘要的日期和时间信息后再对该文件加密,然后送回用户如图 7.9 所示。书面签署文件的时间是由签署人自己写上的,而数字时间戳则不然,它是由认证单位 DTS 来加的,以 DTS 收到文件的时间为依据。因此,时间戳也可作为科学家的科学发明文献的时间佐证。

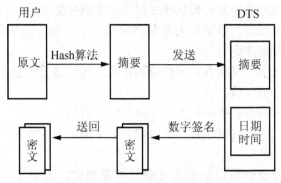

图 7.9 数字时间戳

7.4.4 数字信封

数字信封是数据加密技术的又一类应用,包括对称密钥加密技术及非对称密钥加密技术的两种应用,将两类加密技术的优点结合起来。信息发送端用接收端的公钥,将一个通信密钥加密后传送到接收端,只有指定的接收端才能打开信封,取得秘密密钥,用它来解开传送来的信息如图7.10所示。

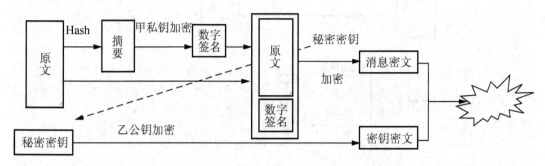

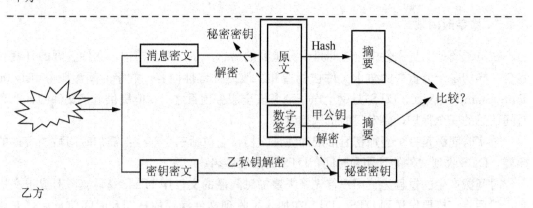

图7.10 数字信封技术

数字信封技术具体包括以下过程。

(1)发送者将要传输的信息经哈希函数运算得到一个报文摘要。

(2)用发送者的私钥对报文摘要加密后得到一个数字签名。

(3)发送者将信息明文、数字签名及数字证书上的公钥三项信息通过对称加密算法,用加密密钥进行加密得到加密信息。

(4)在传送信息之前,发送方必须先得到接收方的证书公开密钥,用其公钥对秘密密钥进行加密,形成一个数字信封。

(5)发送方将加密信息和数字信封一起向接收方传送。

(6)接收方以自己的私有密钥解开所收到的数字信封,从中解出发送方加密信息所用过的秘密密钥。

(7)接收方用秘密密钥将信息密文还原成信息明文、数字签名和发送方的证书公开密钥。

(8) 将数字签名用发送方证书中的公开密钥解密,将数字签名还原成报文摘要。
(9) 接收方以收到的信息明文,用 Hash 函数运算得到一个新的信息摘要。
(10) 比较收到已还原的报文摘要和新产生的报文摘要是否相等,相等无误即可确认,否则不接收。

7.4.5 数字证书和 CA 认证

前面讲过,数字签名技术是利用公钥加密技术来验证网上传输信息的真实性和完整性,但是存在一个问题,任何人都可以生成一对密钥,怎样才能保证一对密钥只属于一个人呢?这就需要一个权威机构对密钥进行有效管理,颁发证书证明密钥的有效性,将公开密钥同某一个实体联系在一起,这种机构就是"认证中心"(CA)。

1. 数字证书

数字证书也称公开密钥证书,是在网络通信中标志通信各方身份信息的一系列数据,其作用类似于现实生活中的身份证。它主要包含用户身份信息、用户公钥信息以及身份验证机构数字签名等数据,是经认证中心发行的文件,是各类终端实体和最终用户在网上进行信息交流及商务活动的身份证明。

数字证书主要由以下两部分组成。
(1) 证书数据,它包括以下内容。
① 版本信息,用来与 X.509 的将来版本兼容。
② 证书序列号,每一个由 CA 发行的证书必须有一个唯一的序列号。
③ CA 所使用的签名算法。
④ 发行证书 CA 的名称。
⑤ 证书的有效期限。
⑥ 证书主题名称。
⑦ 被证明的公钥信息,包括公钥算法、公钥的位字符串表示。
⑧ 包含额外信息的特别扩展。
(2) 发行证书的 CA 签名。

2. 认证中心

认证中心就是承担网上安全电子交易认证服务,能签发数字证书,并能确认用户身份的具有权威性、公正性的第三方服务机构,其主要任务是受理数字证书的申请,签发并管理数字证书。

1) 认证中心主要功能

(1) 颁发证书。认证中心接收和验证下级认证中心和最终用户的数字证书的申请,将申请的内容进行备案,并根据申请的内容确定是否受理该数字证书申请。如果中心接受该数字证书申请,则进一步确定给用户颁发何种类型的证书。新证书用认证中心的私钥签名以后,发送到目录服务器供用户下载和查询。为了确保查询消息的准确性和完整性,返回给用户的所有应答信息都要使用认证中心的签名。

(2) 查询证书。证书的查询可以分为两类:其一是证书申请的查询,认证中心根据用户的查询请求返回给用户证书申请的受理结果；其二是用户证书的查询，这类查询由目录服务器自动完成，目录服务器根据用户的要求返回用户所需的证书信息。

（3）更新证书。在密钥泄密的情况下，将产生新的密钥和新的证书，认证中心将按照用户的要求对用户的数字证书进行更新。即使在密钥没有被泄露的情况下，密钥也应该定时更换，密钥的更换时间要与证书的有效截止日期保持一致，确保用户在证书有效截止日期前取得新密钥对和新证书。

（4）撤销证书。当用户由于私钥泄密等原因造成用户证书需要申请作废时，用户需要向认证中心提出证书作废请求，认证中心根据用户的请求确定是否将该证书作废。另外一种证书作废的情况是证书已经过了有效期，认证中心自动将该证书作废。认证中心撤销证书时，不是通过简单的删除证书来完成的，它必须保存撤销了的证书的有关信息。这些是通过维护证书作废列表（Certificate Revocation List，CRL）来完成的。

（5）证书的归档。证书具有一定的有效期，证书过了有效期之后就将被作废，但是我们不能将作废的证书简单地丢弃，因为有时我们可能需要验证以前的某个交易过程中产生的数字签名，这时我们就需要查询作废的证书。基于此类考虑，认证中心还应当具备管理作废证书的功能。

（6）密钥托管和密钥恢复。认证中心根据用户要求提供密钥托管服务，备份和管理用户的加密密钥对，当用户需要时，可以从密钥库中提出客户的加密密钥对，为客户恢复其加密密钥对，以解开先前加密的信息。在这种情况下，认证中心的密钥管理器采用对称加密方式对各个客户私钥进行加密，加密密钥在加密后销毁，保证了私钥的存储安全。密钥恢复时，采用相应的密钥恢复模块进行解密，以保证客户的私钥在恢复时没有任何风险和不安全因素。

总的来说，认证中心除了签发数字证书的业务外，还必须负责维护数字证书的安全性和完整性，一旦交易过程发生纠纷，认证中心按照它与客户之间的协议，应负举证的责任，并将双方的注册信息和凭证送交有关部门进行仲裁。

2）认证中心的分级结构

对于一个大型的应用环境，认证中心往往采用一种多层次的分级结构，各级的认证中心类似于各级行政机关，上级认证中心负责签发和管理下级认证中心的证书，最下一级的认证中心直接面向最终用户。

CA存在着一种树状连接的信任关系，不同CA签发的数字证书都包括其上一级签发者的数字证书，两个数字证书是否彼此信任是通过向上层层追述证书签发者来实现的。如果在追述过程中，两个数字证书有相同的上层签发者，则这两个数字证书是彼此信任的。根据CA的公钥对所有的软件都是已知的，可以校验每一个证书。

3）我国CA认证体系的建设情况

我国的第一个认证中心是创建于1998年12月31日的上海市电子商务安全证书管理中心有限公司，简称"上海CA中心"或SHECA（Shang Hai Electronic Certificate Authority Center）。它是上海市政府投资的上海市唯一从事数字证书的签发和管理业务的权威性第三方认证中心。SHECA负责电子证书的申请、签发、制作、废止、认证和管理，提供网上身份认证、数字签名、电子公证、安全电子邮件等服务，承接电子商务系统集成、计算机网络安全、计算机安全服务等业务。SHECA经过国家批准并被列为信息产业部全国的示范工程，目前已经成为中国互联网络安全和信任服务的骨干。

自上海CA中心成立以来，全国已经有超过30家CA中心，目前规模较大的包括上海CA中心(SHECA)、中国金融认证中心(China Financial Certification Authority，CFCA)、中国电信在长沙启动的电信(CTCA)及包括其他部委和地方性的CA中心(如北京市电子商务认证中心、天津市电子商务认证中心等)，甚至还包括德达创新和天威诚信等纯粹的民间CA中心。

中国金融认证中心是由中国人民银行牵头，联合中国工商银行、中国农业银行、中国银行、中国建设银行、交通银行、招商银行、中信实业银行等14家商业银行共同建立的国家级权威金融认证机构，专门负责为金融业的各种认证需求提供证书服务，包括电子商务、网上银行、网上证券交易、支付系统和管理信息系统等，为参与网上交易的各方提供安全的基础，建立彼此信任的机制。

中国金融认证中心的突出特点是其金融特色，其CFCA证书已实现了不同银行之间、银行与客户之间信任关系的连接与传递，为全面解决网上安全支付提供了有力支持。目前，CFCA证书已实现了网上银行业务的跨行身份认证，用户只需有一张CFCA证书，即可在多个银行的网银系统中进行身份鉴别。将来，使用一张CFCA证书即可进行网上跨行查询、转账、支付等业务，这将极大地促进网上银行和电子商务支付业务的蓬勃发展。

目前，我国的CA建设还处于一个起步阶段，没有完整的统筹和协调，CA的发展还是各自为政，独立发展的混乱局面，没有建立一个政策上固定的全国性CA。这不仅是基础设施的浪费，也给电子商务中的身份认证带来了一系列问题，如交叉认证互不兼容等。因此，随着电子商务的不断发展，有必要建立一个国家级的电子商务认证中心，联系政府部门的网络安全认证中心以及各行各业的认证机构，形成一个完整的认证体系。

7.5 电子商务安全技术协议

目前的安全电子交易协议主要有两种，即安全套接层(SSL)协议和安全电子交易(SET)协议。

7.5.1 SSL协议

安全套接层(Secure Sockets Layer)协议由Netscape公司设计开发的基于Web应用的安全协议，主要用于提高应用程序之间数据的安全性。该安全协议主要提供对用户和服务器的认证，对传送的数据进行加密，确保数据在传送中不被篡改，能使客户与服务器之间的通信不被攻击者窃听。

1. SSL协议规范

SSL协议由SSL记录协议和SSL握手协议两部分组成。

知识链接

SSL 握手

安全套接字层(SSL)协议使用公共密钥和对称密钥加密的组合。对称密钥加密比公钥加密更快；但是，公钥加密提供了更好的身份验证方法。SSL 会话开始进行交换消息称为 SSL 握手。

握手允许服务器通过使用公钥技术对客户端进行身份验证，并允许客户端和服务器能够共同协作来创建用于快速加密、解密和遵循在会话期间的篡改检测的对称密钥。(可选)握手还允许客户端向服务器验证自己的身份。

资料来源：http://support.microsoft.com/kb/257591/zh-cn

1) SSL 记录协议

SSL 记录协议定义了信息传输的格式。在 SSL 协议中，所有的传输数据都被封装在记录中，记录是由记录头和记录数据组成的。所有的 SSL 通信包括握手消息、安全记录和应用数据都使用 SSL 记录层。

2) SSL 握手协议

SSL 握手协议包含两个阶段，第一个阶段用于建立私密性通信信道，第二个阶段用于客户认证。

第一阶段是通信的初始化阶段，首先 SSL 要求服务器向浏览器出示数字证书。通过内置的一些基础公共密钥，客户的浏览器可以判断服务器证书正确与否。然后，浏览器中的 SSL 软件发给服务器一个随机产生的传输密钥，此密钥由已验证过的公钥加密。由于传输密钥只能由对应的私有密钥来解密，这证实了该服务器属于一个认证过的公司。随机产生的传输密钥是核心机密，只有客户的浏览器和此公司的 Web 服务器知道这个数字序列。这个两方共享密钥的密文可以通过浏览器安全地抵达 Web 服务器，Internet 上的其他人无法解开它。

第二阶段的主要任务是对客户进行认证，此时服务器已经被认证了。服务器方向客户发出认证请求消息，客户收到服务器方的认证请求消息后，发出自己的证书，并且监听对方回送的认证结果，而当服务器收到客户的证书后，给客户回送认证成功消息，否则返回错误消息，到此为止，握手协议全部结束。

在接下来的通信中，SSL 采用协商好的传输密钥来保证数据的保密性和完整性，这就是 SSL 提供的安全连接，这时客户需要确认订购并输入信用卡号码，SSL 保证信用卡号码及其他信息只会被此公司获取，客户还可以打印屏幕上显示的已经被授权的订单，这样就可以得到这次交易的书面证据。大多数在线商店在得到客户的信用卡号码后出示收到的凭据，这是客户已付款的有效证据，至此，一个完整的 SSL 交易过程结束。

2. SSL 提供的安全服务

SSL 协议建立在传输层协议之上，与应用层协议无关。它在应用层协议通信之前就已经完成加密算法、通信密钥的协商及服务器认证工作。高层的应用层协议可以透明地建立于 SSL 协议之上。应用层协议所传送的数据都会被加密，从而保证通信的私密性。

1) SSL 协议的功能

(1) 信息加密。SSL 协议采用的加密技术既有对称加密技术，也有非对称加密技术。

具体来说，客户端与服务器在进行数据交换之前，只交换 SSL 握手信息，在 SSL 握手信息中采用了各种加密技术对其加密，以保证数据的机密性和完整性，并且使用数字证书进行认证。

（2）信息完整性。SSL 协议提供了信息完整性服务，以建立客户端与服务器之间的安全通道，使所有经过 SSL 协议处理的业务能准确无误地到达目的地。

（3）身份认证。客户端和服务器都有各自的识别号，这些识别号由公开密钥进行编号。为了验证用户是否合法，SSL 协议要求在握手交换数据前进行认证，以此来确保用户的合法性。SSL 协议坚持对服务器进行身份认证，还可选择性地对客户端进行认证。

2）SSL 协议的优点

（1）机密性。在初始握手阶段，双方建立对称密钥后，信息即用该密钥进行加密。

（2）完整性。在信息中嵌入消息认证码 MAC 来保证信息的完整性，常用安全 Hash 函数（如 SHA(Secure Hash Algorithm)和 MD5(Message Digest Algorithm)）来计算消息认证码 MAC。

（3）身份认证。在握手阶段，客户端使用公开密钥对服务器进行身份认证。

3）SSL 协议的局限性

SSL 当初并不是为支持电子商务而设计的，所以在电子商务系统的应用中还存在很多弊端。从 SSL 协议的执行过程及其功能可以看出，SSL 协议运行的基础是电子商务企业对消费者信息保密的承诺，这就有利于电子商务企业而不利于消费者。在电子商务初级阶段，出于运作电子商务的企业大多是信誉较高的大公司，因此这问题还没有充分暴露出来。但是随着电子商务的发展，各中小型公司也参与电子商务活动，这样在电子支付过程中进行单一认证的问题就越来越突出。

出于 SSL 协议只是简单地在双方之间建立了一条安全通道，在涉及多方的电子交易中，只能提供交易中客户端服务器之间的双方认证。而电子商务往往是用户、网站、银行三方协作完成，SSL 协议并不能协调各方之间的安全传输和信任关系；另外，SSL 协议不能防止心术不正的商家进行欺诈活动，因为该商家掌握了客户的信用卡号。SSL 协议的最大不足之处在于，其不对应用层的消息进行数字签名，不能提供交易的不可否认性。鉴于此，网景公司在从 Communicator 4.04 版开始的所有浏览器中引入了一种被称作"表单签名(Form Signing)"的功能，在电子商务中可利用这一功能来对包含购买者的订购信息和付款指令的表单进行数字签名，从而保证交易信息的不可否认性。

在 Internet 上，经常会出现一些陌生的店铺，正因如此，网上商店发生欺诈行为的可能性要比街头店铺大得多。进一步说，即使是一个诚实的网上商店，在收到客户的信用卡号码后如果没有采用好的方法保证其安全性，那么信用卡号也很容易被黑客通过商家服务器窃取。因此，为了实现更加完善的电子交易，MasterCard 和 Visa 及其他一些业界厂商制定并发布了 SET 协议。

7.5.2 SET 协议

SET(安全电子交易协议)向基于信用卡进行电子化交易的应用提供了实现安全措施的规则。它是由 Visa 国际组织和 Master card 组织共同制定的一个能保证通过开放网络进行安全资金支付的技术标准。由于设计较为合理，得到了诸如微软公司、IBM 公司、Netscape 公司等大公司的支持，已成为事实上的工业标准。

1. SET 协议中的角色

在基于 SET 的电子商务交易系统中，主要包括以下参与者：持卡者、网上商家、发卡银行、收单银行和支付网关，以及 CA 认证中心。

（1）持卡者，是指使用付款卡在网络上实现支付的用户，在电子商务的环境中，持卡人（即消费者或采购人）通常是利用 PC 与浏览器访问商户的 Web 商场来选购商品的。要在安全电子商务环境中进行付款操作，还必须安装一套符合 SET 标准的钱包软件，从发卡银行获取一张信用卡/银行卡，从电子身份认证机构获取一张数字证书。

（2）网上商家，是指在网络上提供商品销售服务的服务提供者。必须安装一套符合 SET 标准的商户软件，在收款银行有自己的收款账户，从电子身份认证机构获取一张数字证书。

（3）支付网关，实现对支付信息从 Internet 到银行内部网络的转换，并对商家和持卡者进行认证。必须安装一套符合 SET 标准的网关软件，与收款银行交易处理主机建立符合 ISO 8583 消息格式的通信，从电子身份认证机构获取一张数字证书。

知识链接

ISO 8583 包简介

金融行业普遍采用 ISO 8583 报文协议来传递交易数据和信息。

ISO 8583 包（简称 8583 包）是一个国际标准的包格式，最多由 128 个字段域组成，每个域都有统一的规定，并有定长与变长之分。8583 包前面一段为位图 Bitmap，用来确定包的字段域组成情况。

位图是 8583 包的灵魂，它是打包解包确定字段域的关键，而了解每个字段域的属性则是填写数据的基础。交易双方在发送信息时，需将 ISO 8583 包的相关字段填入数值，并在 Bitmap 中设置发送字段相应的位，封装后再将数据转换成二进制码流后从发送模块进行发送。接收时，也是根据 Bitmap 中相应字段位置来依此取出封装数据。

交易报文遵循 ISO 8583 报文格式（编码为 ASCII）。对于所有报文，前面是 4 个字节的报文长度字段，类型为 N4。后面跟报文体。

资料来源：胡艳，郑路．浅谈 ISO 8583 协议数据加密和网络安全传输技术[J]．信息通信，2012(1)

（4）发卡银行，是指发行信用卡给持卡者的金融机构，并在持卡者申请 SET 数字证书时对持卡者进行核实，是授权与清算操作的主要参与方。

（5）收单银行，是指商家开立账号的金融机构，它在商家申请 SET 数字证书时对商家进行核实，也是授权与清算操作的主要参与方。

（6）CA 认证中心，是签发数字证书给持卡者、商家和支付网关，让持卡者、商家和支付网关之间通过数字证书进行认证。

2. SET 协议要达到的安全目标

SET 协议在安全性方面主要体现在以下 4 个方面。

（1）保证电子商务参与者信息的相互隔离，客户的资料加密或打包后通过商家到达银行，但是商家不能看到客户的账户和密码信息。

（2）保证信息在 Internet 上安全传输，防止数据被黑客或内部人员窃取。在实现 SET 的数据保密性时，报文数据通过使用随机生成的对称密钥加密，对称密钥又通过使用报文接收者的公开密钥加密，接收者使用其私有密钥解密数字信封得到对称密钥，并使用它解密报文数据。

（3）解决多方认证问题，不仅要对消费者的信用卡认证，而且要对在线商店的信誉程度认证，同时还有消费者、在线商店与银行间的认证。

（4）仿效 EDI 贸易的形式，规范协议和消息格式，促使不同厂家按照一定的规范开发软件，使其具有兼容性和互操作功能，并且可以运行在不同的硬件和操作系统平台上。

3．SET 协议的工作原理

SET 协议的支付流程分为以下 8 个步骤。

（1）持卡者向商家发出购买初始化请求，该消息中包括持卡者的信息和证书。

（2）商家接收到该请求后验证持卡人的身份，将商家和支付网关的有关信息和证书生成购买初始化响应消息，发给持卡者。

（3）持卡者接收到该响应消息后，验证商家和支付网关的身份，然后，持卡者利用自己的支付信息，生成购买请求信息，并发给商家。

（4）商家接收到购买请求后，连同自己的信息生成授权请求消息发给支付网关，请求支付网关授权该交易。

（5）支付网关接收到授权请求消息后，取出支付信息，通过银行内部网络连接收单行和发卡行，对该交易进行授权。授权完成后，支付网关产生授权响应消息发给商家。

（6）商家接收到授权响应消息，定期向支付网关发出转账请求消息，请求进行转账。

（7）支付网关接收到转账请求消息，通过银行内部网连接收单行和发卡行，将资金从持卡人账户转到商家账户中，然后向商家发出转账响应消息。

（8）商家接收到转账响应消息后，知道已经完成转账，然后产生购买响应消息，发送给持卡者，持卡者收到后，知道该交易已经完成。

4．安全协议的现状和展望

SSL 协议是国际上最早应用于电子商务的一种网络安全协议，在一些发达国家有许多网上商店至今仍然在使用。在美国几乎所有提供安全交易的在线网址都依靠 SSL 提供安全保证。在我国也有一些网上支付系统采用了 SSL 协议。几乎无人否认，SSL 在限制电子窃听方面很有效，但是，SSL 运行的基点是商家对客户信息保密的承诺，这是由于电子商务的开始阶段，参与电子商务的大都是一些大公司，信誉较高。随着参与电子商务的厂商迅速增加，对厂商的认证问题越来越突出，SSL 协议的缺点完全暴露出来，SSL 协议将逐渐被新的 SET 协议所取代。

SET 协议被称为电子商务商家免受欺骗的法宝，因此得到了许多电子商务软件厂商的支持，但是在国际上还处于试用阶段，并无成熟的应用，其原因有很多方面，SET 要求在银行网络、商家服务器、顾客的 PC 上安装相应的软件，还要求必须向各方发放数字证书，所有这些使得 SET 要比 SSL 昂贵得多，阻碍了 SET 的广泛发展。尽管如此，由于 SET 交易的低风险性以及各信用卡组织的支持，相信不远的将来 SET 将在基于 Internet 的电子支付中占据主导地位。

7.5.3 SSL 协议与 SET 协议比较

SET 协议是一个涉及多方的非实时报文交换协议，在基于 SET 协议的交易过程中必须严格遵守 SET 协议的规范，而且对于每一步操作，客户、在线商家、支付网关都要经过认证中心 CA 来验证通信主体的身份，这对于小型交易来说就显得过于复杂且费用较高。SET 协议仅仅是在交换双方之间建立了一条面向连通的安全通道，只能做到资料保密，且商家无法确定是谁填下了这份资料，所以 SET 协议只适用于普通安全级别的小型交易。SET 协议与 SSL 协议的唯一共同之处就是都采用了 RSA 公开密钥加密算法，其区别主要表现在以下几个方面。

（1）在安全保障上，SSL 协议与 SET 协议都采用了公钥加密机制、消息摘要等安全措施，不同的是 SSL 协议利用消息认证码 MAC 检测信息，在支付过程中由于缺乏相应的认证机制，只能保证信息传递的安全，而不能保证提供信息的主体的真实性，缺乏抗抵赖性功能。相比之下，SET 协议引入了较为完整的认证机制，具有抗抵赖性功能。

（2）就功能而言，SSL 是传输层协议，SET 是应用层及以上的协议，能更大范围内保证整个交易过程中的安全性和规范性。

（3）在加密机制上，SET 协议仅对网络传递的信息有选择性地进行加密，其速度较快，而 SSL 协议加密所有信息，其速度较慢。

（4）在开放性上，SSL 协议优于 SET 协议，这是因为大部分 Web 浏览器服务支持 SSL 协议，市场也根据其需求提供了广泛的相关产品与服务，普及性强。但 SET 协议操作复杂、运行速度慢，对交易各方要求较高，兼容性相对不足，市场较小。

（5）在身份认证要求方面，早期版本的 SSL 协议并没有提供商家身份认证机制，且不能实现多方认证，相比之下，SET 协议的安全要求较高，所有参与 SET 交易的成员（持卡人、商家、发卡行、收单行和支付网关）都必须申请数字证书进行身份认证。

（6）在安全性方面，SET 协议规范了整个电子商务活动流程，整个交易过程中的信息必须进行加密和严格的认证，最大限度地保证了商务性、服务性、协调性和集成性的特点。而 SSL 协议从对持卡人与商家端的信息交换进行加密保护，并不具备商务性、服务性、协调性和集成性。因此，SET 协议安全性高于 SSL 协议。

（7）在网络层协议位置方面，SSL 是基于传输层的通用安全协议，而 SET 协议位于应用层，对网络上其他各层也有涉及。

（8）在应用领域方面，SSL 协议主要是和 Web 应用一起工作，而 SET 协议是为信用卡交易提供安全。如果电子商务应用只是通过 Web 系统或是电子邮件，则可以不要 SET 协议但如果电子商务应用是一个涉及多方交易的过程，则使用 SET 协议会更安全、更通用些。

SSL 协议与 SET 协议比较见表 7-1。

表 7-1 SSL 协议与 SET 协议比较

协议	专用领域	优 点	缺 点
SSL	安全信息传输	资料保密性好	(1) 没有消费者对商家的认证； (2) 无法保证商家是该支付卡的特约商户，商家也无法保证消费者就是该信用卡的合法拥有者； (3) 跟银行清算问题没有解决； (4) 消费者无法对商家保密自己的信用卡信息
SET	要求严格遵守规范的大型交易系统	(1) 多方认证 (2) 实时性好 (3) 隐藏信用卡号，信息互相隔离	(1) 认证过于烦琐； (2) 消费者对商家提供的商品不满意时，责任问题无法落实； (3) 没有明确事务处理结束后，如何安全地保存或销毁相关数据； (4) 成本较高，必须使用电子钱包

综上所述，SSL 协议因其成本低廉、操作简便、占用空间小、运行速度快等优点被广泛地内置于 Web 浏览器之中，拥有较大的市场。仅从长远来看，SSL 协议所提供的安全服务保障性过于狭窄，无法满足未来人们对网上交易安全性的需要，而这正是 SET 协议的优势所在，它定义了交易各方的操作接口，提供更完善的信息保障服务。因此，未来技术的发展不是 SET 取代 SSL，更不是 SSL 代替 SET，而是两者之间的相互协作，取长补短，共同推动电子商务安全的发展。

本 章 小 结

电子商务安全的现状是不容乐观的，从而导致了电子商务的安全需求。本章主要阐述了电子商务安全问题及其安全需求、电子商务安全所涉及的主要技术和电子商务安全协议。加密技术主要包括对称密钥加密和非对称密钥加密技术。数字签名技术的实现基础就是非对称加密技术，它是实现交易安全的核心技术之一。数字时间戳技术能提供电子文件日期和时间信息的安全保护。数字证书提供了一种在 Internet 上验证用户身份的方式，它是由认证中心发行的。电子商务安全协议有 SSL 协议和 SET 协议。

案例分析

中国人寿 80 万保单泄密

中国人寿被曝有近 80 万在网络中介机构在线购买意外险的客户信息遭到泄露。涉及泄露信息的公司为成都众宜康健科技有限公司，该公司在网上代理销售中国人寿的意外险。

有客户发现，登录该公司相关网站后，在"自助查询"的页面可以看到有姓名、证件号码和保单号的查询选项，在"姓名"栏中比如输入"李"姓，会出现超过 5 万页的"李"姓的中国人寿投保人资料。

保单内容包括投保人、被保人姓名、性别、证件号码、证件类型、出生日期和手机号码,同时还显示关于险种名称、投保单号等详细资料。有网友曝出,在查询过程中发现该网站数据库中公开的中国人寿客户保单多达近80万页,涉及客户信息792 270条。

2013年2月27日晚间,中国人寿和成都众宜健康科技有限公司双双对发布公告确认泄密事件属实,并向受害者表示歉意,由此引发的保单信息安全问题也令市场感到担忧。

安全专家指出,我国首部个人信息保护国家标准《信息安全技术公共及商用服务信息系统个人信息保护指南》已于2013年2月1日起正式实施,按照标准要求,涉及此次信息泄露事件的客户可以直接起诉保险公司。

资料来源:http://news.xinhuanet.com/fortune/2013-02/28/c_124397410.html

思考:
(1) 商业网站如何保护客户信息?
(2) 商业网站泄露客户信息如何处罚?

复习思考题

一、填空题

(1) _____ 重要业务不要安排一个人单独管理,实行两人或多人相互制约的机制。

(2) _____ 任何人不得长期担任与交易安全有关的职务。

(3) _____ 明确规定只有网络管理员才可进行物理访问,只有网络管理员才可进行软件安装工作。

(4) 对称密钥加密技术中最具有代表性的算法是IBM公司提出的_____算法;非对称密钥加密技术的主要算法是_____。

(5) 设置防火墙的实质就是在企业内部网与外部网之间建立一个_____,检查网络服务请求分组是否合法,网络中传送的数据是否对网络的安全构成威胁。

二、名词解释

(1) 防火墙
(2) 加密
(3) 数字时间戳
(4) 数字证书
(5) 网络信息稽核制度

三、简答题

(1) 从整个电子商务系统着手分析电子商务的安全问题分类风险。
(2) 简述信息安全级别。
(3) 简述信息认证的目的。
(4) 简述SSL协议的功能。

(5) 试比较 SET 协议与 SSL 协议的主要区别。

四、论述题

(1) 建立一个完整的网络交易安全体系应该如何考虑？
(2) 试述认证中心主要功能。

五、实践题

从 http://www.sheca.com.cn 上申请个人 E-mail 证书，发送带有数字签名的 E-mail。

第 8 章 电子支付系统

电子商务中资金流的有机循环是现代贸易活动中不可缺少的部分。实现电子商务的全过程必然涉及网上资金的流转，建立有效的网上银行，实施安全的电子支付，这是电子商务发展的重要保障。电子支付要以计算机和通信技术为手段，通过网络系统以电子信息传递形式实现货币支付与资金流通。

本章知识结构框架

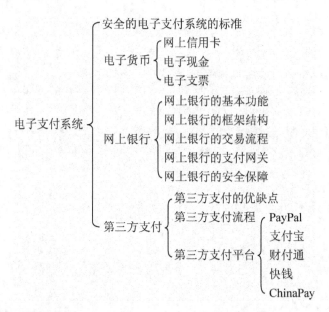

学习目标与要求

通过本章内容的课堂与实践教学，使学生了解电子支付的内涵及安全电子支付系统的标准，了解电子货币的原理及特征，了解网上银行的功能、框架、业务流程及安全措施，以及国内主要的第三方支付平台的运作及管理。

第8章　电子支付系统

引导案例

第三方网络支付平台——支付宝

支付宝服务于 2003 年 10 月在淘宝网推出，经过不断改进，其功能日趋完善。2004 年 12 月支付宝公司正式成立，借助阿里巴巴、淘宝网等品牌资源，为网络交易用户提供安全支付服务。目前，支付宝的使用范围已不仅仅限于阿里巴巴网站、淘宝网站，它已经成为向中国所有电子商务企业提供支付服务的平台。

1. 支付宝的特点

1) 安全

支付宝作为中国最大的第三方网络支付平台，采用"收货满意后，卖家才能拿钱"的支付规则，在流程上保证了交易的安全可靠；同时，支付宝拥有先进的反欺诈和风险监控系统，可以有效地降低交易风险。支付宝做出"你敢付，我敢赔"的服务承诺，只要在淘宝网使用支付宝进行交易，如出现欺诈等行为，支付宝一经核实，就会为会员提供全额赔偿，让消费者购物没有后顾之忧。

2) 方便

目前，共有数十万网上商店支持支付宝交易。卖家可以通过支付宝商家工具将商品信息发布到各个网站、论坛或即时沟通软件中，找到更多买家。还可以根据需要将支付宝按钮嵌入自己的网站、邮件中，简单方便地使用支付宝。支付宝提供的服务是多方面的，支付宝不仅能免费为用户监控交易过程，替买卖双方暂时保管货款，保证交易双方的资金和货物安全，而且还可以为买卖双方提供交易资金记录的查询和管理，为用户提供在银行账户和支付宝账户之间的资金划转服务。

3) 快捷

支付宝与国内各大银行建立了合作伙伴关系，支持国内外主要的银行卡，实现了与银行之间的无缝对接，交易双方使用原有银行账户就能利用支付宝完成交易。在交易过程中，支付宝用户可以实时跟踪资金和物流进展，快捷地处理收付款和发货业务。支付宝采用免费短信提醒业务，对交易双方来说，任何资金的变动都能立刻得到通知。支付宝公司有近 200 名专业服务人员，为用户提供每周 7 天、每天 24 小时全天候无间断服务，任何与支付宝相关的问题都能得到及时答复。

2. 支付宝集成

为了使支付宝会员更广泛、方便、快捷地利用支付宝进行交易，支付宝公司为商家开发了"支付宝按钮"，其作用是用 HTML 代码形式将"支付宝交易按钮"或者"支付宝交易链接"直接嵌入到用户的网页、电子邮件、聊天窗口中，方便地实现"支付宝交易"。这样，用户就可以将所创建的支付宝交易按钮通过网页、邮件或者聊天工具的方式传递给交易的对方，对方可以单击按钮或者以链接的方式进行支付宝交易。

资料来源：https://auth.alipay.com/login/index.htm

支付宝的诞生，极大地促进了网上交易的发展。电子商务的成功实现需要信息流、资金流和物流畅通，在互联网快速发展和物流基础设施不断完善的情况下，资金流的解决就成为电子商务发展的重点。电子商务的便捷性，尤其是支付的便捷性，较之传统商务成为吸引越来越多的商家和个人上网购物和消费的原动力。然而，如何通过电子支付安全地完成整个交易过程，又是人们在选择网上交易时必须面对且首要考虑的问题，安全方便的电子支付系统的建立是促进电子商务发展的重中之重。

8.1 电子支付系统概述

8.1.1 电子支付系统的内涵

电子支付系统是一个包括买卖双方、网络金融服务机构、网络认证中心以及网上支付工具和网上银行等各方组成的大系统。其中各种安全控制协议构成网上交易的可靠环境,而网上交易与支付的外部环境,则由国家及国际相关的法律法规来予以支撑。

网上支付系统的基础设施是金融电子化网络,流通的支付工具是各类电子货币,支付功能的实现要通过在线商用电子化工具以及互联网络中的交易信息来体现,网上支付的安全保证通过网络交易安全认证机构的全过程认证以及互联网络本身的防火墙、信息加密等安全技术来实现。

8.1.2 安全的电子支付系统的标准

(1) 应有足够的技术手段来保证数据(特别是信用卡号与付款金额)在传输途中不被非法截获,账户中的现金不被窃取。

(2) 应有足够的技术手段来验证传输数据的完整性,以防止交易方按照不完整数据来处理交易。

(3) 应有足够的技术手段来确认交易双方的身份,例如,商户要通过身份认证来确认付款人即信用卡的真正持卡人,客户要通过身份认证来确认自己选购商品的商店是具有合法身份的真实商店等。

(4) 应有足够的技术手段来保证交易各方对所做交易无法抵赖。

知识链接

电子支付的发展阶段

第一阶段:银行利用计算机处理银行之间的业务,办理结算。
第二阶段:银行计算机与其他机构计算机之间资金的结算,如代发工资等业务。
第三阶段:利用网络终端向客户提供各项银行服务,如自助银行。
第四阶段:利用银行销售终端向客户提供自动的扣款服务。
第五阶段:基于Internet的电子支付,它将第四阶段的电子支付系统与Internet整合,实现随时随地通过Internet进行直接转账结算,形成电子商务交易支付平台。

资料来源:http://baike.baidu.com/link? url=ueEdaDnB3tFAjviGomdbwq7OjrSWGnO8nw4BNn-5cqU00lQu9eqv_vn3J4xaWw2M

8.1.3 电子支付系统存在的主要问题

目前,有许多研究机构、相关组织和公司参与了电子支付系统的研究和开发,也已经有了各种各样的支付系统。每种系统都有各自的特点和优缺点,有些解决方案现在已经广为接受,有些方案目前还处于发展阶段,未来还不清楚。

当顾客来到一家商店的电子收款台时,商家期望能向顾客提供多种安全、方便和广为接受的支付方式,要找到最适合商家或企业的最佳支付方式,可以从若干种选择方案中挑选出其中一两种符合要求的解决方案。

总体来说,电子商务支付系统还存在以下问题。

(1) 安全问题。虽然计算机及网络专家们在网络安全问题上下了极大的工夫,采取了多种措施,但是安全仍然是电子商务支付中最关键、最重要的问题,它关系到电子交易各方的利益。

(2) 支付方式的统一问题。在电子支付中存在着若干支付方式,每一种方式都有其自身的特点,有时每种支付方式之间不能做到互相兼容,这样,当电子交易中的当事人采用不同的支付方式且这些支付方式又互不兼容时,双方就不可能通过电子支付的手段来完成款项支付,从而也就不能实现因特网上的交易。此外,就单种支付方式而言,也存在着标准不统一的问题,如智能卡的标准问题等。

 知识链接

电子支付的业务类型

电子支付的业务类型按电子支付指令发起方式分为网上支付、电话支付、移动支付、销售点终端交易、自动柜员机交易和其他电子支付。

1. 网上支付

网上支付是电子支付的一种形式。广义地讲,网上支付是以互联网为基础,利用银行所支持的某种数字金融工具,发生在购买者和销售者之间的金融交换,而实现从买者到金融机构、商家之间的在线货币支付、现金流转、资金清算、查询统计等过程,由此电子商务服务和其他服务提供金融支持。

2. 电话支付

电话支付是电子支付的一种线下实现形式,是指消费者使用电话(固定电话、手机、小灵通)或其他类似电话的终端设备,通过银行系统就能从个人银行账户里直接完成付款的方式。

3. 移动支付

移动支付是使用移动设备通过无线方式完成支付行为的一种新型的支付方式。移动支付所使用的移动终端可以是手机、PDA、移动 PC 等。

资料来源:http://baike.baidu.com/link? url = ueEdaDnB3tFAjviGomdbwq7OjrSWGnO8nw4BNn-5cqU00lQu9eqv_ vn3J4xaWw2M

8.2 电子货币

8.2.1 电子货币的概念与特征

1. 电子货币的基本概念

电子货币是以金融电子化网络为基础,以商用电子化器具和各类交易卡为媒介,以计算机技术和通信技术为手段，以电子数据形式存储在银行的计算机系统中，并通过计算机网络系统以电子信息传递形式实现流通和支付功能的货币。

也就是说，电子货币是一种以电子脉冲代替纸张进行资金传输和储存的信用货币。它们的本质在于消费者或者企业能够以在线方式提供信息来转换为货币或者进行资金的转移。

电子货币是在传统货币基础上发展起来的，与传统货币在本质、职能及作用等方面存在着许多共同之处。例如，电子货币与传统货币的本质都是固定充当一般等价物的特殊商品，这种特殊商品体现在一定的社会生产关系。两者同时具有价值尺度、流通手段、支付手段、储藏手段和世界货币五种职能。它们对商品价值都有反映作用，对商品交换都有媒介作用，对商品流通都有调节作用。

电子货币与传统货币相比，两者的产生背景不同，如社会背景、经济条件和科技水平等，其表现形式为，电子货币是用电子脉冲代替纸张传输和显示资金的，通过微机处理和存储，没有传统货币的大小、重量和印记，传统货币是国家发行并强制流通的，而电子货币是由银行发行的，其使用只能宣传引导，不能强迫命令，并且在使用中要借助法定货币去反映和实现商品的价值，结清商品生产者之间的债权和债务关系。

电子货币最大的问题是安全问题。电子货币与纸币一样都是没有价值的，而且多数情况下连纸币所具有的实物形式也没有，一切都是凭着计算机里的记录。那么，一旦相关系统由于本身故障，或遭人恶意破坏而造成数据错误，后果将是很严重的。

2. 电子货币的特征

（1）传统货币以实物的形式存在，而且形式比较单一，而电子货币则不同，它是一种电子符号，其存在形式随处理的媒体而不断变化，例如，在磁盘中存储时是磁介质，在网络中传播时是电磁波或光波，在CPU处理器中是电脉冲等。

（2）电子货币的流通以相关的设备正常运行为前提，新的技术和设备也引发了电子货币新的业务形式的出现。

（3）电子货币的安全性不是依靠普通的防伪技术，而是通过用户密码、软硬件加解密系统以及路由器等网络设备的安全保护功能来实现的。

3. 电子货币的分类

（1）信用卡系统。信用卡是目前应用最为广泛的电子货币，它要求在线连接使用。信用卡、银行卡支付是金融服务的常见方式，可在商场、饭店及其他场所中使用。银行发行最多的是信用卡，它可采用联网设备在线刷卡记账、POS结账、ATM提取现金等方式进行支付。电子商务中更先进的方式是在Internet环境下通过SET协议进行网络直接支付，具体方式是用户网上发送信用卡号和密码，加密发送到银行进行支付。当然支付过程中要进行用户、商家及付款要求的合法性验证。

（2）电子现金系统。电子现金是一种数字化形式的现金货币，其发行方式包括存储型的预付卡和纯电子系统形式的用户号码数据文件等形式。电子现金的主要好处就是它可以提高支付效率，方便用户。

（3）电子支票系统。电子支票系统通过自动化银行系统剔除纸面支票，进行资金传输。例如，通过银行专用网络系统进行一定范围内普通费用的支付；通过跨省市的电子汇兑与清算，实现全国范围的资金传输；世界各地银行之间的资金传输。

 知识链接

虚 拟 货 币

虚拟货币是指非真实的货币。知名的虚拟货币如百度公司的百度币、腾讯公司的Q币、Q点、盛大公司的点券，新浪推出的微币（用于微游戏、新浪读书等）、侠义元宝（用于侠义道游戏）、纹银（用于碧雪情天游戏），天地银行荣誉出品的冥币，2013年流行的数字货币，有比特币、莱特币、无限币、夸克币、泽塔币、烧烤币、便士币（外网）、隐形金条、红币、质数币。目前全世界发行有上百种数字货币。国内流行"比特金、莱特银、无限铜、便士铝"的传说。

网络虚拟货币大致可以分为以下几类。

（1）大家熟悉的游戏币。在单机游戏时代，主角靠打倒敌人、进赌馆赢钱等方式积累货币，用这些购买草药和装备，但只能在自己的游戏机里使用。那时，玩家之间没有"市场"。自从互联网建立起门户和社区、实现游戏联网以来，虚拟货币便有了"金融市场"，玩家之间可以交易游戏币。

（2）门户网站或者即时通信工具服务商发行的专用货币，用于购买本网站内的服务。使用最广泛的当属腾讯公司的Q币，可用来购买会员资格、QQ秀等增值服务。

（3）联网上的虚拟货币，如比特币（BTC）、莱特货币（LTC）等，比特币是一种由开源的P2P软件产生的电子货币，也有人将比特币意译为"比特金"，是一种网络虚拟货币。主要用于互联网金融投资，也可以作为新式货币直接用于生活中使用。

资料来源：http://baike.baidu.com/link?url=sbdMsUHxg48tWIUiumKRfD6RbpJKcsmlOQOMRXhpymrzzXBsgRIH0L_ozn9g1T_8

8.2.2 网上信用卡

1. 信用卡的定义

信用卡是银行或专门的发行公司发给消费者使用的一种信用凭证，是一种把支付与信贷两项银行基本功能融为一体的业务。

银行或发卡机构通过征信，规定一定的信用额度，发给资信情况较好的企业和有稳定收入的消费者，持卡人就可以凭卡到指定的银行机构存取现金，到指定的特约商户消费，受理信用卡的商户将持卡消费者签出的记账单送交银行或发卡机构，由银行或发卡机构向持卡人收账。

信用卡最大的特点是同时具备信贷与支付两种功能，持卡人可以不用现金，凭信用卡购买商品和享受服务，由于其支付的款项是发卡机构垫付的，银行便对持卡人发生了贷款关系。

这种结算方式对卖方具有加速商品推销及流通的优点；对买方则有先消费后付款、避免携带大量现金的优点；而对于信用卡发行机构，则可收取手续费，发放贷款取得利息，扩大资金的周转，可以说具有惠及三方的优越性。

2. 信用卡的分类

（1）按卡的信用性质和功能不同分为借记卡（Debit Card）和贷记卡（Credit Card）。

(2) 按发卡机构的性质不同分为金融卡和非金融卡。
(3) 按持卡人信誉或社会经济地位不同分为金卡、银卡、普通卡。
(4) 按发卡对象不同分为个人卡和公司卡。
(5) 按流通范围不同分为国际卡和地区卡。

3. 信用卡的基本功能

(1) 转账结算功能。信用卡持有者在指定的商场、饭店购物消费之后，无须以现金货币支付款项，而只需要递交信用卡进行转账结算。

(2) 储蓄功能。信用卡可以在相当广泛的范围内，在发行信用卡的银行所指定的储蓄网点办理存款手续。

(3) 汇兑的功能。当信用卡持有者外出旅游、购物或出差，需要在外地支取现金时，可以持卡在当地发卡银行的储蓄所办理存款手续，然后持卡在汇入地发卡银行储蓄所（或联营银行储蓄所）办理取款手续。

(4) 消费贷款的功能。对于有信用的顾客，在其购物消费过程中，所支付的货物与服务费用超过其信用卡存款账户余额时，在规定的限额范围之内发卡银行允许持卡人进行短期的透支行为。在透支时要支付银行透支利息，且利率较高，因此消费信贷也是信用卡业务的主要收入来源之一。

4. 信用卡型电子货币迅速发展的原因

信用卡型电子货币是目前互联网上支付工具中使用积极性最高、发展速度最快的一种。

用信用卡进行支付时，买方在卖方的现场提交自己的信用卡并签名，卖方将买方的信用卡号和购买金额等信息传递到发卡机构。此后，发卡机构代替买方将购物金额垫付给卖方，这样就清偿了买卖双方之间的债权债务，完成了支付，而实际上，买方与发卡机构之间尚遗留有清算该垫付款的问题，不过这并不涉及买卖双方之间的债权债务处理。信用卡型电子货币迅速发展具有以下原因。

(1) 用信用卡结算，买卖双方之间仅仅需要提交信用卡号等简单信息，即可完成结算的必要手续，如果安全问题另当别论，信息的电子方式传递非常容易实现，这也是信用卡型电子货币项目先行推进的最大原因。

(2) 要实现在计算机网络空间进行商业活动的必要条件是必须具备在素不相识的交易对象之间可以使用的，能够即时支付购物款的结算方法。站在商家的立场上，假如不能保证确实收回货款，就不会对客户毫无顾忌地提供商品或信息。在使用信用卡结算时，处于商家和顾客之间的信用卡发行机构能保证对购物款的支付，则商家就能放心地即时满足顾客的购物要求。信用卡从诞生之日起，就不涉及实体现金的授受，是为了实现对素不相识或没有信赖关系的商家支付款项而开发的结算方式，这样交易双方既可以素不相识无信赖关系，又可以非现金支付，对于虚拟空间开展的电子商务而言，是最适合不过的结算方法了。

基于 SET 协议的网上信用卡支付系统的支付流程已在第 7 章进行分析，此处不再赘述。

8.2.3 电子现金

电子现金，即数字现金，它是以数字化形式存在的现金货币。在网上付款方式中，电子现金可能是最主要的取代纸钞的付款方式，也是最接近实体现金的电子货币，一旦得到普及，则对国家的货币体系影响也最大。它的主要好处就是可以提高效率，方便用户使用。

1. 电子现金的特征

在现有的电子现金系统中，各系统依各自的特色来吸引消费者，原则上，电子现金系统必须具备以下共同的特性。

（1）为了维护交易的公平性及安全性，电子现金必须具有不易被复制或被篡改的特性，避免不法的行为发生，以维护商店及消费者的权益，由于 Internet 的无国界性，对于可能在不同国度同时进行电子现金的重复使用的问题，更是电子现金系统必须加以特别关注的问题。

（2）要有安全可靠的载体，为了加强电子现金不宜被复制或篡改的特性，电子现金必须储存于安全性较高的装置中，如智能卡等安全设备。

（3）电子现金系统必须具备存款和提款的功能，使用者可经由使用电话或个人通信设备，进行远程的存提款，以方便日后进行电子现金交易。

（4）电子现金必须具备货币价值，所以，电子现金必须具有传统的货币、银行信用认证或银行本票的支持，以代表电子现金所具有的实际货币价值。

（5）电子现金必须具备相通性，以便得以和其他电子现金、货币、银行存款、银行本票等付款方式相互交易。

（6）电子现金必须具有防止诬陷的特性和防止被盗用的特性，以防止不法之徒恶意破坏，保障合法消费者的权益。

（7）电子现金的使用与银行账户间不存在任何关联性，具备较高的匿名性，因此，使用者不用担心个人的消费行为会被泄露，可以自由地利用电子现金来进行任何消费。

按其载体来分，电子现金主要包括两类：一类是币值存储在 IC 卡片上，另一类是以数据文件的形式存储在计算机的硬盘上。近几年，许多国家和组织对电子现金进行了研究，包括电子现金的技术安全性、电子现金对货币政策的影响以及对它的合理监管等多个方面，并且已经开发出了多种应用。

2. E-Cash：网络型电子货币

E-Cash 是由荷兰阿姆斯特丹的 DigiCash 公司开发的在线交易用的数字货币。E-Cash 是将遵循一定规则排列的一定长度的数字串，即一种电子化的数字信息块，作为代表现金信息的电子化手段。

例如，99005099 可用来代表 50 元人民币现钞，99010099 可用来代表 100 元人民币现钞，如果在某台计算机硬盘中存储了 5 个"99005099"和 3 个"99010099"，就表示该硬盘合计存储了 550 元的电子现金。在电子现金用于支付时，只需将相当于支付金额的若干个信息块综合之后，用电子化方法传递给债权人一方，即可完成支付。

1) E-Cash 的使用流程(图 8.1)

(1) 将存款兑换成 E 现金。买方在数字现金发行银行建立一个账号,将足够的资金存入该账户,然后用账户中的部分资金来兑换电子现金,使用计算机数字现金终端软件,取出一定数量的电子现金存在自己的计算机硬盘上。

(2) 用 E 现金支付。买方与同意接收数字现金的卖方签订交易合同,用卖方的公钥加密数字现金后,传送给卖方,用于支付货款。

(3) 返回银行。接收数字现金的卖方将数字现金送回银行,与银行进行清算。

(4) 对返回的现金进行审查。由于电子现金是以数字串排列为特征的数字化信息,它可以完全复制,复制后的数字串与原件完全一致,这样就难以确保电子现金稀缺性的特点。因此,银行在发行 E 现金使用了数字签名和序列号,当卖方将数字现金传给银行时,银行要验证买方支付的数字现金是否有效,这样就保证了 E-Cash 的稀缺性。但是,正因为 E 现金支付时必须与银行联系,使得它与完全可以分散处理和脱线处理的支付手段现金货币仍有一段距离,还不能说可以完全模拟实体现金货币。

(5) 增加商家账户的存款额。对 E 现金确认无误后,银行会将相当于买方支付的电子现金等额的款项存进商家的账户。

(6) 商家发送商品。商家向买方发送订单确认信息,并实施送货任务。

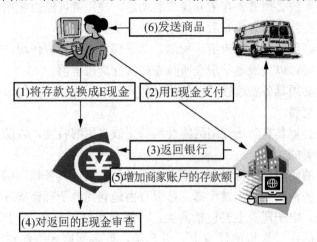

图 8.1　E-Cash 的使用流程

2) E-Cash 支付的特点

(1) 银行与卖方之间应有协议和授权关系。

(2) 买方、卖方和数字现金银行都需要使用数字现金软件。

(3) 因为 E-Cash 可以申请到非常小的面额,所以可用于小额交易。

(4) E-Cash 银行在发行数字现金时使用了数字签名,卖方在每次交易中将数字现金传送给银行,由银行验证 E-Cash 的有效性,保证稀缺性。

(5) 具有现金的一些特点,可以存、取、转让。

(6) 比较安全。买卖双方都无法伪造银行的数字签名,并且双方都可以通过银行的公共密钥验证支付的有效性,卖方由于拥有合法的货币避免了银行拒绝兑现,买方避免了隐私权受到侵犯。

(7) E-Cash 与普通的钞票一样会丢失，如果买方的硬盘出现故障，并且没有备份的话，数字现金就会丢失，就像丢失钞票一样。

3) E-Cash 存在的问题

(1) 成本较高。对于软件和硬件的技术要求都较高，需要一个大型的数据库存储用户完成的交易和数字现金序列号以防止重复消费。

(2) 风险较大。如果某个硬盘损坏，数字现金丢失，钱就无法恢复，这个风险许多消费者都不愿意承担。

(3) 存在货币兑换问题。由于电子货币仍以传统的货币体系为基础，因此各国银行只能以各国本币的形式发行数字现金，因此，从事跨国贸易要使用 E-Cash 结算，必须要使用特殊的兑换软件。

3. Mondex 现金："IC 卡型电子货币"

Mondex 于 1995 年 7 月首先在英国的斯温顿市试用，它的结构不像 E-Cash 在微机的硬盘中根据需要的数量存储相当于一定现钞金额的电子信息块，而是在 IC 卡中保存货币价值的金额，并且该金额是以二进制数字形式存储的。

IC 卡(Integrated Circuit Card，集成电路卡)，又叫智能卡(Smart Card)，在塑料卡片上安装嵌入式微型控制器芯片，电子货币本身保管在 IC 卡的存储器中。

Mondex 使用 IC 卡作为货币价值的计数器，即可以将 Mondex 的 IC 卡看成记录货币余额的账簿。从卡内支出价值或是向卡内再存入价值时，通过改写卡内的余额记录进行处理。因此，就这一点而言，可以说 Mondex 类似于存款货币，Mondex 的专用 IC 卡相当于存款账户。

为了对卡内记录的货币余额进行转移，采用了以下相应的技术手段。

(1) 在商店购物时，商店配备专用终端机。

(2) 个人之间当面支付时，使用名为"Mondex 钱包"的设备。

(3) 个人之间远距离支付时，使用联网的专用电话机。

(4) 网上支付时，通过安装在 PC 上的读卡机。

在两个合法的 Mondex 卡之间转移货币(支付)时，一方的余额减少，另一方的余额只增加相同金额，不可能有非正当的增额出现，确保了货币余额的稀缺性。而且，使用 Mondex 结算，只需在同类的 IC 卡之间进行，无须与银行等 Mondex 发行主体取得任何联系，因此，实现了作为现金通货特征的分散处理和脱线处理。Mondex 卡一旦遗失或被盗，卡内的金钱价值不能重新发行，也就是说，持卡人必须负起管理上的责任，有的卡如被别人拾到照样能用，但有的卡有持卡人的姓名和密码锁定功能，只有持卡人才能使用，比现金更安全一些。

智 能 卡

IC 卡在有些国家也称之为智能卡、智慧卡、微芯片卡等。将一个专用的集成电路芯片镶嵌于符合

ISO 7816 标准的 PVC(或 ABS 等)塑料基片中,封装成外形与磁卡类似的卡片形式,即制成一张 IC 卡。当然也可以封装成纽扣、钥匙、饰物等特殊形状。

IC 卡的最初设想是由日本人提出来的。1969 年 12 月,日本的有村国孝(KunitakaArimura)提出一种制造安全可靠的信用卡方法,并于 1970 年获得专利,那时叫 ID 卡(Identification Card)。1974 年,法国的罗兰·莫雷诺(RolandMoreno)发明了带集成电路芯片的塑料卡片,并取得了专利权,这就是早期的 IC 卡。1976 年法国布尔(Bull)公司研制出世界第一枚 IC 卡。1984 年,法国的 PTT(Posts Telegraphs and Telephones)将 IC 卡用于电话卡,由于 IC 卡良好的安全性和可靠性,获得了意想不到的成功。随后,国际标准化组织(International Standardization Organization,ISO)与国际电工委员会(International Electrotechnical Commission,IEC)的联合技术委员会为之制定了一系列的国际标准与规范,极大地推动了 IC 卡的研究和发展。

IC 卡较之以往的识别卡,具有以下特点:一是可靠性高,IC 卡具有防磁、防静电、防机械损坏和防化学破坏等能力,信息可保存 100 年以上,读写次数在 10 万次以上,至少可用 10 年;二是安全性好;三是存储容量大;四是类型多。从全球范围看,现在 IC 卡的应用范围已不再局限于早期的通信领域,而广泛地应用于金融财务、社会保险、交通旅游、医疗卫生、政府行政、商品零售、休闲娱乐、学校管理及其他领域。

资料来源:http://baike.baidu.com/view/30512.htm? fr=aladdin

4. 两种电子现金的比较

1) 安全性

IC 卡有两大特点:其一,不易被篡改,即 IC 卡内存储器中保存的内容无论是读取还是改写在物理上极难实现,这与微机硬盘保存的内容可以简单地读取和改写相比,显然,IC 卡型电子货币的安全水平高;其二,IC 卡嵌入式的微处理器比微机的计算功能差,计算机的计算能力的高低,决定了可以应用密码技术水平的高低,因此,使用 IC 卡难以应用高强度密码,达到高度的逻辑安全性,显然,在这一点上,网络型电子货币的安全水平高。

2) 普及的可能性

IC 卡与微机相比,携带方便,在实体空间普通的商店或自动售货机上均可方便地使用,这一点利于普及;但另一方面,IC 卡的读出与写入必须使用专用设备,这又成为普及中的不利因素。再看 E-Cash,无须添加其他设备,只要微机与互联网连接即可使用,随着计算机的迅速普及,网络型电子货币被广泛利用的可能性是存在的。

8.2.4 电子支票

1. 电子支票的定义

传统上,当交易金额较多时,交易方普遍都会利用支票来付款,支票是银行活期存款户向银行开出的,从其账户给持票人或指定人的付款命令书。

将传统支票改为带有数字签名的电子报文,或利用其他数字电文代替传统支票的全部信息,就是电子支票。电子支票支付是存款户在自己的计算机上按照银行规定的格式发出付款要求数据,通过网络将数据传递给存款银行,银行在验证了其合法性后,按要求进行资金划转或电子汇兑清算,实现存款户的网上资金支付。

电子支票是付款人向收款人签发的、无条件的数字化支付指令,是一种纸质支票的电子替代品,它可以通过因特网或无线接入设备来完成传统支票的所有功能。

在纸质支票手写签名的地方,电子支票则使用能够自动审核和确认的数字签名来保证其真实性。其内容包括了在纸质支票上可以见到的信息,比如被支付方姓名、支付方账户信息、支付金额和日期等。由于电子支票为数字化信息,因此处理极为方便,处理的成本也比较低,速度极其迅速,大大缩短了支票的在途时间,使客户的在途资金损失减为零。电子支票采用公开密钥体系结构,可以实现支付的保密性、真实性、完整性和不可否认性,从而在很大程度上解决了传统支票中大量存在的伪造问题。

2. 电子支票的支付流程

电子支票的支付流程如图 8.2 所示。

(1) 付款人首先根据支票的要求产生一个电子支票,并对该支票进行签名。

(2) 付款人利用安全 E-mail 或 WWW 方式把电子支票传送给收款人,一般用收款人的公钥加密电子支票。

(3) 收款人收到该电子支票之后,用付款人的公钥确认付款人的数字签名,根据该支票写出一存款单,并签署该存款单,传给收款行。

(4) 收款人银行验证付款人签名和收款人签名,贷记收款人账号,以用于后面的支票清算。

(5) 付款人银行验证付款人签名,并借记付款人账号。

(6) 付款人银行和收款人银行通过传统银行网络进行清算。

(7) 将清算结果向付款人和收款人进行反馈。

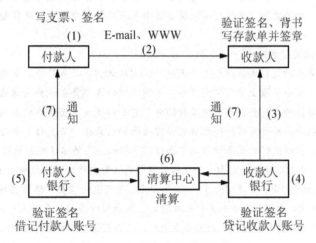

图 8.2 电子支票的支付流程

由于 Internet 的开放性带来的相应的安全风险问题和可靠性问题,电子支票必须满足网上支付的安全需求。在电子支票系统中使用安全认证可以实现身份识别,数字签名可以取代手写签名和签章来实现信息的完整性和不可抵赖性,加密解密技术能实现支票信息的保密性,由于电子支票系统采用公开密钥体制实现其加解密和数字签名,尽管用于加密和签名的算法很重要,但一般情况下算法是公开的,秘密全部寓于密钥中,所以密钥的管理尤为重要。此外，由于电子支票的数字签名是用签发人的私钥生成的，一旦私钥被窃取，任何人都可以签发和使用电子支票，系统必须确保签名私钥的安全性。所以，实现电子支票安全支付的关键是密钥管理和签名私钥的保护。

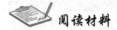
阅读材料

电子货币的法律问题

1. 关于电子货币的性质

对于电子货币是否构成货币的问题在学术界尚有争论。一般认为，对电子货币是否构成货币的一种，应当视具体情况个案处理。对于信用卡、储值卡类的初级电子货币，只能视为查询和转移银行存款的电子工具或者是对现存货币进行支付的电子化工具，并不能真正构成货币的一种。而类似计算机现金的现金模拟型电子货币，则是初步具备了流通货币的特征。但是，要真正成为流通货币的一种，现金模拟型电子货币还应当满足以下条件。

(1) 被广泛地接受为一种价值尺度和交换中介，而不是仅作为一种商品。

(2) 必须是不依赖于银行或发行机构信用的用于清偿债务的最终手段，接受给付的一方无须保有追索权。

(3) 自由流通，具有完全的可兑换性。

(4) 本身能够成为价值的保存手段，而不需要通过收集、清算、结算来实现其价值。

(5) 完全的不特定物，支付具有匿名性。

考察 Mondex 卡和电子现金，首先，它们的价值均是以既有的现金、存款为前提的，是其发行者将既有货币的价值电子化的产物。持有电子货币仅意味着持有者具有以其持有的电子货币向发行者兑换等价值现金或存款的权利。其次，根据货币法定的原则，电子货币要真正成为通货的一种，还需经一国立法的明示认可。所以，电子货币可被认为是以既有货币为基础的二次货币，还不能完全独立地作为通货的一种。

2. 关于电子货币的发行主体

当今各国在电子货币的发行主体问题上并无统一的解决方案，而是根据具体国情而定。美国和欧洲在发行电子货币的机构这一问题上持有不同立场，美国联邦储备委员会认为由非银行机构来发行电子货币应是允许的，因为非银行机构会由于开发及行销电子货币的高成本而使他们必须开发具有安全性的产品。美国并不认为非银行机构会对银行造成威胁，因为他们认为银行有良好的声誉，所以消费者较倾向于信赖由主要的当地银行所发行的电子货币而不会信赖一家新成立的非银行机构所发行的电子货币。

欧洲货币机构工作小组则认为只有由主管机构所监管的信贷机构才可发行电子货币。例如，欧洲货币基金组织（European Monetary Fund，EMF）于 1994 年 5 月公开发表的欧共体结算系统业务部提交的《关于预付卡的报告书》中指出：电子钱包发行者收取的资金应视为银行存款，原则上只允许金融机构发行电子钱包。欧盟成员德国在对"信用制度法"的修正案中规定：所有电子货币的发行均只能由银行开办。

在我国，对于信用卡，我国 1996 年 4 月 1 日起实行的《信用卡业务管理办法》中规定信用卡的发行者仅限于商业银行，对于信用卡之外的其他电子货币种类，我国尚无法律规定。就我国现状以及国情而言，发行电子货币的主体为中国人民银行或者中国人民银行委托的金融机构是比较可行的办法。理由有：第一，有助于政府对电子货币进行监控并根据电子货币研究和实践的发展及时调整其货币政策，并同时保证了支付系统的可靠性。第二，由于由中央银行发行的电子货币在信誉和可最终兑付性上比较可靠，对消费者而言就更容易接受并积极参与，从而推动电子货币的普及与发展。

资料来源：http://baike.baidu.com/subview/14897/11100863.htm?fr=aladdin

8.3 网上银行

电子商务的发展亟待网上银行业务的展开与完善,网上银行应运而生了。网上银行(Internet Bank)又称网络银行(Net Bank)、电子银行(Electronic Bank)、虚拟银行(Virtual Bank)、在线银行(Online Bank),它实际上是传统的银行业务在网上的延伸。这种新颖的网上银行几乎涵盖了现有银行金融业的全部业务,代表着整个银行金融业未来发展的方向。

8.3.1 网上银行概述

网上银行是指利用互联网技术向客户提供全方位的银行金融产品或金融服务。

1. 网上银行产生的动因

(1) 网上银行是资金流循环的需要。在网上首先运行的是信息流,信息流动必然带来物流的产生,而物流的交换又必须以支付活动为基础,因而产生网上资金流。信息流、物流和资金流相互沟通构成了"网上经济"。网上有了资金流的需求,也就需要网上银行,这也是网上银行产生的动力。

(2) 网上银行是电子商务发展的需要。电子商务活动中离不开货币资金的支付,诸多传统银行的业务都将在网上商务中呈现出来,因而电子商务亟待网上银行的发展,网上银行是电子商务活动中的参与者,它与买卖双方一样通过电子手段连接在网络中。它是买卖双方完成商务活动的服务机构,主要实现货币资金支付与清算两大功能,网上银行是电子商务发展的需要与保证。

(3) 网上银行是银行自身发展的需要。目前,传统的银行业务面临着银行业间竞争不断加剧、收益不断减少的局面。面对如此严峻的现实,银行只有扩大服务范围,提高服务质量,才能在激烈的竞争中立于不败之地。电子商务的崛起,给银行业带来了新的机遇,就银行业自身的生存和发展而言,尤其需要尽快地拓展网上银行服务,提升银行自身的内在潜力,因而,网上银行是银行业自身发展的需要。在中国,金融体制改革将使各家银行面临着空前的竞争,而电子商务的兴起同时也为银行提供了前所未有的机遇,网上银行是银行业的"未来之路"。

2. 网上银行的运作机制

网上银行运作机制主要包含两种:完全电子化的网上银行与兼顾传统业务的网上银行。

1) 完全电子化的网上银行

网上银行是完全依赖于Internet构建起来的电子银行,这类银行的所有业务交易都依靠互联网进行。1995年10月,美国在Internet上成立的全球第一家网上银行——安全第一网络银行(Security First Network Bank,SFNB)通过Internet网络提供全球范围的金融服务。尽管SFNB在亚特兰大有一个实际存在的办公室,但主要业务是在网上经营。这家网上银行向客户提供的是全新的服务手段,客户足不出户便可进行开户、存款、取款、转账、付款等业务。

2) 兼顾传统业务的网上银行

在传统银行基础上运用 Internet 开展银行业务交易处理服务，如家庭银行、企业银行等服务。在美国的前 50 多家银行中，大多数银行允许客户通过 WWW 访问它们的网址，查看账户信息，部分银行还提供在线存款业务，我国现有的商业银行都在网上实现了部分业务。

 阅读材料

美国安全第一网络银行(SFNB)

1994 年 4 月美国的三家银行联合在因特网上创建了美国第一联合国家银行，这是新型的网络银行，也称为美国安全第一网络银行(Security First Network Bank, SFNB)，是得到美国联邦银行管理机构批准，在因特网上提供银行金融服务的第一家银行，也是在因特网上提供大范围和多种银行服务的第一家银行。其前台业务在因特网上进行，其后台处理只集中在一个地点进行。该银行可以保证安全可靠地开办网络银行业务，业务处理速度快、服务质量高、服务范围极广。

1995 年 10 月美国第一联合国家银行在网络上开业。开业后的短短几个月，即有近千万人次上网浏览，给金融界带来极大震撼。于是更有若干银行立即紧跟其后，在网上开设银行。随即，此风潮逐渐蔓延全世界，网络银行走进了人们的生活。

1996 年初，美国安全第一网络银行在因特网上全面正式营业和开展银行金融服务，用户可以采用电子方式开出支票和支付账单，可以上网了解当前货币汇率和升值信息，而且由于该银行提供的是一种联机服务，因此用户的账户始终是平衡的。

1998 年 1 月，美国安全第一网络银行通过因特网为用户提供一种称为环球网(Web Invision)系统的服务。环球网系统是建设在美国安全第一网络银行 Pc Invision 之上的一种金融管理系统，利用该系统，用户能够通过因特网访问自己最新的账目信息，获取最近的商业报告或通过直接拨号实时访问资金状况和投资进展情况，不需要在用户端安装特殊的软件。环球网系统主要是面向小企业主和财会人员设计的。这些人可以利用环球网系统了解公司资金的最新情况，还可以利用环球网系统使用他们的电子邮件与美国安全第一网络银行联系，访问全国或地区性的各种经济状况和各种相关数据。

1998 年 10 月，在成功经营了 5 年之后，美国安全第一网络银行正式成为拥有 1 860 亿美元资产的加拿大皇家银行金融集团(Royal Bank Financial Group)旗下的全资子公司。从此 SFNB 获得了强大的资金支持，继续保持在纯网络银行领域内的领先地位。

资料来源：http://wiki.mbalib.com

8.3.2 网上银行的基本功能

网上银行既承担着传统商业银行的业务，也肩负着电子商务过程中的在线支付等服务功能。网上银行功能一般包括网上银行业务项目、网上银行商务服务和网上银行信息发布。

1. 网上商业银行业务

网上商业银行业务主要包括企业银行、个人银行、国际业务、信用卡业务、信贷业务及特色服务等。

(1) 企业银行。包括不同账户划转资金、核对账户，电子方式支付员工工资、账户信息的报表输出银行明细表、历史平均数表、打印显示各种报表、集团查看账户余额和历史业务情况等。

(2) 个人银行业务。包括网上开户、清户、账户余额查询、利息查询、电子转账、票据兑现等。

(3) 国际业务。包括经网上进行的资金汇入、汇出和境内外资金汇兑。

(4) 信用卡业务。包括网上信用卡申办、查询，向持卡人发送电子邮件、信用卡授权和清算，银行在网上对特约客户进行信用卡业务授权、清算等。

(5) 数字电子工具业务。提供数字现金、信用卡、电子支票、智能卡等支付方式。

(6) 信贷业务。个人和企业在网上查询贷款利率，申请贷款，银行根据以往记录决定放贷与否。

(7) 特色服务。常见的特色服务有提供消费信贷、免费下载金融商品和据此寻找潜在客户等。

2. 网上银行商务服务

网上银行商务服务包括投资理财、金融市场、政府服务等。银行通过网上投资理财服务，更好地体现以客户为中心的服务策略。投资理财可以有以下两种方式。

(1) 客户主动型服务。客户可以对自己的账户及交易信息、汇率、利率、股价、期货、金价、基金等理财信息进行查询，使用或下载银行的分析软件帮助分析，按自己需要进行处理，以满足客户的各种特殊需求。

(2) 银行主动型服务。银行可把客户服务作为一个时序过程，由专人跟踪进行理财分析，提供符合经济规律的投资理财建议和相关的金融服务。近十年来投资理财已成为美国发展最快的行业，如共同基金、养老金等。

3. 网上银行信息发布

包括国际市场外汇行情、储蓄利率、汇率国际金融信息、证券行情、银行信息等。

8.3.3 网上银行的框架结构

网上银行是一个有机的系统，整个网上银行系统包含 4 个部分：网上银行客户、Internet 接入、Web 服务、CA（Certificate Authority，证书授权）中心、交易网关、后台业务系统和系统管理。网上银行的框架结构如图 8.3 所示。

1. 网上银行客户

网上银行客户通过拨号、Internet 或其他方式和网上银行相连，向银行发出查询、支付、转账等交易指令，从而取得网上银行的各种交易和信息服务。网上银行客户可以分成两类：一是个人用户和小型企业，由于业务量和投入成本的原因，这类客户通过低成本的拨号访问 Internet 和网上银行相连，接口采用 HTTP 协议；二是电子商务中心和大型企业，由于这类客户的业务量大，愿意在网上银行做较多的投入，因此可以通过 DDN 或专用网等方式和网上银行连接。

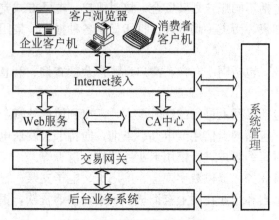

图 8.3 网上银行框架结构

2. Internet 接入

Internet 接入包括过滤路由器(或拨号访问服务器)、DNS 服务器、入口实时监测和防火墙系统等,保证能够为网上银行系统提供安全可靠的 Internet 接入服务,Internet 接入系统必须统一规划、统一管理,不管有几个出口,它都是一个统一管理的整体。

3. Web 服务

Web 服务是网上银行框架的主体所在,涉及外部 Web 服务器、网上银行 Web 服务器和网上银行数据库服务器。

(1) 网上银行 Web 服务器。负责提供银行查询、交易类服务,该系统存放机密性的信息,对安全的要求很高。可采用 IBM 的 Web Sphere 应用服务器和 Web 服务器作为主要的运行环境,为保证高可用性,可以考虑采用一组相同的服务器通过 Web Sphere Network Dispacher 实现负载平衡。

(2) 外部 Web 服务器。负责提供银行咨询类服务,供客户了解各种公共信息,如网上银行开户方法、个人理财建议、网上银行演示、网上银行热点安全问题解答与网上银行服务申请方法等。该系统上仅存放非机密性、非交易性或即使被窃取也不会带来太大损失的信息,对安全的要求并不是太高。

(3) 网上银行数据库服务器。这是一个通用的 UNIX 服务器,其上运行 Sybase 或 UDB 数据库服务器软件。该数据库上存放的数据包括网上银行客户开户信息(如个人综合账户所辖具体账户)、网上银行系统参数以及与 Internet 客户定制服务相关的信息、企业银行客户开户信息(如企业系统账户所辖具体账户)、企业银行系统设置参数,以及与企业用户定制服务相关信息。

4. CA 中心

信息安全的一个重要方面就是信息的不可否认性,为实现这一目的,就要求有一个网上各方都信任的机构来做身份认证,这个机构就是如前所述的认证机构(简称 CA)。通常 CA 都应具有证书的签发、证书的归档、证书的作废和证书的更新等基本功能。

证书分为 SSL(Secure Sockets Layer,安全套接层)证书和 SET(Secure Electronic

Transaction，安全电子交易协议)证书。通常，网上银行系统使用 SSL 证书，网上购物系统使用 SET 证书。需要配置一台 SSL 证书服务器，专门负责审核、发放和管理 SSL 证书。

5. 交易网关

网上银行的业务核心部件，包括网上银行交易网关系统和放在各个账户分行的网上银行前置机。

(1) 网上银行交易网关系统。用于向 Web 服务部分提供与业务系统通信的服务界面和接受客户的指令，并将客户指令送往相应账户分行的网上银行前置机。

(2) 网上银行前置机。根据交易类型的不同送往相应的后台业务系统进行数据处理，后台业务系统将处理结果回送给网上银行前置机，并由网上银行前置机将结果送达网上银行交易网关系统，再由网上银行交易网关系统将结果送交 Web 服务部分。

6. 后台业务系统

后台业务系统是指已建成或未来将建设的各种业务系统，如对公系统、储蓄系统、电子汇兑系统和信用卡系统等。

7. 系统管理

系统管理提供整个网上银行系统的管理控制，并负责处理网上客户的咨询等。主要包括系统管理控制台、客户服务代表工作站。

1) 系统管理控制台

系统管理工作站采用高档工作站，负责防火墙体系运作、系统与网络管理及 CA 系统管理工作。

2) 客户服务代表工作站

这是一台供银行客户服务代表使用的 PC，客户服务代表负责接收、解答网上银行客户的反馈意见、咨询和投诉等。网上银行系统的结构图如图 8.4 所示。

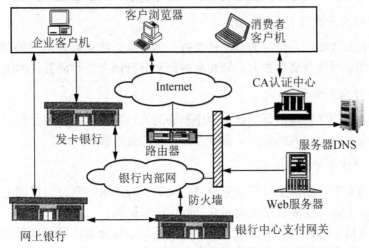

图 8.4 网上银行的体系结构

8.3.4 网上银行的交易流程

用户与网上银行的交易流程如图 8.5 所示。

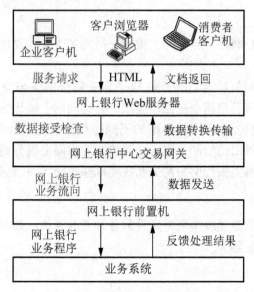

图 8.5 网上银行的交易流程

1. 网上银行服务请求

消费者、企业客户等通过客户浏览器在客户端以 HTTP 方式向网上银行 Web 服务器提出服务请求，并最终接收以 HTML 文档返回的数据。

2. 数据接收及检查

网上银行中心交易网关接收 Web 服务器发来的请求。对接收的数据进行检查，检查接收数据的每个数据项的数据类型是否合法，若不合理，转出错处理。

3. 网上银行业务去向

对经过检查的数据进行交易的合法性检查，若不是合法交易转出错处理，对于合法交易按交易代号和账号区分交易去向，转相应的账户分行网上银行前置机的银行业务程序。

4. 网上银行业务程序

网上银行业务程序整理出每笔业务程序所需的入口参数，对入口参数进一步检查，若出错转出错处理，否则，调用相应的银行业务系统的业务程序。

5. 反馈处理结果与数据发送

业务系统将负责实施网上银行业务处理，反馈处理结果的同时通过网上银行前置机数据发送，并将网上银行业务程序或出错处理程序结果返回。

采用图 8.3 所示结构，使网上银行系统的各部分结构分明，便于以后系统的扩展，同时可以使网上银行系统与银行业务系统彻底分开，有利于银行业务程序的通用，也有利于整个系统的安全、稳定。

8.3.5　网上银行的支付网关

支付网关是网上银行和 Internet 间的接口，是将 Internet 上的传输数据转换为网上银行金融机构内部数据的设备，通常由第三方商家提供。支付网关可以确保交易在互联网用户与网上银行间安全、无缝隙地传递，并且无需对原有主机系统进行修改。它可以处理所有 Internet 支付协议、Internet 特定的安全协议、交易交换、消息和协议的转换、本地授权及结算处理等，且可通过适度的系统设置来满足特定处理要求。

支付网关是网上银行的必要条件，支付网关可以实现以下功能。

(1) 配置和提供网上银行的支付能力，采用直观的用户图形接口进行系统管理。
(2) 具有接口的灵活性，可避免对现有主机系统的修改。
(3) 采用公共密钥加密和 SET 协议，可以确保交易的安全性。
(4) 适于信用卡、电子支票、电子现金，以及微电子支付等电子支付工具。
(5) 提供完整的商家支付处理功能，包括授权、数据捕获和结算、对账等。
(6) 提供网上交易的报告和跟踪，对网上活动进行监视。
(7) 使网络的支付处理过程能适用于各种支付模式，确保商家信息管理上的一致性。

支付网关可使银行或交易商能从容应对高速增长的网络市场和应用广泛的网上银行。1998 年 5 月，中银信用卡有限公司与 IBM 中国香港有限公司宣布合作设立中国香港第一个 SET 标准的安全支付网关，提供一个安全可靠的环境，使商家可以放心地在网上进行电子商务活动，满足市场的需要。

8.3.6　网上银行的安全保障

网上银行最关心的问题就是安全问题。世界各地的黑客随时随地可通过互联网对网上银行进行攻击，会对网上商务造成难以估量的损失。因而，亟须建立一个安全可靠的安全体系。网上银行的安全体系应包括安全策略、安全管理体系、安全管理制度和流程、安全技术措施、业务安全措施、内部安全监控，以及定期安全评估与安全审计。

1. 安全策略

网上银行系统的安全策略应当是整个计算机网络安全策略的一部分，在制定网上银行安全策略时也要考虑到整体安全策略的要求，还要考虑到安全与成本以及安全与效率这两对矛盾。通常，要减少潜在的安全风险，必然会增加成本、降低运行效率。

2. 安全管理体系

就一般而言，网上银行安全管理体系必须首先设置一个安全主管，以指导管理员工作并协调其他安全事宜。其次，还需设置网上银行中心管理员。网上银行中心管理员设置分成：网上银行系统操作员、网上银行系统管理员、网上银行账户管理员、网上银行安全审计员和网上银行客户资料管理员。这些管理员承担不同的工作，拥有不同的权限，尽可能相互牵制。在分配权限时，遵照最小权限原则，即完成管理工作必需有哪些权限，就只赋予哪些权限，不额外赋予多余的权限。管理员具体拥有的权限与承担的责任，可在制度中明确定义。

3. 安全管理制度和流程

安全问题不仅仅是技术上的问题，还包括管理上的因素，制定安全管理制度是保证系统安全的关键因素，必须根据具体管理体系，组建网上银行的运行维护和技术支持管理体系。从安全策略出发，设立不同的安全管理角色，明确各自职责与工作流程，建立考核和监督机制，制定安全管理制度，做到网上银行的运行管理有章可循。

4. 安全技术措施

从技术角度而言，所需的安全技术措施包括安全管理体系、网络链路安全与应用安全。

5. 业务安全措施

为了降低安全风险，有必要从业务制度方面对网上银行交易进行一些限制，例如，设立每笔交易限额和当日累计交易限额，网上银行中心每日核对交易流水；对转账类交易加以限制，规定交易账户需事先签约或约定，且收款方只能是信誉良好的单位或客户事先明确书面约定的个人。

6. 内部安全监控

为使安全管理员尽早发现并防范系统中存在的安全漏洞，需要采用先进的安全监控工具进行系统地网络扫描和实时监控，可采用ISS公司的System Scaner、Internet Scarier、Real Secure产品进行内部的安全监控。

7. 定期安全评估与安全审计

为了保证原先制定的安全策略仍然能适应目前的新情况与准确地查明安全管理制度和安全措施的具体执行情况，有必要定期对网上银行安全策略进行重新评估。定期对现有安全设施进行安全评估，以找出安全隐患，制定防范措施，尽可能地减少安全威胁。因此必须定期（3个月）由安全管理部门主持，各区域网上银行中心安全主管进行一次内部安全评估，并同时酌情进行安全审计，包括系统自动生成的针对应用访问情况的审计日志和针对交易内容的应用程序所记的审计日志两方面。

8.4 第三方支付

8.4.1 第三方支付的内涵

所谓第三方支付，就是一些与产品所在国家以及国外各大银行签约、并具备一定实力和信誉保障的第三方独立机构提供的交易支付平台。在通过第三方支付平台的交易中，买方选购商品后，使用第三方平台提供的账户进行货款支付，由第三方通知卖家货款到达，然后进行发货，买方检验物品后，就可以通知第三方付款给卖家，第三方再将款项转至卖家账户。第三方支付平台属于第三方服务型中介机构，它主要面向开展电子商务业务的企业，提供与电子商务支付有关的基础支撑与应用支撑的服务。

第三方支付平台的应用有效避免了交易构成中的退换货、诚信等方面的危险，为商家开展 B2B、B2C，甚至 C2C 交易等电子商务服务和其他增值服务提供了完整的支持，它以其更加安全、稳定、快捷的支付体系等独特的优势，在网上支付领域中占据了重要的位置，是当前最重要、发展最活跃的网上支付模式之一。

8.4.2 第三方支付的优缺点

第三方支付主要是围绕双方都信任的第三方机构来进行的，客户可以在第三方支付平台开设账号，银行卡信息不用在公用网络上多次传送，在网络传输的只是第三方支付账号，除了第三方代理机构外，其他人无法看见客户的银行卡信息。从总的流程来看，采用第三方网上支付具有以下优点。

（1）第三方支付平台采用了与众多银行合作的方式，可同时提供多种银行卡的网关接口，从而大大方便了网上交易的进行。对于商家来说，不用安装各个银行的认证软件，一定程度上简化了操作，降低了费用；对于消费者来讲，网上交易将最小程度地受限于特定的银行卡，并且交易的信用度也更有保障。

（2）第三方支付平台作为中介方，可以促成商家和银行的合作。对于商家而言，第三方支付平台可以降低企业运营成本；同时对于银行而言，可以直接利用第三方的服务系统提供服务，帮助银行节省网关开发成本。

（3）第三方支付平台可以对交易双方的交易进行详细的记录，从而防止交易双方在交易行为中可能出现的抵赖以及为在后续交易中可能出现的纠纷问题提供相应的证据，并能通过一定的手段对交易双方的行为进行一定的评价约束，成为网上交易信用查询的窗口。

（4）比较安全。信用卡信息或账户信息仅需要告知第三方支付机构，而无须告诉每一个收款人，大大减少了信用卡信息和账户信息失密的风险。

（5）支付成本较低。第三方支付机构集中了大量的电子小额交易，形成规模效应，因而支付成本较低。

（6）使用方便。对支付者而言，他所面对的是友好的界面，不必考虑背后复杂的技术操作过程。

（7）第三方支付机构的支付担保业务可以在很大程度上保障付款人的利益。

虽然第三方支付具有灵活、方便、安全等诸多优点，并受到消费者的青睐，但第三方支付方式也存在以下缺点。

（1）第三方支付是一种虚拟支付层的支付模式，需要其他的"实际支付方式"完成实际支付层的操作。

（2）付款人的银行卡信息将暴露给第三方支付平台，如果这个第三方支付平台的信用程度或者保密手段欠佳，将带给付款人相关风险。

（3）第三方支付机构的法律地位尚缺乏规定，一旦该机构终结破产，消费者所购买的"电子货币"可能成为破产债权，无法追回。

（4）由于有大量资金寄存在支付平台账户内，而第三方支付机构并非金融机构，所以存在资金寄存的风险。

8.4.3 第三方支付流程

第三方支付平台的工作流程主要分三步：一是将买方货款转拨到第三方平台所在的账户；二是当转账成功后通知卖方发货；三是接收买方确认货物信息后，货款转拨到卖方账户。一次成功的第三方支付过程包括以下9个环节。

（1）买方（网上用户）进入卖方市场（电子商务网站），浏览自己所需商品的信息。

（2）买方如果觉得某件商品合适，就和卖方达成交易协议，卖方就发送信息通知买方到与其结盟的第三方支付平台进行支付。

（3）买方进入第三方支付平台，提交其账户和密码以及所付款额等信息给第三方支付平台。

（4）第三方支付平台接收到买方提供的银行账户信息后，进入买方账户所在银行，对提供的账户信息进行验证。

（5）验证成功后，第三方支付平台将买方所应支付的款额转拨到第三方支付平台所在账户，对其进行临时保管。

（6）通知与其结盟的电子商务网站买方应付货款已到，准备发货。

（7）电子商务网站配送商品到买方手中。

（8）买方收到商品后进行验证，如果满意就发送信息给第三方支付平台，确认商品已经验收，同意付款。

（9）第三方支付平台接收到用户确认信息后，将其临时保存的货款转拨给卖方，就完成了一次完整的支付过程。

8.4.4 国内第三方支付平台概述

目前，国内的第三方支付产品主要有 PayPal（易趣公司产品）、支付宝（阿里巴巴旗下）、财付通（腾讯公司，腾讯拍拍）、快钱（完全独立的第三方支付平台）、百付宝（百度C2C）、环迅支付、汇付天下。其中，用户数量最大的是 PayPal 和支付宝，前者主要在欧美国家流行，后者是阿里巴巴旗下产品。下面将介绍国内比较热门的主要第三方支付工具。

1. PayPal 支付

PayPal（在中国大陆的品牌为贝宝），1998年12月由 Peter Thiel 及 Max Levchin 建立。是一个总部在美国加利福尼亚州圣荷西市的因特网服务商，允许在使用电子邮件来标识身份的用户之间转移资金，避免了传统的邮寄支票或者汇款的麻烦。PayPal 和一些电子商务网站合作，成为它们的货款支付方式之一；但是用这种支付方式转账时，PayPal 收取一定数额的手续费（有关 PayPal 的详细内容请见章末案例分析）。

2. 支付宝

支付宝（中国）网络技术有限公司（简称"支付宝"）是国内领先的独立第三方支付平台，由阿里巴巴集团创办。支付宝（https://www.alipay.com）致力于为中国电子商务提供"简单、安全、快速"的在线支付解决方案。

支付宝从 2004 年建立开始，始终以"信任"作为产品和服务的核心，不仅从产品上确保用户在线支付的安全，同时让用户通过支付宝在网络间建立起相互的信任，为建立纯净的互联网环境迈出了非常有意义的一步。

目前除淘宝和阿里巴巴外，支持使用支付宝交易服务的商家已经超过 33 万家，涵盖了虚拟游戏、数码通信、商业服务、机票等行业。这些商家在享受支付宝服务的同时，更是拥有了一个极具潜力的消费市场。

简单地说，支付宝的功能就是为淘宝的交易者以及其他网络交易的双方乃至线下交易者提供"代收代付的中介服务"和"第三方担保"。从支付流程上来说，其类似于 PayPal 的电子邮件支付模式，业务上的不同之处在于 PayPal 业务是基于信用卡的支付体系，并且很大程度上受制于信用卡组织规则（在消费者保护方面）和外部政策的影响；另外，PayPal 支持跨国（地区）的网络支付交易，而支付宝虽然不排斥"国际使用者"，但是规定"需具备国内银行账户"。支付宝的设计初衷同样也是为了解决国内网上交易资金安全的问题，特别是为了解决在其关联企业淘宝网 C2C 业务中买家和卖家的货款支付流程能够顺利进行。其早期基本模式是买家在网上把钱付给支付宝公司，支付宝收到货款之后通知卖家发货，买家收到货物之后再通知支付宝，支付宝这时才把钱转到卖家的账户上，交易到此结束。在整个交易过程中，如果出现欺诈行为，支付宝将进行赔付。

要成为支付宝的用户，与 PayPal 的流程很相似，必须经过注册流程，用户须有一个私人的电子邮件地址，以便作为在支付宝的账号，然后填写个人的真实信息（也可以以公司的名义注册），包括姓名和身份证号码。在接受支付宝设定的"支付宝服务协议"后，支付宝会发封电子邮件至用户提供的邮件地址，然后用户在点击邮件中的一个激活链接后，才激活了支付宝账户，可以通过支付宝进行下一步的网上支付步骤。同时，用户必须将其支付宝账号绑定一个实际的银行账号或者信用卡账号，与支付宝账号相对应，以便完成实际的资金支付流程。

基于交易的进程，支付宝在处理用户支付时有以下两种方式。

(1) 买卖双方达成付款的意向后，由买方将款项划至其在支付宝账户（其实是支付宝在相对银行的账户）中，支付宝发电子邮件通知卖家发货，卖家发货给买家，买家收货后通知支付宝，支付宝于是将买方先前划来的款项从买家的虚拟账户中划至卖家的支付宝账户中。

(2) 支付宝的即时支付功能，"即时到账交易（直接付款）"，交易双方可以不经过确认收货和发货的流程，买家通过支付宝立即发起付款给卖家。支付宝发给卖家电子邮件（由买家提供），在邮件中告知卖家买家通过支付宝发给其一定数额的款项。如果卖家这时不是支付宝的用户，那么卖家要通过注册流程成为支付宝的用户后才能取得货款。有一点需要说明，支付宝提供的这种即时支付服务不仅适用于淘宝和其他的网上交易平台，而且还适用于买卖双方达成的其他的线下交易，从某种意义上说，如果实际上没有交易发生（即双方不是交易的买卖方），也可以通过支付宝向任何一个人进行支付。

3. 财付通

财付通是腾讯公司创办的中国领先的在线支付平台，致力于为互联网用户和企业提供安全、便捷、专业的在线支付服务。专业的在线支付服务使财付通获得了业界和用户的一致首肯，并先后荣膺2006年电子支付平台十佳奖、2006年最佳便捷支付奖、2006年中国电子支付最具增长潜力平台奖和2007年最具竞争力电子支付企业奖等奖项，并于2007年首创获得"国家电子商务专项基金"资金支持。

财付通网站（https://www.tenpay.com）作为功能强大的支付平台，是由中国最早、最大的互联网即时通信软件开发商腾讯公司创办，为最广大的QQ用户群提供安全、便捷、简单的在线支付服务，是腾讯公司为促进中国电子商务的发展需要，满足互联网用户价值需求，针对网上交易安全而精心推出的一系列服务。

4. YeePay 易宝

YeePay 易宝（北京通融通信息技术有限公司）是专业从事多元化电子支付一站式服务的领跑者。YeePay 易宝（http://www.yeepay.com/individualservice/Login.action）致力于成为世界一流的电子支付应用和服务提供商，专注于金融增值服务领域，创新并推广多元化、低成本、安全有效的支付服务。在立足于网上支付的同时，YeePay 易宝不断创新，将互联网、手机、固定电话整合在一个平台上，继短信支付、手机充值之后，首家推出 YeePay 易宝电话支付业务，真正实现了离线支付，为更多传统行业搭建了电子支付的高速公路。

YeePay 易宝具有三大特点：易扩展的支付、易保障的支付、易接入的支付。由于用户的重要数据只存储在用户开户银行的后台系统中，任何第三方都无法窃取，因此为用户提供了充分保障。从接入 YeePay 易宝到使用商家管理系统，无需商家任何开发，零门槛自助式接入，流程简单易学，即接即用。凡是成为 YeePay 易宝的客户，都可以自动成为 YeePay 财富俱乐部的会员，享受 YeePay 易宝提供的各种增值服务、互动营销推广以及各种丰富多彩的线下活动，拓展商务合作关系，发展商业合作伙伴，达到多赢利的目的。

5. 快钱

快钱公司（https://www.99bill.com）是国内领先的独立第三方支付企业，旨在为各类企业及个人提供安全、便捷和保密的综合电子支付服务。其推出的支付产品包括但不限于人民币支付、外卡支付、神州行支付、代缴/收费业务、VPOS服务、集团账户管理等众多支付产品，支持互联网、手机、电话和POS等多种终端，满足各类企业和个人的不同支付需求，荣获中国信息安全产品测评认证中心颁发的"支付清算系统安全技术保障级一级"认证证书和国际 PCI（Peripheral Component Interconnect）安全认证。

6. 首信易

1998年11月12日，由北京市政府与中国人民银行、信息产业部、国家内贸局等中央部委共同发起的首都电子商务工程正式启动，确定首都电子商城（首信易支付的前身）为网上交易与支付中介的示范平台。首信易支付自1999年3月开始运行，是中国首家实现跨银行、跨地域提供多种银行卡在线交易的网上支付服务平台，现支持全国范围23家银行及全球范围4种国际信用卡在线支付，拥有千余家大、中型企事业单位、政府机关、社会团体组成的庞大客户群。

首信易支付作为具有国家资质认证、政府投资营建的中立第三方网上支付平台拥有雄

第8章 电子支付系统

厚的实力和卓越的信誉，同时它也是国内唯一通过 ISO 9001：2000 质量管理体系认证的支付平台。规范的流程及优异的服务品质使首信易支付于 2005、2006 和 2007 年连续三年赢得了"电子支付用户最佳信任奖"，2006 年度"B2B 支付创新奖"，2007 年度"挪威船级社(Det Norske Veritas，DNV)的 ISO/IEC 27001：2005(ISMS，信息安全管理体系)国际认证"和"高新技术企业认定证书"殊荣，为其奠定了坚实的基础。

7. 环讯支付

上海环讯电子商务有限公司(http：//www.ips.com.cn)成立于 2000 年，是国内最早的支付公司之一，深受数千万持卡人信赖，月交易额不断攀升，成为国内支付领域的领跑者。

目前，环讯支付与国内主流银行以及 VISA、MasterCard、JCB、新加坡 NETS 等多个国际信用卡组织建立并保持着良好的合作伙伴关系，是中国银行卡受理能力最强的在线支付平台，每天受理数万笔来自中国大陆、中国香港、中国澳门、新加坡等地的各类银行卡的在线交易。环讯支付集成了银行卡支付、IPS 账户支付及电话支付等几大主流功能，并自主研发了包括酒店预定通、票务通等新产品，为消费者、商户、企业和金融机构提供全方位、立体化的优质服务。

此外，环讯支付还为广大个人用户精心打造了一个网络导购资讯门户——IPS 商情网，通过数十个特色频道集中推广环讯 IPS 开展的各类市场活动，以及为旗下众多商户提供一个商品展示平台。2005 年，环讯支付成为中国唯一一家通过 ISO 9001：2000 认证的在线支付企业。2007 年环讯支付荣获"2007 中小企业 IT 产品优选"、"中国信息安全值得信赖品牌奖"以及"优秀电子支付服务平台奖"等多个奖项。

8. ChinaPay

银联电子支付服务有限公司(ChinaPay)是中国银联控股的银行卡专业化服务公司，拥有面向全国的统一支付平台，主要从事以互联网等新兴渠道为基础的网上支付、企业 B2B 账户支付、电话支付、网上跨行转账、网上基金交易、企业公对私资金代付、自助终端支付等银行卡网上支付及增值业务，是中国银联旗下的网络方面军。

ChinaPay(http：//www.chinapay.com)依托中国银联全国统一的跨行信息交换网络，在人民银行及中国银联的业务指导和政策支持下，致力于银行卡受理环境的建设和银行卡业务的推广，将先进的支付科技与专业的金融服务紧密结合起来，通过业务创新形成多元化的支付服务体系，为广大持卡人和各类商户提供安全、方便、快捷的银行卡支付及资金结算服务。公司充分利用中国银联全国性的品牌、网络、市场等优势资源，整合银联体系的系统资源、银行资源、商户资源和品牌影响力，实现强强联合、资源共享和优势互补。

阅读材料

中国银联

中国银联是中国银行卡联合组织，通过银联跨行交易清算系统，实现商业银行系统间的互联互通和资源共享，保证银行卡跨行、跨地区和跨境的使用。中国银联已与境内外超过 400 家机构展开广泛合作，全球银联卡发卡量超过38亿张,银联网络遍布中国城乡,并已延伸至亚洲、欧洲、美洲、大洋洲、非洲等境外140多个国家和地区。

中国银联是经国务院同意,中国人民银行批准设立的中国银行卡联合组织,成立于2002年3月,总部设于上海。作为中国的银行卡联合组织,中国银联处于我国银行卡产业的核心和枢纽地位,对我国银行卡产业发展发挥着基础性作用,各银行通过银联跨行交易清算系统,实现了系统间的互联互通,进而使银行卡得以跨银行、跨地区和跨境使用。在建设和运营银联跨行交易清算系统、实现银行卡联网通用的基础上,中国银联积极联合商业银行等产业各方推广统一的银联卡标准规范,创建银行卡自主品牌,推动银行卡的发展和应用,维护银行卡受理市场秩序,防范银行卡风险。

中国银联的成立标志着"规则联合制定、业务联合推广、市场联合拓展、秩序联合规范、风险联合防范"的产业发展新体制正式形成,标志着我国银行卡产业开始向集约化、规模化发展,进入了全面、快速发展的新阶段。

资料来源:http://baike.baidu.com/view/189773.htm?fr=aladdin

9. 云网

北京云网公司(以下简称云网)成立于1999年12月,是国内首家实现在线实时交易的电子商务公司。公司从成立之初就把充分利用电子商务的优势切实方便普通人的生活作为自己的使命。作为国内B2C电子商务网站中最早、最专业、最具规模的公司之一,云网目前拥有国内极其完善的银行卡在线实时支付平台和五年的数字商品电子商务运营经验,占有国内网上数字卡交易市场份额的80%以上,日成功交易过4万笔,年营业额逾2亿元人民币,连续多年在全国各个银行网上支付B2C商户中名列前茅。目前云网是在支持银行卡卡种、覆盖范围和实时交易速度等方面都居国内领先位置的支付平台。依托这一优势,公司开发了云网支付网关这一产品,让大量有意涉足电子商务领域的企业能够轻松分享云网的经验和优势。

10. 百付宝

北京百付宝科技有限公司(www.baifubao.com)由全球最大的中文搜索引擎公司百度所创办,是中国领先的在线支付应用和服务平台。百付宝以建立"简单可依赖"的在线支付信用体系为己任,其创新的产品技术及丰富的应用功能为用户量身定做交易体验流程,为互联网用户和企业提供安全、可依赖的在线支付服务。

百付宝提供卓越的网上支付和清算服务,为用户提供在线充值、交易管理、在线支付、提现、账户提醒等丰富的功能,特有的双重密码设置和安全中心的时时监控功能更是给百付宝账户安全提供了双重保障。

11. 好支付

好支付支付网关是好支付推出的应用于电子商务平台的在线支付系统,包含人民币网关、固定电话网关、中国移动、中国联通等网关产品。好支付支付网关致力于帮助大中小型各类商家及个人用户以全面、安全、便捷、经济的方式,解决电子商务中的支付问题。

好支付支付网关不同于传统意义上的支付网关,它是一套功能全面、强大的在线收付费系统,其特点是支持多种支付方式,拥有庞大的用户群,同时还为商家提供功能强大的营销工具,不仅为商家解决支付问题,还能为商家带来更多的用户和交易量。

好支付网关接入简便,升级保障,自动化程度高。好支付支付平台设立了简便安全的接口,仅在一个工作日内即可完成接入工作。支付平台不断升级、不断开拓新的支付方式,提供更多银行卡种在线支付功能,用户端的支付功能随着支付平台的功能增强而自动增强。

本 章 小 结

无论是对于卖方还是买方而言,商务活动成功的关键就是资金结算能否随交易的结束而顺利地完成。在电子商务环境下,由于交易活动与支付清算的分离,从而产生了一系列的问题,包括安全、信用、技术操作、金融机构与服务平台的关系等。本章主要介绍了电子商务中电子支付的基本内容以及相关问题。

电子支付是通过电子数字形式而不是传统的、物理的货币现金形式,在 Internet 或其他专用的网络上进行金融交易。与之相关的两个重要内容是电子支付的具体工具和第三方支付平台。

电子货币被广泛应用于各种场合,泛指各种支付方式,可分为基于卡和基于软件两类,具体包括电子支票、电子现金、智能卡、信用卡及小额支付系统等。电子货币作为现金支付的工具正在越来越多地替代目前的纸币和硬币。

第三方支付平台是为买卖双方和金融机构(包括网络银行)提供服务的独立机构。随着互联网应用特别是移动环境的成熟,电子支付会越来越普及深入,其中网络银行体系的完善和第三方支付平台服务功能的增强将起到关键的作用。

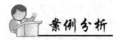
案例分析

PayPal 电子支付系统

1. PayPal 简介

PayPal,就是通常说的"PayPal贝宝国际",针对具有国际收付款需求用户设计的账户类型,是目前全球使用最为广泛的网上交易工具。它能帮助用户进行便捷的外贸收款、提现与交易跟踪,从事安全的国际采购与消费,快捷支付并接收包括美元、加元、欧元、英镑、澳元和日元等25种国际主要流通货币。

PayPal是目前全球最大的网上支付公司,致力于让个人或企业通过电子邮件,安全、简单、便捷地实现在线付款和收款。PayPal账户是PayPal公司推出的最安全的网络电子账户,使用它可有效降低网络欺诈的发生。PayPal账户所集成的高级管理功能,使用户能轻松掌控每一笔交易详情。截至2012年,在跨国交易中超过90%的卖家和超过85%的买家认可并正在使用PayPal电子支付业务。PayPal是备受全球亿万用户追捧的国际贸易支付工具,即时支付,即时到账,全中文操作界面,能通过中国的本地银行轻松提现,为用户解决外贸收款难题,帮助用户成功开展海外业务,注册PayPal后就可立即开始接受信用卡付款。

PayPal集国际流行的信用卡,借记卡,电子支票等支付方式于一身,帮助买卖双方解决各种交易过程中的支付难题。2010年4月27日,阿里巴巴公司和PayPal联合宣布,双方达成战略合作伙伴。2012年8月18日,PayPal与麦当劳(微博)合作测试移动支付服务,在法国的30家麦当劳餐厅部署了这一功能。在法国的试点项目中，麦当劳顾客可以通过麦当劳的移动应用订餐，或通过网上订餐，然后利用 PayPal 付款。

2. PayPal 支付流程

通过 PayPal，付款人欲支付一笔金额给商家或者收款人时，可以分为以下几个步骤。

（1）只要有一个电子邮件地址，付款人就可以登录开设 PayPal 账户，通过验证成为其用户，并提供信用卡或者相关银行资料，增加账户金额，将一定数额的款项从其开户时登记的账户（例如信用卡）转移至 PayPal 账户下。

（2）当付款人启动向第三人付款程序时，必须先进入 PayPal 账户，指定特定的汇出金额，并提供授款人的电子邮件帐号给 PayPal。

（3）PayPal 向商家或者收款人发出电子邮件，通知其有等待领取或转账的款项。

（4）如商家或者收款人也是 PayPal 用户，其决定接受后，付款人所指定之款项即移转予收款人。

（5）若商家或者收款人没有 PayPal 账户，收款人得依 PayPal 电子邮件内容指示连线网站进入网页注册取得一个 PayPal 账户，收款人可以选择将取得的款项转换成支票寄到指定的处所、转入其个人的信用卡账户或者转入另一个银行账户。

从以上流程可以看出，如果收款人已经是 PayPal 的用户，那么该笔款项就汇入他拥有的 PayPal 账户，若收款人没有 PayPal 账户，网站就会发出一封通知电子邮件，引导收款者至 PayPal 网站注册一个新的账户。所以，也有人称 PayPal 的这种销售模式是一种"邮件病毒式"的商业拓展方式，从而使得 PayPal 越滚越大地占有市场。

3. PayPal 的优势

（1）全球用户广。PayPal 在全球 190 个国家和地区，有超过 2.2 亿用户，已实现在 24 种外币间进行交易。

（2）品牌效应强。PayPal 在欧美普及率极高，是全球在线支付的代名词，强大的品牌优势，能让用户的网站轻松吸引众多海外客户。

（3）资金周转快。PayPal 独有的即时支付、即时到账的特点，让用户能够实时收到海外客户发送的款项。同时最短仅需 3 天，即可将账户内款项转账至用户国内的银行账户，及时高效的帮助用户开拓海外市场。

（4）安全保障高。完善的安全保障体系，丰富的防欺诈经验，业界最低风险损失率（仅 0.27%），不到使用传统交易方式的六分之一，确保用户的交易顺利进行。

（5）使用成本低。无注册费用、无年费，手续费仅为传统收款方式的二分之一。

思考：

（1）PayPal 支付系统采用哪些措施保证为用户提供优质的服务？

（2）PayPal 支付系统的核心竞争力体现在哪些方面？

（3）PayPal 支付系统如何保证交易的安全性？

复习思考题

一、填空题

（1）FSTC 针对的是_____。

（2）"银联"标识的颜色，红色象征_____；蓝色象征_____；绿色象征_____。

(3) 我国第一家上网银行是_____。

(4) 全球第一家真正意义上的网上银行是_____。

(5) 电子现金(E-Cash)是一种以_____形式流通的货币,它把现金数值转换成为一系列的_____,通过这些序列数来表示现实中各种金额的币值。

(6) _____是一种借鉴纸张支票转移支付的优点,利用数字传递将钱款从一个账户转移到另一个账户的电子付款形式。

(7) 网上银行为客户提供的是_____、_____、_____的服务。

(8) 网上支付是指付款方把支付指令发给_____,然后由他把支付指令转发给银行。

二、选择题

(1) 电子钱包是一种便利、安全、多功能的支付工具,是电子货币的一种主要(　　)形式。

　　A. 支付　　　　B. 实现　　　　C. 管理　　　　D. 分配

(2) 电子支付密码系统的主要模式包括(　　)。

　　A. 密码签模式　　　　　　　　B. 单一的支付密码器
　　C. 使用 IC 卡的支付密码器　　D. 以上全是

(3) 电子资金划拨中的程序包括(　　)。

　　A. 申请阶段　　B. 付款阶段　　C. 认证阶段　　D. 以上全是

(4) 网上银行面临的风险有(　　)。

　　A. 流动性风险　B. 利率风险　　C. 市场风险　　D. 以上全是

(5) 网上银行还面临(　　)等其他方面的法律风险。

　　A. 洗钱　　　　B. 客户隐私权　C. 网络交易　　D. 以上全是

(6) (　　)不仅支持网上支付的操作,还可以使用其软件管理各种电子货币和处理交易记录。

　　A. 电子货币　　B. 电子支票　　C. 电子现金　　D. 电子钱包

三、名词解释

(1) 电子支付

(2) 电子货币

(3) 第三方支付

(4) 网络银行

(5) 电子支票

四、简答题

(1) 什么是电子货币?它有哪些特点?电子货币的表现形式有哪些?

(2) 什么是电子支付系统?电子支付系统有哪些特点?

(3) 电子现金有什么优缺点?

(4) 电子支票和一般纸质支票有什么异同点?

(5) 什么是网络银行？它有哪些功能和特点？
(6) 分析网上银行的系统结构。
(7) 第三方支付的优缺点是什么？

五、论述题

(1) 比较分析 PayPal 和支付宝的相同点和不同点。
(2) 论述网上银行安全保障体系的建设内容。

六、实践题

(1) 考察分析目前国内电子货币的使用情况，完成分析报告。
(2) 选择两家网上银行，分析其功能设置、运行保障措施等，比较它们的优势和不足，提出改进建议。

第 9 章 电子商务物流管理

电子商务的兴起带来的变革力量波及社会、企业的方方面面，对一国的物流业发展以及企业的物流配送管理都产生了巨大的影响。准确、高效的物流是实物电子商务顺利运作的保障，在电子商务活动中，企业收到客户订单以后，如何有效处理网络订单，减少订单周期，采取高效的物流配送模式，实现及时、有效的配送，是整个业务流程中的关键。因此，电子商务给传统物流体系带来了诸多影响与变革，电子商务的物流运作与管理必须进行不断的创新。

本章知识结构框架

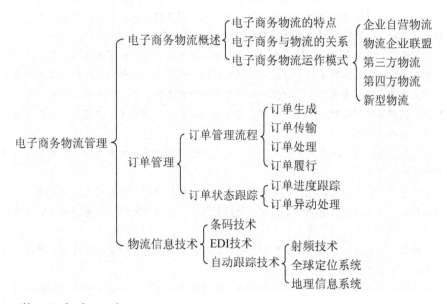

学习目标与要求

通过本章内容的学习，掌握现代物流的概念与分类，了解物流的作用与功能；掌握电子商务环境下物流概念、特点与流程，明确电子商务与物流的关系；熟悉订单处理的过程，了解影响订单处理速度的因素；重点掌握电子商务物流的运作模式，了解电子商务物流信息技术。

引导案例

戴尔别具一格的电子商务化物流

电子商务已风靡全球,有些公司利用它已取得很好的成效,在此方面可以首推戴尔(Dell)公司。该公司在商用桌面PC市场上已成为第一大供应商,其销售额每年以40%的增长率递增,是该行业平均增长率的两倍。在美国,电子商务的提出最终是为了解决信息流、商流和资金流处理上的烦琐对现代化物流过程的延迟,进一步提高现代化的物流速度。可见,美国在定义电子商务概念之初,就有强大的物流支持,只需将电子商务与物流对接起来就可以,而并非电子商务过程不需要物流的电子化。而Dell公司成绩的取得用其总裁迈克尔·戴尔的话而言,是归功于物流电子商务化的巧妙运用。

在戴尔的直销网站(http://www.dell.com)上,提供了一个跟踪和查询消费者订货状况的接口,供消费者查询已订购的商品从发出订单到送到消费者手中全过程的情况。戴尔对待任何消费者(个人、公司或单位)都采用定制的方式销售,其物流服务也配合这一销售政策而实施。戴尔的电子商务销售有以下8个步骤。

(1) 订单处理。在这一步,Dell要接收消费者的订单。消费者可以拨打800免费电话,也可以通过Dell的网上商店进行订货。Dell首先检查订单项目是否填写齐全,然后检查订单的付款条件,并按付款条件将订单分类。采用信用卡支付方式的订单将被优先满足,其他付款方式则要更长时间得到付款确认。只有确认支付完款项的订单才会立即自动发出,零部件的订货将转入生产数据库中,订单也随即转到生产部门进行下一步作业。用户订货后,可以对产品的生产过程、发货日期甚至运输公司的发货状况等进行跟踪。

(2) 预生产。从接收订单到正式生产之前,有一段等待零部件到货的时间,这段时间叫做预生产。预生产的时间因消费者所订系统的不同而不同,这主要取决于供应商的仓库中是否有现成的零部件。通常,戴尔要确定一个订货的前置时间,即需要等待零部件并且将订货送到消费者手中的时间,该前置时间在戴尔向消费者确认订货有效时会告诉消费者。订货确认一般通过两种方式,即电话或电子邮件。

(3) 配件准备。当订单转到生产部门时,所需的零部件清单也就自动产生,相关人员将零部件备齐传送到装配线上。

(4) 配置。组装人员将装配线上传来的零部件组装成计算机,然后进入测试过程。

(5) 测试。检测部门对组装好的计算机用特制的测试软件进行测试,通过测试的计算机被送到包装间。

(6) 装箱。测试完的计算机被放到包装箱中,同时要将鼠标、键盘、电源线、说明书及其他文档一同装入相应的卡车运送给顾客。

(7) 配送准备。一般在生产过程结束的次日完成送货准备,但大订单及需要特殊装运作业的订单花的时间可能要长些。

(8) 发运。将顾客所订货物发出,并按订单上的日期送到指定的地点。戴尔设计了几种不同的送货方式,由顾客订货时选择。一般情况下,订货将在2~5个工作日送到订单上的指定地点,即送货上门,同时提供免费安装和测试服务。

在日常的经营中，Dell仅保持两个星期的库存(行业标准超过60天)，其存货一年可周转30次以上，基于这些数字，Dell的毛利率和资本回报率也是相当高的，分别是21%和106%。这些都是Dell实施电子商务化物流后取得的物流效果。

资料来源：http://www.unjs.com/lunwen/dianzi/20080120154622_36796.html

戴尔计算机公司通过电子商务化物流，大幅度缩短了商品库存周期，提高了存货周转率，物流电子化的巧妙应用，帮助戴尔提高了业务运作的效率，降低了业务成本，从而大大地提高了企业的市场竞争力，因此，物流是电子商务的重要环节，也是实施电子商务的可靠保证。

9.1 电子商务物流概述

9.1.1 物流的基本概念

1. 物流的定义

物流的定义很多，不同国家、不同机构、不同时期，对物流都有不同的理解，但是有一点认识是共同的，即物流不仅包括原材料、产成品等从生产到消费的实物流动过程，还包括伴随这一过程的信息流动。由国家质量技术监督局发布的《物流术语》中对物流进行了定义：物流是指物品从供应地到接受地的实体流动过程，根据实际需要，将运输、储存、装卸、搬运、包装、流通加工、配送、信息处理等基本功能实施有机结合。

2. 物流的分类

随着物流概念的拓展，物流从军事领域延伸到了企业内部的供应保障，进而又进一步引申到经济的流通领域和生活领域。物流在各个领域中，虽然基本要素都存在且相同，但由于作用对象不同，物流目的不同，物流范围、范畴不同，因而形成了不同的物流类型。

目前，对物流的研究主要从两个方面着手：一方面是从宏观角度出发研究社会物流；另一方面则是从微观角度研究企业物流。

(1) 社会物流。社会物流是指面向社会，以一个社会为范畴的物流。这种社会性很强的物流往往是由专门的物流承担人承担的，社会物流的范畴是社会经济大领域。社会物流研究再生产过程中所发生的物流活动，主要研究国民经济中的物流活动，研究既面向社会又在社会环境中运行的物流的形成，以及社会中的物流体系的结构和运行，因此带有全局性和广泛性。

(2) 企业物流。企业物流是企业内部的物品实体流动，主要是企业内部的生产经营工作和生活中所发生的加工、检验、搬运、装卸、储存、包装、配送等物流活动。根据物流活动发生的先后次序，企业物流可分为五部分：供应物流、生产物流、销售物流、回收物流和废弃物物流。

① 供应物流。生产企业、流通企业或消费者购入原材料、零部件或商品的物流过程称为供应物流，也就是物资生产者、持有者至使用者之间的物流。这种物流活动对企业生

产的正常、高效进行起着重大作用。企业供应物流的目标不仅是保证供应，而且还要以最低成本、最少消耗、最大保障来组织供应物流活动。

② 生产物流。生产物流包括从生产企业的原材料购进入库起，直到生产企业成品库的成品发送出去为止的物流活动的全过程。生产物流和生产企业的生产流程同步，企业在生产过程中，原材料、半成品等按照工艺流程在各个加工点之间不停的移动、流转形成了生产物流，如果生产物流中断，生产过程也将随之停顿。生产物流的重要性体现在如果生产物流均衡稳定，可以保证在制品的顺畅流转，缩短生产周期，如果生产物流的管理和控制合理，也可以使在制品的库存得到压缩，使设备负荷均衡化。因此，生产物流的合理化对生产企业的生产秩序和生产成本有很大影响。

③ 销售物流。生产企业或流通企业售出产品的物流过程称为销售物流，也就是指产品所有权转移给用户的物流流动。在现代社会中，市场是一个以买方为中心的市场，因此，销售物流活动带有极强的服务性，以满足买方的需求，最终实现销售。

④ 回收物流。在生产、供应、销售的活动中总会产生各种边角余料和废料，这些东西回收是需要有物流活动的伴随的。在一个企业中，如果回收物品处理不当，往往会影响整个生产环境，甚至影响产品质量，也会占用很大空间，造成浪费。

⑤ 废弃物物流。废弃物物流是指对企业产生的无用物进行运输、装卸、处理等的物流活动。

3. 物流的基本职能

物流的基本职能是从事商品实体运动的，与商品使用价值运动有关。因此，建立和健全必要的储存、运输基础设施，是发挥物流职能的前提条件，在此基础上，才能合理地实现物流系统的总目标。物流基本职能的内容包括运输、仓储、配送、装卸、包装、流通加工，以及物流信息管理等，物流的总体功能通过职能的发挥得以体现。

(1) 运输功能。运输是利用运输工具（火车、汽车、轮船、飞机等）实现货物的移动。运输的主要任务是实现货物的空间移动，解决货物在空间上存在的供需矛盾。就物流本身而言，运输是实现货物（或商品）使用价值的一个重要环节，是物流的一个重要组成部分。运输过程既不改变货物的实物形态，也不增加货物的数量，一般将运输称为物流的动脉。

(2) 仓储功能。仓储也称储备，是指货物（或商品）在运动过程中的暂时停滞。在社会再生产过程中，这种停滞不仅是必需的，而且也是必要的，它可以解决商品生产与消费在时间上存在的矛盾，避免意外情况发生所造成的不利影响，有效地进行物流的作业，降低物流成本，提高物流效率。仓储的功能包括堆存、保管、保养、维护等活动。

(3) 配送功能。配送是指按用户的订货要求，在物流中心进行分货、配货工作，并将配好的货物送交收货人。配送在整个物流过程中，其重要性应与运输、保管、流通加工等并列，而形成物流的基本职能之一。配送作为一种现代流通方式，特别是在电子商务物流中的作用非常突出，它集经营、服务、社会集中库存、分拣和装卸搬运于一身，已不是简单的送货运输。

(4) 装卸功能。装卸是为了加快商品在物流过程中的流通速度所必须具备的功能，包括对运输、储存、包装、流通加工等物流活动进行衔接的活动，以及在储存等活动中进行检验、维护和保养所进行的装卸活动。对装卸活动的管理主要是确定最恰当的装卸方式，力求减少装卸次数，合理配置及使用装卸机具，即做到节能、省力、减少损失和加快速度，以获得较好的经济效果。

(5) 包装功能。包装是指按照一定的技术方法使用容器、材料和辅助物等将物品包封并予以适当的装饰和标志工作的总称。简而言之，商品包装就是包装物和包装操作的总称。商品包装的目的是为了保护商品，促进销售、方便物流与消费等。要能使商品实体在物流中通过运输、储存环节顺利到达消费者手中，必须保证商品的使用价值完好无损。在物流活动中，科学合理的商品包装对于提高物流效率、降低物流费用有着非常重要的作用。一般认为包装是物流的起点。

(6) 流通加工功能。流通加工又称流通过程的辅助加工活动，是流通部门为了弥补生产过程中加工程度的不足，更有效地满足用户或本企业的需求，更好地衔接供需的辅助加工活动。从物流角度来看，合理的流通加工可以有效地降低物流成本，提高物流的效率。

(7) 物流信息管理功能。物流信息管理功能包括进行与上述各项活动有关的计划、预测，对物流动态信息(运量、收、发、存数)及其有关的费用、生产、市场信息的收集、加工、整理、提炼等活动。对物流信息活动的管理，要求建立信息系统和信息渠道，正确地选定信息点及其内容，以及信息的收集、汇总、统计和使用方式，以确保其可靠性和及时性。

知识链接

2013年中国物流业运行状况

1. 总体平稳，景气下降

2013年，我国物流业总体运行较为平稳，反映物流业总体规模的社会物流总费用上升到新的台阶，将突破10万亿大关，达到10.2万亿元，同比增长6.95%，增幅比上年回落4.45个百分点。其中，运输费用5.3万亿元，同比增长6.61%，占社会物流总费用的比重为51.96%，同比降低0.4个百分点；保管费用3.65万亿元，同比增长8.67%，占社会物流总费用的比重为35.78%，同比提高0.58个百分点；管理费用1.25万亿元，同比增长3.4%，占社会物流总费用的比重为12.25%，同比提高0.05个百分点。在运输费用中，受燃油价格上涨、道路运量快速增长的影响，道路运输费用同比增长9.5%，增幅比社会物流总费用高出2.55个百分点。在保管费用中，利息费用增长8.5%，增幅比社会物流总费用高出1.15个百分点。2013年，铁路、公路、水路完成货运量、货物周转量预计分别为431.7亿吨和176 965亿吨公里，同比增长6.92%和3.83%，增幅分别下降2.9和2.7个百分点，体现了与经济增幅回落的同步性，物流业在交通基础设施增提改善的情况下，由于运输分工和市场竞争的加剧，结构调整的步伐将加快。

2. 结构调整，质量提升

2013年物流业整体市场状况不佳，行业发展总体水平增速下降，但结构调整的步伐不断加快，创新服务领域获得较快增长，成为行业发展中的亮点。

(1) 社会物流总额稳定增长。2013年全国社会物流总额为197.6万亿元，同比增长9.2%，增幅较上年回落0.6个百分点。从构成情况看，工业品物流总额181.3万亿元，同比增长9.7%，是推动社会物流总额增长的主要动力。受网购等电子商务快速发展推动，快递等与民生相关的物流创新服务业态发展势头良好，全年增长30.3%，增幅高于社会物流总额21.1个百分点。进口货物物流总额12.1万亿元，同比增长4.26%。农产品物流总额和再生资源物流总额同比分别增长4.3%和16.1%。

（2）物流业增加值增长结构发生变化。2013年全国物流业增加值为3.8万亿元，同比增长7.1%，较2012年下降3个百分点以上，降幅较为明显。其中，交通运输物流增加值增长5.7%，仓储物流增加值增长10.1%，邮政快递物流增加值增长39.7%，附加值较高的快递和仓储的增长，促进了物流业结构的优化和升级。2013年，物流业增加值占GDP的比重为6.9%，占服务业增加值的比重为15.1%。

资料来源：http://www.govinfo.so/news_info.php?id=32530

9.1.2 电子商务物流的概念与特点

信息网络时代的电子商务给人类社会经济生活带来了一场深刻的革命，特别是这场革命所引发的产业大重组把现代物流业提升到前所未有的高度。而物流作为电子商务的重要组成部分，它自身体系的不断完善将会进一步推动电子商务的发展和应用，两者相互影响、相互促进、共同发展。

1. 电子商务物流的概念

在当今信息化浪潮的时代背景下，如何充分利用现代信息技术，特别是计算机技术、网络技术来促进和实现物流的发展，已成为物流发展的研究热点。在此背景下，电子商务物流这一概念随之产生。

电子商务物流就是在电子商务环境下，依靠计算机技术、互联网技术和信息技术等所进行的物流活动。电子商务物流的目标是通过现代科学技术的运用，实现物流的高效化和低成本化，促进物流产业以及电子商务和国民经济的发展。电子商务物流的本质是实现物流的信息化和现代化。

2. 电子商务物流的特点

电子商务时代的来临给全球物流业带来了新的发展，使现代物流具备了一系列新特点。电子商务物流主要有以下特点：信息化、自动化、网络化、智能化、柔性化、集成化。

（1）信息化。电子商务时代，物流信息化是电子商务的必然要求。物流信息化表现为物流信息的商品化、物流信息收集的数据库化和代码化、物流信息处理的电子化和计算机化、物流信息传递的标准化和实时化、物流信息存储的数字化等。信息化是电子商务物流的基础，没有物流信息化，任何先进的技术和设备都不可能应用于物流领域。

（2）自动化。物流自动化的基础是信息化，核心是机电一体化，外在表现是无人化，最明显的效果是省力。通过实现物流设备的自动化，可以扩大物流作业能力、提高劳动生产率、减少物流作业的差错等。物流自动化的设施非常多，如条码/语音/射频自动识别系统、自动分拣系统、自动存取系统、自动导向车、货物自动跟踪系统等。这些设施在发达国家已普遍用于物流作业流程中，而我国由于物流业起步晚，发展水平低，自动化技术的普及还需要相当长的时间。

（3）网络化。物流领域网络化的基础也是信息化。这里指的网络化有两层含义：一是物流配送系统的计算机通信网络，包括物流配送中心与供应商或制造商的联系要通过计算机网络，另外与下游顾客之间的联系也要通过计算机网络通信；二是组织的网络化，即所谓的组织内部网（Intranet）。比如，台湾的电脑业在20世纪90年代创造出了"全球运筹式产销模式",这种模式的基本特点是按照客户订单组织生产,这一过程需要有高效的物流网络支持,当然物流网络的基础是信息网络。物流的网络化是物流信息化的必然结果,是电子商务下物流活动的主要特征之一。当今世界 Internet 等全球网络资源的可用性及网络技术的普及为物流的网络化提供了良好的外部环境,物流网络化不可阻挡。

(4) 智能化。这是物流自动化、信息化的一种高层次应用,物流作业过程大量的运筹和决策,如库存水平的确定、运输(搬运)路径的选择、自动导向车的运行轨迹和作业控制、自动分拣机的运行、物流配送中心经营管理的决策支持等问题都需要借助于大量的知识才能解决。在物流自动化的进程中,物流智能化是不可回避的技术难题。好在专家系统、机器人等相关技术在国际上已经有比较成熟的研究成果。为了提高物流现代化的水平,物流的智能化已成为电子商务下物流发展的一个新趋势。

(5) 柔性化。柔性化本来是为实现"以顾客为中心"理念而在生产领域提出的,但要真正做到柔性化,即真正地能根据消费者需求的变化来灵活调节生产工艺,没有配套的柔性化的物流系统是不可能达到目的的。因此,柔性化的物流正是适应生产、流通与消费的需求而发展起来的一种新型物流模式。这就要求物流配送中心要根据消费需求"多品种、小批量、多批次、短周期"的特点,灵活组织和实施物流作业。

另外,物流设施、商品包装的标准化,物流的社会化、共同化也都是电子商务下物流模式的新特点。

9.1.3 电子商务与物流的关系

在电子商务改变着传统产业结构的同时,物流业也不可避免地受到影响。如今,电子商务与物流的关系日益紧密。一方面,物流是电子商务的一个主要流程,是实物电子商务的重要保证;另一方面,电子商务对物流活动产生了重大影响,物流的管理运作策略必然要做出调整以适应电子商务发展的需求。

1. 物流对电子商务的影响

(1) 物流是电子商务的重要组成部分。随着电子商务的进一步推广与应用,物流的重要性和所产生的影响日益显著。在电子商务活动中,物流作为整个交易的最后一个环节,其执行结果的好坏将对电子交易的成败起着十分重要的作用。电子商务下的任何一笔交易都包含商流、资金流、信息流和物流,电子商务交易的实现需要这"四流"的协调与整合。在网络化时代,虽然一些电子出版物、信息咨询服务、软件、音像制品等少数商品可以直接通过网络传输方式进行配送,然而绝大多数的商品仍然需要通过专用的运输装卸工具来完成实体的转移。因此,现代化的物流过程是电子商务活动必不可少的重要组成部分。

(2) 物流能够提高电子商务的效率和效益。电子商务通过快捷、高效的信息处理手段能够比较容易地解决信息流、商流和资金流的问题,可以将商品及时地配送到客户手中,即完成商品的空间转移,也标志着电子商务全过程的结束。因此,物流系统的效率高低是决定电子商务成功与否的关键,只有高效率的物流系统,才有高效率的电子商务,才能支持电子商务的快速发展。

(3) 物流是实现电子商务的可靠保证。物流作为电子商务的重要组成部分是实现电子商务的重要保证。无论是传统商务环境下还是在电子商务环境下,生产的顺利进行都需要物流活动的支持。物流是电子商务实现以"以客户为中心"为理念的最终保证,缺少了现代化的物流技术,电子商务给消费者带来的购物便捷将等于零,消费者必然会转向他们认为更安全的传统购物方式,那网上购物就没有存在的必要了。

(4) 物流是电子商务企业实现盈利的重要环节。良好的物流管理可以大大降低企业的成本。在传统的商品成本中,物流成本可以占到商品总价值的30%~50%,对于电子商务企业来说也不例外,电子商务节约的只是交易时间和交易成本,它与传统企业一样离不开物流配送,而现代物流可以大大降低企业耗费在该部分的成本。

2. 电子商务对物流的影响

(1) 电子商务将改变人们传统的物流观念。电子商务作为一种新兴的商务活动,为物流创造了一个虚拟运作空间。在电子商务环境下,人们在进行物流活动时,物流的各种职能及功能都可以通过虚拟化的方式表现出来。在这种虚拟化的过程中,人们可以通过各种组合方式,寻求物流的合理化,使商品实体在实际的运行过程中,达到效率最高、费用最省、距离最短和时间最少的目的。

(2) 电子商务将改变物流的运作方式。电子商务可使物流实现网络的实时控制。传统的物流活动在其运作过程中,其实质都是以商流为中心,因而物流的运作方式是紧紧伴随着商流来运作的。而在电子商务环境下,物流的运作是以信息为中心,信息不仅决定了物流的运作方向,而且也决定着物流的运作方式。在实际运作过程中,通过网络上的信息传递,可以有效地实现对物流的实时控制,使物流合理化,而且网络对物流的实时控制是以整体物流来进行的。比如,在实施计算机管理的物流中心或仓储企业中,所实施的计算机管理信息系统大都是以企业自身为中心来管理物流的,而在电子商务时代,由于网络全球化的特点,可使物流在全球范围内实施整体的实时控制。

(3) 电子商务将改变物流企业的经营形态。电子商务将改变物流企业对物流的组织和管理。在传统经济条件下,物流往往是由某一企业来进行组织和管理的,而电子商务则要求物流从社会的角度来实行系统的组织和管理,以打破传统物流分散的状态。要求企业在组织物流的过程中,不仅要考虑本企业的物流组织和管理,更要考虑全社会的整体系统,而且电子商务将改变物流企业的竞争状态。在电子商务时代,要求物流企业应相互联合起来,形成一种协同竞争的状态,以实现物流的高效化、合理化和系统化。

(4) 电子商务将促进物流基础设施的改善和物流管理与技术水平的提高。首先电子商务将促进物流基础设施的改善。电子商务高效率和全球性的特点要求物流也必须达到这一目标,而物流要达到这一目标,良好的交通运输网络和通信网络等基础设施则是最基本的保证。其次电子商务将促进物流技术的进步。物流技术主要包括物流硬技术和物流软技术,从物流环节来考察,物流技术包括运输技术、保管技术、装卸技术、包装技术等。物流技术水平的高低是决定物流效率高低的重要因素,建立适应电子商务运作的高效率的物流系统,对加快提高物流技术水平意义重大。第三,电子商务将促进物流管理水平的提高。物流管理水平的高低直接决定和影响着物流效率的高低,也影响着电子商务高效率优势的发挥和实现问题,只有提高物流的管理水平,建立科学、合理的管理制度,将科学的管理手段和方法应用于物流管理当中,才能确保物流的畅通进行,实现物流的合理化和高效化，促进电子商务的发展。

（5）电子商务对物流人才提出了更高的要求。电子商务要求物流管理人员不仅具有较高的物流管理水平，而且还要具有较高的电子商务知识，并能在实际的运作过程中有效地将二者有机地结合在一起。

9.1.4 电子商务物流运作模式

随着信息网络化进程的加快，电子商务已经成为未来企业生存和发展的重要手段，企业由单纯的电子商务演变为电子商务企业，物流演变为电子商务物流，标志着现代物流发展进入一个新的阶段。传统企业在销售过程中，由于采取货款当面两清的结算方式，除少数大件商品外，商品转移基本上是由消费者自主完成的，企业不考虑货物的售后运输、仓储分散等物流问题。电子商务则不同，无论是B2B还是B2C，网上销售活动都是集商流、信息流、资金流、物流运作于一身，采用的是一体化服务。目前，电子商务物流发展方兴未艾，各种物流企业层出不穷，物流模式也各不相同。

所谓物流模式，又称物流管理模式，是指从一定的观念出发，根据现实的需要，构建相应的物流管理系统，形成有目的、有方向的物流网络，采用某种形式的物流解决方案。

对于开展电子商务的企业而言，有多种可供选择的物流模式，这些物流模式之间有着密切的联系，大体上可以归纳成三类模式：①实体物流，也是主体物流，包括自营物流、第三方物流和邮政特快专递服务物流，是物流基础，也是物流活动的核心，可以独立存在，也是其他物流模式的基础和微观存在方式；②虚拟物流，也是概念物流，是电子商务环境下产生的新型物流模式，包括电子物流、绿色物流、精益物流和敏捷物流，这些物流不能独立存在，它们相互"渗透"并依附于实体物流，并对实体物流有"润色"作用，能够改善实体物流的运行机能；③组合物流，也是延伸物流，综合物流，包括第四方物流、物流联盟和国际物流，这些都是实体物流和虚拟物流的"化学"结合体，能够有效改善实体物流的运行效率，代表了整个供应链的核心竞争力。开展电子商务的企业在选择物流模式时，首先是在实体物流中选择，为了增加实体物流的竞争力，会根据情况选择不同的虚拟物流模式参与主体物流的运行。在不同的类别中选择物流模式时，各有侧重点：实体物流重在选择决策，虚拟物流贵在创新性和黏合性，易于与主体物流相结合。评价组合物流主要在于其竞争力，但评价的核心仍是主体物流。这些模式方案各具特色，但无疑都凸显出物流管理创新的主旨。

阅读材料

国外电商物流解决方案

（1）美国的物流中央化——物流中央化的美国物流模式强调"整体化的物流管理系统"，是一种以整体利益为重，冲破按部门分管的体制，从整体进行统一规划管理的管理方式。在市场营销方面，物流管理包括分配计划、运输、仓储、市场研究、为用户服务五个过程；在流通和服务方面，物流管理过程包括需求预测、订货过程、原材料购买、加工过程，即从原材料购买直至送达顾客的全部物资流通过程。

（2）日本的高效配送中心——物流过程是生产—流通—消费—还原(废物的再利用及生产资料的补足和再生产)。在日本，物流是非独立领域，由多种因素制约，物流(少库存多批发)与销售(多库存少批发)

相互对立，必须利用统筹来获得整体成本最小的效果。物流的前提是企业的销售政策、商业管理、交易条件。销售订货时，交货条件、订货条件、库存量条件对物流的结果影响巨大。流通中的物流问题已转向研究供应、生产、销售中的物流问题方向。

（3）适应电子商务的全新物流模式——物流代理，它是物流渠道中的专业化物流中间人，以签订合同的方式，在一定期间内，为其他公司提供所有或某些方面的物流业务服务。

资料来源：http://baike.baidu.com/link？url＝wNCleLV52NxpqDeEjBlzvCz3nVumqlqndrW4amV0uVSOGNzrdYY36IyLsN2zwb_gyMHV3Fx8lNBI2NdyKSpWGa

1. 企业自营物流模式

企业自营物流模式是指电子商务企业借助于自身物质条件（包括物流设施、设备和管理机构等）自行组织的物流活动。对于电子商务企业，自营物流启动容易，配送速度快，有利于控制交易时间。特别是在本城市内的配送上，电子商务企业组织自己的配送队伍可以减少向其他配送公司下达配送要求的手续，提高配送效率。企业自营物流直接支配物流资产控制物流智能，保证供货的准确和及时，保障顾客服务的质量，维护企业和顾客的长期关系。

但是电子商务企业和物流企业是两种截然不同的企业，对于电子商务企业来说，拥有一支自己的配送队伍将会产生一笔庞大的开支，不是所有的电子商务企业都适合自己组织物流配送活动的，具有以下特征的从事电子商务的企业才适合依靠自身力量解决配送问题。

（1）业务集中在企业所在城市，进货方式比较单一。由于业务范围集中，企业独立组织配送所耗费的人力不是很大，所涉及的配送设备也仅仅限于汽车和人力车，如果交由其他企业处理，反而浪费时间，增加配送成本。

（2）拥有覆盖面很广的代理、分销、连锁店，而企业业务又集中在其覆盖的范围内。这样的企业一般是从传统产业转型而来或者依然拥有传统产业经营业务，如电脑生产商、家电企业等。

（3）对于一些规模比较大、资金比较雄厚、货物配送量巨大的企业来说，投入资金建立自己的配送系统、掌握物流配送的主动权也是一种战略选择。例如，亚马逊网站已经投入巨资建立遍布美国重要城市的配送中心，准备将主动权牢牢掌握在自己手中。

企业自营物流模式的核心是建立集物流、商流、信息流于一体的现代化新型物流配送中心，而电子商务企业在自建物流配送中心时，应广泛地利用条码技术（Bar Code）、数据库技术（Database）、电子订货系统（Electronic Ordering System，EOS）、电子数据交换（Electronic Data Interchange，EDI）、快速反应（Quick Response，QR）以及有效的客户反应（Efficient Consumer Response，ECR）等信息技术和先进的自动化设施，以使物流中心能够满足电子商务对物流配送提出的各种新要求。

2. 物流企业联盟模式

物流联盟是指电子商务网站、电子商务企业、物流企业等各方面通过契约形成优势互补、要素双向或多向流动、互相信任、共担风险、共享收益的物流伙伴关系。组建物流联盟可降低成本，减少投资，获得技术和管理技巧，提高为顾客服务的水平，取得竞争优势,降低风险和规避不确定性。

绝大多数物流服务利益产生于规模经济,这种规模经济就导致了物流联盟的产生。物流联盟的效益在于物流联盟内的成员可以从其他成员那里得到过剩的物流能力或处于战略意义的市场地理位置以及卓越的管理能力等。物流联盟一般具有以下基本特征。

(1) 相互依赖。组成物流联盟的企业之间具有很强的依赖性,这种依赖来源于社会分工和核心业务的回归。

(2) 分工明晰。对于任何企业来说,物流需求都产生于市场需求。物流服务供应商即物流联盟的各个组成企业应该明确自身在整个物流联盟中的优势所在以及应担当的角色,这样物流联盟内部的对抗和冲突就会大大减少。这种明晰的分工使供应商能够把注意力集中在提供用户指定的服务上。

(3) 强调合作。既然是联盟,就要强调合作,高度成功的物流联盟的营销战略是建立一个合作平台。根据中国目前的物流发展状况,结合物流联盟的特征,可以看到,对于中国当前的电子商务企业来说,物流联盟可以较好地满足跨地区配送的特性,通过物流联盟可以降低成本,减少投资,降低风险,获得技术和管理技巧,提高为顾客服务的水平,取得竞争优势。

一般来说,如果企业自身的物流管理水平比较低,组建物流联盟将会在物流设施、运输能力以及专业管理水平上获得极大收益。另外,如果物流在企业战略中不处于关键地位,但其物流水平却很高,就应该寻找其他企业共享物流资源,通过增大物流量来获得规模效益,降低成本。另外,许多物流企业自身也利用联盟来提高其竞争能力。

3. 第三方物流模式

第三方物流是近年来被广泛讨论的一种全新模式,由于技术先进,配送体系较为完备,第三方物流成为电子商务物流配送的理想方案之一,这也是社会分工日益明确的产物。它凭借其所具有的传统物流不可比拟的优势,顺应了电子商务的空前发展对物流领域提出的更多要求。作为电子商务时代的新生事物,第三方物流企业扮演了非常重要的角色。

第三方物流(Third Party Logistics,TPL)起源于 20 世纪 80 年代末 90 年代初,由于外包成为工商企业的重要发展方向,企业越来越重视把主要业务集中于自己的主要资源上,而把其他资源和业务外部化,第三方物流由于其在专业技术和综合管理方面的显著优势而得到了迅速的发展。

第三方物流是由供需双方以外的物流企业提供物流服务的业务模式,又被称作契约物流、合同物流、物流外包。第三方是指提供物流交易双方的部分或全部物流功能的外部服务提供者,他们并不是供应链的成员,而仅仅是除买卖成员之外的第三方,但他通过提供一整套物流活动来服务于供应链。

与传统的物流提供商相比,第三方物流作为一种战略联盟,对所服务的对象企业(开展电子商务的企业)而言,具有以下突出的战略优势。

(1) 提高了企业的核心竞争力。对于大多数电子商务企业来说,物流属于其非核心业务,在日益激烈的市场竞争环境中,企业要想维持较高的市场竞争优势,就必须将有限的资源集中于核心能力(Core Competence)上。在这种情况下,电子商务营运商把经营重点投入到自己的核心业务中去，物流环节全部外包给专业物流企业，即第三方物流。这种物流模式的好处在于，对电子商务营运商来说，可以把精力集中于电子商务平台的建立和完善，加大专业业务的深度；对专业物流企业来说，既可以拓展服务范围，又可以借以提高自身的信息化程度。两者都在其熟悉的业务范围内工作，能够有效地降低成本，提高工作效率。尤其是对于物流并非其核心竞争力的企业，物流问题最好外包由第三方物流企业来解决。

（2）为客户企业提供技术支持或解决方案。随着技术进步和需求的变化，供应商或零售商有着越来越高的物流配送与信息技术方面的要求。例如，需要使用特殊的软件来设计一个把商品发送给客户的优化顺序和路线；或者需要一种公共的电子信息变换平台以实现信息共享。物流企业要满足这些需求就必须具备较强的技术创新能力，这同时也是物流企业得以生存和发展的关键。第三方物流企业把物流作为自己的核心业务，具备物流领域的新技术和新方案，能够以一种更快速、更具成本有效性的方式来满足用户的需求。

（3）为客户提供灵活性增值服务。第三方物流提供各类物流增值服务，满足客户在诸如地理分布或个性化服务等多方面的灵活性要求。例如，美国 UPS 的一个部门，向那些哪怕一小时的设备停顿都会造成巨大损失的特殊客户提供了一种更加复杂的第三方物流服务。这种服务明显节省了客户的成本，同时，由于客户"愿意为速度付钱"，因而这项业务也使这家物流企业获利颇丰。另外，第三方物流提供者可以不拥有任何车辆、仓库及人力等物资资源，却可以凭借其独特的解决方案，通过资源的外包，为客户组织这些物流资源。

（4）降低企业经营成本。专业的第三方物流服务提供者利用规模优势、专业优势和成本优势，通过提高各环节的利用率节省费用，使客户企业能从费用结构中获益。第三方物流服务提供者还借助精心策划的物流计划和适时配送等手段，最大限度地减少库存，改善企业的现金流量，实现成本优势。

（5）提升企业形象。第三方物流能够对整个供应链实现完全控制，减少物流的复杂性，而且通过遍布全球的运送网络和服务提供者大大缩短了交货期，帮助顾客改进服务，树立自己的品牌形象。

4. 邮政特快专递服务模式

邮政特快专递服务的物流模式是指由电子商务企业或商家从网站或虚拟网站上获得消费者的购物清单和家庭地址等信息，然后到附近的邮局办理特快专递手续将货物寄出，消费者在收到邮局的取货通知后，再到所在地邮局取回商品，或者由邮递员直接将货物送到消费者家中的物流模式。

邮政特快专递服务的物流模式是现在个人消费者主要采用的模式，其主要的优点是运送时间较快，对于电子商务经营主体来说比较方便，而且由于邮政信誉度较高，这也是个人消费者愿意采用这种物流模式的主要原因之一。但是，由于邮政特快专递服务收费偏高，常常使企业或商家及消费者难以接受。

5. 第四方物流模式

第四方物流(Fourth Party Logistics，4PL)的概念是由 1998 年美国埃森哲咨询公司首先提出的。它是指独立于第三方物流、客户、IT 服务提供者之外的供应链综合提供者,它把自身的资源、能力和技术以及其他具有互补性的服务提供商的资源、技术进行整合和管理,提供一整套供应链解决方案。

资源整合、优势集成是这一联盟方式的特点。第四方物流成功地影响了大批的服务者(第三方物流、网络工程、电子商务、运输企业等)以及客户和供应链中的伙伴。它作为客户间的连接点,通过合作或联盟提供多样化服务,使得高效、高质量、低成本的运送服务得以实现。第四方物流具有突破现行供应链模式的潜能,其不同于当今外包供应链的方法,因为它提供了一种可预测、可持续的利益。进入这个网络,第四方物流将通过优异的运营计划、技能及其实施手段,为客户创造一个长期进步、互惠互利的伙伴关系。

总之,第四方物流通过提供一个全方位的供应链解决方案来满足今天的企业所面临的广泛而又复杂的需求。这个方案关注供应链管理的各个方面,既提供持续更新和优化的技术方案,同时又能满足客户的独特需求。虽然目前不少人认为第四方物流由于难以获得委托方的信任,只是一个设想,但随着社会经济的不断发展,第四方物流将会得到广泛的运用。

知识链接

第四方物流的优势

第四方物流的关键在于为顾客提供最佳的增值服务,即迅速、高效、低成本和个性化服务等。第四方物流有众多的优势。

(1) 它对整个供应链及物流系统进行整合规划。第三方物流的优势在于运输、储存、包装、装卸、配送、流通加工等实际的物流业务操作能力,但在综合技能、集成技术、战略规划、区域及全球拓展能力等方面存在明显的局限性,特别是缺乏对整个供应链及物流系统进行整合规划的能力。而第四方物流的核心竞争力就在于对整个供应链及物流系统进行整合规划的能力,也是降低客户企业物流成本的根本所在。

(2) 它具有对供应链服务商进行资源整合的优势。第四方物流作为有领导力量的物流服务提供商,可以通过其影响整个供应链的能力,整合最优秀的第三方物流服务商、管理咨询服务商、信息技术服务商和电子商务服务商等,为客户企业提供个性化、多样化的供应链解决方案,为其创造超额价值。

(3) 它具有信息及服务网络优势。第四方物流公司的运作主要依靠信息与网络,其强大的信息技术支持能力和广泛的服务网络覆盖支持能力是客户企业开拓国内外市场、降低物流成本极为看重的,也是取得客户的信赖,获得大额长期订单的优势所在。最后,它还具有人才优势。

第四方物流公司拥有大量高素质国际化的物流和供应链管理专业人才和团队,可以为客户企业提供全面的卓越的供应链管理与运作,提供个性化、多样化的供应链解决方案,在解决物流实际业务的同时实施与公司战略相适应的物流发展战略。发展第四方物流可以减少物流资本投入、降低资金占用。通过第四方物流,企业可以大大减少在物流设施(如仓库、配送中心、车队、物流服务网点等)方面的资本投入,降低资金占用,提高资金周转速度,减少投资风险。降低库存管理及仓储成本。第四方物流公司通过其卓越的供应链管理和运作能力可以实现供应链"零库存"的目标,为供应链上的所有企业降低仓储成本。同时,第四方物流大大提高了客户企业的库存管理水平,从而降低库存管理成本,发展第四方物流还可以改善物流服务质量,提升企业形象。

资料来源:http://baike.baidu.com/subview/183336/5144498.htm? fr=aladdin

6. 新型物流模式

1) 电子物流

电子物流就是利用电子化的手段，尤其是利用互联网技术来完成物流全过程的协调、控制和管理，实现从网络前端到最终客户端的所有中间过程服务。最显著的特点是各种软件技术与物流服务的融合应用。

电子物流的功能非常强大，它能够实现系统之间、企业之间，以及资金流、物流、信息流之间的无缝链接，而且这种链接同时还具备预见功能，可以在企业间提供一种透明的可见性功能，帮助企业最大限度地控制和管理库存。同时，由于全面应用了客户关系管理、商业智能、计算机电话集成、地理信息系统、全球定位系统、互联网、无线互联技术等先进的信息技术手段，以及配送优化调度、动态监控、智能交通、仓储优化配置等物流管理技术和物流模式，电子物流提供了一套先进的、集成化的物流管理系统，从而为企业建立敏捷的供应链系统提供了强大的技术支持。

2) 绿色物流

在人类步入21世纪之际，物流的发展必然要求我们从环境保护的角度对物流体系进行改造，形成一种环境共生型的物流管理系统，改变原来经济发展与物流、消费生活与物流之间的单向作用关系，在抑制物流对环境造成危害的同时，形成一种能促进经济和消费生活健康发展的现代物流系统，即向绿色物流转变。

在电子商务模式下，绿色物流的运作以信息为中心，信息不仅决定了绿色物流的运作方向，而且也决定着绿色物流的运作方式。在实际运作过程中，绿色物流可充分利用互联网巨大的优势建立网站和平台，开展商品物流跟踪、客户响应模式、信息处理和传递系统，通过网络上的信息传递，有效地实现对绿色物流的实时控制，完成网上购物及连锁经营等活动，提供更加完善的配送和售后服务。物流企业应该认识到，电子商务与绿色物流是合作博弈，网上网下及早合作可共创双赢模式。

3) 精益物流

精益物流是在物流系统优化的基础上，剔除物流过程中的无效和不增值作业，用尽量少的投入满足客户需求，实现客户的最大价值，并获得高效率、高效益的物流。运用精益思想对企业物流活动进行管理，其基本原则是从顾客的角度而不是从企业和职能部门的角度来研究什么可以产生价值；按整个价值流确定供应、生产和配送产品中所有必需的步骤和活动；创造无中断、无绕道、无等待、无回流的增值活动；及时创造仅由顾客拉动的价值；不断消除浪费，追求完善。精益物流的目标可概括为企业在提供满意的顾客服务水平的同时，把浪费降到最低程度。

知识链接

物流一体化

物流一体化是指以物流系统为核心，由生产企业、物流企业、销售企业，直至消费者的供应链整体化和系统化。它是在第三方物流的基础上发展起来的新的物流模式。20世纪90年代，西方发达国家如美、法、德等国提出物流一体化现代理论，并应用和指导其物流发展，取得了明显效果。在这种模式下物流企业通过与生产企业建立广泛的代理或买断关系，使产品在有效的供应链内迅速移动，使参与各方的企业都能获益，使整个社会获得明显的经济效益。这种模式还表现为用户之间的广泛交流供应信息，从而起到调剂余缺、合理利用、共享资源的作用。在电子商务时代，这是一种比较完整意义上的物流配送模式，它是物流业发展的高级和成熟的阶段。物流一体化的发展可进一步分为三个层次：物流自身一体化、微观物流一体化和宏观物流一体化。物流自身一体化是指物流系统的观念逐渐确立，运输、仓储和其他物流要素趋向完备，子系统协调运作，系统化发展。微观物流一体化是指市场主体企业将物流提高到企业战略的地位，并且出现了以物流战略作为纽带的企业联盟。宏观物流一体化是指物流业发展到这样的水平：物流业占到国家国民生产总值的一定比例，处于社会经济生活的主导地位，它使跨国公司从内部职能专业化和国际分工程度的提高中获得规模经济效益。物流一体化是物流产业化的发展形式，它必须以第三方物流充分发育和完善为基础。物流一体化的实质是一个物流管理的问题，即专业化物流管理人员和技术人员，充分利用专业化物流设备、设施，发挥专业化物流运作的管理经验，以求取得整体最优的效果。同时，物流一体化的趋势为第三方物流的发展提供了良好的发展环境和巨大的市场需求。

资料来源：http://baike.baidu.com/subview/183336/5144498.htm?fr=aladdin

9.2 订单管理

在电子商务企业中，订单处理是每日必须进行的工作，订单处理的速度在很大程度上会影响客户的满意度，从而使订单处理成为电子商务企业运营中相当重要的一环。订单处理是物流活动的开始，接受客户订单后，经过订单处理，开始拣货、理货、分类、装车、配送等出货物流作业。订单处理开启一连串的物流作业，因此其处理的正确性、效率性，深切地影响到后续的作业绩效。据统计，许多行业里接受订单、订单处理和订单履行等相关活动占据了整个订货周期的50%～70%。很多企业都希望通过缩短订货周期来实现高水平的客户服务，所以，认真管理好订单处理过程中的各项活动就成为解决问题的关键所在。

客户在网络上生成订单并通过网络发出订单，电子商务企业通过网络接收订单并汇总，然后处理订单，按照订单配送。对于电子商务企业来说，按照服务承诺在指定的时间、指定的地点、正确的产品送到正确的客户是开展网上电子商务的难点所在。网上订单分散、数量多，每单位的订单金额小，客户分散在全国各地乃至全球各地，这对及时有效地处理网络订单、低成本配送货物带来了巨大的困难。订单处理的效率已经成为吸引网上客户回头的主要因素，高效实施订单履行流程是提升企业竞争力的有效手段。

9.2.1 订单管理的基本流程

电子商务活动中，订单管理非常重要，订单管理的作业起始于接单，经由接单所取得的订货信息，经过处理和输出，开启物流中心出货物流活动。在这一连串的物流作业里，订单是否有异动、订单进度是否如期进行都将影响电子商务活动是否能顺利完成，有效的订单管理是高效运营和客户满意的关键。

订单管理的功能包括订单生成、订单传输、订单接收、订单录入、订单核对、信用检查、可用库存检查、订单履行、订单状态检查、价格和折扣处理以及退货处理等。企业及时、准确、全面地执行与订单管理有关的所有活动时，企业活动的其他方面同样能够很好地协调。此外，现有的和潜在的客户将会更加重视订单周期的一致性、可预测性及可接受的响应时间。通过在整个过程考虑客户需求，企业能够设计出比竞争企业先进的订单管理系统，企业的订单管理能力将有助于产生竞争优势。

物流部门需要建立与客户订单有关的及时、准确的信息，因此，越来越多的企业将订单管理职能放在物流部门中。这个改变不仅从物流过程角度而且从整个组织角度来看都是有益的，订单管理主要得益于今天计算机和信息系统的改进和响应程度的提高。在许多企业，订单管理部门已经成为开发新技术，推动进步的革新者。

1. 订单生成

客户要想在电子商务网站上购买到自己所需的产品，就必须学会如何制作订单。制作订单通常需要经过以下步骤。

（1）打开 IE 浏览器，在地址栏内输入所要进入的电子商务网站地址，进入相应的电子商务网站。

（2）在电子商务网站中挑选所需货物，进入订购货物界面，单击"购买"按钮，将自动生成订单，并可对订单中的商品数量进行修改，然后单击"确定"按钮即可，同时也可对不想要的商品进行删除。买家也可以通过购物车进行购物，现在很多的电子商务网站都支持购物车功能，通过购物车，可以在电子商务网站上一次性批量购买多个商品，并可一次性支付货款。

（3）进入注册、登录界面，如果是老顾客，直接输入用户名和密码即可。如果是新顾客就必须先注册，在用户注册界面中填入相关用户信息，并设定密码。

（4）填写详细的收货人姓名、所在地、详细的收货地址、邮编及联系电话，并根据所在的地区及所需送货的快慢程度，在商家提供的送货方式中选择一种送货方式。现在常用的有特快专递、普通快递及普通邮递等方式。

（5）根据所提供的支付方式选择付款手段。常用的付款方式有网上支付、货到付款、邮局汇款及银行转账等多种支付方式。

（6）填写完以上信息后，仔细核对确认无误后，单击"提交订单"按钮进行订单提交。订单提交成功以后，页面会提示订单提交成功，并显示订单号，表示成功完成所有网上下单操作。

2. 订单传输

顾客生成订单的目的是要向电子商务企业提出购买产品或服务的请求，只有当订单传输给电子商务企业之后，购买产品和服务的活动才能形成。因此，订单的传输就成了订单处理过程中的重要环节。

目前，订单传输可以通过两种基本方式来完成：人工方式和电子方式。人工方式包括邮寄订单，或由销售人员亲自将订单送到企业订单录入地点。作为传输方式之一，人工传送订单的速度比较慢，但是成本相对低廉。随着互联网、传真机、EDI 以及卫星通信等技术的广泛应用，利用电子方法传输订单的做法相当普及。这种具有高可靠性、高准确度的传输方式几乎可以瞬间完成订单信息的输送，基本已经取代了人工传输方法。

订单处理系统中，传递订单信息所需的时间会因所选用的传输方式不同而大相径庭，销售人员搜集、拣选订单后传送邮寄所花费的时间可能最长，而各种形式的电子信息传输方法，如电话、电子数据交换、卫星通信等则是最快捷的。速度、可靠性和准确性这些绩效指标应该与设备购置及运营成本进行权衡考虑，如何判定绩效对收益所产生的影响仍然是业界面临的挑战之一。

3. 订单处理

接收订单是订单处理的第一步。在电子商务环境下，接收订单的操作为订单管理员在后台利用 IE 浏览器进入订单管理系统完成的。

在接收了客户订单以后，电子商务企业通常会对订单做进一步处理才能进行后续的作业。订单处理是指在订单实际履行前所进行的各项工作，订单处理的作业流程主要包括订单资料的输入、订单资料的查核与确认、库存分配及出库资料打印。

(1) 订单资料的输入。在接收客户订单后，需要将客户订货资料输入订单管理系统中，并建立文件。在电子商务模式下，可通过计算机网络技术，将客户的电子订货资料直接转入到电子商务公司的订单管理系统中，因此可实现自动输入，不需要人工输入。

(2) 订单资料的查核及确认。订单资料的查核及确认分为输入检查及交易条件确认两部分内容。

① 输入检查主要检查订单上的各项资料是否完备，是否符合要求。例如，对订货数据项的基本检查主要是检查品名、数量、送货日期等是否有遗漏、笔误，符不符合公司的要求等内容。若是通过 VAN(增值网络)中心进行电子订货处理的，可事先委托其进行一些基本的客户下单资料检查，对于错误的下单资料，传回给客户修改后再重新传送，以便减轻工作量。

② 交易条件确认包括客户信用状况确认、订单形态确认、存货确认、销售配额确认、价格确认等。客户信用状况确认主要是检查客户的应收账款是否已超过信用额度。订单形态确认主要是根据交易类型来进行，以便系统针对不同形态的订单提供不同的处理功能。存货确认主要是检查所需商品是否缺货，若缺货，可以通过提供替代商品的资料或此缺货商品已采购未入库的资料，以便协调是否改订替代品或者延期出货，销售配额确认是对没有销售配额限制的商品的订购数量进行检查，看是否超额订购，以维护其他客户的权益。价格确认是对不同类型的客户、不同的订购量所输入的价格进行检查，查看所输价格是否符合要求。订单管理是以在查核及确认后的订单资料为依据进行的，只有经过查核确认后的订单资料，公司才会承诺按此订单资料出货。

(3) 库存分配。当订单资料被查核及确认无误后，就要对大量的订货资料做有效的汇总分类，并对现有库存进行最合理的分配，以保证后续作业的顺利进行。

(4) 出库资料打印。订单资料经过上述处理后，就能自动生成拣货单、送货单、缺货单等出货指示资料，及时将这些出货指示资料打印出来，就可进行后续的出货物流作业，完成整个订单处理过程。

4. 订单履行

将客户订单处理完成以后，就要开始执行订单，进行各项业务活动，包括采购、生产与发货等业务,也就是订单履行的工作。订单履行是由与实物有关的活动组成的,包括:①通过提取存货、生产或采购来获取所订购的货物;②对货物进行运输包装;③安排送货;④准备运输单证。其中,订单履行的各项活动是可以与订单录入同时进行的,也可以提早到订单处理阶段就开始,这样可以大大缩短整个订单处理的时间。

订单履行是对不同订单采取的先后顺序,将对整个订单处理环节的效率产生很大的影响,这与企业规定、订单履行人员的偏好及订单的复杂程度都有关系。其中,企业规定将会对订单履行的次序有非常重要的作用,它会使订单处理人员养成一种固定的订单履行偏好,从而进一步影响订单履行的先后顺序。订单履行的优先顺序不仅会影响到所有订单的处理速度,而且还可能会影响到重要订单的处理,进一步影响客户对企业的满意程度,从而对企业的效益产生影响。因此,确定一种合适的订单履行优先顺序对企业至关重要。

目前,企业在订单履行过程中经常使用到的订单优先法则主要有:按照订单到达的时间顺序进行处理,即优先处理先下达的订单;按照订单的紧迫程度优先处理紧急订单;按照订单的难易程度,先易后难地进行处理;按照客户的重要程度,优先处理重要客户的订单;按照企业规定的订单处理规则进行处理等。也有的企业在履行订单时,经常是多法则同时使用,主要是体现对客户的公平性、订单的重要性与订单处理的快慢等。

9.2.2 订单状态跟踪

订单经由接单作业进入物流中心,经过输入、查核确认、库存分配等处理,然后产生出货指示资料,随后开始拣货、出货配送、最后经由客户签收、取款结算等一整套循环作业,整个订单资料的处理在系统里才算结束。订单资料在该循环里的每个节点的处理是否按正常程序进行,以及前后节点间的接替是否确实无误,这些都是订单状态管理的主要内容。通过订单状态跟踪,可以及时掌握订单资料所处的状态。只有这样,在订单出现异动情况时,系统才能及时进行修正,避免因异动造成损失。订单状态跟踪的内容主要包括订单进度跟踪和订单异动处理。

1. 订单进度跟踪

对订单进度进行跟踪的目的是为了更好地掌握订单处理进行到了哪一步,订单处于什么处理状态。订单状态会随着订单处理作业流程的进行而发生相对的变动,订单状态一般可分为已输入及已确认订单、已分配订单、已拣货订单、已发货订单、已收款订单、已结算订单、锁定订单等。

对于已发货订单,目前很多物流配送公司都支持"在线跟踪",通过登录物流配送公司的网站,输入全国唯一的运单号,能够查询从邮件到发快件再到快件送达接货人的所有环节状态,方便客户及时了解购买的产品所处的状态。

2. 订单异动处理

在对订单进行处理的实际作业中,无法避免地会出现订单异动情况。在电子商务环境下,常见的订单异动情形有客户取消订单、客户追加订单、送货时客户拒收等。若出现订单异动情况时,应先查明目前订单状态,然后采取相应的处理措施进行解决。

9.2.3 影响订单处理的因素分析

订单处理的时间不仅与硬件和系统有关，而且还与业务流程的设计、客户服务政策以及运输操作等因素有关。但是，硬件和系统对订单处理时间的影响在物流系统设计时就已经确定了，这方面难以在今后的运营中做出调整，而其他几个因素对订单处理时间的影响却可以在企业运营当中做出有效改善。

1. 订单处理的先后顺序

许多公司在收到客户订单之后，会按照事先制定好的规则对客户订单进行优先处理，这样可以把有限的时间、生产能力及人力资源配置到更有利可图的订单上。在此过程中，他们将改变订单处理的时间，享有高优先级的订单会被优先处理，而那些优先级较低的订单则要留待稍后进行处理。有些企业会按照订单收到的先后次序进行处理，尽管后者看起来似乎对所有的客户更加公平，但这样做的结果可能会使企业失去更多的潜在利润，而且将所有的客户同等对待的做法还可能延长订单的平均处理时间。另一些企业虽然可能不会明确指出订单处理的先后顺序，但在实际执行的过程中会按照一些心照不宣的原则处理，并有可能对订单处理时间带来负面影响。

2. 并行处理与顺序处理

企业在实际的管理中，有效安排订单处理流程中的各项工作能显著缩短订单处理的时间。如果完全依次来完成各项工作，订单处理时间是最长的，而如果采取并行处理的方式同时进行几项工作，总的订单处理时间就会缩短。比如，在审核订单时，将一份订单复制多份，这样在审核订单的同时可以进行订单信息转录和客户信用查核工作，从而缩短了订单处理时间。总体上来说，并行处理将比顺序处理大大缩短订单处理的时间。

3. 订单履行的准确度

如果公司能够准确无误地履行客户订单，不产生任何错误，那么订单处理时间很有可能是最短的。但是，在实际运作中错误可能在所难免，如果公司将订单处理时间看成是经营管理的首要因素，那么就应该严格控制出错的次数。

4. 订单的批处理

订单的批处理（Order Batching）是在接收到每一份订单后不是马上处理订单，而是等订单收集到一定数量之后，将相应的订单进行分类，然后集中处理，这样可以减少订单处理的时间。但另一方面，由于增加了订单等待收集与分类的环节，可能会增加一些订单的处理时间，对那些先收到的订单尤其如此。所以企业在采用这种方式的时候，应权衡订单处理时间的延长对客户满意度的影响与减少成本之间的关系。

5. 集中配送与运输

集中配送与运输（Shipment Consolidation）与批处理订单的原理类似，企业保留客户订单直至达到一定的经济运输批量，才开始安排订单的配送与运输业务，以减少运输成本。同样，这种处理方式也会增加订单处理的时间，企业仍应权衡集中配送与运输对客户满意度的影响与减少的配送运输成本之间的关系。

9.3 物流信息技术

物流信息技术是指应用在物流各个作业中的现代信息技术,是物流现代化、信息化、集成化的重要标志。物流信息技术由通信、软件和面向行业的业务管理系统三大部分组成,其中包括基于各种通信方式的移动通信手段、全球定位(Global Positioning System,GPS)技术、地理信息(Geographic Information System,GIS)技术、计算机网络技术、自动化仓库管理技术、智能标签技术、条码技术、射频识别技术、电子数据交换技术等现代尖端科技。在计算机相关技术的支撑下,形成了以移动通信、资源管理、监控调度管理、自动化仓储管理、业务管理、客户服务管理、财务处理等多种信息技术集成的一体化现代物流管理体系。

9.3.1 条码技术

条码技术是在计算机的应用实践中产生和发展起来的一种自动识别技术,它是为实现对信息的自动扫描而设计的,是实现快速、准确而可靠地采集数据的有效手段。条码技术的应用解决了数据录入和数据采集的"瓶颈"问题,为现代物流管理提供了有力的技术支持。物流条码标准化在推动各行业信息化、现代化建设进程和供应链管理的过程中将起到不可估量的作用。

1. 条码与条码技术

条码是由一组黑白相间隔的条形符号组成,利用光电扫描阅读设备并实现数据自动输入计算机的特殊信息符号。严格地讲,它是由一组规则排列的条、空及其对应字符组成的标记,用以表示一定的信息。这些条和空组成的数据表达一定的信息,并能够用特定的设备识读,转换成与计算机兼容的二进制和十进制信息。

构成条码的条文由若干个黑色的"条"和白色的"空"所组成,其中,黑色条对光的反射率低而白色的空对光的反射率高,正是由于不同颜色对光的反射率不同,再加上条与空的宽度不同,就能使扫描光线产生不同的反射接收效果,在光电转换设备上转换成不同的电脉冲,形成了可以传输的电子信息。由于条和空可以有各种不同的组合方法,从而构成不同的图像符号,即各种符号体系,也称码制,适用于不同的场合。

条码技术是在计算机技术与信息技术基础上发展起来的一种集编码、印刷、识别、数据采集和处理于一身的新兴技术。条码技术的核心内容是利用光电扫描设备识读货品上的条码符号,从而实现机器对货品的自动识别,并快速准确地将信息录入到计算机进行数据处理,以达到自动化管理的目的。条码技术包括条码的编码技术、光感技术、条码识别符号的设计、快速识别技术以及计算机管理等技术,是实现计算机管理和电子数据交换不可缺少的前端采集技术。

条码技术提供了对物流中的物品进行标识和描述的方法,企业可以借助自动识别技术、销售信息系统(Point of Sale,POS 系统)、EDI 等现代技术手段,随时了解有关产品在供应链上的位置,并及时做出反应。当今在欧美等发达国家的供应链管理策略中,都离不开条码技术的应用。条码是 POS 系统、EDI、电子商务和供应链管理的技术基础,是物流管理现代化、提高企业管理水平和竞争能力的重要技术手段。条码种类繁多，达四十余种，常见的约有二十多种，目前应用最为广泛的有交叉五码、39 码、UPC 码、EAN 码和 128 码等。近年来又出现了按矩阵方式或堆栈方式排列信息的二维条形码。若从印制条形码的材料、颜色分类，可分为黑白条码、彩色条码、发光条码（如荧光条码、磷光条码）和磁性条码等，不论哪一种条码，在设计上都有一些共同点：符号图形结构简单；每个条码字符由一定的条符组成，占有一定的宽度和印制面积；每种编码方案均有自己的字符集；每种编码方案与对应的阅读装置的性能要求密切配合。

2. 条码技术的特点

信息输入技术可采用各种自动识别技术，作为一种图形识别技术，条码与其他自动识别技术相比具有以下特点。

（1）易于操作。条码符号的制作相对较为容易，扫描操作也较简单，不需要专门的培训。

（2）采集信息量大。利用条码扫描一次就可以采集十几位字符的信息，而且可以通过选择不同码制的条码来增加字符的密度。

（3）信息采集速度快。普通计算机的键盘输入速度是每分钟 200 个字符，而用条码扫描录入信息的速度可以是键盘输入的 20 倍。

（4）使用成本低。与其他自动化识别技术相比，条码技术仅仅需要一张贴纸和相对构造简单的光学扫描仪，成本低廉。

（5）可靠性强。利用键盘录入数据的出错率为三千分之一，利用光学字符识别技术的出错率大约为万分之一，如果采用条码技术扫描录入方式，误码率仅为百万分之一，首读率可达 98%。

3. 条码技术在物流中的应用

当今的物流信息自动化管理系统要求高速、准确地对物流信息进行采集。要及时捕捉作为信息源的每一商品在出库、入库、上架、分拣、运输等过程中的各种信息。条码自动识别技术由于其输入简便、迅速、准确、成本低、可靠性高等显著优点，被充分应用于物品装卸、分类、拣货、库存等各物流环节，使得物流作业程序简单而且准确。条码在现代物流中的典型应用有以下几方面。

（1）销售信息系统（POS 系统）。在商品上贴上条码就能快速、准确地利用计算机进行销售和配送管理。其过程为：对销售商品进行结算时，通过光电扫描读取并将信息输入计算机，然后输入收款机，收款后开出收据，同时，通过计算机处理，掌握进、销、存的数据。

（2）仓储管理与物流跟踪。在库存物资上应用条码技术，尤其是规格包装、集装、托盘货物上，入库时自动扫描并输入计算机，由计算机处理后形成库存的信息，并输出入库区位、货架、货位的指令。可以实现快速、准确地记录每一件物资，采集到的各种数据可实时地由计算机系统进行处理，使得各种统计数据能够准确、及时地反应物资的状态。

（3）分货拣选系统。在配送方式和仓库出货时，采用分货、拣选方式。需要快速处理大量的货物时，由于在每件物品外包装上都印（贴）有条码，利用条码技术便可自动进行分货拣选，并实现有关的管理。

9.3.2 EDI 技术

EDI 的内涵和特点在第 1 章已经介绍过，它可以通过计算机系统和网络，实现物流信息的电子化、自动化，可降低企业的物流业务成本，提高企业物流管理活动中信息交换的准确率和效率。

与企业物流管理相关的作业活动由于采用了 EDI 技术，效率会得到普遍提高，主要体现在以下几个方面。

1. 引入采购进货单

采购进货单是整个交易流程的开始，接到 EDI 订单就不需要重新输入，从而节省订单输入人力，保证了数据的正确；开发核查程序，核查收到订单是否与客户的交易条件相符，从而节省核查订单的人力，降低核查的错误率；与库存系统、拣货系统集成，自动生成拣货单，加快拣货与出货速度，提高服务质量。

2. 引入出货单

在出货前事先用 EDI 发送出货单，通知客户出货的物资及数量，以便客户事先打印验货单并安排仓库，从而加快验收速度，节省双方交货、收货的时间；EDI 出货单也可供客户与内部订购数据进行比较，缩短客户验收后人工确认计算机数据的时间，降低日后对账的困难；客户可用出货单验货，使出货单成为日后双方催款对账的凭证。

3. 引入催款对账单

开发对账系统，并与出货系统集成，从而减轻财务部门每月对账的工作量，降低对账错误率及业务部门催款的人力和时间。

4. 引入转账系统

实现了与客户的对账系统后，可以引入银行的 EDI 转账系统，由银行直接接收客户的 EDI 汇款再转入企业的账户内，这样可以加快收款作业，提高资金周转的效率。转账系统与对账系统、会计系统集成后，除实现自动转账外，还可将后续的会计作业自动化，节省人力。

9.3.3 自动跟踪技术

1. 射频技术

射频识别技术(Radio Frequency，RF)起源于第二次世界大战的军事通信，在军事物流中起到了非常重要的作用。20 世纪 90 年代中期，射频技术开始逐步应用于商业领域中，它非常适用于物流跟踪、运载工具、仓库货架及其他目标的识别等要求非接触数据采集和交换的场合，还可用于生产装配线上的作业控制。

射频技术是一种非接触式的自动识别技术，它的基本原理是电磁理论，利用无线电波对记录媒体进行读写。射频系统的优点是不局限于视线，识别距离比光学系统远，射频识别卡具有读写能力、可携带大量数据、难以伪造且具备一定的智能性。射频识别系统的传送距离由许多因素决定，如传送频率、天线设计等，射频识别的距离可达几十厘米至几米,且根据读写的方式,可以输入数千字节的信息,同时还具有极高的保密性。

由于 RF 标签具有可读写能力,对于需要频繁改变数据内容的场合尤为适用。如香港的车辆自动识别系统——驾易通,采用的主要技术就是射频技术。目前香港已经有 8 万多辆汽车装上了电子标签,装有电子标签的车辆通过装有射频扫描器的专用隧道、停车场或高速公路路口时,无须停车缴费,大大提高了行车速度,提高了效率。目前,射频技术已经被成功地应用于高速公路自动收费、门禁保安、RFID(Radio Frequency Identification,射频识别)卡收费和仓储管理。物流公司将射频技术用于库存管理、运输管理中。

射频技术的发展历程

RFID 直接继承了雷达的概念,并由此发展出一种生机勃勃的 AIDC(Auto Identification and Data Collection,自动识别与数据采集)新技术——RFID 技术。1948 年哈里·斯托克曼发表的"利用反射功率的通信"奠定了射频识别 RFID 的理论基础。RFID 技术的发展可按 10 年期划分如下。

1941—1950 年,雷达的改进和应用催生了 RFID 技术,1948 年奠定了 RFID 技术的理论基础。

1951—1960 年,早期 RFID 技术的探索阶段,主要处于实验室实验研究。

1961—1970 年,RFID 技术的理论得到了发展,开始了一些应用尝试。

1971—1980 年,RFID 技术与产品研发处于一个大发展时期,各种 RFID 技术测试得到加速,出现了一些最早的 RFID 应用。

1981—1990 年,RFID 技术及产品进入商业应用阶段,各种规模应用开始出现。

1991—2000 年,RFID 技术标准化问题日益得到重视,RFID 产品得到广泛采用,RFID 产品逐渐成为人们生活中的一部分。

2001 年至今,标准化问题日益为人们所重视,RFID 产品种类更加丰富,有源电子标签、无源电子标签及半无源电子标签均得到发展,电子标签成本不断降低,规模应用行业扩大,RFID 技术的理论得到丰富和完善。单芯片电子标签、多电子标签识读、无线可读可写、无源电子标签的远距离识别、适应高速移动物体的 RFID 正在成为现实。

资料来源:http://baike.baidu.com/view/132280.htm?fr=aladdin

2. 全球定位系统

全球定位系统(Global Positioning System,GPS)具有在海、陆、空进行全方位实时三维导航与定位能力。最早是由美国军方在 20 世纪 70 年代初从"子午仪卫星导航定位"技术发展起来的,是具有全球性、全能性(陆海空)、全天候性优势的导航定位、定时、测速系统。GPS 的显著特点在于全球地面连续覆盖、功能多、精度高、实时定位速度快、抗干扰性能好、保密性强。

GPS 在物流领域可以应用于汽车自动定位、跟踪调度以及铁路运输等方面的管理以及军事物流。

(1)用于汽车自动定位、跟踪调度方面。车载 GPS 产品是 GPS 技术的应用,通常是指安装在车辆上,可以确定车辆的位置,并结合通信模块把位置信息发送给服务中心的系统。车载 GPS 主要由 GPS 接收板、通信模块、天线和电路主板组成。GPS 车辆定位系统包括报警、反劫、查询、调度等功能。基于CPS的物流运输调度管理系统主要是通过调用GPS系统的Web GIS服务实现对车辆的监督、控制,优化运输线路,合理安排运输任务。

(2) 用于铁路运输方面的管理。利用GPS的计算机管理信息系统,可以通过GPS和计算机网络实时收集全程列车、机车、车辆、集装箱及所运货物的动态信息,可实现列车及货物的追踪管理。只要知道货车的车种、车型和车号,就可立即从近10万公里的铁路网上流动着的几十万辆货车中找到该货车,还能得知这辆货车现在在何处运行或停在何处,以及所有车载货物的发货信息。铁路部门运用这项技术可大大提高其路网及其运营的透明度,为货主提供更高质量的服务。

(3) 用于军事物流。全球定位系统首先是因为军事目的建立的,在军事物流中应用相当普遍,如后勤装备的保障等方面。通过GPS技术及系统,可以准确地掌握和了解各地驻军的数量和要求,无论是在战时还是在平时都能及时准确地进行后勤补给。

知识链接

GPS的发展过程

GPS的前身是美国军方研制的一种子午仪卫星定位系统(Transit),1958年研制,1964年正式投入使用。该系统用5到6颗卫星组成的星网工作,每天最多绕过地球13次,并且无法给出高度信息,在定位精度方面也不尽如人意。然而,子午仪系统使得研发部门对卫星定位取得了初步的经验,并验证了由卫星系统进行定位的可行性,为GPS的研制做好了铺垫。由于卫星定位显示出在导航方面的巨大优越性及子午仪系统存在对潜艇和舰船导航方面的巨大缺陷。美国海陆空三军及民用部门都感到迫切需要一种新的卫星导航系统。

为此,美国海军研究实验室(United States Naval Research Laboratory,NRL)提出了名为Tinmation的用12~18颗卫星组成10 000km高度的全球定位网计划,并于67年、69年和74年各发射了一颗试验卫星,在这些卫星上初步试验了原子钟计时系统,这是GPS精确定位的基础。而美国空军则提出了621—B的以每星群4~5颗卫星组成3~4个星群的计划,这些卫星中除1颗采用同步轨道外其余的都使用周期为24h的倾斜轨道,该计划以伪随机码(Pseudo Random Noise Code,PRN)为基础传播卫星测距信号,其强大的功能,当信号密度低于环境噪声的1%时也能将其检测出来。伪随机码的成功运用是GPS得以取得成功的一个重要基础。海军的计划主要用于为舰船提供低动态的二维定位,空军的计划能提供高动态服务,然而系统过于复杂。由于同时研制两个系统会造成巨大的费用而且这里两个计划都是为了提供全球定位而设计的,所以1973年美国国防部将两者合二为一,并由国防部牵头的卫星导航定位联合计划局(JPO)领导,还将办事机构设立在洛杉矶的空军航天处。该机构成员众多,包括美国陆军、海军、海军陆战队、交通部、国防制图局、北约和澳大利亚的代表。

最初的GPS计划在美国联合计划局的领导下诞生了,该方案将24颗卫星放置在互成120°的三个轨道上。每个轨道上有8颗卫星,地球上任何一点均能观测到6~9颗卫星。这样,粗码精度可达100m,精码精度为10m。由于预算压缩,GPS计划不得不减少卫星发射数量,改为将18颗卫星分布在互成60°的6个轨道上,然而这一方案使得卫星可靠性得不到保障。1988年又进行了最后一次修改:21颗工作星和3颗备用星工作在互成60°的6条轨道上。这也是GPS卫星所使用的工作方式。

GPS导航系统是以全球24颗定位人造卫星为基础,向全球各地全天候地提供三维位置、三维速度等信息的一种无线电导航定位系统,它由三部分构成,一是地面控制部分,由主控站、地面天线、监测站及通讯辅助系统组成；二是空间部分，由24颗卫星组成，分布在6个轨道平面；三是用户装置部分，由GPS接收机和卫星天线组成，民用的定位精度可达10米内。

资料来源：http://baike.baidu.com/view/7773.htm? fr=aladdin

3. 地理信息系统

地理信息系统(Geographic Information System，GIS)，是20世纪60年代开始迅速发展起来的地理学研究新成果，是由地理学、计算机科学、测绘遥感学、城市科学、环境科学、信息科学、空间科学、管理科学和信息科学融为一体的新兴学科。它以地理空间数据为基础，采用地理模型分析方法，适时地提供多种空间的和动态的地理信息，是一种为地理研究和地理决策服务的计算机技术系统。

1) 地理信息系统的组成

(1) 硬件。硬件是GIS运行的平台。今天，GIS软件可以在很多类型的硬件上运行，从中央计算机服务器到桌面计算机，从单机到网络环境。

(2) 软件。GIS软件提供所需的存储、分析和显示地理信息的功能和工具，其主要的软件部件有输入和处理地理信息的工具，数据库管理系统(DBMS)，支持地理查询、分析和视觉化的工具，容易使用这些工具的图形化界面。

(3) 数据。一个GIS系统中最重要的部件就是数据，地理数据和相关的表格数据可以自己采集或者从商业数据提供者处购买。GIS将把空间数据和其他数据源的数据集成在一起，而且可以使用那些被大多数公司用来组织和保存数据的数据库管理系统来管理空间数据。

(4) 人员。GIS技术如果没有人来管理系统和制订计划应用于实际问题，将没有什么价值。GIS的客户范围包括从设计和维护系统的技术专家，到那些使用该系统并完成他们每天工作的人员。

(5) 方法。成功的GIS系统，具有良好的设计计划和本身的事务规律，这些是规范、方法，而对每一个企业来说是具体的独特的操作实践。

2) 地理信息系统的功能

(1) 输入。在地理数据用于GIS之前，数据必须转换成适当的数字格式，从图纸数据转换成计算机文件的过程叫做数字化。目前，许多地理数据已经是GIS兼容的数据格式，这些数据可以从数据提供商那里获得并直接装入GIS中，无须客户来数字化。

(2) 处理。将数据转换成或处理成某种形式以适应系统的要求，这种处理可以是为了显示的目的而做的临时变换，也可以是为了分析所做的永久变换，GIS技术提供了许多工具来处理空间数据和去除不必要的数据。

(3) 数据管理。对于小的GIS项目，把地理信息存储成简单的文件就足够了。但是，当数据量很大而且数据很多时，就要使用一个海量数据库管理系统(DBMS)，来帮助存储、组织和管理数据。

(4) 查询分析。GIS提供简单的查询功能和复杂的分析工具，为管理者提供及时的、直观的信息。

(5) 可视化。对于许多类型的地理操作，最终结果能以地图或图形来显示。

3）地理信息系统在物流中的应用

GIS 应用于物流分析，主要是指利用 GIS 强大的地理数据功能来完善物流分析技术，完整的 GIS 物流分析软件集成了车辆路线模型、网络物流模型、分配集合模型和设施定位模型等。

（1）车辆路线模型。用于解决一个起始点、多个终点的货物运输中，如何降低物流作业费用，并保证服务质量的问题，包括决定使用多少辆车，每辆车的行驶路线等。

（2）网络物流模型。用于解决寻求最有效的分配货物路径问题，也就是物流网点布局问题。如将货物从 N 个仓库运往到 M 个商店，每个商店都有固定的需求量，因此需要确定由哪个仓库提货送给哪个商店，而其运输代价最小。

（3）分配集合模型。可以根据各个要素的相似点把同一层上的所有或部分要素分为几个组，用以解决确定服务范围和销售市场范围等问题。如某一公司要设立 X 个分销点，要求这些分销点要覆盖某一地区，而且要使每个分销点的顾客数目大致相等。

（4）设施定位模型。用于确定一个或多个设施的位置。在物流系统中，仓库和运输线共同组成了物流网络，仓库处于网络的结点上，结点决定着线路，如何根据供求的实际需要并结合经济效益等原则，在既定区域内设立多少个仓库，每个仓库的位置，每个仓库的规模，以及仓库之间的物流关系等，运用此模型均能很容易地得到解决。

本 章 小 结

电子商务物流就是在电子商务环境下，依靠计算机技术、互联网技术和信息技术等所进行的物流活动。电子商务物流的目标是通过现代科学技术的运用，实现物流的高效化和低成本化，促进物流产业以及电子商务和国民经济的发展。电子商务物流的本质是实现物流的信息化和现代化。电子商务物流具有信息化、自动化、网络化、智能化、柔性化、集成化等特点。

目前，电子商务物流发展方兴未艾，物流模式包括电子商务企业自营物流模式、物流企业联盟模式、第三方物流模式、第四方物流、新型物流模式。随着各种信息技术在物流中的应用，新型的物流配送中心随之发展起来，通过条码技术、射频技术、全球定位技术以及地理信息系统等现代化物流技术，实现了物流的智能化和柔性化。

案例分析

宝供物流的全面订单管理

宝供物流企业集团有限公司总部设在广州，是商贸流通领域中的一家中型民营企业，公司创立于 1994 年，并于 1999 年在国家工商总局注册成为中国第一家物流企业集团公司，是国内领先的物流全面解决方案的提供者。宝供集团在全国各中心城市开设了 46 个分公司或办事处，形成了覆盖全国，并向美国、澳大利亚、泰国、中国香港等地延伸的物流运作网络，为全球 500 强中的 40 多家大型跨国集团和国内一批大型制造企业提供供应链一体化的物流服务。

1. 项目背景

信息系统建设一直贯穿在宝供集团的发展历程中，作为国内领先的物流全面解决方案的提供者，随着公司规模扩大，经营范围扩张，宝供集团业务运作相关的流程和相关的信息支撑在满足内部客户和外部客户方面都存在一些准确、规范、及时性方面的问题，如现有的信息系统之间的信息孤岛问题、业务流程的分立问题、对执行过程的忽视问题等。这些问题的存在直接影响了总体业务运作质量，降低了上层对业务的监控能力，同时也影响了公司的决策和客户对服务的满意度。

基于对上述情况的思索，宝供集团决定大投入建立一套真正适用、有效，并能够起到统筹和支撑作用的物流一体化信息系统。结合未来公司信息系统结构的思路，这套系统将成为 ERP（Enterprise Resource Planning，集成化管理信息系统）的核心模块。由于物流业的行业特性以及中国物流业存在太多的特殊因素，宝供集团决心自主开发物流一体化信息系统，这促成了全面订单管理项目的诞生。

2. 解决方案

全面订单管理项目主要包括以下解决方案。

(1) 流程。结构化的订单处理流程是全面订单管理的核心。宝供的全面订单管理项目为了实现订单处理的事前计划、事中控制、事后考核，设计了一系列的结构化业务核心流程模块。

(2) 组织。组织是根据流程设计的，组织的设计是流程得以实现的根本保障，宝供全面订单管理系统根据客户订单特点和宝供运作特点设计了业务部门组织工作职责，具有以下特点：围绕工作流程而不是部门职能来建立机构，传统的部门边界被打破；改变金字塔形的等级机构，取消中间层级，实现纵向层级扁平化；管理的任务委托到更低的层次；管理组织体现专业分工与人力资源整合的原则，有利于提高劳动生产率。

(3) IT 技术。在全面订单管理项目中，流程和组织实现的支撑基础是现代信息技术的应用，得益于现代信息技术的发展，宝供物流在全面订单管理流程中使用 IT 技术来达到流程的事前计划、事中监控、事后考核的功能。将 IT 技术应用到组织设置和考核中，能够实现对组织人员绩效的有效管理。

3. 技术标准

全面订单管理项目采用以下技术标准。

(1) B/S 多层网络架构标准。

(2) IT 系统架构符合 J2EE 标准。

(3) XML 通信协议标准。

(4) SOAP 电子商务平台通信协议标准。

4. 关键技术的解决

1) 数据挖掘与法典化存储

数据是系统运行最为基础和重要的元素，为了保证全面订单管理系统运行的稳定与高效，必须解决如何将已经运作和正在运作的海量数据从原有系统中挖掘出来，并且正确地识别出有效信息和无效信息的技术问题。同时，已挖掘的数据必须结合未来的需求进行整理，规范化和法典化之后导入 TOM 系统中。

2) 客户数据接口标准化

全面订单管理是以客户的订单为中心，因此客户订单作为全面订单管理系统最初始的输入之一是十分重要的。无论是电子商务对接或者是传统纸面传递信息，标准化的系统输入信息（客户订单）对全面订单管理系统的正常运行都至关重要。

3) 网络安全与信息共享

对全面订单管理系统来说，网络安全包含两方面：一是全面订单管理作为物流企业的核心系统之一，如何保证分布全国的运作人员使用安全和企业内部信息安全；二是全面订单管理作为物流企业与客户进行电子商务对接的系统，如何保证每个客户的数据和第三方物流企业的数据是有效隔离的。

5. 效益分析与评估

全面订单管理提高了宝供综合竞争力。

(1) 宝供在居国内领先的物流信息系统的基础上，开发和实施了具有国际水平的全面订单管理系统。

(2) 通过全面订单管理系统的实施，达到与国际物流公司相当的订单管理和客户服务水平，初步具有物流国际竞争力。

(3) 全面订单管理计划将为公司节约15%的年运作成本，将物流运作部门人均劳动生产率提高20%。

(4) 全面订单管理的开发与实施，将在电子商务时代与客户结成更紧密的战略联盟，实现更大范围的信息共享，每年能够为客户节约2%～4%的物流成本。

通过实施全面订单管理，宝供率先在国内实现供应链整合的系统解决方案，通过对客户订单的计划、运作、成本、质量等要素的系统分析，宝供为客户提供"客户供应链系统解决方案"、"客户物流分析与改良方案"、"客户物流单证系统"等物流增值服务，这些为宝供在传统物流服务的基础上，提供新的利润和利税增长点。

6. 项目实施的意义

从业务功能角度看，全面订单管理系统是物流管理信息系统的一个子系统，但实际上是宝供以改造订单管理为契机，推出的一种以提高客户服务为核心，对企业管理进行多方位优化的先进理念，其具有以下积极意义。

(1) 促进企业业务流程的改造。第一是对业务流程进行了改造，特别是订单管理业务流程的改造，在订单的接受、调度、发运、跟踪、结算等各环节进行优化流程设计和高效管理，然后在供应链的上下游环节，如仓储、运输和供应链的延伸环节，如市场开发和财务管理方面进行相应的流程改造。第二在组织管理机构上进行调整，按流程改造的要求组织相应的部门，设置有关岗位和考核标准，使业务流程改造获得基本保证。

(2) 规范信息处理流程，提高信息共享效率。全面订单管理系统的实现加速了上下游系统的接口标准化工作，通过信息平台，完成与仓库、运输、采购、结算、质量控制和系统决策各管理模块的信息交互标准约定，奠定了信息全程共享的基础。

(3) 系统在技术上采用了多项业界标准，对于提高系统的效率，强壮性和可移植能力等方面有强烈的支持作用。

(4) 体现了宝供作为第三方物流公司的管理思想，以订单为驱动，实现了跨部门、跨地区的一体化业务流程管理，承载了宝供为客户提供一体化物流方案的服务模式。

资料来源：http://www.chinawuliu.com.cn/information/200407/16/150332.shtml

思考：

(1) 分析全面订单管理的主要业务功能。
(2) 全面订单管理系统的实施为企业带来了哪些综合效益？
(3) 结合本案例谈谈你对全面订单管理的看法。

复习思考题

一、判断题

(1) 数据是配送系统设计的基础。   (   )
(2) 在企业物流系统中，配送与包装互不影响。   (   )
(3) 第四方物流的主要作用是：对制造企业或分销企业的供应链进行监控，在客户和物流信息供应商中充当唯一联系人的角色。   (   )

(4) 配送就是送货上门。（　）
(5) 选择最佳的运输方式是降低运输成本的唯一方法。（　）
(6) 车辆导航将成为未来全球定位系统应用的主要领域之一。（　）
(7) 国际物流就是以金融系统为核心的由生产企业，经由物流企业、销售企业，直至消费者的供应链的整体化和系统化。（　）
(8) 处置企业废弃物物流对企业来说是无关紧要的。（　）
(9) 区域性配送中心的货物配送批量比较大，而批次较小。（　）
(10) 新型电子商务供应链必须"以顾客需求为中心"，采用"推动式"的经营方式，以积极推销产品、促进和推动商品供给。（　）

二、单项选择题

(1) 按物流活动作用层次和作用环节不同，可分为社会物流、行业物流和（　）等。
　A. 回收与废弃物流　B. 国际物流　　C. 地区物流　　D. 企业物流
(2) 第三方物流的概念起源于（　）。
　A. 传统的对外委托　　　　B. 企业业务的外包
　C. 专业运输、仓储业　　　D. 信息技术的发展
(3) 下列说法中正确的是（　）。
　A. 物流是物资管理　　　　B. 物流是商品储运
　C. 物流与供应链是一回事　D. 物流是物的实体流通活动
(4) （　）不属于基本物流服务的内容。
　A. 运输功能　　　　　　　B. 库存功能
　C. 满足客户的订货功能　　D. 包装功能
(5) 配送中心的形式主要有（　）、零售型和仓储型三种类型。
　A. 采购型　　B. 出货型　　C. 拣选型　　D. 批发型
(6) （　）将为生产所需而从供应商处采购的原材料、零部件从供应商处运回厂内。
　A. 采购物流　B. 厂内物流　C. 销售物流　D. 退货物流
(7) 目前一些先进的物流管理部门在信息采集时，使用射频技术，可以主动发射存储信息，并具有较大的信息存储空间，这种设备是（　）。
　A. RFID　　　B. GPS　　　C. GSM　　　D. GIS

三、名词解释

(1) 第三方物流
(2) 第四方物流
(3) 电子商务物流
(4) 物流一体化

四、简答题

(1) 什么是物流？物流有哪些分类？
(2) 简述电子商务物流的概念及特点。

(3) 简述电子商务与物流的关系。
(4) 什么是订单管理？订单管理的主要内容是什么？
(5) 影响订单处理时间的因素有哪些？
(6) 简述电子商务下物流作业的流程。
(7) 什么是第三方物流？阐述第三方物流的特点与分类。
(8) 现代物流信息技术包括哪些？

五、论述题

(1) 分析我国当前物流模式选择亟待解决的问题。
(2) 论述电子商务物流运作模式及其优缺点。

六、实践题

(1) 访问当当、亚马逊公司的网站，分析两家公司所提供的物流配送方式。
(2) 访问联邦快递公司和联合包裹公司的网站，分析它们的订单履行与跟踪过程，比较其异同点。

第10章 移动商务应用

网络基础设施的普及使得电子商务能够快速发展，而大量的网民则存在着大量的个性化的消费需求，其中有相当多的网民要求能够随时随地地接通网络，接收网络信息，不受时间和地点，甚至上网设备的限制。随着无线网络的普及和无线网络应用功能的增强，越来越多的网民可以在移动通信中实现电子商务功能——移动电子商务。

本章知识结构框架

移动商务应用
- 移动商务应用的内涵
- 移动商务应用的特征
- 移动商务的应用模式
  - 移动商务信息服务
  - 移动商务定位服务
  - 移动支付

学习目标与要求

通过本章内容的课堂与实践教学，使学生了解移动商务的基本含义和特征，了解移动商务兴起的主要原因和时代意义，了解主要的移动商务应用模式的内涵、实现原理、功能及业务流程等。

引导案例

移动商务为江苏宇航交通广告公司插上信息化的双翼

宇航广告公司是一家集广告策划、设计、制作、发布为一体的综合性广告公司,公司总部设在江苏,随着公司业务的不断拓展,业务范围不断扩大,一系列管理、经营上的问题开始显露出来:客户传真如雪花般地飞来,公司每天也要向全国各地的客户发出许多传真,耗费了大量的人力、物力且工作效率不高;公司领导需经常出差,一出差就无法实时批复公文;公司领导每次出差前都要拷贝许多文件才能在外处理公务,深感不便;公司如何加强对余杭办事处的管理,余杭办事处如何共享公司总部的信息资源;公司允许员工上网查阅资料、通过 QQ 与客户进行沟通,但电脑上却染上了不少病毒……公司管理层越来越感觉到,传统的企业管理、经营办法已不能适应现代企业,必须借助信息化的手段才能使企业健康、持续地发展。

2008 年 11 月,联通公司根据宇航公司的实际需要,为其实现了一系列移动电子商务的产品。

(1) 旗舰协同办公系统。该系统集成了公文流转、资产管理、会议管理、车辆管理、人事管理等众多功能。个人办公模块还具有内部邮件、日程安排、通信录、备忘录等功能。该系统中各个模块的数据完全共享,能彻底消除公司内部的信息"孤岛",盘活企业的信息资源。该系统还能让员工在线交流,参加在线会议和在线学习。旗舰协同办公既能强化宇航公司总部的管理和对余杭办事处的管理,还能解决公司内部信息资源共享等难题。

(2) 网络传真是一种基于互联网的联通增值业务,它能将各种电子文档通过电脑方式方便、快速、廉价地发送到世界各地的传真机上。它所具有的群发、智能重发、定时发送、流动办公、电子签章、个性化提醒等功能,特别适合像宇航广告这样传真量大的单位使用,能让公司彻底摆脱日常手工收发传真耗费大量人力物力的烦恼。

(3) 使用了网络硬盘后,宇航公司领导出差前再也不用拷贝文件、携带 U 盘了。网络硬盘能将公司电脑硬盘上的资料存储到联通公司的旗舰网络硬盘里,出差在外,只要有上网的接口,就能随时随地上传、下载、阅读公司文件,而无须担心企业数据的安全。

(4) 蓝剑、蓝盾系统内置了国际领先技术的防病毒引擎,不仅具有强有力的查杀病毒功能,而且可以监控、检测互联网上收到的各种数据文件,并清除其中的病毒,还具有出色的文件修复功能。使用了蓝剑、蓝盾系统后,真可谓是"一夫当关,万夫莫开"。

使用了移动电子商务业务后,短短的几个月时间内,宇航公司就收到了立竿见影的效果。首先,员工的工作效率大大提高,使用旗舰协同办公系统后,员工每天上班后的第一件事就是进入系统,当天要做的事一目了然,过去是"人找事",现在是"事找人",协同办公系统的"事件驱动"机制大大提高了员工的工作效率。其次,诸多管理上的问题一一得到解决,协同办公系统的资产管理、会议管理、办公用品管理、车辆管理、人事管理等功能,使公司的管理走上了规范化、科学化的道路。再次,公司领导无论身在何处,只要在能上网的地方就能实现对公司的远程办公和管理。最后,通过使用移动电子商务和在线学习,全体员工的信息化意识和水平得到整体提升。

资料来源:http://blog.csdn.net/yangling23/article/details/3915367

近年来,随着企业信息化浪潮的日益高涨,越来越多的企业通过选择移动电子商务来实现信息化,使用移动电子商务使企业提升了管理水平,提高了工作效率,增强了市场竞争能力,因此,移动电子商务是企业实现信息化的速成之道!

10.1 移动商务应用的内涵和特征

10.1.1 移动商务的定义及特征

1. 移动商务的定义

移动商务(M-business 或 Mobile Business)就是利用手机、PDA(Personal Digital Assistant)及掌上电脑等无线终端进行的电子商务。它将因特网、移动通信技术、短距离通信技术及其他信息处理技术完美结合,使人们可以在任何时间、任何地点进行各种商贸活动,实现随时随地、线上线下的购物与交易、在线电子支付以及各种交易活动、商务活动、金融活动和相关的综合服务活动等。

移动商务是电子商务的一个分支,移动商务通过移动通信网络进行数据传输,利用移动信息终端参与各种商业经营活动,移动商务是新技术条件与新市场环境下的一种新型电子商务模式。

与传统通过电脑(台式 PC、笔记本电脑)平台开展的电子商务相比,移动商务拥有更为广泛的用户基础。根据中国互联网络信息中心(CNNIC)2014 年 7 月发布的第 34 次《中国互联网络发展状况统计报告》显示,截至 2014 年 6 月,我国手机网民规模达 5.27 亿,较 2013 年年底增加 2 699 万人,网民中使用手机上网的人群占比进一步提升,由 2013 年的 81.0%提升至 83.4%,手机网民规模首次超越传统 PC 网民规模。

同时,网民在手机电子商务类、休闲娱乐类、信息获取类、交通沟流类等应用的使用率都在快速增长,移动互联网带动了整体互联网各类应用发展。2014 年上半年,手机支付成为网络应用发展的最大亮点,用户规模半年增长率达 63.4%,使用率由 2013 年年底 25.1%增至 38.9%。移动支付打通各种商务应用,带动手机购物、手机团购和手机旅游预订等商务类应用快速增长,相比 2013 年年底,手机购物、手机团购和手机旅行预订网民规模增长率分别达到 42.0%、25.5%、65.4%。

移动互联网的应用和无线数据通信技术的发展,为移动电子商务的发展提供了坚实的基础。推动移动电子商务发展的技术主要包括:无线应用协议(WAP)、移动 IP 技术、蓝牙技术(Bluetooth)、通用分组无线业务(GPRS)、移动定位系统(GPS)和第三代、第四代移动通信系统(3G、4G)等。

2. 移动商务的特征

1)更具开放性、包容性

移动商务因为接入方式无线化,使得任何人都更容易进入网络世界,从而使网络范围延伸更广阔、更开放,同时,使网络虚拟功能更带有现实性,因而更具有包容性。

2)具有无处不在、随时随地的特点

移动商务的最大特点是"自由"和"个性化"。传统商务已经使人们感受到了网络所带来的便利和快乐,但它的局限在于它必须有线接入,而移动电子商务则可以弥补传统电子商务的这种缺憾,可以让人们随时随地结账、订票或者购物,感受独特的商务体验。

3) 潜在用户规模大

中国的移动电话用户是全球之最。显然，从电脑和移动电话的普及程度来看，移动电话远远超过了电脑，而从消费用户群体来看，手机用户中基本包含了消费能力强的中高端用户，而传统的上网用户中以缺乏支付能力的年轻人为主。由此不难看出，以移动电话为载体的移动电子商务不论在用户规模上，还是在用户消费能力上，都优于传统的电子商务。

4) 能较好确认用户身份

对传统的电子商务而言，用户的消费信用问题一直是影响其发展的一大问题，而移动电子商务在这方面显然拥有一定的优势，这是因为手机号码具有唯一性，手机 SIM 卡片上存储的用户信息可以确定一个用户的身份，而随着未来手机实名制的推行，这种身份确认将越来越容易。对于移动商务而言，这就有了信用认证的基础。

5) 定制化服务

由于移动电话具有比 PC 更高的可连通性与可定位性，因此移动商务的生产者可以更好地发挥主动性，为不同顾客提供定制化的服务。例如，开展依赖于包含大量活跃客户和潜在客户信息的数据库的个性化短信服务活动，以及利用无线服务提供商提供的人口统计信息和基于移动用户位置的信息，商家可以通过具有个性化的短信服务活动进行更有针对性的广告宣传，从而满足客户的需求。

6) 移动电子商务易于推广使用

移动通信所具有的灵活、便捷的特点，决定了移动电子商务更适合大众化的个人消费领域，比如，自动支付系统，包括自动售货机、停车场计时器等；半自动支付系统，包括商店的收银柜机、出租车计费器等；日常费用收缴系统，包括水、电、煤气等费用的收缴等；移动互联网接入支付系统，包括登录商家的 WAP 站点购物等。

7) 移动电子商务领域更易于技术创新

移动电子商务领域因涉及 IT、无线通信、无线接入、软件等技术，并且商务方式更具多元化、复杂化，因而在此领域内很容易产生新的技术。随着中国 3G 网络的兴起与应用，这些新兴技术将转化成更好的产品或服务，所以移动电子商务领域将是下一个技术创新的高产地。

10.1.2　移动商务应用的本质特征

1. 移动商务应用的内涵

应用是移动电子商务发展的动力，因此，研究移动电子商务必须研究其应用，也正是在大量的、探索性的、群体性的应用实践中，才展示了移动电子商务的巨大能量，显示了移动电子商务的整合能力，扩展了移动电子商务的发展空间，开拓和提升了移动电子商务的价值，推动了移动电子商务的深入发展。

移动商务应用是以移动通信技术及相关技术为支撑，利用移动数字终端（包括便携、手持数字设备）建立起相应的商务应用模型直接进行的商务活动，或利用移动信息转移功能，依托网络化的商务平台，进行或完成的、多维的、跨行业或跨国的商务活动。

移动商务的应用模式包括移动信息服务、移动定位服务、移动商务支持服务、移动游戏、移动音乐、移动支付等。

移动商务的应用范围非常广泛。例如，北京金都公司（www.king2.net）给每个服装专卖店或店中店配置一部手机和一个钥匙扣大小的与手机相连的条码扫描器，卖出的每一件服装经条码扫描器轻轻一扫，就能快速、准确地记录下所售服装的品牌、数量、型号、价格、款式、售出时间等重要销售数据，这些数据将每天定时或者随时通过手机无线发送至企业总部进行汇总及分析处理，及时动态地生成日报表、月报表等多种销售明细图表。这些处理后的数据、图表信息会即时发送到企业管理者的手机上，管理者无论身处何时、何地，都可以准确把握市场的动态和消费者的需求，以最快的速度对消费者的偏好和产品定位做出决策。

这些情况说明，移动电子商务的移动性和易用性特征，使移动电子商务不仅能广泛应用在服装、化妆品、家电、快速消费品等众多从事店面零售的企业，也可以广泛应用于物流企业、运输企业、快递公司、公安车检、产品质量追踪等，还能广泛应用于农业生产以及紧急避险、抗震救灾等十分广泛的领域。对于企业管理、市场管理、城市管理也都具有重要的作用和广泛的应用前景。

需要指出的是，网络信息技术的这种巨大能量和巨大商业价值是不会成为暴露在光天化日下的钻石任人捡拾的。它往往需要建立一个或多个符合客户需求的、具有商务价值实现能力的商务模型，才能在运作这种商务模型的过程中，组织起客户资源、人脉资源、需求资源、市场管理资源，并及时地整合上下游、相关各方或多方的资源，实现"最短路径连接"、"最快速度成交"、"最安全便捷地支付"，完成完整的商务运作过程，体现和创造出商务价值。

2. 移动商务应用的本质特征

移动商务应用是移动电子商务主体通过手机等移动终端在"动态"中进行应用和实现应用的行为，又是一种在"动态"中调动他人共同应用，或者整合相关商务资源参与应用或共同应用的行为，可能是移动终端持有者的个人行为，也可能是通过个人行为调动多人参与的群体行为，更可能是整合了价值链相关方互为动作的一种整合互动行为。

但是，网络信息技术的发展也推动了社会生活节奏的加快，推动了商务活动、商务交易过程和商务交易节奏的加快。这种加快节奏的实践要求，成为电子商务开拓动态空间、利用动态条件，使移动主体在移动中完成和实施商务活动或相关活动的现实需求的一种创新动力。

需求，从来都是推动市场发展的动力，是催生技术创新的动因。正是这种崭新的社会需求启迪了人们的创新思维和创新智慧，手机以及一些相关的便携通信设备的种种创新技术才具有和提供了移动终端功能，具备了在移动过程中完成或实现商务活动的技术条件，这就为发展和进行移动电子商务活动奠定了基础，提供了可能。正是这种探索，成为推动移动电子商务发展的巨大力量。

因此，电子商务的发展，提供了在"静态"环境下进行快速查找、快速浏览、快速对接、快速支付、快速成交的现实可能性，而移动电子商务的发展，则进一步提供了在动态中进行和实现商务活动的可能性和现实性。因此，把握和理解移动电子商务应用，必须紧紧抓住其在"动态"中进行的应用行为和"动态"中完成的应用活动这一特征。正是由于能在"动态"中进行和动态中完成，才从根本上满足了商务活动及时、有效的要求。

移动电子商务的这种"动态"特征不仅对提高企业的动态营销能力有着重要作用，更重要的在于对提升企业和商务主体的市场反应能力、竞争能力具有重要的作用。这体现在以下方面。

（1）由于能在动态中获得把握商机的先期机遇，就避免了信息的"阻滞"和"等待"现象，为商家及时、有效地布局决策、调动价值链、组合供应链，以及多方整合资源赢得了战机。

（2）由于商务决策是在移动中完成的，这就赢得了第一市场反应速度，为获取和赢得竞争奠定了基础、提供了可能。

（3）由于支付主体在动态中转达其明确的支付表示，使支付能在支付主体动态办公的情况下进行和完成(或者通过整合网络支付终端共同完成)，这就加快了资金的流转速度，对提高资金使用效率具有重要作用。

（4）由于营销主体在移动状态中既可以整合存量资源，又可以最有效地使用和调度增量资源，不仅可以最大限度地节约商务运营成本，而且可以形成营销中的集中优势。我国近年来信息化深入发展的实践印证了这一点。比如中远集团，目前在海内外拥有7家上市公司的总市值已达500多亿元，中远海外机构超过400多个，已经形成以北京为中心，以中国香港、欧洲、美洲、新加坡、日本、澳洲、非洲等9个区域为支点的全球经营网络和服务体系，构筑了中国最大、最完善的陆路货运网络，在全国29个省(市)设有500多个业务网点，致力于为全球客户提供航运、物流等全球优质承运服务的同时，还能够为客户提供船舶和货物代理、船舶工业、码头、贸易、金融、房地产和IT等多个行业的服务。2002年6月，中远从资金结算管理入手，开始将分散的资金实行集中管理，实时动态监控、动态调度、动态交易结算，资金整合集中控制后，为中远带来了巨大的效益：每年减少银行贷款20亿元，增加利息收入5 000万元，资金周转率提高20％～30％，每年还节约50％以上银行汇兑费用。

10.2 移动商务信息服务

移动商务信息服务是移动电子商务应用的主要方式之一，即时、快捷、便利、具个性化优势的移动信息服务已经走进了我们的生活。短短的几年里，移动信息服务的经营主体已从过去的寥寥数家扩展为了今天的约18 100家。移动电子商务信息服务已经成为促进电信业务收入稳步增长的主要力量，成为增值电信业务市场上竞争最为激烈、对收入贡献最为显著的一项业务。

10.2.1 移动商务信息服务的内涵

移动信息服务业是一个创新产业，包括系统集成、增值网络服务、数据库服务、咨询服务、维修、培训服务、电子出版服务、展览服务、信息咨询服务、网络传真服务等多方面的业务。

信息服务业是信息产业中的软产业部分，是从事信息的资源开发和价值开发及利用的重要产业部门,是连接信息设备制造业和信息用户之间的中间产业。对生产与消费的带动作用大,产业关联度很高,发展信息服务业有助于扩大信息设备制造业的需求和增加对信息用户的供给。信息服务业已成为当今世界信息产业中发展最快、技术最活跃、增值效益最大的一个产业。

2003年我国信息产业部颁发的《电信分类目录》中,将信息服务业定义为电信服务中的一项增值业务,其具体定义为:"通过信息采集、开发、处理和信息平台的建设,通过固定网、移动网或因特网等公众通信网络直接向终端用户提供语音信息服务(声讯服务)或在线信息和数据检索等信息服务的业务"。

2003年12月29日,我国国家统计局发布的《统计上划分信息相关产业暂行规定》,将信息产业分类为五个部分:电子信息设备制造、电子信息设备销售和租赁、电子信息传输服务、计算机服务和软件业、其他信息相关服务,后三部分就是通常意义上的信息服务业。

移动商务信息服务的主要特点是灵活、简单和方便,不受时空限制,能更好地满足用户的个性化的信息服务需求,特别是由于我国用户基数庞大,市场资源丰富,因此,信息需求市场更加广阔。日本仅通过手机浏览新闻资讯的比例就高达40%,显示了诱人的市场前景。

 阅读材料

北京启动手机客户端预约挂号 支持141家医院

继114电话预约、官方网站预约后,北京市启动手机客户端预约挂号,141家二三级医院号源均可"掌上预约"。

"请点击q.114menhu.com下载'114生活助手'客户端轻松预约挂号。"下载了"114生活助手"后,记者在首页较为醒目的位置就看到了"挂号"字样,并显示有"北京市预约挂号统一平台",目前该软件支持全市三级72家和二级69家医院预约挂号。

根据自动定位,该软件搜索出手机用户身边较近的11家医院,并由近及远排序,每个医院还显示有每日的放号时间、到达路线、特色科室介绍等。除"下午15:00停止次日预约挂号"的限制外,各医院均显示未来90天内的号源情况,可即时预约或直接转到114电话咨询人工预约。预约成功后,一分钟内,即收到包括取号时间、所需证件、预约识别码等在内的确认短信。

对于没有身份证号的患者,可以用统一平台支持的其他有效证件预约挂号,对于已经申报户口但还未办理身份证的患者,可凭身份证号在统一平台上正常注册预约,就诊时凭带有身份证号码相关联的有效证件(如户口本)取号就诊。

此外,北京儿童医院、儿研所注册预约比较特殊,注册登记信息可以填写监护人的实名身份信息,预约环节需按规定填写患儿的基本信息。

一部手机绑定用户不能超过5个,如超过医院规定的时间未取号,本次预约号源作废。同一手机号绑定的注册用户或身份证号不能超过5个;同一手机号三个月内预约号源不能超过15个;三个月内取消号源不能超过15个。用户违规将被列入黑名单,将只能登录统一预约平台和取消预约,不能再预约。

资料来源:http://www.appzx.org/newsdetail.aspx? nid=754

10.2.2 移动商务信息服务的范围

移动信息服务的范围十分宽广,其应用正由通用服务向企业商务活动和业务管理的广阔领域扩展。短信已经介入到企业办公、银证、交通、教育、社保等众多的领域,短信商业信息发布、短信客户关系管理、短信呼叫中心、短信防伪、短信移动办公等已成为企业网上营销活动的一部分。越来越多的企业开始利用移动终端整合各种资源开展增值信息服务。

1. 移动搜索信息服务

1) 移动搜索的发展简况

移动搜索是搜索技术在移动电子商务平台上的一种延伸,用户可以通过短消息、WAP上网等多种接入方式进行移动搜索,以实时获取WEB、WAP站点的各种信息,并可以按需订制相关移动增值信息服务的内容,满足该用户的搜索需求。

欧洲移动搜索产业发展较早,比较有代表性的移动搜索服务提供商主要有英国的Yell.com、Fonicta和瑞典的Eniro。目前欧洲移动搜索产业主要集中在英国,其中以Shazam娱乐公司开发的手机搜索乐曲名服务,以及英国手机服务运营商Orange、Vodafone推出的移动搜索服务最具代表性。

2) 我国移动搜索市场发展的特点

中国的移动搜索发展很快,根据CNNIC发布的《第34次中国互联网络发展状况统计报告》显示,截至2014年6月30日,使用手机搜索服务的中国手机用户达到40 583万,网民使用率为77%,比2013年年底增长了11.2%。

中国搜索引擎市场高速增长主要有几个方面的原因:一是搜索引擎营销效果的稳定输出成为对冲宏观经济不利影响的因素。宏观经济的低迷刺激企业广告主在"关键字广告"市场的投入预算增加,相较其他的广告投放模式,关键字广告这种低成本营销模式占据很大的优势。经济因素导致搜索引擎市场规模呈现"固定+增量"的成长模式,这也是搜索引擎市场规模稳定增长的重要因素;二是长尾资源发挥效应。以百度为例,百度的广告主数量超过40万家,其中中小企业广告主数量增速明显上升,中小企业广告主经济实力的增强和对搜索引擎市场的认可度增加共同推动搜索引擎市场规模的增长;三是搜索引擎市场品牌营销力度增大。搜索引擎市场经过多年的发展,媒体价值获得广告主认可,同时广告主也发现,搜索引擎媒体不仅能够帮助其完成效果营销的需求,也是品牌营销的平台,越来越多的品牌广告主选择搜索引擎市场进行品牌营销,这为搜索引擎市场规模绝对量的增长增加了砝码。

手机的小巧决定了它的便携性和移动性,能满足人们随时随地的信息需求,因此孕育了手机搜索的可观市场。随着移动搜索功能的完善、内容的丰富,我国具有自主知识产权的新技术的不断涌现,使移动搜索获得了快速发展。

我国移动搜索市场发展呈现出以下3大特点。

(1) 多方介入移动搜索市场。正是由于移动搜索市场有巨大的商机,中国移动、诺基亚及Google等知名公司纷纷介入移动搜索市场,移动搜索市场已经形成了一个充分竞争的格局,不仅搜索技术进行了多方探索,而且合作形式多种多样。由于进入市场各方主体的着眼点和切入点不同,有利于搜索市场的细分,一些移动搜索的专业搜索引擎,如音乐搜索、图片搜索、新闻搜索、本地搜索、垂直搜索等特色搜索服务开始出现，对推动移动搜索市场的发展起到了重要的作用。

Google（中国谷歌）与中国移动合作，为"移动梦网"提供搜索的技术支持。Google早在2002年就开始移动搜索的探索，目前已与欧洲的沃达丰、美国的Sprint等运营商签订了合作协议，从而极大地提升了"移动梦网"的搜索质量和搜索水平。移动用户今后不仅可以通过手机搜索梦网上大量的信息，如铃声、游戏、图片、新闻、视频、小说等信息，而且可以享受到基于可视地图平台的网页和电子优惠券等服务，获得更多、更方便的移动搜索体验。

（2）移动搜索产业链逐渐成形。由于电信运营商、手持设备制造商、移动搜索运营商、传统互联网搜索引擎商以及国外搜索引擎研发机构的介入，我国移动搜索产业链的发展已渐成形。

从目前发展的状况来看，移动搜索产业链主要由电信运营商、手持设备制造商、移动搜索运营商、移动搜索渠道、移动搜索应用机构（付费企业用户）和移动搜索用户组成。其中，移动搜索运营商处于整条产业链的中间环节，它必须能够得到电信运营商、手持设备制造商（以手机厂商为主）的支持，才有可能在下游产业链中得到推波助澜的发展，下游产业合作需要移动搜索运营商有足够的渠道铺设能力，推动移动搜索服务能够接触到用户（付费企业用户和个人用户）。

目前移动搜索将兼顾娱乐、消费、资讯服务三方面，很多未知的创新服务都会在移动搜索中出现。

（3）手机搜索技术取得了重要进展。就目前而言，基于WAP的搜索、基于无线互联网的搜索、基于短信的搜索、基于语音的搜索和基于电子邮件的搜索、基于图片的搜索、基于音乐的搜索、基于垂直的搜索纷纷涌现，成为主要的移动搜索应用模式，而且，许多创新的搜索正在研究之中。特别是我们在移动搜索领域已经拥有了前瞻性创新技术和具有自主知识产权的产品，在极大的、具有诱惑力的巨大市场的吸引下，移动搜索技术正在阔步前进。

 知识链接

移动搜索与桌面搜索的区别

移动搜索更容易搜出本地的搜索结果，但还不能按照品牌和商店进行过滤搜索，因为绝大多数人用手机搜索兴趣点应该在本地信息上。

移动搜索用户与桌面搜索用户相比，对搜索结果的关注度较高，但由于屏幕所限，很少有用户使用下拉条，在移动搜索结果上排名第一与第四之间的点击率可能相差90%以上。

移动搜索结果很少使用过滤，搜索引擎会记录你的习惯，给出定制的搜索结果并展示其结果，点击率和跳出率是决定移动搜索结果排名的一个关键词因素。

移动搜索很少使用关键词，用户所处的"地点"是关键，而桌面搜索就宽泛的多，内容是通用的，地点也不是那么重要，因此，如果你要优化自己的手机网站，做地区优化是必不可少的，甚至需要你修改网站的地理位置信息。

资料来源：http://baike.baidu.com/view/10608.htm

2. 移动门户信息服务

移动门户信息服务是通过移动门户网站向客户提供信息服务的一种形式。中国移动重庆移动通信有限责任公司的移动电子商务门户＊158于2002年9月2日正式开通，这不仅是国内移动电子商务网站的首创，也开创了全球通信业的先河。此项业务推出后，用户用＊158超级短信的方式进行手机缴费、充值或购买游戏"传奇"的充值卡等业务，给用户带来了极大的便利。

随着近年来移动电子商务的发展，不仅有内容丰富的门户网站，而且已经出现了专业化的门户网站，比如，中国移动无限音乐门户（http://www.12530.com）、企业移动门户（http://www.wapstone.cn/base）、移动支付门户（http://www.umpay.com）等。

在移动数据产业链中，移动门户针对特定的接入终端提供特定的功能。移动服务提供商一般采取通过多接入点到达最终用户，通过各种分销渠道以获取收入。

由于实施多接入门户策略的具体方法多种多样，多接入门户市场的参与者也必然包括很多类型的企业，多接入门户有多种收入来源，渠道也比较广泛，包括接入、广告、交易、内容以及应用服务提供等。由于这种移动门户网站吸纳了网络门户的经验，因此，管理和赢利模式的探索期相对较短。

3. 多语种移动信息服务

多语种移动信息服务是为国外游客提供的一种基于手机或掌上电脑的移动语音翻译系统，它可以通过语音识别或文字输入自动将某种外语对话翻译成中文，也可以将中文翻译成外语，能方便地帮助旅客寻找街道、旅游景点、购物、出租车，甚至在饭店点菜。这一系统的核心软件可存储在定制的掌上电脑上供游客租用，也可以下载到用户的手机上。

北京首都信息发展股份有限公司和德国人工智能研究中心（German Research Center for Artificial Intelligence，DFKI）就曾在柏林联合宣布，这种多语种移动信息服务系统已经开发成功，并直接服务于2008年奥运会和2010年世界博览会。从长远来看，借助于这种多语种移动信息服务系统，人们可以不依赖导游或翻译就能方便地出行和交流，扩大了移动电子商务的经济价值。

4. 移动电子信息定制服务

1）定制服务模式

移动商务信息定制服务是为了满足个性化需求的一种增值服务。当前人们在移动电子商务服务中已探索了多种定制服务模式，主要有以下几种。

（1）综合信息服务按月定制模式。比如，天气预报短信、手机农业短信服务、手机报订阅服务，特别是"金股信"开通了股票短信定制服务，每当有影响用户投资的相关事件发生，"金股信"即刻以短信等方式提醒，使股民不再错过宝贵的投资机会。

（2）个性化短信定制服务。预约定制短信就是一种个性化短信定制服务。预约定制短信是基于定制者的需求，以短信为媒体，向全国短信服务者提供的一种主动化、个性化、专业化的信息增值服务。

以"金股信"预约定制短信为例,"金股信"整合了多方资源,为证券交易者及证券咨询人等提供一种及时的信息增值服务,其中包括六大类 65 项服务项目,涵盖了证券行情、市场信息、专业资讯、证券交易等专业信息,只要用户拥有一部手机,根据用户的预先定制,就可以享受多项个性化服务,并能根据用户的投资习惯而改变,操作简单、快捷。

(3) 及时点播短信定制服务。及时点播短信是一个新的短信品种,这种短信是针对股市中不同股票在股市的运行情况及时地发布一些带有指导性的点播信息。目前只在股票信息和高考辅导信息中有这方面内容。

2) 短信定制的原则

(1) 短信定制是当前短信服务的一项重要内容。但是,由于当前短信市场尚不规范,因此一些人设计了很多短信陷阱和短信骗局,因此,作为短信消费者,一定要增强短信防骗知识。例如,当前一些短信服务商采取技术手段,利用 SP 渠道发送大量垃圾短信,实行"用户定制二次确认",就可以避免这种情况的发生。

(2) 进行短信定制要掌握退出定制的方法。有一些人,只是掌握了短信定制的渠道和方法,而不注意或不懂得短信退订,这就造成了无谓的浪费。短信退订:只要发送 0000 到信息服务经营者的服务代码,就可查询由该信息服务经营者提供的所有短信息服务定制情况及相应资费标准,并可以根据返回菜单进行选择退订。

5. 移动图书馆信息服务

移动图书馆是指移动用户通过移动终端如手机、PDA 等,以无线接入方式接受图书馆提供的服务。例如,利用手机的短信功能或电子邮件功能,接收图书馆发出的图书逾期通知,还可以利用手机上网的功能检索馆藏图书书目,也可阅读在线全文书刊等。通过建立移动图书馆进行移动信息服务是一个重要的移动信息服务方式。

芬兰 Portalify 公司开发了一套图书馆管理系统应用到 Helsinki 技术大学图书馆,既能提供 SMS 短信服务,又能兼顾 WAP 及其他接入技术。

日本富山大学图书馆于 2000 年 9 月开发出手机书目查询系统,东京大学图书馆也于 2001 年 5 月开通 I-mod 手机 OPAC 查询。通过移动电子邮件,可以进行催还、预约、续借、临时闭馆等实时信息交流。

英国汉普郡图书馆建立了 WAP 网站(http://wap.hants.gov.uk/library/),为 WAP 手机用户提供该郡 54 家图书馆的详细地址、联系方式、开放时间等信息服务。读者可以在汽车上、马路上通过手机查询离自己最近的图书馆的地址,并查询该图书馆是否有自己所需要的图书,有没有被借出,还可以在线发出预约借阅请求。

韩国西江大学 2001 年 7 月推出移动图书馆,利用上网手机,学生们可以随时随地查阅西江大学图书馆中保留的资料,还可以搜索书目,查看搜索完的图书是否借出并进行借阅预订等。另外,还可以查阅自己借出的图书期满日、归还预定日、归还图书逾期情况等信息。

我国台湾淡江大学资讯与图书馆学研究所也已经对 WAPOPAC 系统进行研究探讨,读者只要使用 WAP 终端,就能检索到图书馆的资料目录。

我国的移动图书馆近年来也获得了快速发展,成为移动信息服务中的一个亮点。

图书馆是人类文化生活的重要组成部分，把图书馆服务搬上移动空间，具有很重要的现实意义。其服务有以下几方面。

（1）移动通知。移动用户可以随时随地接收图书馆发来的图书逾期、预约通知或者个性化订制的书籍信息，体现出图书馆的服务由被动角色向主动服务转变。

（2）移动查询。这类服务与目前的有线互联网相比，让用户具有更大的自主性和随意性。用户可在户外通过无线查询附近图书馆是否有所需图书。

（3）移动阅读。如果说互联网的应用普及使用户在电脑桌前就能查寻信息资源，做到"足不出户而读天下书"，那么移动阅读则可以随时随地阅读书籍。在3G书城用户可搜索阅读的图书超过三万本。

为给读者提供便利，上海图书馆的"移动图书馆"规定，凡是移动、联通手机用户，只需发送短信到816055，便可以享受到该馆的短信服务，内容包括开馆信息、书目检索、文献请求、参考咨询、讲座预订等。

6．移动信息服务规范

服务规范就是服务规则，这里讲的移动服务规范是指移动行业协会制定和发布的行业共同遵守的服务规范。2006年6月19日，中国通信企业协会和中国互联网协会公布了《移动信息服务企业自律公约》，当年10月，中国通信企业协会又发布了《移动信息服务企业业务宣传明码标价指导规范》（以下简称《规范》），以维护移动信息服务市场秩序，倡导"依法经营，诚信服务"的行业风尚，规范了移动信息服务行为和收费行为。

《规范》要求：移动信息服务企业宣传的服务内容应该和实际提供给用户的服务内容一致，并真实宣传业务内容，不夸大其词；宣传过程中明示的价格应该和实际收取用户的费用一致。同时规定：业务宣传时，必须明示信息费和通信费，由于客观原因不便于明示具体通信费的，需注明"不含通信费"或者"通信费另行收取"。

《规范》指出：移动信息服务企业对需要通过用户多次参与或互动才能完成的移动信息服务业务，如有奖竞猜、有奖问答等进行宣传时，必须在宣传中注明信息费、通信费和互动成功所需的信息费总额。

规范还指明，移动信息服务企业在平面媒体、印刷品、电视、互联网等媒介采用文字或字幕方式宣传业务时，资费标准所使用的字号、字体、颜色应该和业务介绍所使用的字号、字体、颜色保持一致或更加醒目。业务宣传中应通过适当方式公开企业名称、具体业务名称、业务内容、资费标准、客服电话、退订方式及其他应告知用户的事项。

10.3 移动商务定位服务

10.3.1 移动商务定位服务的发展历程

移动商务定位服务又叫做移动位置服务（Location Based Service，LBS），是指通过无线终端如手机、PDA等，利用GIS技术、空间定位技术和网络通信技术获取目标移动终端用户的准确位置信息（经纬度坐标数据）和方向相关信息，并在手机屏幕上的电子地图上显示出来的一种增值服务。

移动位置服务是从美国开始的。早在1996年，美国联邦通信委员会(Federal Communications Commission，FCC)要求移动运营商为手机用户提供紧急求助服务，即确定呼叫者的位置，以便及时救援，他们将这种移动位置服务命名为E911。此后，日本、德国、法国、瑞典、芬兰等国家纷纷推出各具特色的商业化的定位服务，目前世界上许多国家都以法律形式颁布了对移动位置服务的要求。

早期的移动商务定位技术主要采用CELL-ID技术，其实现的原理是根据与手机联系的最近基站的位置进行定位，现在的移动定位技术多是移动通信网络和GIS系统、GPS定位功能的结合，GPS模块接收定位卫星信号，然后通过移动通信网络将定位数据发送到指挥中心，指挥中心结合GIS(地理信息系统)将位置信息转换成街区位置，在电子地图上得到实时位置显示，移动定位服务在紧急救援、亲友定位、汽车导航、智能交通、工作流管理等方面都有出色的表现。

我国的移动商务定位服务是从2003年下半年正式启用的，主要是基于短信方式的位置查找服务。2004年，基于WAP、BREW/Java和呼叫中心的位置服务推出，用户规模不断扩大，到2006年达到4 600万。2007年移动商务定位服务市场进入成熟阶段，GPS手机用户数达到120万，在GPS软件市场中，灵图、城际高科和凯立德处于领先地位。随着国内汽车保有量的增加，用户对GPS手机的需求迅速提升，市场初具规模。手机移动定位已经广泛应用于公共安全、医疗急救、消防救灾、公路管理、交通运输、财产防盗、物流管理，以及流动人员调度等相关部门，不仅使其避免了许多错误决策和不可预知的灾难带来的损失，而且还加强了流动情况下的人员、物资、车辆，以及特定观测物的调度和管理，带来了可观的经济及社会效益，展现了广阔的应用前景。

2008年是我国移动商务定位服务市场重要的转折点，市场规模进一步发展强大，我国已经成为导航产业最大的新兴市场，GPS导航手机发展势头强劲，手机终端商、第三方软件供应商、移动运营商、导航地图商及零部件供货商等导航产业链各个环节都在努力，不断提升用户导航使用体验。随着3G业务的普及以及4G业务的开展，移动定位业务市场将得到飞速的发展。

阅读材料

国外LBS的发展状况

美国：Sprint PCS和Verizon分别在2001年10月和2001年12月推出了基于GPSOne技术的定位业务，并且通过该技术来满足FCC对E911第二阶段的要求。据调查，大约2/3的美国用户愿意每月支付费用来获得引导驾驶的方向和位置信息。在市场的驱动下，在E911方面处于领先地位的Sprint PCS在2004年9月份推出了LBS商用服务。

日本：2001年4月，日本知名保安公司SECOM成功推出了第一个具备GPSOne技术能实现追踪功能的设备，该设备运行在KDDI的网络中，能在任何情况下准确定位呼叫个人、物体或车辆的位置。2001年12月，KDDI推出第一个商业化位置服务，用GPSOne技术提供高精度的定位服务，基于高通MS-GPS系统开发的EZNaviWalk步行导航应用在日本市场大获成功，成为KDDI与NTTDoCoMo竞争的杀手级应用。NTTDoCoMo在I-mode套餐中提供了I-area业务，但仅限于日常信息服务。

韩国：在位置服务业务创新方面，走在世界最前端的是韩国移动运营商。KTF 于 2002 年 2 月利用 GPSOne 技术成为韩国首家在全国范围内通过移动通信网络向用户提供商用移动定位业务的公司。2004 年 7 月，韩国最大的移动运营商 SK 电讯推出全球首项保障儿童安全的网络定位服务——I-kids，用来确认孩子当前的位置和活动路径，一旦孩子的活动超出设置的范围，就会自动发出报警短信。

加拿大：Bell 移动公司可谓 LBS 业务的市场领袖，率先推出了基于位置的娱乐、信息、求助等服务，2003 年 12 月，Bell 移动的 MyFinder 业务已占尽市场先机。2004 年 9 月，Bell 移动发布全球首款基于 GPS 的移动游戏 Swordfish，利用移动定位技术，把地球微缩成了一个可测量的鱼塘。

欧洲：运营商应用 LBS 的技术已经相当丰富，服务主要是定位与导航业务，但市场表现平平，一方面，欧洲运营商的业务内容比较单调，缺乏变化；另一方面，欧洲用户对 3G 数据业务的冷淡也抑制了 LBS 业务的发展。

资料来源：http://mbes.yaxon.com/news/industry/201106/101.html

10.3.2 移动商务定位服务的类型

提供与位置相关的移动商务定位服务的类型很多，主要包括以下几种。

1. 公共安全移动定位服务

为拨打紧急呼叫电话的用户定位，以方便公共安全部门为之服务，此类业务的主要代表是美国的移动 911 紧急呼叫服务，我国很多省（市）的移动服务部门也开通了这种免费服务。

2. 跟踪业务移动定位服务

提供对人员、车辆等可移动目标的跟踪服务，允许用户定期或按需查询目标的位置，具体的应用有儿童监护、宠物追踪、车辆防盗、车队调度与公共安全需要追踪和监测的人员等，也可以提供区域广告布局位置。

3. 基于个性化的移动定位服务

为用户提供与其当前所处位置相关的综合信息服务，例如，为企业流动工作状态的人员提供查询、调度服务，以及提供当地的交通状况、天气预报等分类信息，帮助其查找附近的酒店、停车场、娱乐场所或险情监测目标等。

4. 商务引导移动定位服务

为用户提供由当前位置到目的地的引导服务，是利用手机移动定位技术的一大优势。例如，针对旅行者的路线规划服务和旅游行程中的引导服务(提供转向提示、到达通知)，提供交通路况及最佳行车路线；帮助用户查找某公司的位置、电话号码和邮政编码等；帮助用户寻找最近的商业目标及确定相关地区，帮助确定小区商业布局、竞争格局和最佳物流线路等。

5. 基于位置的计费业务

运营商将网络划分为不同的计费区域，用户在不同地点使用移动业务按不同费率收费。随着移动技术的发展，国外又出现了一种移动计费的"流动存车场"，这项流动计费业务很受欢迎。

6. 手机地图定位

手机地图定位，是将获取的移动终端用户位置的图形定位信息在手机上显示出来，并为用户提供相应的延伸服务的一种增值服务业务。手机定位服务与平民百姓的生活息息相关，比如，当你处于一个陌生的地方，想寻找附近哪里有邮局、餐厅、银行或者医院时，只要用手机按程序操作，马上就可以找到目的地。目前，中国联通和中国移动都已经开通这一服务。

10.3.3 移动商务定位服务的价值实现

移动商务定位服务是通过定位服务体现价值、创造价值的一种增值服务。

1. 通过提供多元化的与位置相关的信息服务体现价值

定位服务初期，只能提供单一目标移动定位，随着人们对移动定位需求的增加和移动定位技术的发展，实现了由单一位置定位向多元位置定位的转变，服务的价值就可以得到明显的增值和提升。因此，当人们不仅需要寻找学校，而且要寻找餐馆、娱乐场所、银行等多个目标的时候，运营商依托自己掌握的技术手段很容易根据定位信息向用户提供相应的服务。

2. 在服务延伸中体现价值

通过与智能交通系统、高效物流系统的整合，手机移动定位功能可以进一步延伸到电子路牌显示、公交车辆到站信息、物流运输中实时货运订单跟踪、运输线路优化和车辆的调度监控等。利用GPS定位功能和移动通信网络的覆盖能力，在紧急状态下还可以回传GPS定位信息，通过语音通话功能监听车内情况，从而实现对汽车的追踪和控制，这也是移动定位系统重要的应用之一，在这些服务以及延伸的服务中体现出了移动定位的价值。

3. 通过提供声图并茂的导航服务体现价值

移动定位与多媒体技术结合，使实时的画面监控、语音导航与定位技术的一体化成为可能。据统计，56％的消费者更倾向于选择声控的导航系统，通过在路口添加摄像装置，可以在车上方便地查看车辆位置附近的交通状况，方便用户进行最优路线选择。可随意扩大和缩小的三维地图和高清晰度的可触电子屏幕在汽车导航上的应用，使移动定位系统显示结果可视化。这些功能的实现不仅将为用户提供更为直观的位置信息，更能带来交通物流行业运营效率的极大提升，生动而具体地体现了移动定位服务的价值。

4. 利用移动定位系统进行交通疏导获得价值

随着交通流量越来越大，我国城市和高速路导航市场需求将快速增长。只要在定位系统中整合通信与导航功能，就可以建立车辆预警指挥调度系统，当前方车辆遇到结冰路面或碰到交通事故时，就可通过无线方式将信息发送出去，后面的车辆接收信息后，就可以通过车载导航系统重新选择路线行驶，而采用三维地图显示的导航系统更能够真实地显示出整个街道和十字路口的图像，驾驶员即便在不熟悉路况的城市也能够较容易地找到目的地。

目前，我国的移动定位服务尚处于起步阶段，用户和市场的潜力巨大，如果开发得好，移动位置服务可以促进物流、交通、安全、城市规划、农、林、牧、渔等众多传统产业的精确信息化管理，并成为通信业最具增长潜力的增值业务之一。

10.4 移动商务支持服务

10.4.1 移动商务支持服务的概念与内涵

1. 移动商务支持服务的概念

移动电子商务支持服务是移动电子商务服务的一项重要内容,是直接围绕商务活动提供各种便捷的、及时的、多维的支持服务的一个过程。

2. 移动互联网

所谓移动互联网,是我国国家信息产业部电信研究院、中国移动通信联合会、中国移动通信集团公司、中国联合通信有限公司四部门共同搭建的一个以 50120 为平台的,以手机为终端的移动通信平台。

3. 移动互联网促使传统互联网发生巨大变迁

移动互联网让用户可以随时随地接入网络,尤其是在 3G、4G 时代,更加丰富的服务为用户提供了多样的选择。传统互联网上的资讯、游戏等服务都可以顺利地延伸到移动互联网上,并且因此可能发生巨大的变迁。

对于拥有 10 多亿移动用户的中国来说,移动互联网的快速发展具有尤其重要的意义,巨大的市场空间蕴藏着巨大的商机。

10.4.2 移动商务支持服务的应用

移动电子商务支持服务,由于支持的方式、渠道、办法等不同就形成了不同的支撑方法。

1. 软件的移动商务支持服务

目前全球共有 40% 的企业员工处于移动状态下工作。由于手机具有随身携带、实时通话等特点,因此,一些厂商把企业应用管理软件移植到手机上。

UFmobile 移动电子商务彩信就是用友推出的移动电子商务新产品,它将企业管理系统和移动通信相结合,把信息流由桌面延伸到手机上,通过企业短信的方式,帮助企业实现业务数据的实时采集、统计分析,减少厂商跟经销商信息沟通的环节,体现了移动管理的威力。

UFmobile 提供包括移动彩信、移动财务、移动供应链、移动办公、移动 HR、移动客服等应用功能,它可以和用友 ERP(Enterprise Resource Planning,企业资源计划)系统结合,把 ERP 延伸到手机上,只要一机在手,企业的收入、销量、资金等就可以由系统自动从 ERP 取数,并转化成语音,通过彩信发到手机上。系统还可实现短信工资条、短信审批、短信查询资金、库存、价格等,可应用于快速消费品、数码产品、家电、化妆品等行业,可在当天由分布在零售终端的数千名销售员通过短信汇报销售数据,使企业实时掌握销售动态,有效提升销售与客户满意度。

2. 移动商务支持服务在中国商品出口中的应用

中国出口商品网站率先在国内推出移动电子商务服务，手机用户在输入该网站网址（chinaproducts.com）后，即可通过手机屏幕浏览和使用为移动用户提供的定制信息和相关服务。

中国出口商品网是由中国国际贸易促进委员会、中国国际商会经济信息部与广州实信外贸网络信息有限公司合作开发的一个专业对外贸易网站。中国出口商品网拥有全球最大的中国出口商品数据库，其中包括逾 24 万家中国企业和超过 100 万种不同的出口商品，而每天发布更新的交易信息达数千条，它被国家信息产业部确定为中国六大电子商务示范工程之一（唯一的外贸网站）。据介绍，该网站主要为移动用户提供国内外重大经贸消息、海外买卖信息、人民币汇率牌价等商务信息。

10.5 移动支付

10.5.1 移动支付的概念及特征

移动支付（Mobile Payment），也称之为手机支付，是指交易双方为了某种货物或者服务，使用移动终端设备为载体，通过移动通信网络实现的商业交易。移动支付所使用的移动终端可以是手机、PDA、移动 PC 等，移动支付将终端设备、互联网、应用提供商以及金融机构相融合，为用户提供货币支付、缴费等金融业务。

移动支付主要分为近场支付和远程支付两种。所谓近场支付，就是用手机刷卡的方式坐车、买东西等，很便利。远程支付是指通过发送支付指令（如网银、电话银行、手机支付等）或借助支付工具（如通过邮寄、汇款）进行的支付方式，如掌中付推出的掌中电商、掌中充值，掌中视频等属于远程支付。

移动支付属于电子支付方式的一种，因而具有电子支付的特征，但因其与移动通信技术、无线射频技术、互联网技术相互融合，又具有自己的特征。

（1）移动性。随身携带的移动性，消除了距离和地域的限制，结合了先进的移动通信技术的移动性，随时随地获取所需要的服务、应用、信息和娱乐。

（2）及时性。不受时间地点的限制，信息获取更为及时，用户可随时对账户进行查询、转账或进行购物消费。

（3）定制化。基于先进的移动通信技术和简易的手机操作界面，用户可定制自己的消费方式和个性化服务，账户交易更加简单方便。

（4）集成性。以手机为载体，通过与终端读写器近距离识别进行的信息交互，运营商可以将移动通信卡、公交卡、地铁卡、银行卡等各类信息整合到以手机为平台的载体中进行集成管理，并搭建与之配套的网络体系，从而为用户提供十分方便的支付以及身份认证渠道。移动支付业务是由移动运营商、移动应用服务提供商（MASP）和金融机构共同推出的、构建在移动运营支撑系统上的一个移动数据增值业务应用。移动支付系统将为每个移动用户建立一个与其手机号码关联的支付账户，其功能相当于电子钱包，为移动用户提供了一个通过手机进行交易支付和身份认证的途径。用户通过拨打电话、发送短信或者使用WAP功能接入移动支付系统，移动支付系统将此次交易的要求传送给MASP，由MASP确定此次交易的金额，并通过移动支付系统通知用户，在用户确认后，付费方式可通过多种途径实现，如直接转入银行、用户电话账单或者实时在专用预付账户上借记，这些都将由移动支付系统（或与用户和MASP开户银行的主机系统协作）来完成。

迄今为止，中国业已成为全球最大的移动市场，手机用户总量现已逾10亿，银行卡的持有量多达38亿张，这是任何一个发达国家所望尘莫及的"金矿"。在众多的手机用户中，近一半同时拥有银行卡的用户，即使10%的手机用户参与移动购物与支付，也是一个庞大的市场。一旦移动支付普及应用，移动支付的市场潜力不可估量，将会极大地促进移动电子支付与移动电子商务的发展。

中国的手机支付起源于2001年，当时运营商开始推广"通过手机短信接入方式支付"，很多手机用户都体验过。比如，我们在网上购买一款电脑杀毒软件，其中就有手机支付方式——输入手机号码后确认付款，接着手机会收到一个短信密码验证，输入后就完成交易。2002年5月，中国移动通信公司开始在上海、浙江、江苏、广东、福建等地进行小额支付试点，带动并引起了以中国银联为主体的金融机构对该业务的极大关注。2003年，我国各地移动通信公司纷纷推出相应的移动支付业务，从年初湖南移动通信公司与中国银联长沙分公司推出的银行账号捆绑的手机支付业务，到9月份北京移动通信公司推出的名为"手机钱包"的手机支付业务，直至12月中旬上海推出出租车上的银行移动POS机。这些方式只能是小额支付，大金额的支付运营商并不支持。

其后，国内出现第二种手机支付方式"手机WAP网站"。很多WAP上的商家通过自己的支付方式与手机用户完成交易，但是这种方式发展也比较缓慢，主要制约因素是当时2G通信网络比较慢，用户会失去耐心。

最近几年，国内又发展出远程支付和近端交易。远程支付的典型应用则是通过手机里面的交易平台完成远程交易转账或付款。近端交易的典型应用则是刷卡手机，各大运营商都在推广。

10.5.2 移动支付的技术支持

目前移动支付技术实现方案主要有五种：双界面Java Card，SIM Pass，RFID-SIM，NFC和智能SD卡。

1. 双界面CPU卡

双界面CPU卡是一种同时支持接触式与非接触式两种通讯方式的CPU卡，接触接口和非接触接口共用一个CPU进行控制，接触模式和非接触模式自动选择。

卡片包括一个微处理器芯片和一个与微处理器相连的天线线圈，它具有信息量大、防伪安全性高、可脱机作业，可多功能开发，数据传输稳定，存储容量大，数据传输稳定等优点。

2. SIM Pass技术

SIM Pass是一张双界面的多功能应用智能卡，具有非接触和接触两个界面，支持

SIM 卡功能和移动支付的功能。SIM Pass 运行于手机内,接触界面上可以实现 SIM 应用,完成手机卡的通信功能,非接触界面可以同时支持各种非接触应用。

3. RFID-SIM

RFID-SIM 是双界面智能卡技术向手机领域渗透的产品,RFID-SIM 既有 SIM 卡的功能,也可实现近距离无线通信。

4. NFC 技术

NFC 是一种非接触式识别和互联技术。NFC 手机内置 NFC 芯片,组成 RFID 模块的一部分,可以当做 RFID 无源标签来支付使用,也可以当做 RFID 读写器来数据交换和采集。

5. 智能 SD 卡

在目前 SIM 卡的封装形势下,EEPROM(带电可擦写可编程只读存储器)容量已经达到极限,通过使用智能 SD 卡来扩大 SIM 卡的容量,可以满足业务拓展的需要。

10.5.3 移动支付的分类

1. 按用户支付的额度不同,分为微支付和宏支付

微支付:微支付是指交易额少于 10 美元,通常是指购买移动内容业务,例如游戏、视频下载等。

宏支付:宏支付是指交易金额较大的支付行为,例如在线购物或者近距离支付(微支付方式同样也包括近距离支付,例如交停车费等)。

2. 按完成支付所依托的技术条件不同,分为近场支付和远程支付

远程支付:指通过移动网络,利用短信、GPRS 等接口,和后台支付系统建立连接,实现各种转账、消费等支付功能。

近场支付:是指通过具有近距离无线通信技术的移动终端实现本地化通信进行货币资金转移的支付方式。

3. 按支付账户的性质不同,分为银行卡支付、第三方支付账户支付、通信代收费账户支付

银行卡支付就是直接采用银行的借记卡或贷记卡账户进行支付的形式。

第三方账户支付是指为用户提供与银行或金融机构支付结算系统接口的通道服务,实现资金转移和支付结算功能的一种支付服务。第三方支付机构作为双方交易的支付结算服务的中间商,需要提供支付服务通道,并通过第三方支付平台实现交易和资金转移结算安排的功能。

通信代收费账户是移动运营商为其用户提供的一种小额支付账户,用户在互联网上购买电子书、歌曲、视频、软件、游戏等虚拟产品时,通过用手机发送短信等方式进行后台认证,并将账单记录在用户的通信费账单中,月底进行合单收取。

4. 按支付的结算模式不同，分为及时支付和担保支付

及时支付是指支付服务提供商将交易资金从买家的账户及时划拨到卖家账户。一般应用于"一手交钱一手交货"的业务场景（如商场购物），或应用于信誉度很高的 B2C 及 B2B 电子商务，如首信、Yeepal、云网等。

担保支付是指支付服务提供商先接收买家的货款，但并不马上就支付给卖家，而是通知卖家货款已冻结，卖家发货；买家收到货物并确认后，支付服务提供商将货款划拨到卖家账户。支付服务商不仅负责资本的划拨，同时还要为不信任的买卖双方提供信用担保。担保支付业务为开展基于互联网的电子商务提供了基础，特别是对于没有信誉度的 C2C 交易及信誉度不高的 B2C 交易。目前做得比较成功的是支付宝。

5. 按用户账户的存放模式，分为在线支付和离线支付

在线支付是指用户账户存放在支付提供商的支付平台，用户消费时，直接在支付平台的用户账户中扣款。

离线支付是用户账户存放在智能卡中，用户消费时，直接通过 POS 机在用户智能卡的账户中扣款。

知识链接

手机钱包

手机钱包业务是指中国移动开发的基于无线射频识别技术（RFID）的小额电子钱包业务。用户办理该业务后，即可利用手机在中国移动合作的商户进行 POS 机刷卡消费。用户开通手机钱包业务后，在中国移动营业厅更换一张手机钱包卡（支持 RFID 功能的专用 SIM 卡，该卡比原 SIM 卡增加终端刷卡功能），则可以使用手机在布放有中国移动专用 POS 机的商家（如便利店、商场、超市、公交）进行现场刷卡消费，轻松支付，随机消费。

手机钱包是中国移动推出的一种新服务，此项业务是综合了支付类业务的各种功能的一项全新服务，它以银行卡账户为资金支持，手机为交易工具的业务，将用户在银行的账户和用户的全球通手机号码绑定，通过手机短信息、IVR、WAP 等多种方式，用户可以对绑定账户进行操作，实现购物消费、代缴费、转账、账户余额查询并可以通过短信等方式得到交易结果通知和账户变化通知。"手机钱包"是将手机与信用卡两大高科技产品融合起来，演变成一种最新的支付工具，为用户提供安全、便捷、时尚的支付手段。

手机钱包支持的业务包括移动话费自缴、充值、话费代充、话费代缴、手机彩票、手机捐款、话费余额查询、银行卡余额查询等。

资料来源：http://baike.baidu.com/view/307365.htm?fr=aladdin

10.5.4 移动支付的发展状况

目前，国内外移动通信运营商均已推出手机小额支付服务，移动支付业已广泛应用于社会的各个方面。

在英国的赫尔市，爱立信公司开发的手机支付服务允许汽车驾驶员使用手机支付停车费。用户把汽车停在停车场之后，即可用手机接通收费系统，用户可以与应用语音识别技术的计算机对话，也可以用手机发一条短信，用户只需说明停车的位置、注册的号码和需要购买的停车时间即可，负责收取停车费的计算机将把这些资料登记下来，实施移动收费。

在芬兰南部城市科特卡，客户通过芬兰的"移动支付系统"，使用手机支付贷款简单易行。客户只需向研制这一系统的公司开一个移动账户，即可通过手机将有关付款数额和付款时间的文字信息发送到商家的户头上履行付款手续。如果客户将手机遗失，可通过发送文字信息或打电话给这家公司终止自己的移动账号。

瑞典的 Paybox 公司在德国、瑞典、奥地利、西班牙、英国等国家成功推出了手机支付系统，Paybox 无线支付以手机为工具，取代了传统的信用卡，使用该服务的用户只要到服务商那里进行注册取得账号，然后在购买商品或需要支付某项服务费时，直接向商家提供自己的手机号码即可。

此外，在美国的旧金山、澳大利亚的悉尼，消费者可用手机拨号买饮料；在瑞典，手机用户可在自动售货机上买汽水；在日本，观众可以通过手机预订电影票；在诺基亚总部，雇员可用手机付账喝咖啡。

在国内，中国移动通信公司已开展了手机支付业务的试点。例如，中国移动通信公司与51CP（中彩通网站）合作，推出世界杯手机投注足球彩票业务；深圳移动通信公司与深圳福利彩票发行中心合作建设了手机投注系统，开通了深圳风采手机投注业务；浙江移动通信公司在嘉兴地区试行开通小额支付业务，提供网上支付、话费充值、自动售货机等服务；广东移动通信公司、福建移动通信公司和江苏移动通信公司也搭建了本省的小额支付平台，提供足球彩票和福利彩票投注等服务。网络公司尤其支持移动支付，在搜狐网站，可用手机点歌；在新浪网站，可用手机购买邮箱，在其他商业网站，还可用手机支付视频点播、网络游戏、旅游导读等。支持移动支付的银行有招商银行、中国银行、中国建设银行、交通银行、北京商业银行、中信银行、福建兴业银行等。

移动终端和移动电子商务的发展是移动支付迅速发展的重要前提。据前瞻网《2013—2017年中国物联网行业发展前景与移动支付领域应用需求分析报告》调查数据显示，2011年中国移动电子商务市场交易规模为156亿元，同比增长60.9%，2012年中国移动电子商务市场规模达到250亿元，到2015年将达到1 046亿元。随着移动终端的普及和移动电子商务的发展，业界也纷纷看好移动支付市场的发展前景，而移动支付市场近年来的发展速度也没有辜负业界的厚望。研究机构数据显示，2011年中国移动支付市场发展迅速，全年交易额规模达到742亿元，同比增长67.8%；移动支付用户数同比增长26.4%，已至1.87亿户，2012年中国移动支付市场交易规模达1 511.4亿元，2013年第三方移动支付市场交易规模达12 197.4亿元，易观智库预计2015年中国移动支付市场的交易规模将达到7 123亿元。

随着移动支付行业竞争的不断加剧，大型移动支付企业并购整合与资本运作日趋频繁，国内优秀的移动支付企业愈来愈重视对行业市场的研究，特别是对世界移动支付产业发展的总体趋势、国外同类企业模式发展创新、国内企业发展环境和客户需求趋势变化的深入研究。正因为如此，一大批国内优秀的移动支付品牌迅速崛起，逐渐成为移动支付行业中的翘楚。

3G 技术的发展和 4G 技术的兴起，带来了移动电子商务的快速发展，使手机成为更便捷的交易终端。2012 年以来，移动支付无疑已经成为智能手机的一大主流功能，电子钱包、Square 读卡器以及近场通信技术在移动支付中的都成为智能手机的亮点。2012 年移动支付已经发展到在实体商店中安装使用移动支付设备的层面，由此也涌现出一批以移动支付为主营业务并因此而名声大噪的企业。然而由于现在的消费者已经习惯了使用银行卡进行消费交易，因此移动支付在短时间内还不能被消费者普遍接受。

但是，中国拥有超过 10 亿部手机，银联则拥有超过 20 亿张卡片，以及 1 000 万家签约商家，所以移动支付的市场前景可想而知。由于移动支付的发展潜力巨大，所以移动支付产业链上群雄并起，电信运营商、互联网企业、支付厂商、银行等纷纷进军手机支付领域，推动产业发展壮大。移动互联网时代是以应用为王，在手机 APP 应用日益丰富的情况下，移动支付的功能在不断推陈出新。例如，第三方支付、银行等争相推出手机支付客户端，二维码支付、无线支付、语音支付、指纹支付等应用，此外购物、理财、生活服务等交易类应用也在不断出现，大大丰富了移动支付的市场应用环境。

本章小结

移动商务作为一种随着科技发展而产生的新兴技术，商务模式和平台技术还在摸索中发展。随着 3G 网络在世界范围内的不断成熟和 4G 网络的兴起，移动商务作为一种新型的商务模式，利用了移动无线网络的诸多优点，移动商务应用将会不断普及和发展，移动商务市场会更加广阔。

移动商务应用是以移动通信技术及相关技术为支撑，利用移动数字终端（包括便携、手持数字设备）建立起相应的商务应用模型直接进行的商务活动，或利用移动信息转移功能，依托网络化的商务平台，进行或完成的、多维的、跨行业或跨国的商务活动。移动商务的动态特征对提高企业的动态营销能力、提升企业和商务主体的市场反应能力、竞争能力都具有重要的作用。

移动商务的应用模式包括移动信息服务、移动定位服务、移动商务支持服务、移动游戏、移动音乐、移动支付等，其中，移动支付作为我国移动商务领域的发展热点，已进入快速发展阶段。

案例分析

惠普"SDK"移动商务应用

惠普研发有限合伙公司（Hewlett-Packard Development Company, L.P.），位于美国加州的帕罗奥多，是从事打印机、数码影像、软件、计算机与资讯服务等业务的全球性资讯科技公司。中国惠普有限公司成立于 1985 年，是 HP 全球业务增长最为迅速的子公司之一，业务范围涵盖 IT 基础设施、全球服务、商用和家用计算以及打印和成像等领域，客户遍及电信、金融、政府、交通、运输、能源、航天、电子、制造和教育等各个行业。中国惠普致力于以具有竞争力的价格，为中国用户提供科技领先的产品与服务，提供最佳客户体验。

1. 需求催生变革

在竞争日趋激烈的发展环境下,高效而准确地为客户提供售后服务,已经成为IT企业全程销售和服务模式中的重要环节。基于售后服务电话、纸质工单的传统客服系统效率低、成本高昂,特别是在客户群体庞大而又需要信息及时反馈的情况下,很难有效控制客户投诉率。这种状况如果不积极加以改进,将会对公司的良性发展产生负面影响。

在对用户售后服务需求、同业竞争者的售后服务方式等方面进行了细致的市场调查之后,惠普产生了通过移动通信技术手段来完善现有的售后服务体系的新需求,并选择了国内领先的移动商务服务商——北京亿美软通科技有限公司为其提供移动售后管理方面的服务。

北京亿美软通科技有限公司自2001年成立以来,始终致力于为国内外企业提供具备国际技术水准的移动商务平台及运营服务。目前,亿美软通已为超过35万家企业提供移动个性客服、移动数据采集、移动高效管理等方面的各类移动商务产品和通讯服务,销售和服务网络已经辐射全国31个省、市、自治区,业务服务覆盖超过2.5亿手机用户,成为目前中国移动商务服务领域产品线最齐全、营销网络覆盖量最广、服务经验最丰富、客户数量最多的企业。

2. 创新推动发展

惠普原有的售后服务流程主要包括以下几个步骤。

(1) 客服人员接收来自售后电话系统的服务申请,转至售后服务部门。

(2) 售后服务部门管理员整理服务申请,派发纸质工单至售后工程师。

(3) 售后工程师打电话与客户沟通,约定服务时间。

(4) 售后工程师上门服务,完成服务后,客户在工单上签字确认。

(5) 售后工程师返回公司上交工单,供系统管理员录入信息,完成售后步骤。

调查发现流程有三个缺陷:客户响应时间长,派工效率低且流程难以控制,运营成本高。为此,亿美软通提出了一系列基于亿美SDK短信应用引擎的解决方案,利用移动技术实现售后服务流程的无缝连接。

亿美软通为惠普量身定制的嵌入型移动管理平台,将亿美活力短信SDK系统与惠普的售后服务管理系统相结合,通过其后台服务器与售后工程师的手机进行双向数据传输,帮助工程师及时获取派工信息,并能将作业完成情况实时上传至企业售后管理平台;派工人员根据工程师的状态可以对派单路径进行调整,提高派工效率;同时整个售后流程避免了数据人工录入,提高工作效率的同时又能节省运营成本。

亿美活力短信SDK应用接口,是针对系统集成商和企业软件定制,为其系统提供移动商务的应用方案,具备以下优势。

(1) 全网覆盖:接入中国移动、中国联通、中国电信短信业务平台,实现多种通讯方式、多种通信网络全面覆盖。

(2) 智能化短信内容:支持500个汉字或1 000个英文的提交,自动分割短信内容。

(3) 标准化开发包:支持ASP.NET、Delphi、VB、VC++、Java多种主流开发语言,Windows、Linux、UNIX等多种运行环境。

(4) 发送优先级:在通讯结束和业务开始的中间层实现优先级算法,先处理优先级高的短信,真正做到随需应变。

(5) 标准API编码:采用国际标准的API编码方式,并提供标准的API开发文档,提高开发效率。

(6) 先进的系统架构:多层架构、均衡负载,保证通信效率与质量。

3. 功能实现

1) 派工管理

惠普任务管理系统分析服务申请类型,制订作业计划,通过SDK短信开发组件向售后工程师发送派工短信,包括用户的需求、约定的维修时间,另外还可以向工程师发送维修服务定时提示。

2) 作业管理

惠普任务管理系统通过SDK向客户发送短信,告知上门时间、服务人员信息,售后工程师随时发送短信上报作业过程中发现的问题和作业进度,通过SDK反馈至管理系统,维修结束,工程师上行发送短信至系统汇报作业完成,系统下行发送短信至客户,询问完成情况,客户再通过上行发送短信确认完成售后流程。

3) 流程管理

根据售后工程师实时上报的信息,掌握作业完成进度,动态调整作业分派。作业结束后,通过短信确认完成工作流程,工程师无须返回公司上交工单便可进行下一份维修任务。

4) 客户信息管理

SDK系统对客户基本信息、服务申请记录、客户服务完成情况进行全面管理。

4. 方案收益

按照改进的移动客服流程,HP售后工程师到达客户的时间缩短2小时,提高了客服效率,提升了客户满意度。亿美活力短信SDK系统帮助了HP全国超过2万名工程师的日常工作。同时,通过在企业内部管理中使用短信对员工进行重要的工作通知、信息发布;在员工生日、节假日时发送祝福信息等方式,也使每一位惠普的员工对企业归属感和认同感不断加强,团队的凝聚力和工作积极性得到了全面的提升。

资料来源:http://www.emay.cn/ApplicationCase/it/a_660.htm

思考:

(1) 惠普的"SDK"移动商务应用系统实现的主要功能有哪些?

(2) 惠普的"SDK"移动商务系统如何改变企业的业务流程?

(3) 移动商务应用能够给企业带来哪些方面的改变?

(4) 对移动商务应用前景进行展望分析。

复习思考题

一、判断题

(1) 开发以移动商务价值为特色的资源开发和价值开发阶段,标志着中国的移动商务开始进入了健康发展的历程。( )

(2) RFID技术根据频率的不同,可应用在不同的场所。其中与我们生活最贴近的门禁控制、校园卡、货物跟踪、高速公路收费等是利用的低频技术。( )

(3) 电子商务的成本要高于移动商务。( )

(4) 移动中间件处于操作系统软件与用户的应用软件之上。( )

(5) 移动商务技术能决定移动商务模式,它是移动商务模式的关键。( )

(6) 移动商务只要有技术支撑,就能快速发展。( )

(7) 非接触式移动支付就是把公交卡、银行卡等支付工具集成到手机上。( )

(8) 二维码的印刷没有唯一尺寸,码没有最大尺寸的限制,越大越容易拍摄读取,识别率高,当前可识别最小的尺寸是15毫米×15毫米。( )

(9) 移动支付的安全问题是消费者使用移动商务业务的最大疑虑。( )

(10) 移动商务的动态性，为成功交易增加了难度。（   ）

(11) 从宏观的角度看，整合移动商务中的外部整合是技术拉动的，企业是在技术的拉动下做着被动改变。（   ）

二、单项选择题

(1) 移动商务的真正价值实现是（   ）。
A. 技术　　　　B. 服务　　　　C. 创新　　　　D. 管理

(2) 移动商务的主要特征是（   ）。
A. 商务　　　　B. 模式　　　　C. 技术　　　　D. 移动

(3) 二维条码是应用（   ）技术。
A. 基于光学识读图像的编码技术　　B. 无线射频技术
C. 蓝牙技术　　　　　　　　　　　D. 近距离非接触技术

(4) 通过一个（   ），用户可以使用各种各种移动终端访问互联网。
A. GPS 网关　　B. WAP 网关　　C. GSM 网关　　D. 局域网网关

(5) 普通的无线网络用户使用最多的是（   ）。
A. 长距离无线网络　　　　　　　　B. 短距离无线网络
C. 中距离无线网络　　　　　　　　D. 有线网络

(6) 移动商务价值链必须以（   ）为基础。
A. 诚信　　　　B. 技术　　　　C. 网络　　　　D. 资源

(7) 下列（   ）以信息消费个人体验为主的移动商务。
A. 手机竞技游戏　B. 手机文学　　C. 手机捐款　　D. 二维码电影票

(8) 所有移动商务的各种商务模式取得成功的先决条件是（   ）。
A. 较高的赢利　　　　　　　　　　B. 多种服务形式
C. 高水平的安全性　　　　　　　　D. 技术的先进性

三、名词解释

(1) 移动商务
(2) LBS
(3) 移动支付

四、简答题

(1) 简述移动商务的含义及本质特点。
(2) 简述移动商务应用的意义。
(3) 简述移动信息服务的内涵和范围。
(4) 分析移动电子商务兴起的原因。
(5) 分析移动支付的潜力及优势。
(6) 分析移动定位服务的类型和价值实现。
(7) 简述移动商务支持服务的内涵。
(8) 分析移动商务支持服务的应用。

五、论述题

(1) 论述移动商务应用的模式及价值实现。
(2) 分析移动商务应用如何提高企业的竞争力。

六、实践题

(1) 调查我国移动支付市场的发展情况，写出调查报告。
(2) 考察我国移动定位市场的发展状况，完成分析报告。

第 11 章 电子政务

随着以全球互联网技术为代表的新一代信息技术的迅速发展，人类社会正步入一个崭新的网络时代。电子政务是政府活动的一种新形态，是政府在国民经济和社会信息化的背景下，以提高政府办公效率、改善决策和投资环境为目标，将政府的信息发布、管理、服务、沟通功能向互联网上迁移的系统解决方案。本章主要介绍电子政务的含义、特征，电子政务的模式和构架，电子政务的实施以及国内外成功的电子政务案例。

本章知识结构框架

电子政务
- 电子政务的概念及其特点
- 国内外电子政务的发展状况
- 电子政务活动的主要内容
- 我国实施电子政务的意义与条件
- 电子政务的系统组成
- 电子政务的基本模式
  - G2B
  - G2C
  - G2G
- 电子政务的实施
  - 规划目标和建设原则
  - 实施过程
  - 评测标准

学习目标与要求

通过本章内容的学习，了解国内外电子政务的发展状况、我国实施电子政务的意义和有利条件，掌握电子政务的概念、主要内容、基本模式和实施过程。

> 引导案例
>
> ### "西安发布"政务微信上线
>
> 2014年6月19日,西安市互联网信息办公室官方微信"西安发布"正式上线。你只需手机扫描其二维码,或者直接搜索添加微信号"xianfabu",或查找公共号"西安发布"进行关注,就能获取权威的政务信息、政策解读、民生资讯。
>
> 每天清晨,"西安发布"将定时向网友推送包含文字、图片等多种内容的政务信息。第一时间权威发布市委市政府最新政策法规、各部门工作动态以及百姓关注的民生热点。在实现信息推送功能后,"西安发布"政务微信还将进一步优化功能,增加互动栏目,逐步开通"市民服务"功能,实现交互服务与信息推送并重,方便市民查询和及时获取相关服务。
>
> 继西安政务微博"@西安发布"上线运行近一年后,"西安发布"微信公众账号此次上线,标志着西安市政务信息发布进入"双微"时代。
>
> 资料来源:http://www.e-gov.org.cn/Article/news003/2014-06-19/150483.html
>
> 电子政务的实施和推广,无论是从理念上,还是从工具上都应该紧跟社会和技术发展的脚步,进一步使政府的施政理念与社会公民紧密结合,这样才能使得政府的各项政策制度深入人心。

11.1 电子政务概述

11.1.1 电子政务的概念及其特点

1. 电子政务的概念

电子政务(Electronic Government,EG)是相对于传统政务(Government)和电子商务(Electronic Business)而言的,是快速发展的现代电子信息技术与政府改革相结合的产物。电子政务是指政府机构应用现代信息和通信技术,将管理和服务通过网络技术进行集成,在互联网上实现政府组织结构和工作流程的优化重组,超越时间、空间与部门分隔的限制,全方位地向社会提供优质、规范、透明、符合国际水准的管理和服务。

联合国经济社会理事会将电子政务定义为:政府通过信息通信技术手段的密集性和战略性应用组织公共管理的方式,旨在提高效率、增强政府的透明度、改善财政约束、改进公共政策的质量和决策的科学性,建立良好的政府之间、政府与社会、社区以及政府与公民之间的关系,提高公共服务的质量,赢得广泛的社会参与度。

世界银行则认为电子政府主要关注的是政府机构使用信息技术(如万维网、互联网和移动计算)赋予政府部门以独特的能力,转变其与公民、企业、政府部门之间的关系。这些技术可以服务于不同的目的:向公民提供更加有效的政府服务、改进政府与企业和产业界的关系、通过利用信息更好地履行公民权,以及增加政府管理效能。因此而产生的收益可以减少腐败、提高透明度、促进政府服务更加便利化、增加政府收益或减少政府运行成本。

世界经合组织(Organization for Economic Co-operation and Development，OECD)认为电子政务是政府将新的信息和通信技术运用到政府的全部职能中，特别是利用因特网及相关技术的网络潜能来改革政府的结构和运行。

迄今为止，各国政府、国际性组织、企业和学者等从不同角度对电子政务进行了不同的定义。可将电子政务划分为广义和狭义两类概念，其中，广义的政务泛指各类行政管理活动，而狭义的政务则专指政府部门的管理和服务活动。

本书将采用狭义的政务概念，即政务专门指政府部门的管理和服务活动。根据上述的狭义电子政务的定义，电子政务主要分成以下3类。

(1) 政府部门内部的电子化和网络化办公。
(2) 政府部门之间通过计算机网络进行的信息共享和实时通信。
(3) 政府部门通过网络与民众之间进行的双向信息交流。

具体地说，目前各级政府部门广泛使用的办公自动化系统，属于第一类电子政务的范畴；国家最近建设完成的"三金"工程和电子口岸执法系统，属于第二类电子政务的典型例子；政府部门通过自己的互联网站发布政务信息，以及进行网上招标、网上招聘、接受网上投诉等，则属于第三类电子政务的范畴。一个完整的电子政务系统，应当是上述这三类电子系统的有机结合。

2. 电子政务的实质

从电子政务的定义中可以看到，电子政务是具有广泛适用性的一个概念。电子政务的实质包括以下内容。

(1) 电子政务是信息技术在政府工作中的应用。电子信息技术特别是网络技术的高速快捷、全球联通的特点使得政府信息的生产与传播、政府管理的手段和方式发生了深刻的变化，使政府在某些领域具有更强的信息获得与控制能力，从而拓宽政府职能领域，更有效地实现对社会的控制。同时，政府在信息获得和控制方面的垄断优势也将被打破，进而面临来自社会各个层面的竞争，这会导致某些政府职能的压缩和流失，给政府管理方式带来革命性的变化。

(2) 电子政务是一种全新的政府管理观念。电子政务不是传统政务和电子技术的简单叠加，不是用电子技术去适应落后的传统政务模式，而是借助电子信息技术对传统政务进行革命性的改造，以更好地实现政府为公众服务的宗旨。

(3) 电子政务是一个动态的过程。电子政务不是一个结果，而是一个动态的过程，是一个持续不断地运用技术手段改革政府管理模式和政府管理手段的实践。电子政务不可能一蹴而就，需要用系统工程的方法对政府管理流程不断进行改进和完善。

3. 电子政务的特点

1) 电子政务与传统政务的区别

电子政务和传统政务相比不是简单地将政府原有职能和业务流程电子化和网络化，而是政府行政方式和组织结构的优化重组，电子政务与传统政务存在显著的区别，主要体现在以下几点。

(1) 办公手段不同。信息资源的数字化和信息交换的网络化是电子政务与传统政务的最显著区别。传统办公模式依赖于纸质文件作为信息传递的介质,办公手段落后,效率低,公众到政府部门办事,要到各管辖部门的所在地,如果涉及不同部门,更是费时费力。电子政务条件下的办公手段发生了根本性的变化,人们可以随时传递、交换和共享各种信息资源,加快了信息交换的速度,提高了信息利用的频率。政府通过计算机存储介质和网络发布信息,远比以往通过纸质介质发布的信息容量大、速度快、形式灵活。

(2) 行政业务流程不同。实现行政业务流程的集约化、标准化和高效化是电子政务的核心。传统政务管理方式实际上是一种层次结构的管理模式,机构管理层次多、管理幅度小,虽然上级对下级的控制和协调能力较强,但决策层与执行层之间信息沟通的速度慢、费用高、信息失真率高,所以上级的决定在执行过程中往往会发生不同程度的偏离,从而影响政府行政职能的有效发挥。而电子政务形成网络型扁平化结构的管理模式,政府可以根据自身的需要,减少管理层次,扩大管理内涵,并且还可以使行政流程尽量优化、标准化,使大量常规性、例行性的事务电子化,这样不仅可以减轻工作人员的劳动强度,还能提高政府的行政效率。

(3) 与公众沟通的方式不同。直接与公众沟通是实施电子政务的目的之一,也是与传统政务的重要区别。在传统政务模式下,政府主要借助各种公共传媒来发布政务信息,而公众主要借助于信件、口头、传真等手段向政府传递信息,政府与公众之间难以做到及时沟通与信息互动。而电子政务通过网络化手段,实现了及时沟通和实时对话,使沟通和互动方式发生了根本性变化。

(4) 存在的基础不同。传统政务与实物经济相联系,是大工业生产的产物,而电子政务是信息产业发展到一定阶段的产物,是政务管理信息化的结果。

2) 电子政务的特点

电子政务是一场划时代的变革,它本身还具有以下特点。

(1) 政务处理信息化。信息技术的高速快捷和打破时空的特点使得政府在信息的生产、传播、管理模式和手段等方面发生了深刻的变化。一方面,政府在某些领域具有更强的信息获取能力与控制能力,从而拓展了政府职能的作用域,能够更有效地实现对社会的控制;另一方面,政府在信息获取和控制方面的垄断优势将被打破,进而面临来自各个层面的竞争,这会导致某些职能受到压缩,甚至流失。这两个方面的作用将给政府的管理方式和行政手段带来革命性变化,从而提高政府管理的有效性。

(2) 办公手段电子化。即从上级下达任务,到下级完成任务后将情况上报、检查,从文件的生成到传达、执行,都采用计算机手段和运用信息网络进行。从上情下达,到下情上达,以及部门内部和部门之间的情况沟通,都通过计算机网络运作,以电子邮件传输代替大量纸质文件传递,以网上视频会议代替人员集中在一起开会,这样的方式实现了跨时空、高效率的现代化网络管理。当然,办公手段电子化有一个由低到高,由局部到全面发展的过程,因此,电子政务的发展过程本身就是一个不断进步的过程,我们不可能要求在同一时间,在所有部门都实现办公手段电子化。

(3) 运行环境网络化。随着信息技术和互联网的发展,政府机构与众多企业和社会公众能够通过方便、快捷、低成本的互联网进行沟通和协作。互联网本身具有开放性、全球性、低成本、高效率等特点,而这些特点也成为电子政务的内在特征,并使电子政务大大超越了作为一种政务运行平台所具有的价值，它不仅会改变政府本身的业务活动过程，促进政府业务流程的重组，而且对整个社会其他机关的运作模式都将产生积极的作用。互联网是电子政务运行赖以存在的基础。

（4）行政管理虚拟化。电子政务最重要的作用是运用信息及通信技术打破行政机关的组织界限，构建一个电子化的虚拟政府，所谓虚拟政府，就是利用网络使传统的政府形态在实体政府之外又存在一个虚拟的政府。而这种虚拟化的政府，最大特征在于，它提供的服务，不受时间、空间的限制，它可以24小时提供在线服务，它可以大大地节约人力，降低行政成本，提高行政效率。

11.1.2 电子政务的发展状况

1. 国外电子政务的发展状况

随着信息化社会的到来，电子政务也受到了世界各国的重视。在世界各国倡导的"信息高速公路"的五大应用领域（电子政务、电子商务、远程教育、远程医疗、电子娱乐）中，电子政务排在首位。发达国家将国家政府信息化建设作为一项具有战略意义的重要工作，通过信息技术的应用改进政府组织和公共管理，基本实现了办公自动化和信息资源的共享。

1）美国的电子政务

美国前总统克林顿1992年上任的时候就宣布，他的政府将是一个电子政府，在他的积极倡导和重视下，2000年9月美国建成了一个超大型的政府网站——"第一政府网站"（http://www.firstgov.gov），该网站是了解美国政府的"百宝囊"，是"通往所有政府信息库的大门"。从这个网站中可以搜索到的网页超过了5 100万，既可以链接到联邦行政、立法、司法部门的网站，也可链接到各州和地方的网站以及外国政府网站。

作为互联网大国的美国，电子政务已经进入了全面的发展阶段。就目前而言，美国电子政府的应用重点主要体现在以下几个方面。

（1）建立全国性的、整合性的电子福利支付系统。提供多途径的电子信息获取服务，如提供普通电话咨询服务，建立自助式"共用信息服务站"，开辟了网络信息获取和服务平台。

（2）构建了全国性的执法及公共安全信息网络。提供跨越各级政府的纳税申报及交税处理系统。

（3）建立国际贸易资料系统。推动建立政府部门电子邮递系统。

2）英国的电子政务

英国从1994年开始着手于E-Government的建设。在20世纪90年代末，英国政府先后发布了《政府现代化白皮书》、《21世纪政府电子服务》、《电子政务协同框架》等政策规划，提出到2008年要全面实现政府电子服务。早在2000年3月30日，英国首相在"信息时代特别内阁会议"上提出：全面实施电子政务的时间从2008年提前到2005年，促进全民上网、加强电子政务建设和发展电子商务是英国信息化建设的三大基本任务。2001年2月，政府正式开通了"英国在线"网站（www.ukonline.gov.uk），该网站以满足公众和企业需求为主导，充分汲取其他国家政府网站的先进经验（如新加坡的E-citizen、澳大利亚的 Business Entry Point、加拿大的 Government Entry Point 等），将网站内容按公众的需求主题组织起来。"英国在线"的建设目标是：到 2005 年，使每个英国公民、企业在因特网上获得政府服务，政府与政府、政府与各部门之间完全连接，确保一年 365 天全天候"无缝"服务。

电子政务战略计划要靠人来制定和实施，它需要有来自最高层的推动，要求政府的各级领导有长远的眼光和谋略。为此，英国议会成立了信息化办公室，负责监督政府信息化政策、标准、准则的实施，对各部门的电子化提供支持。除此之外，英国政府还非常重视对政府工作人员在电子政务方面相关素质的培养。例如，在全面实施电子政务之前就决定根据各级政府部门人员的具体需要，开展全面、及时的培训，还通过教育体系进行电子政务后备力量的长期培养和储备。

3）日本的电子政务

日本的电子政务方案可以追溯到 20 世纪 90 年代，早在 1993 年 10 月日本政府就制定了《政府信息推进计划》，该计划的目的在于提高政府部门的工作效率，改善政府部门的服务质量，并从 1995 年开始推出了为期五年的计划。《政府信息推进计划》注重政府信息化的基础建设，将信息技术渗入政府工作，提高政府工作的服务质量，改变政府的行政程序。整个计划主要从以下几个方面入手。

（1）建立政府信息的基本框架，促使政府机关和各部门充分地运用信息，快捷地发布行政信息，改善工作人员的工作环境（配备个人电脑、建立部门和政府的局域网）。提高政府机关的行政效率，将信息系统整合到行政工作过程中，构建智慧型办公室。

（2）建设政府信息公用资料库、各部门工作文件和档案库，推行信息的标准化和代码化，利用网络实现信息资源共享，使各个部门充分应用行政信息。例如，在网上发布政府信息，提供各类服务工作的详细文件和资料，全面提高为公众服务的质量。

（3）充分利用网络为公众提供服务。例如，在网上发布政府信息，提供各类服务工作的详细文件和资料，全面提高为公众服务的质量。

（4）改革现有的政府服务手段和工作程序。例如，以电子化方式或在国际互联网上提供申报、报告、通告等多项服务，简化各类申报服务手续，提供跨机构、跨部门的一站式服务方式，促进部门间的协同工作。

日本政府于 2001 年初制订了"电子日本战略"，准备在五年内把日本建成世界最先进的 IT（即信息技术）国家。为此，日本成立了由首相和所有内阁大臣及部分民间人士参加的 IT 战略委员会，负责"电子日本"计划的实施。"电子日本战略"的四大目标是：建设世界最先进的信息技术基础设施，到 2005 年至少让 3 000 万家庭用上高速宽带网络，另外 1 000 万家庭使用超高速光纤网；鼓励和促进电子商务发展，到 2003 年使电子商务贸易额达到 1998 年的 10 倍，约 73 万亿日元；建设电子政府，提高政府办公效率，使任何企业和个人能在任何时候连通政府网络办理有关行政手续；培养面向信息时代的人才等。

4）新加坡的电子政务

新加坡从 20 世纪 80 年代起就开始发展电子政务，现在已成为世界上电子政务最发达的国家之一。目前，普通公民在家里通过政府的"电子公民中心"网站即可完成各种日常事务，例如，查询自己的社会保险账号余额、申请报税、为新买的摩托车上牌照、登记义务兵役等。2000年新加坡政府借助互联网完成了第四次人口普查，普查的速度和效率都比以前大大提高。

新加坡电子政务系统中的"电子公民中心"是一个三维虚拟社区，在这里，用户可以完成自己的虚拟人生，而政府部门则是用户人生旅途上的一个个站点，医疗保健、商务、法律法规、交通、家庭、住房、招聘等信息和部门都在用户"人生之路"两边的建筑物里，在人生之路上，用户可以找到从出生到死亡所需要的所有政府信息。

新加坡在推动政府信息化方面有许多成功经验，在过去20年中，新加坡计算机委员会实施了三项国家信息化技术计划，为政府信息化奠定了良好的基础。

第一项国家信息化技术计划：1981—1985年，实施公务员计算机化计划，为各级公务员普遍配备计算机，进行信息技术培训，并在各个政府机构发展了250多套计算机管理信息系统，推进政府机构办公自动化。

第二项国家信息化技术计划：1986—1991年，实施国家信息技术计划，建成连接23个政府主要部门的计算机网络，实现了这些部门的数据共享，并在政府和企业之间开展电子数据交换(EDI)。目前，新加坡是全球少数几个率先在对外贸易领域推行电子数据交换、实现无纸化贸易的国家之一。

第三项国家信息化技术计划：1992—1999年，在公务员办公计算机化和国家信息技术计划成功实施的基础上，制订并实施了其目标，即将新加坡建成智慧岛的IT2000计划。1996年，新加坡宣布建设覆盖全国的高速宽带多媒体网络(Singapore one)，并于1998年投入全面运行。

Singapore one 的开通，使新加坡处于数字时代的领先地位。Singapore one 不仅对企业，而且也对普通百姓提供了高速、交互式多媒体网上信息服务。政府依托 Singapore one 对企业和社会公众实行一周7天、一天24小时的全天候服务。

2. 我国电子政务的发展状况

中国电子政务的发展总体上可分为信息化前期、大规模基础设施建设和深化应用三个阶段。以1999年"国家信息化领导小组"的成立和"政府上网工程"启动为标志，之前为政府信息化的前期，1999—2002年为政府信息化大规模基础设施建设阶段，2003年至今为资源整合、深化应用为主的时期。20世纪90年代后期，在国外电子政务热潮的影响下，我国也在酝酿启动电子政务工程，特别是联合国把帮助发展中国家推进政府信息化作为其工作重点，更坚定了我国建设电子政府、发展电子政务的决心。1999年1月22日，由中国电信总局和国家经贸委经济信息中心主办，联合40多家部委(办、局)信息管理部门共同倡议发起的"政府上网工程启动大会"在北京召开，从而拉开了1999年我国"政府上网年"的序幕。同时，各级党委、人大、政府和政协高度重视并积极推动电子政务的发展，随着信息网络基础设施的不断完善和应用系统建设步伐的加快，电子政务在加强管理、转变职能、提高效率、方便群众等方面发挥了积极作用。

"十五"期间，我国电子政务建设的主要任务是：①建设和整合统一的电子政务网络；②建设和完善重点业务系统；③规划和开发重要政务信息资源；④积极推进公共服务；⑤基本建立电子政务网络与信息安全保障体系；⑥完善电子政务标准化体系；⑦加强公务员信息化培训和考核；⑧加快推进电子政务法制建设。

"十一五"期间,电子政务建设目标关键是要促进五个转变,即从电子政务重建设、轻应用向注重深化应用转变;从信息网络分散建设向资源整合利用转变;从信息系统独立运行向互联互通和资源共享转变;从信息管理偏重自我服务向注重公共服务转变;从信息网站自建自管向发挥社会力量转变。

"十二五"期间,我国电子政务建设重心将向基层推进。当前,电子政务发展正在进入以深化应用、突出实效为主要特征的新的发展阶段。怎样进一步完善电子政务管理,如何使电子政务在推进城乡一体化战略和省直管县方面发挥重要作用成为政府关注的热点。

1) 我国电子政务建设的重大成就

(1) 电子政务发展环境不断优化。

① 一系列政策法规的出台,为电子政务发展提供了良好的制度保障。国家相关部门牢牢把握经济、社会和信息技术发展的趋势,在电子政务建设和管理的总体规划方面高瞻远瞩,适时调整和做出影响深远的重大决策。相关部门重点围绕框架设计、机构安排、工程项目管理、网络设施建设、信息资源建设、政府网站发展、信息安全保障等进行统一部署,出台相关政策文件(见表11-1),明确电子政务的发展方向、重点领域、推进思路、组织体系、工作机制和保障措施,为全国大力发展电子政务提供了有力的制度保障。

表11-1 我国电子政务的相关政策文件

时间	政策文件
2002年	《中共中央办公厅、国务院办公厅关于转发〈国家信息化领导小组关于我国电子政务建设指导意见〉的通知》(中办发[2002]17号)
2004年	《中共中央办公厅、国务院办公厅关于加强信息资源开发利用工作的若干意见》(中办发[2004]34号)
2006年	《国家电子政务总体框架》(国信[2006]2号)
	《2006—2020年国家信息化发展战略》(中办发[2006]2号)
	《关于推进国家电子政务网络建设的意见的通知》(中办发[2006]18号)
2009年	《国家发改委、财政部关于加强推进国家电子政务外网建设工作的通知》(发改高技[2009]988号)
2010年	《国家电子政务内网建设和管理规划》
2012年	《国家电子政务"十二五"规划》
	《"十二五"国家政务信息化工程建设规划》(发改高技[2012]1202号)
2013年	《关于加强和完善国家电子政务工程建设管理的意见》(发改高技[2013]266号)

② 行业标准规范的建立,为电子政务的业务应用提供政策依据。国家标准委员会开展了电子政务标准化总体规划和标准体系研究,正式发布了多个国家标准,建立了电子标准化工作服务平台。按照国家关于电子政务建设的标准规范,各部门根据自身需求,建立了一些行业或部门的标准规范。

③ 地方政府逐步重视组织建设与资金配套,为地方电子政务发展提供有力支持。截

至2012年,各地电子政务管理机构主要设置在经信委、发改委、办公厅(室)等,直属部门均有电子政务支撑机构;超过一半的省市部门编制了电子政务规划或年度计划,县级市政府有近1/3的部门编制了电子政务规划或年度计划;各地省市县均有不同数量的电子政务建设专项资金,其来源主要是专项资金、上级拨款、技改资金、行政办公费等;省和副省级城市政府有近一半的直属部门有电子政务运维经费,地市级政府超过1/3的直属部门有电子政务运维经费,县级政府有近15%的直属部门有电子政务运维经费;省市县多数部门的电子政务运维管理以自行承担为主,其次是部分外包和全部外包的方式。

④ 人才素质与技能不断增强,为电子政务的管理与应用提供智力资源。在人才队伍建设方面,一支信息化管理队伍基本形成,公务员整体素质和信息技能大幅提高,中央级电子政务工程项目的信息化队伍总人数近2万,电子政务专业人才队伍不断壮大,电子政务持续健康发展的保障能力显著增强。

(2) 电子政务的网络信息化基础设施建设取得重大成效。

① 网络支撑能力不断加强,统一网络平台整合效果明显。我国电子政务网络基础设施建设取得了积极进展,网络支撑能力不断加强,成为治国理政的重要基础设施。电子政务网络已经覆盖所有的省、自治区、直辖市以及90%以上的市和80%以上的县。中央国家机关各单位都建成了局域网,多数单位建立了本系统专用网络,重要业务信息实现了从中央到地方的联网运行。

② 政务内网建设有序推进,政务外网集约效应开始显现。中央办公厅会同国务院办公厅加快推进国家统一内网建设,党委内网实现从中央到副省级城市以上地方党委办公厅业务网的互联互通。政务外网的集约效应开始显现,随着政务外网建设的推进,一些部门开始将重要业务向统一外网平台上迁移。

③ 信息化基础设施日趋完善,网络与信息安全保障能力明显提升。政务基础设施建设取得成效,国家电子政务网络初步满足党委、人大、政府、政协、法院、检察院各系统推进业务应用的需要,技术支撑能力明显提高。电子政务信息安全保障系统普遍建立,管理制度规范逐步健全。

(3) 电子政务的深化应用取得长足进展。

① 核心业务信息化覆盖率快速提升。中央政府各部委办公业务信息化覆盖率从2001年的9.8%提高到100%。"金"字工程支撑的重要核心业务覆盖率达到90%以上。

"金"字号工程

继美国提出信息高速公路计划之后,世界各地掀起信息高速公路建设的热潮,中国迅速做出了反应。1993年年底,中国正式启动了国民经济信息化的起步工程——"三金工程"。所谓"三金工程",即金桥工程、金关工程和金卡工程。"三金工程"的目标,是建设中国的"信息准高速国道"。

(1) 金桥工程,属于信息化的基础设施建设,是中国信息高速公路的主体。金桥网是国家经济信息网,它以光纤、微波、程控、卫星、无线移动等多种方式形成空、地一体的网络结构,建立起国家公用信息平台。其目标是覆盖全国,与国务院部委专用网相联,并与31个省、市、自治区及500个中心城市、1.2万个大中型企业、100个计划单列的重要企业集团以及国家重点工程联结,最终形成电子信息高速公路大干线,并与全球信息高速公路互联。

(2) 金关工程,即国家经济贸易信息网络工程,可延伸到用计算机对整个国家的物资市场流动实施高效管理。它还将对外贸企业的信息系统实行联网,推广电子数据交换(EDI)业务,通过网络交换信息取代磁介质信息,消除进出口统计不及时、不准确,以及在许可证、产地证、税额、收汇结汇、出口退税等方面存在的弊端,达到减少损失,实现通关自动化,并与国际EDI通关业务接轨的目的。

(3) 金卡工程,即从电子货币工程起步,计划用10多年的时间,在城市3亿人口中推广普及金融交易卡,实现支付手段的革命性变化,从而跨入电子货币时代,并逐步将信用卡发展成为个人与社会的全面信息凭证,如个人身份、经历、储蓄记录、刑事记录等。

除"三金工程"外,还有以下信息化建设的"金字工程"。

(1) 金智工程,与教育科研有关的网络工程。金智工程的主体部分是"中国教育和科研计算机网示范工程"(即CERNET),1994年12月由国家计委正式批复立项实施。CERNET由教育部主持,清华大学、北京大学、上海交通大学等10所高校承担建设任务,包括全国主干网、地区网和校园网三级网络层次结构,网络中心设在清华大学。金智工程的最终目的,是实现世界范围内的资源共享、科学计算、学术交流和科技合作。

(2) 金企工程,由国家经贸委所属的经济信息中心规划的"全国工业生产与流通信息系统"的简称,于1994年底正式启动建设。

(3) 金税工程,与税务信息系统有关的信息网络工程。

(4) 金通工程,与交通信息系统有关的信息网络工程。

(5) 金农工程,与农业信息系统有关的信息网络工程。

(6) 金图工程,即中国图书馆计算机网络工程。

(7) 金卫工程,即中国医疗和卫生保健信息网络工程。

资料来源:http://www.chinaculture.org/gb/cn_zggk/2004-06/28/content_54848.htm

② 以行业应用为主的业务系统发挥重要作用。宏观经济管理、财政管理、进出口业务管理等宏观调控信息系统在有效应对国际金融危机冲击、保持经济平稳较快发展方面发挥了重要作用。教育、医疗、就业、社会保障、行政审批和电子监察等方面电子政务积极推进,增强和提高了政府为社会公众提供服务的能力和水平。

③ 网上服务和网站服务助推深化应用。行政服务大厅是近年来为方便公众、企业、单位办理相关审批服务手续,由政府主办建立的一种行政办事服务大厅。政府门户网站作为政府管理与服务的核心窗口,不断推进政务在线服务的深入应用。目前,政府门户网站建设取得了重要进展,中央和省级政府网站普及率已达到100%。

④ 各级政府在不同程度上实现了信息共享与业务协同。截至2012年,省和副省级市政府超过70%的部门建有数据库,地级市和县级政府超过一半的部门建有数据库,省市县各部门数据库业务覆盖率达70%以上;各级政府多数部门均实现了部分核心业务应用,省市县多数部门已采用网站群的模式建立了基于互联网的部门门户网站;省和副省级市多数部门提供了不同程度的网上服务。

(4) 电子政务建设社会经济效益显著。

① 行政成本的大大降低直接提升建设的经济效益。在电子政务的建设中,成本的控制要求"以小的投入实现电子政务效益的最大化"。电子政务的业务协同和办公手段科学化以及集约化建设方式,节约了政府的资金投入,在大大提高行政效能的同时,也显示出

极佳的经济效益。

② 业务系统建设有力促进各行业信息技术和产业的发展。中国电子政务建设的一个主要目标是形成标准统一、功能完善、安全可靠的政务信息网络平台。我国电子政务规划中，整合信息资源，建立人口、法人单位、空间地理和自然资源、宏观经济数据库，重点推进办公业务资源系统、宏观经济管理、"金关""金税""金财""金卡""金审""金盾""金农""金水"和"金质"、社会保障等10多个业务系统，为电子商务和企业提供信息化的行业环境，有力地促进了各行各业应用信息技术和信息产业的发展。

2）我国电子政务发展中存在的突出问题

我国电子政务建设和发展中存在的问题主要集中在体制机制、信息共享与业务协同、公共服务能力和自主创新与信息安全等方面。

（1）符合电子政务科学发展的体制亟待健全。在国家层面，我国电子政务发展实际上已经形成顶层管理职能缺失的局面，国家层面缺乏清晰的电子政务发展路线图和时间表，各级行政领导和电子政务工作者对电子政务发展的认识不统一。在地方层面，电子政务管理机构设置五花八门、权责不清现象较为普遍。电子政务管理各相关职能部门间协同不足，直接造成了电子政务各自为政、分散建设的局面。我国急需建立真正符合我国国情的电子政务的有效协同机制。

（2）信息共享、业务协同差。随着电子政务进入资源整合和深化应用的全面快速发展阶段，中央部门与地方电子政务协调发展的矛盾日益突出。目前中央各部门自上而下的纵向专网（条）与地方电子政务统一网络（块）之间缺乏有效的结合机制，形成电子政务网络建设纵强横弱、条块分割的局面。

知识链接

协同理论综述

1971年，联邦德国著名物理学家哈肯提出协同论观点，它主要研究非平衡状态下彼此之间没有固定联系的各要素通过与外界进行物质或能量的交换，使系统在复杂要素的激烈碰撞中逐渐生成一个适应内部机制和外部环境的新结构。这个新结构保证系统在时间、空间和功能上的统一，系统获得由无序向有序演化的协同结构。根据协同学的观点，大量要素相互作用的复杂开放系统，不断与外界物质、能量交换，通过内部各子系统或要素之间的协同，会在宏观尺度上产生有序的空间、时间或功能结构。

资料来源：赵素巧.基于协同理论的物流产业发展研究[D].吉林大学，2013

（3）公众互动能力和公共服务能力有待提高。电子政务建设主要是从政府内部需求角度推进的，电子政务建设没有充分体现民众需求，民众通过信息化手段与政府之间的互动做得不够，民众对电子政务的参与度不高。由于过去的电子政务建设主要围绕宏观调控、市场监管等政府核心职能业务展开，相比而言，在社会服务领域投入相对薄弱，民众对电子政务感知度不够，电子政务的公共服务能力有待提高。

（4）缺乏自主技术支撑体系，信息安全形势严峻。当前，我国电子政务发展过程中信息技术受制于人的问题日益突出，关系到国家经济命脉的重要信息系统使用国产软硬件的比例很低。随着信息化的不断发展，其风险正在不断地积累和渗透。同时，我国电子政务建设已经越来越受制于国际IT巨头的垄断高价，这严重制约了我国电子政务集约化、低成本发展。

3）促进我国电子政务健康发展的对策

在新形势下电子政务的发展需要从组织保障、宏观管理、应用导向、技术服务和信息安全等方面下工夫。

（1）强化电子政务建设的组织领导。探索建立国家级电子政务部际统筹协同工作制度，建立健全部门协同工作机制；地方可结合本地实际，进一步明确工业和信息化主管部门、财政部门、投资主管部门、科技部门、业务部门等职责，不断完善在统筹规划、顶层设计指导下的各司其职、各负其责、相互配合的工作体系和机制；地方和部门可尝试将电子政务发展工作列入重要议事日程和考核内容，确定分管领导和责任单位及人员，明确目标和任务，精心组织实施。

（2）重视国民经济预测预警应用功能建设。提高信息分析和利用能力，创新分析研判的方式和手段，提高各类突发事件的应急应对能力，提升宏观调控和科学决策水平；推进法规、规章、政策制定和实施管理，加强实施情况信息采集和落实成效分析评估，支持动态调整，增强科学决策能力；加强信息综合利用，强化信息分析研判，提高宏观调控的科学性和预见性，增强针对性和灵活性。

（3）加强政务信息资源社会化利用。积极推进跨地区、跨部门、跨层级信息共享，丰富信息共享内容，扩大信息共享覆盖面，提高信息共享使用成效；加强信息共享规划和计划制订，建立跨地区、跨部门、跨层级的信息共享推进机制，以协同业务需求为导向，明确共享信息内容和程序，确定信息共享部门责任，制定信息共享制度，进一步完善信息共享管理和服务。

（4）提升电子政务技术服务能力。要从平台建设和技术标准规范方面进行提升电子政务的技术服务能力。在平台建设方面，开展国家电子政务公共平台的整体设计，充分发挥既有资源的作用和新一代信息技术潜力，鼓励电子政务建设的运行维护走市场化、专业化的道路；在技术标准规范方面，要加快研究制定基于云计算的电子政务标准规范。

 知识链接

云 计 算

云计算（Cloud Computing），是分布式计算技术的一种，其最基本的概念，是通过网络将庞大的计算处理程序自动分拆成无数个较小的子程序，再交由多部服务器所组成的庞大系统经搜寻、计算分析之后将处理结果回传给用户。通过这项技术，网络服务提供者可以在数秒之内，达成处理数以千万计甚至亿计的信息，达到和"超级计算机"同样强大效能的网络服务。

云计算是一种资源交付和使用模式，是指通过网络获得应用所需的资源（硬件、平台、软件）。提供资源的网络被称为"云"，"云"中的资源在使用者看来是可以无限扩展的，并且可以随时获取，这种特性经常被比喻为像水电一样使用硬件资源，按需购买和使用。

最简单的云计算技术在网络服务中已经随处可见，例如搜寻引擎、网络信箱等，使用者只要输入简单指令即能得到大量信息。

未来如手机、GPS等行动装置都可以透过云计算技术，发展出更多的应用服务。进一步的云计算不仅具有资料搜寻、分析的功能，还能够计算一些像是分析DNA结构、基因图谱定序、解析癌症细胞等工作。

稍早之前的大规模分布式计算技术即为"云计算"的概念起源。

资料来源：http://wiki.mbalib.com/wiki/%E4%BA%91%E8%AE%A1%E7%AE%97

(5) 增强信息安全保障能力。由于政府部门在行使职能中涉及大量保密信息和敏感信息，保障信息安全是电子政务系统运行的基本要求。由于我国在信息产业领域缺乏自主可控的核心技术，物联网、云计算、移动互联网等新一代信息技术在促进应用创新的同时，也将带来严重的信息安全隐患。因此，针对新应用的信息安全保障工作必须成为电子政务建设的重要内容之一，必须建立信息安全保障体系、标准规范和管理体系。

移动电子政务

移动电子政务是传统电子政务与移动通信和移动计算技术相结合的产物，它是将PDA、Wi-Fi终端以及无线网络的GPRS、CDMA、3G、4G等技术应用于政务，以减少政府工作人员的工作量，提高其工作的效率和绩效，更好地为公众提供便利的服务。

我国手机网民的快速增长促进了移动互联网的发展，也促使手机网民成为使用移动电子政务最主要的用户，这为移动电子政务的发展提供了应用的基础和网络平台。由于电脑的价格比较昂贵，而手机便宜且能耗低，使得手机成为目前公众，特别是低收入人群上网的最主要方式。利用手机办理与政务相关的事务是提高电子政务公众认知度和发挥电子政务作用的一个很好方式。通过移动终端办理业务的移动电子政务，不仅是传统电子政务的继承、补充和发展，更提供了一种政府为人民服务的新途径。

目前，中国移动电子政务系统的建设和应用已经拉开序幕，许多移动电子政务系统都起到了很好的实际应用效果。例如，物流研究中心研发的《上海内河港航移动政务平台应用系统》、北京市移动电子政务平台、广东省连州市电子政务移动办公系统等。

移动电子政务可以更新政府的办公模式，提高外出人员的办公效率，为偏远地区提供一种低廉的服务方式，在很大程度上能解决数字鸿沟问题，为各地区的人们提供更便捷的公共服务。

资料来源：王海豹. 移动电子政务发展问题分析及对策研究[J]. 电子政务，2011，(11)：106—109

11.1.3 电子政务活动的主要内容

电子政务能够处理的内容包括政府机关内部信息、可在一定范围内交流的信息和可以公开发布的信息。其处理方法包括机关内部处理流程模拟、协作、信息发布、受理各类申请、投诉、建议和要求。既有信息的发布和接收，也有交互式的处理。

电子政务是一个范围极其广泛的综合信息系统，它既不同于传统的办公自动化(Office Automation，OA)系统，也不同于简单的建立万维网站点发布信息的"上网"活动。电子政务是各国、各级政府将政府职能与业务承载于因特网上，提供广泛、全面、综合、透明的在线信息与服务。目前，电子政务活动主要包括以下内容。

(1) 可以实现远程与分布式信息采集汇总、信息安全管理、信息资源管理，包括电子资料库管理、档案管理、信息系统管理、决策支持系统管理等。

(2) 实现政府业务、服务与办公自动化、电子化、数字化、网络化和虚拟化，包括电子邮递、电子公文、政府决策分析支持、报表汇总统计分析等。

(3) 外部公共网站服务，包括：①电子商务、电子采购、网上招标、电子福利支付、电子税务等；②网站规划、设计、维护、网上发布、检索、反馈等；③用户授权、计费、新系统与已有系统接口等。

11.1.4 我国实施电子政务的意义

传统的政府管理模式的重心是管理，虽然人们也强调政府的主要功能是服务，但由于受服务的条件限制，过去的几十年中这种管理模式并没有发生多大的变化，发展电子政务为政府职能的转变提供了条件。实施电子政务主要具有以下意义。

(1) 便于树立我国各级政府在多媒体网上的形象，组织和规范各级政府的网站建设，可以提高政府工作的透明度，降低办公费用，提高办事效率，有利于勤政、廉政建设，同时大幅度提高政府工作人员的信息化水平。

(2) 将各级政府站点建设成为便民服务的"窗口"，为实现政府部门之间、政府与社会各界之间的信息互通及政府内部办公自动化以及最终构建"电子政府"打下坚实的基础。

(3) 使信息网络成为人们获得信息的主要载体，改变我国信息化建设领域长期以来在硬件、软件和信息服务业务投资上的严重比例失调的状况，极大地丰富网上中文信息资源。

(4) 通过政府对信息产业界主要力量的引导和组织，促使政府在短时期内上网，实现政府信息资源的市场价值，引导和形成新的消费热点和经济增长点，加速我国信息产业和国民经济信息化的发展。

(5) 信息化正对人类社会发展产生越来越巨大的深远影响，网络正在逐步深入到社会生活的各个方面，政府部门承担着社会经济管理职能，政府部门信息化是社会信息化的重要基础。

(6) 政府是较大的信息提供者，它对整个国家的运作以及整个信息化的推动作用都是巨大的，它的影响不仅仅限于对政府体制改革的影响，它更体现在对整个社会的影响、对社会运作模式的影响、对社会生活习惯的影响。因此，作为一种信息渠道，上网对人民的生活质量和生活模式的调整更为重要。

(7) 政府上网是政府机制改革的非常有效的传播工具。政府上网不仅对整个信息化的推动起到一定作用，还能够加速政府机制改革，使得政府本身成为重要的受益者。政府上网影响到政府的政策、法规的执行，包括政府对社会的宏观调控等机制问题。

11.1.5 我国政府上网的有利条件

(1) 近年来中国电信公用数据及多媒体信息网的建设取得了长足的进步，国民经济信息网络已覆盖了全国2 000多个城市及发达地区的乡镇，覆盖全国的ATM宽带网络已经建成开通，这为政府上网奠定了基础。

(2) 为推动"政府上网工程"的实施，中国电信推出"三免的优惠政策"，即在规定的期限内减免中央及省市级政府部门网络通信费,组织 ISP/ICP 免费制作政府机构部分主页信息,并免费对各级领导和相关人员进行上网基本知识和技能的培训。

(3) 中国互联网信息中心于统计显示,截至 2014 年 6 月,我国网民规模达 6.32 亿,较 2013 年年底增加 1 442 万人。互联网普及率为 46.9%,较 2013 年年底提升了 1.1 个百分点。我国手机网民规模达 5.27 亿,较 2013 年年底增加 2 699 万人。

(4) 中国互联网信息中心(CNNIC)已授权中国电信代理政府域名的申请注册,各地政府部门可以方便地到本地的电信部门申请域名注册。这项工程在 2000 年就实现了 80% 的政府部门上网的目标。

(5) 中国电信和国家经贸委经济信息中心共同发起推动"政府上网"工程,使国家的各个部委及政府机构可以在网上树立自己的形象,从而促进全民的信息化进程,加快了政府公开办公的步伐,对于整体推动我国政府在社会中以及在国际上的形象也起到促进作用。

(6) 政府上网所需费用并不多,而且可以由政府各个部门自己负责网络的运行和维护。政府各个部门只要购置服务器或租用一些 ISP 的主机空间,就可以在网上进行办公和进行网上服务,有些 ISP 的服务质量还在不断提高,这对政府上网也很有积极作用。

(7) 通常,ISP 都希望能够为整个社会的信息化多做一些事情,不仅仅是提供服务而已,而是怎样提高服务质量,保证服务的可靠性,使 ISP 的各种因特网应用服务能够让用户的满意。"政府上网"这一举措对 ISP 提出了更高的要求,政府的信息大量上网后,会吸引大量用户上网,增加了网络信息服务的压力,这就要求 ISP 要把因特网网络做得更好。从技术上看,ISP 建立大规模的因特网及基本支持结构,包括信息服务应用、政府上网信息服务,在这个平台上应用越多,对平台就越好,要求也就越高。

11.2 电子政务的模式与构架

11.2.1 电子政务的系统组成

目前,我国电子政务系统的基本组成包括以下一些共性:强大的网络基础设施(Network Infrastructure);应用处理模式是分布式的(Distributed Application);有特定的应用支持环境。电子政务系统一般由以下几个部分组成如图 11.1 所示。

(1) 电子政务内部信息系统。电子政务内部信息系统的工作内容主要包括内部办公自动化、内部文件生成与传递以及档案管理等。电子政务内部信息系统面对的是政府内部的工作人员,与政府内部工作和管理相关,负责完成政府内部工作过程中的信息处理、信息管理,并为政府指导企业的生产和管理提供依据。电子政务内部信息系统的作用在于实现了政府内部工作和管理的电子化、网络化和自动化。

(2) 电子政务基础平台。电子政务基础平台是指为政府的电子政务应用提供运行环境、管理工具及与内部系统的链接,包括链接传输管理、事务管理、网站管理、负荷管理、数据管理和安全管理。电子政务基础平台的目标是提高系统整体性能,改善系统效率。

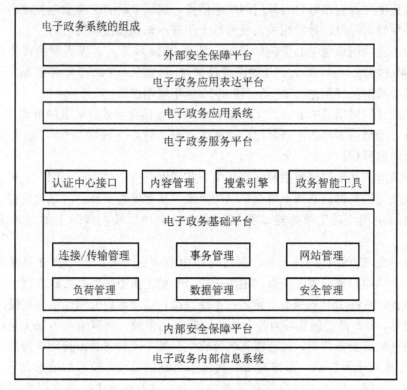

图 11.1　电子政务系统的组成

电子政务基础平台是保证电子政务系统具有高可靠性、高扩展性和集中控制的基础。一般来说，为了使政府的政务活动在 Internet 上能够 24 小时持续不断地进行，电子政务系统必须是强大和具有可靠性的。为了保证系统的维护易于实现，电子政务系统应该能够集中控制，监控其在线运行的状态。同时，电子政务系统资源(硬件设备、软件配置)也可以根据用户访问压力得到动态调整，此外，为了保证电子政务系统能够动态扩展，基础平台还具备与不同接口互联的能力。

(3) 电子政务服务平台。电子政务服务平台通过集成一些成熟的软件产品，向政府提供一些公共的政务服务，包括认证中心(CA)接口、内容管理、搜索引擎和政务智能工具。它的基本作用是为电子政务系统提供公共的服务，为政府的政务活动提供支持，增强系统的服务功能，简化应用软件的开发。

(4) 电子政务应用系统。电子政务应用系统是电子政务系统的核心，它对政府各项政务活动提供具体的支持，包括电子证照办理子系统、电子采购与招标子系统、电子税务子系统、就业服务子系统等。前面所阐述的各个部分实质上都是为电子政务应用系统提供不同的环境和技术支持。

电子政务应用系统的基本特征可以归纳为：基于 Web，以实现政府的政务模型为目标；使用各种 Web 技术及其他相关的技术手段实现政府的业务逻辑；依赖于底层的支持平台，并需要和底层平台无线集成；是一种分布式的应用体系，采取 C/S 的模式；处理结果可以通过多种形式表达，并支持多种信息终端。

知识链接

C/S 模式与 B/S 模式的比较分析

C/S 模式主要由客户应用程序(Client)、服务器管理程序(Server)和中间件(Middleware)三个部件组成。客户应用程序是系统中用户与数据进行交互的部件,服务器程序负责有效地管理系统资源,如管理一个信息数据库,其主要工作是当多个客户并发地请求服务器上的相同资源时,对这些资源进行最优化管理。中间件负责连接客户应用程序与服务器管理程序,协同完成一个作业,以满足用户查询管理数据的要求。

B/S 模式是一种以 Web 技术为基础的新型的 MIS 系统(管理信息系统)平台模式。把传统 C/S 模式中的服务器部分分解为一个数据服务器与一个或多个应用服务器(Web 服务器),从而构成一个三层结构的客户服务器体系。

第一层客户机是用户与整个系统的接口。客户的应用程序精简到一个通用的浏览器软件,如 Netscape Navigator、微软公司的 IE 等。浏览器将 HTML 代码转化成图文并茂的网页,网页还具备一定的交互功能,允许用户在网页提供的申请表上输入信息提交给后台,并提出处理请求。这个后台就是第二层的 Web 服务器。

第二层 Web 服务器将启动相应的进程来响应这一请求,并动态生成一串 HTML 代码,其中嵌入处理的结果,返回给客户机的浏览器。如果客户机提交的请求包括数据的存取,Web 服务器还需与数据库服务器协同完成这一处理工作。

第三层数据库服务器的任务类似于 C/S 模式,负责协调不同的 Web 服务器发出的 SQ 请求,管理数据库。

资料来源:http://blog.csdn.net/classicbear/article/details/7070693

(5) 电子政务应用表达平台。电子政务应用表达平台处于整个电子政务系统的顶层,面向电子政务系统的最终用户,包括两个部分:一部分是 Web 服务器,另一部分则是在 Web 服务器基础上向其他非 PC 信息终端提供支持的软件。电子政务系统的应用表达平台有两个基本功能:第一是作为与用户的接口,接受用户的各种请求,并传递给应用系统;第二是将应用系统的处理结果以不同的形式进行表达,并将其提供给不同的用户信息终端。

电子政务应用表达平台支持的信息终端一般包括:个人电脑、无线移动通信设备(如手机)、个人数字助理和掌上电脑(如 Apple PDA、Palma OS)、其他信息终端(信息家电)等。

(6) 电子政务安全保障平台。电子政务安全保障平台不仅仅是技术或产品的问题,它实质上是包括安全要素、安全体系和安全措施等内容在内的一整套方案。电子政务安全保障平台的作用是保障政府政务活动的安全。无论是内部安全保障平台还是外部安全保障平台,它们的内容与作用都是如此,只不过侧重点不同。内部安全保障平台主要应用于专用网络,主要面对政府内部工作人员,而外部安全保障平台主要运行于公共网络,面对社会公众。

11.2.2 电子政务的基本模式

电子政务的主要参与对象有政府、企业和公众,电子政务将实现这三个实体之间的信息交换。因此，根据面向对象的分类，可以将电子政务分成政府对企业模式（Government to Business，G2B）、政府对公众模式（Government to Citizen，G2C）、政府对政府模式（Government to Government，G2G）。

1. G2B

政府对企业的电子政务是指政府通过网络系统来管理经济，并为企业提供快捷方便的服务。传统的政府工作模式效率低、暗箱操作、容易产生腐败。电子政务的实施将改变这一情况，它将为企业营造一个高效、快捷的办公平台，为政府开辟一个廉洁、节约的政府工作环境，有助于政府部门由管理型向服务型转化，重塑政府形象。G2B的任务主要包括以下几个方面。

（1）政府对企业开放各种信息，以便于企业的经营活动。

（2）政府对企业业务的电子化服务。包括政府电子化采购、政府税收服务电子化、政府审批服务电子化、政府对中小企业服务等各种与企业业务有关的电子化服务活动。

（3）政府通过电子政务对企业进行监督管理。包括政府对企业的工商管理、政府对企业的对外贸易管理、政府对企业的环保卫生管理、政府对企业的其他管理。

目前，政府对企业的管理正向综合化信息服务管理方向发展，其特点是政府信息公开化、各部门对企业服务和管理一体化，以达到改变政府职能、增强服务意识、提高政府服务水平的目的。

2. G2C

G2C是政府通过互联网为公众提供各种服务以及政府部门通过电子政务平台与公众进行信息交换的新的政府工作模式之一，它同G2B的共同点在于它们都是政府对外服务的一项内容。由于政府的工作重点本来就是为公众服务，因此G2C所覆盖的范围更广。G2C电子政务主要包括以下内容。

（1）公开政府业务。例如，政务公开与公众有关的文件公开，政府各机构的设置、职能服务公开。

（2）为公众提供各种服务，如电子身份认证、电子社会保障服务、电子民主管理服务、电子就业服务、电子教育和培训服务等。

（3）政府对公众的管理。包括政府通过网络发布政府的政策法规、发布重要通知和信息、提出各管理措施和规定。同时，公众通过电子政务实现对政府行为的监督。

3. G2G

G2G是政府内部、政府上下级之间、不同地区和不同职能部门之间实施电子政务的各种活动。可以分为以下3种。

（1）政府上下级之间的管理系统。政府上下级之间的电子政务管理通过3种方法进行：一是上级政府机关通过电子政务进行规范化管理，其主要形式是通过政策法规电子化管理来进行；二是国家的垂直管理机构，如公安、检察、司法系统、国家税务系统等部门内部形成垂直型的网络化管理，以实现统一决策；三是上级对下级绩效评估系统。

（2）不同部门之间的电子政务系统。电子政务中，政府与政府之间的管理还表现在政府各部门之间的相互协调,它包括有业务关系部门之间的电子政务,如公、检、法之间的电子政务,虽然各自独立,但存在业务关系,通过电子政务可以大大提高办事效率,即使部门之间完全没有关系,但在共同为公众服务的过程中,也能极大提高他们的办事效率。

(3) 不同地区之间的电子政务系统。随着社会信息化的发展,地区间的联系更加紧密,它要求电子政务必须实现地区间联网。电子政务不仅实现了政府内部办公自动化,而且向着不同地区间的政府服务一体化方向发展。

另外,G2G 还包括城市公共服务系统电子政务化、社会安全服务电子政务化、各种突发事件管理电子政务化和各种灾难管理网络化等内容。

11.3 电子政务的实施

电子政务系统的构建是一个复杂而庞大的系统工程,涉及范围很广,影响因素也很多。下面主要介绍电子政务系统规划的内容和目标、建设原则和电子政务实施的主要流程。

11.3.1 电子政务的系统规划

电子政务系统由于投资大、周期长、复杂度高,若不做好规划,不仅会造成自身极大的损失,还会引起政府机构运行不畅而导致更大的间接损失。所以,应当把系统规划摆到重要的战略位置上,通过科学、客观、准确的规划减少系统建设开发的盲目性,使得电子政务系统不仅能有计划、有重点、有步骤、低风险地建设发展,还能节约开发费用、缩短系统开发周期。电子政务系统的规划就是政府机构信息系统建设的战略规划,是针对构建电子政务系统的最高层次的管理和规划,是针对政务系统建设目标、发展战略以及政务系统资源和开发工作制订的一个综合型计划。规划工作作为电子政务系统生命周期中的第一阶段(即系统开发过程的第一步),其质量直接影响系统开发的成败。规划主要包括以下内容。

(1) 对机构电子政务系统建设现状进行分析。明确机构电子政务系统建设所处的阶段,发现本机构现阶段电子政务系统建设存在的问题。现状分析涉及很多具体的资料和数据,包括本机构截止到制订规划时为止的整体信息化水平如何、信息化建设所处的阶段、信息系统的分布、各信息系统的进展及应用效果如何、机构已购置的硬件设备和软件的数量、设备利用情况以及人员和技术储备情况、资金投入等。

(2) 确定机构电子政务系统的目标。系统目标是实现电子政务系统的原动力,规划不明确,则系统设计人员就会对怎样实现这一目标不知所措,系统分析人员也会对系统的工作效率和工作质量失去判别的依据。系统的目标通常需要考虑服务对象和信息提供等问题。对机构服务对象的分析,包括服务对象范围的确认和服务对象需求的确认,服务对象(电子政务系统的使用对象)分析得越具体,针对性就越强。信息提供包括进行信息分类和提供层次信息,层次分明的电子政务信息分类方法对系统的设计来说显得非常重要,系统为不同服务对象提供不同层次和详略程度的电子政务信息,并使其能从电子政务信息服务中获得收益,这是系统被广泛使用的基础。

(3) 提出电子政务系统的总体结构。从总体结构可以确定提供信息的主要类型以及主要的子系统,从而为电子政务系统的开发提供总体框架。

(4) 明确电子政务系统的发展策略。对系统的建设发展提出具体的步骤和各阶段应达到的分目标,确定电子政务系统中各具体系统建设的先后顺序。

(5) 制订出近期开发计划。规划涉及时间跨度一般较长,在规划适用的几年中,应对即将到来的一段时期作出具体安排,包括系统建设进度安排,具体项目开发、实施、维护的进度安排,软件、硬件设备购置时间表,人力、资金的需求计划,相关的培训计划等。

(6) 对信息技术发展及其影响有所预测。从信息技术的发展和应用趋势来看,信息技术主要包括计算机软件与硬件技术、网络技术和数据处理技术等。电子政务系统规划随时会受到这些技术发展的影响,因此,应该对规划中涉及的技术环节的发展及对电子政务系统的影响作出预测,必要时可以进行技术评估,以提高技术选型和产品选型的先进性、正确性、安全性,使得电子政务系统具有可持续发展的潜力。

11.3.2 电子政务系统的规划目标和建设原则

1. 电子政务系统的规划目标

一个理想化的电子政务,应在以下几个方面有所体现。

(1) 电子政务系统是一个信息共享的系统,即在政府部门之间、政府和企业之间、政府和公众之间做到信息的快速、及时和有效的传递。

(2) 电子政务系统提供面向企业和公众的服务平台,做到"一站式"服务、"一表式"管理和服务跟踪平台。

(3) 电子政务系统具备在线交互手段,使政府能够在第一时间获取社会和经济的第一手资料,及时了解国情、民情,公众也能够最快地得到政府答复,成为快速响应的政府。

(4) 电子政务系统是一个协同工作环境,政府各部门能够在这样一个环境下相互协作,共同解决问题。

(5) 电子政务系统能够为政府决策提供辅助决策支持,可以利用数据挖掘工具发现解决问题的知识和事物的规律,为政府决策提供帮助。

(6) 电子政务系统能为政府人员提供学习条件,营造学习氛围,使政府工作人员可以很方便地学习到与工作相关的各类知识,最终实现知识型政府。

(7) 电子政务系统通过子网和主网的分级管理方式,确保系统的保密性。通过用户口令和权限指令确保系统的安全性。

2. 电子商务政务系统的建设原则

政府信息化已逐渐从可有可无的辅助工具演化为必不可少的主要工作手段。为保证电子政务的顺利实施,必须做到:以公众为中心提供服务,充分利用政府内部资源和技能,拥有完善的信息发布管理机制、在联机提供服务的同时也加强其他服务手段。

归纳起来,建设电子政务应遵循以下原则。

(1) 实用性原则。系统必须保证实用,切实符合政府部门管理及办公自动化等各项业务和职能要求。

(2) 可靠性原则。在网络设计时,关键部位必须有高可靠性设备,对于重要的网络节点采用先进的高可靠技术。

(3) 开放性原则。网络系统开放性要好,应支持多种协议。

(4) 安全性原则。应有健全的安全防范措施,从硬件、软件以及行政管理等方面严格管理入侵和泄密,在必要时采用物理隔离方法。

(5) 标准化原则。在网络设备和系统平台选型时,应符合国际网络技术标准,使系统的硬件环境与软件环境等相互间依赖减至最小,使其各自发挥自身优势。

(6) 先进性原则。采用国际先进的技术路线、先进的互联网技术、先进的网络技术模式及先进的体系结构。

(7) 扩展性原则。在网络设计时要充分考虑到将来网络扩充的可行性,并能够将各种格式的信息集成在电子政务平台上,能解决新旧系统间的信息更新与数据导入问题。

11.3.3 电子政务的实施过程

为了实现电子政务并达到建设电子政府的主要目的,电子政务的实施必须遵循统一规划、分步实施、重点突破的原则。政府各部门在实施电子政务的过程中可以分为 4 个阶段:信息网络的构成、数据信息的建立、部门内部电子化工程和跨部门电子化工程。

1. 信息网络的构成

政府的信息网络是一个覆盖面极广的基于最新网络技术的宽带多媒体综合信息网络。信息网络的最终目的是建立四大通信网络(邮电通信网、有线电视网、数据网、卫星网)结合于一体的公共通信网络平台。

政府上网是电子政务系统实施的初级阶段,并不是电子政务系统的全部,政府网的建设为电子政务的实现奠定了基础。

2. 数据信息的建立

在政府网构造起来之后,政府就要在网络上建立数据库,汇集各类信息。政府的信息可分为两种:一种是内部信息,这类信息主要为内部管理提供信息基础,政府使用数据库中的内部信息,可加强自身的管理,又可针对性地对机构进行改革,调整内部管理流程;另一种数据信息是外部信息,这一类数据主要与政府的行政、服务职能相关联。在电子政务的实施逐步深入后,政府网上会出现越来越多的应用,也会产生许许多多的数据库。

在许多西方国家,曾有一个政府信息管理的惨痛教训,即对数据库的建立缺乏一个系统的统筹计划,造成同一信息在不同的数据库里的雷同,不能互相连接,在这种情况下,当一个人的个人数据有所变化时,就需要到政府各个部门进行更改,必须在建设电子政务的早期对数据信息建立统一规划,在电子政务实施过程中加强政府各部门和各级政府之间的协调,从而建立一个能够互相连接并且独立于单个应用的数据库体系,只有在这样一个数据库体系建立起来之后,政府才能提供一个自动化程度较高的公众服务信息系统。

3. 部门内部电子化工程

部门内部电子化工程是指在政府部门内部大力推进信息化建设,全面实施与应用电子信息系统。通过部门内部的电子化工程的建设，实现电子政务系统中的纵向分布格局，为电子政务系统的全面实现打下良好基础。

部门内部电子化工程是电子政务系统实施的中级阶段，它的建设是国家经济快速运转的重要基石，也必须由国家投入大量资金才会比较成功。由于这一工程是一个全国性的广域系统，覆盖整个国家地理范围，因此，具有网络规模大、系统复杂、应用资源高等特点。在这一阶段，由于部门众多的业务流程将被新业务流程所取代，因此角色和职责也会发生巨大变化，要求对所有的部门进行重整和培训。

4. 跨部门电子化工程

跨部门电子化工程是指在各个政府机构之间进行应用的横向和纵向的集成，将各个部门的资源进行整合，实现部门之间的资源共享，双向互动。通过跨部门电子化工程的建设，解决了过去电子政务系统中各自为政的状态，以实现真正意义上的电子政务系统。也只有这样，才能满足政府工作、管理和服务的需要，支持政府的对外业务协作，从运作、管理和决策等层次全面提高政府信息化水平，为政府提供辅助决策。

虽然跨部门电子化工程还是一个理论构想，但是必须认识到它是一个高交互性的动态过程，也是一个逐步、渐进的集成进程。

另外，在电子政务实施中，安全性问题直接关系到信息系统的正常运行，关系到系统中信息的安全和可信程度。解决电子政务安全性问题要在三个层面上着手：首先，在法律体系里，要建立适合政府电子化的安全法规，比如《电子交易法》、《电子银行法》等；其次，在各级政府及政府各部门建立安全管理体制，安全管理体制综合了安全检测、实体安全、运行安全、信息安全、网络公共秩序和人员管理等安全法规的规定，另外，有实效的稽查制度和事故应变制度也是管理体制的重要组成部分；再次，运用适合网络结构的安全技术，为系统提供保障，这些安全技术包括用户身份安全、网关安全、主机安全、网络安全、内容安全和系统安全等具体措施。

知识链接

电子政务安全体系

电子政务中的网络与信息安全不仅关系到电子政务本身的健康发展，而且关系到国家的政治安全、经济安全、国防安全、社会稳定和政府工作的正常运转。电子政务的最终目标是建设一套集政府办公自动化、面向决策支持、面向公众服务为一体的综合信息系统，系统的复杂性和特殊性决定了其安全问题的多层次性、重要性和迫切性。电子政务安全体系分为五个层次，即安全的密码算法、安全协议、网络安全、操作系统安全和应用安全。其中密码技术是电子政务安全体系的基础，非对称密钥以及在此基础上发展的数字签名将在认证和访问控制等方面大量使用。在安全密码算法的基础上，网络层的 IPSec 安全协议实现了网络层的加密和认证，在网络体系结构中提供了一种端到端的安全解决方案，传输层的 SSL/TLS 协议被广泛应用于认证 web 服务器，保障 Web 服务器与 IE 浏览器之间通信的安全。

资料来源：王益民. 电子政务技术与应用[M]. 北京：国家行政学院出版社，2013

11.3.4 国际电子政务评测三大标准

一些发达国家在进行电子政务建设过程中，成立专门机构，积极制定电子政务评价指标体系，对本国电子政务建设水平进行定期评价。许多著名的 IT 咨询公司也推出了各具特色的电子政务评价指标体系，承接各级政府委托的电子政务评测任务。一些非营利研究机构也正在研究电子政务评价指标体系，衡量各国电子政务发展水平。

1. Accenture 标准

世界著名的埃森哲（Accenture）咨询公司从 2000 年开始，用其独有的评价指标体系对发达国家的电子政务进行评分，并发布年度报告。埃森哲公司的电子政务评价方法侧重于对象的"总体成熟度"。总体成熟度是"服务成熟度"和"服务精细度"两个指标的得分进行加权平均后的分数。在 2002 年的电子政务研究报告中，这两个指标的权重分别为 70%和 30%。其中"服务成熟度"又包括"服务成熟广度"和"服务成熟深度"两个方面，前者是指政府负责提供的服务中已经在网上实现的比例，后者是指政府服务的完备水平。具体来说，就是把政府服务分成发布、互动和交易三个方面来反映某项服务所能达到的最高成熟度；"服务精细度"用以测量政府将服务提供给用户时的精细程度，包括洞察力、互动、组织性能、客户建议和网络五个子指标。

通过在 2002 年调查、分析世界上一些有代表性国家或地区的政府门户网站，埃森哲公司提出了一套有关电子政务评价指标体系。该项调查将 169 项政府在线服务项目作为评价指标，并将之分为九大类：保健与人类服务，司法与公共安全，国家财政收入，教育，运输与车辆，管制与参与，采购，邮政等。

Accenture 公司将调查的 23 个国家和地区按照电子政务服务的整体成熟程度，分为 5 种类型。

（1）"创新的领导者"。这个级别提供全面而完整的事务服务。研究表明，加拿大政府之所以客户服务做得优秀，是因为它采取了独特服务的视角、方法，并提供了集成的政府服务平台和提供了网络服务的交叉代理。这给客户提供了多个通道，方便进行交互。

（2）"有发展前景的竞争者"。这个级别中"政府提供了有价值的、方便的在线服务"。例如，新加坡、美国、丹麦、澳大利亚、芬兰、英国、比利时、德国、爱尔兰、法国、中国香港，其总体成熟度都超过 50%。

（3）"持续的完成者"。这个级别的国家提供了基本的在线功能，它们的目标是以提供信息的速度为主。例如，比利时、西班牙、日本、新西兰，总体表现成熟度为 30%～40%。

（4）"平台的构建者"。逐渐搭建各类应用平台和体系，例如，葡萄牙、中国、巴西、南非、意大利、马来西亚、墨西哥等。

（5）"概念推广者"。还未起步或刚刚起步。

埃森哲的电子政务评价指标体系侧重于对政府服务水平的评价，没有考虑电子政务其他方面的内容，是不全面的。

2. Gartner 标准

与 Accenture 公司不同，Gartner 咨询公司的电子政府战略评估体系并不是对世界各国电子政务发展水平进行横向比较，而是对某国特定电子政务项目的有效性进行评估。Gartner 公司主要从对公众的服务水平、运行效益以及政治回报三个方面评估电子政务项目的有效性，其中每个大类又包含一系列具体指标。

Gartner 主要从三个方面评估电子政务项目的有效性,即对公民的服务水平以及政治回报等,而每个大类又包含一系列具体参数,比如,在对公民的服务水平包括了若干具体指标,见表 11-2。

表 11-2 对公民的服务水平的若干指标

指 标	对公民的服务水平
成熟性	在线服务深度,提供服务的渠道数量,在线服务的主动性,在线服务的有用性
是否成功	在线服务的可获得性,总的成本价值与成本比率
有用性	在线服务的使用,在线服务的影响

可见,Gartner 公司的评估指标是比较量化的一套有关电子政务的评价系统。Gartner 的电子政务评价指标体系实际上针对的是电子政务项目,没有从宏观的角度对电子政务发展水平进行评估,因此也是不全面的。

3. 联合国标准

联合国公共经济与公共管理局于 2002 年 5 月与美国公共管理学会共同发表了一份联合报告,对联合国 190 个成员国的电子政务建设情况进行了调查研究与分析比较。该报告从政府网站建设现状、信息基础设施建设以及人力资源素质三个方面来衡量一个国家电子政务发展水平的"电子政务指数",并以此对 133 个成员国的电子政务发展水平进行了评估。该报告对拥有政府网站的 174 个成员国的电子政务运用的一系列综合指标进行测评,测评主要集中在电子政务的量和质两个方面,即考察成员国电子政务的准备指数和参与指数。

1) 电子政务准备指数

电子政务准备指数包括"政府网站建设现状"、"信息基础设施建设"以及"人力资源素质"三方面指数,并且三个指数被分配相同的权数来评估所提供相关信息和服务的数量。

通过对 288 项服务和设备的评估,将政府网站建设现状划分为起步阶段、提高阶段、交互阶段、在线事务处理阶段以及无缝链接等五个阶段,以量化各国的"政府网站建设现状"。

信息基础设施建设包括六个指标,即每千人互联网主机拥有量、网民数、电话线拥有量、在线人数、移动电话拥有量、电视机拥有量,前四个指标分别给予 0.2 权数,后两个分别给予 0.1 的权数。

人力资源素质包括两个主要指标,即成年人的读写能力指数和入学率指数,分别给予不同的权数 2/3 和 1/3。

2) 电子政务参与指数

侧重电子政务所提供的咨询和决策方面来评估其信息和服务的质量,按照提供服务层面由低到高顺序,如信息服务指数、咨询服务指数和决策服务指数。通过对涵盖一般政策、教育、医疗健康、劳动就业、社会福利与服务、金融六大方面的 21 项参与性服务指标分配到信息、咨询和决策三个层面进行评估,对每一层面评估先按服务提供的频率给出0~4的分值标准测评出相应值,并归一得出标准化指数。

按照这个评估系统,被评估的国家必须满足以下一些条件:存在官方政府网站,提供信息发布、互动性业务以及在线处理业务;在教育、医疗健康、劳动就业、社会福利与服务、金融五个关键部门建有网站并提供在线服务;使用单一的入门网站,能够实现战略计划的最低目标,成立了电子政务的主管机构。

该报告将各国电子政务的网站建设划分为五个阶段:起步阶段、提高阶段、交互阶段、在线事务处理阶段、无缝链接阶段。每个阶段又根据差异情况划分为四档,每档间隔0.25。具体数字来自于评估者对有关国家网站的调查分析。比如,"信息基础设施建设"包括六个主要指标:每百人计算机拥有量、每万人的互联网主机拥有量、网民占国家人口的比例、每百人的电话线拥有量、每百人的移动电话拥有量、每千人的电视机拥有量。"人力资源素质"包括三个指标:联合国开发计划署的人文发展指数、信息提供指数以及城镇人口与农村人口比率。

这个报告的优点是,所衡量的指标都能从公开出版物上找到数据,但是,该报告对于政府网站建设现状、信息基础设施建设以及人力资源素质三个方面的权重分配情况以及各子方面的权重分配情况未做说明,也没有给出具体的计算公式。

本 章 小 结

从政府管理角度看,政府部门的信息化已经成为国家信息化的基础,而信息技术的渗透正在对行政管理模式带来重大的变革与冲击。信息技术在政府的行政管理中的应用,能够帮助政府形成高效率、低成本、规范行为、运转协调、公正透明的行政管理体制。

本章重点介绍电子政务的主要内容、电子政务的系统组成与基本模式以及电子商务的实施等内容,其中电子政务的基本模式包括 G2B、G2C、G2G 三种,重点介绍了在电子政务的实施过程中,应把握的电子政务系统的规划目标和建设原则、电子政务的实施过程以及国际电子政务评测三大标准。

案例分析

"首都之窗"北京市政府门户网站建设案例

"首都之窗"是北京市中共市委、市人大、市政府、市政协联合市纪委、市高法和18个区县政府、99个市政府委、办、局150多个各自的政府网站统一建立的北京市政府门户网站。它是为了统一、规范地宣传首都形象,落实"政务公开,加强行政监督"的原则,建立网络信访机制,向市民提供公益性服务信息,促进首都信息化,推动北京市电子政务工程的开展而建立的。

"首都之窗"既是服务公众的平台,也是我国首都形象的窗口,其质量因此受到了北京市政府的高度重视。尤其在经历"非典"事件之后,北京市政府更坚定了对"首都之窗"进行全面升级的信念,期望通过一个良好的内容管理技术平台,来实现网站信息的采集、编审、发布等统一集成管理,实现开发利用整合政府信息资源、加强对市属委办局各网站的统一管理、提供网上审批等综合政务服务推行务实电子政务的目的。

在北京市信息办专家详细地调研和综合评估各厂家产品与方案的过程中，TRS公司在与微软、Interwoven、Sybase等国际知名公司共同参与的激烈竞标中脱颖而出，全面负责网站的技术改造和内容建设，这表明TRS公司的内容管理软件在电子政务高端核心业务应用领域具有领先优势并且TRS公司提供的解决方案更加贴近需求。

1."首都之窗"升级解决方案

1) TRS电子政务门户内容管理整体解决方案

TRS WCM内容协作平台电子政务套件是一套完全基于Java和浏览器技术的内容管理软件，它提供内容编辑、修改、发布、管理、统计等全方面功能，支持信息、模板、发布、站点、系统管理，并支持先进的工作流管理和企业级的团队协作。TRS WCM系统以Web应用为基础，所有操作均通过浏览器进行，提供了多个人性化操作和可视化模板编辑功能。同时提供强大的二次开发功能，方便用户根据自己的需求进行开发。TRS WCM在许多知名网站如外交部网站群、中国经济网等内容管理项目中已得到了成功应用。

(1)"首都之窗"网站采用TRS内容协作平台(TRS WCM)对网站内容进行统一、集成管理，实现了网站维护管理、内容创建、内容编辑、内容发布、工作流管理、模板管理等功能。

(2) TRS内容管理系统支持多站点管理，不仅管理"首都之窗"网站，还管理其他市属委办局的150多个网站，实现分布式内容采编和发布。

(3) TRS内容管理系统具有便捷的网站、栏目维护管理功能，可以根据网站规划方便地管理现有网站和栏目，还能根据未来需要方便地管理新的网站和栏目。

(4) TRS内容管理系统实现内容创建、编审、发布、传递机制相对分离，即技术和内容编辑相分离。例如，系统支持模板管理，内容编辑人员可以仅关注内容本身，提高了内容制作的质量和效率。

(5) TRS内容管理系统具有完善的用户管理、权限管理、分组管理机制，加强了安全性，例如，系统权限管理可以依据内容为中心，针对不同的用户、不同权限的工作人员分组管理。

(6) TRS内容管理系统提供良好地个性化访问体验，支持信息订阅、短信订阅等功能。

(7) TRS内容管理系统具有强大的工作流管理功能，支持规范的工作业务流程管理，提供内容质量和协作需求。

(8) TRS内容管理系统具有完善的日志管理功能，增强了系统的安全性和维护管理能力。在此基础之上的统计功能，方便了系统的使用和工作跟踪。

2)"首都之窗"英文版

"首都之窗"英文版——北京市国际化交流服务平台(www.ebeijing.gov.cn)是由北京市外办和北京市信息办合办，是向外国人提供信息交流服务的外语交流平台。建设外语平台是我们为优化北京发展环境采取的一项新举措。平台功能需求复杂，在信息资源整合、多部门分布式协作、信息个性化动态发布及公众交互反馈方面更加完善，打破部门间的条块分割和信息孤岛现象，为建设更高效的现代服务型交流平台添加了动力。

在外语平台的建设中，TRS提供了完善的技术解决方案，集成了TRS内容协作平台(TRS WCM)、TRS内容交付系统(TRS CDS)及TRS大规模企业论坛系统(TRS BBS)等内容管理产品，为实现对外交流与沟通、首都形象宣传、网站内容管理提供了技术保障。

3)"首都之窗"的综合政务服务

(1) TRS内容管理系统综合市属所有委办局网站，提供"首都之窗"网上综合服务。

(2) TRS内容管理系统提供"首都之窗"网上投票、网上调查、新闻评论等方便的动态扩展和交互功能，适应网站交互式服务应用系统的部署。

(3) TRS内容管理系统提供网站"一站式审批"网上办公服务，包括以下流程。

① 公众访问"首都之窗"主站点。

② 网上填写申报表。
③ 提交后，进入内部审批流程。
④ 经过相关部门审批、会签。
⑤ 形成审批后的文件归档、对外发布。

4)"首都之窗"的安全性与可靠性

TRS解决方案充分考虑了项目的安全性与可靠性，在各层面上，包括TRS数据库安全机制、TRS内容管理系统安全机制、TRS应用层安全认证机制、TRS数据访问安全机制，保证系统安全可靠运行和数据的安全访问。

2."首都之窗"升级效益

TRS公司仅用了一个月的时间就完成了"首都之窗"升级项目的产品安装、用户培训、架构设计、模版加工、功能附加、数字证书集成等各项目标，得到了政府领导的高度认可，事实证明TRS产品除了完成内容管理方面的本质功能外，在搭建大型门户网站方面也有不俗的表现。同时，英文网站的正式投入运转，作为首都信息化建设的重要举措，必将强化对外宣传效能，促进首都外向型经济的发展。

"首都之窗"在改版之后，其网站质量和使用效率大幅提升，其访问量稳步快速上升，最高的时候一天的访问量甚至超过了过去的一个月之和。特别是在北京两会期间，"首都之窗"作为两会信息的主要发布网站，大量用户通过它来获取信息。

尤其是TRS内容管理功能的应用，使得"首都之窗"的内容质量、更新频率以及网站管理和栏目管理上有了质的飞跃，并且高效可用的流程设计大大方便了网站的管理人员的应用，提高了工作效率，为政府的其他网站建设起到了典范作用。

资料来源：http://www.e-gov.org.cn/chenggonganli/dianzizhengwu/

思考：

(1)"首都之窗"的改版在业务和技术上的创新有哪些？
(2) 电子政务基础功能框架是什么？

复习思考题

一、填空题

(1) 电子政务不是_____的简单叠加，不是用电子技术去适应落后的传统政务模式，而是_____的改造，以更好地实现政府为公众服务的宗旨。
(2) 电子政务内部信息系统的工作内容主要包括_____。
(3) 电子政务基础平台的目标是_____。
(4) _____是政府内部、政府上下级之间、不同地区和不同职能部门之间实施电子政务的各种活动。
(5) 埃森哲公司的电子政务评价方法侧重于_____。

二、名词解释

(1) 电子政务
(2) 电子政务基础平台
(3) G2B
(4) G2C

三、简答题

（1）简单对电子政务进行分类。
（2）简述电子政务活动的主要内容。
（3）简述建设电子政务应遵循的原则。
（4）简述 G2B 的主要任务。
（5）简述 G2C 电子政务主要的内容。

四、论述题

（1）试述电子政务与传统政务的区别。
（2）试述政府各部门在实施电子政务的过程中的实施阶段。

五、实践题

考察我国电子政务的建设实施情况，分析我国电子政务与西方发达国家电子政务的差距。

参考文献

[1] 邵兵家. 电子商务概论[M]. 3版. 北京：高等教育出版社，2011.
[2] 杨路明，薛君，胡艳英. 电子商务概论[M]. 北京：科学出版社，2006.
[3] 杨坚争. 电子商务基础与应用[M]. 5版. 西安：西安电子科技大学出版社，2006.
[4] 兰宜生. 电子商务基础教程[M]. 2版. 北京：清华大学出版社，2007.
[5] 虞益诚. 电子商务概论[M]. 2版. 北京：中国铁道出版社，2013.
[6] 劳帼龄. 电子商务[M]. 2版. 北京：电子工业出版社，2008.
[7] 卢国志. 新编电子商务概论[M]. 北京：北京大学出版社，2005.
[8] 姜旭平. 电子商务基础教程[M]. 北京：机械工业出版社，2002.
[9] 张福德. 电子商务概论[M]. 北京：清华大学出版社，2004.
[10] 张忠林. 电子商务概论[M]. 北京：机械工业出版社，2006.
[11] 杨天翔. 电子商务概论[M]. 上海：复旦大学出版社，2007.
[12] 陈德人，李小东，冯雁. 电子商务概论[M]. 杭州：浙江大学出版社，2002.
[13] 朱水林. 电子商务概论[M]. 北京：清华大学出版社，北京交通大学出版社，2004.
[14] 陈国龙，林荣航，刘传才，陈曙光. 电子商务概论[M]. 厦门：厦门大学出版社，2002.
[15] 管会生. 电子商务安全与管理[M]. 北京：科学出版社，2006.
[16] 张卓其. 电子银行[M]. 北京：高等教育出版社，2002.
[17] 张宽海，李良华. 网上支付与结算[M]. 北京：高等教育出版社，2007.
[18] [美]埃弗雷姆·特伯恩. 电子商务：管理新视角[M]. 2版. 王理平，等译. 北京：电子工业出版社，2003.
[19] 祁明. 电子商务实用教程[M]. 2版. 北京：高等教育出版社，2006.
[20] 张李义，罗琳，黄晓梅. 网站开发与管理[M]. 北京：高等教育出版社，2004.
[21] 张基温. 计算机网络技术[M]. 北京：高等教育出版社，2008.
[22] 陈德人，施敏华，吴志航，汪燕云. 电子商务系统结构[M]. 北京：高等教育出版社，2002.
[23] 瞿裕中. 电子商务应用开发技术[M]. 北京：高等教育出版社，2000.
[24] 覃征. 电子商务概论[M]. 2版. 北京：高等教育出版社，2006.
[25] 覃征，闫焱. 电子商务应用与重构案例分析[M]. 北京：高等教育出版社，2003.
[26] 贾志林. 电子商务案例分析[M]. 北京：电子工业出版社，2006.
[27] 韩宝明，杜鹏，刘华. 电子商务安全与支付[M]. 北京：人民邮电出版社，2001.
[28] 邓顺国. 网上银行与网上金融服务[M]. 北京：清华大学出版社，北京交通大学出版社，2004.
[29] 孙宝文，王天梅. 电子商务系统建设与管理[M]. 北京：高等教育出版社，2002.
[30] 祁明. 电子商务安全与保密[M]. 2版. 北京：高等教育出版社，2001.
[31] 王维安，张建国，马敏. 网络金融[M]. 北京：高等教育出版社，2002.
[32] 汤兵勇，王素芬. 客户关系管理[M]. 北京：高等教育出版社，2003.
[33] 甘利人. 企业信息化建设与管理[M]. 北京：北京大学出版社，2001.
[34] 袁雨飞，王有为，胥正川，杨庆，高玉飞. 移动商务[M]. 北京：清华大学出版社，2006.
[35] 王汝林. 移动商务理论与实务[M]. 北京：清华大学出版社，2007.
[36] 徐嘉震. 项目管理理论与实务[M]. 北京：中国物资出版社，2007.
[37] 朱国麟，崔展望. 电子商务项目策划与设计[M]. 北京：化学工业出版社，2009.

[38] 左美云. 电子商务项目管理[M]. 北京：中国人民大学出版社，2008.
[39] [美]贝内特·P·利恩兹，凯瑟琳·P·雷. 电子商务项目实施管理[M]. 沈婷，译. 北京：电子工业出版社，2003.
[40] 孙宝文，王天梅. 电子政务[M]. 北京：高等教育出版社，2008.
[41] 管有庆，王晓军，董小燕. 电子商务安全技术[M]. 2版. 北京：北京邮电大学出版社，2009.
[42] 詹川. 电子商务网页设计实验教程[M]. 重庆：重庆大学出版社，2009.
[43] 曾子明. 电子商务安全与支付[M]. 北京：科学出版社，2008.
[44] 李怀恩. 电子商务网站建设与完整实例[M]. 北京：化学工业出版社，2009.
[45] 田杰，乔东亮，秦必瑜. 电子商务模式系统及其运营[M]. 北京：中国传媒大学出版社，2009.
[46] 姚国章. 电子商务与企业管理[M]. 2版. 北京：北京大学出版社，2009.
[47] 刘红璐，朱晓敏，常丹. 电子商务战略[M]. 北京：电子工业出版社，2009.
[48] 何枫. 电子商务技术基础[M]. 2版. 成都：西南交通大学出版社，2009.
[49] 娄策群. 电子商务政策法规[M]. 武汉：华中师范大学出版社，2008.
[50] 齐爱民. 电子商务法[M]. 大连：东北财经大学出版社，2009.
[51] 濮小金，司志刚，濮琼. 电子政务系统建设及应用[M]. 北京：机械工业出版社，2009.
[52] 郭学文. 电子商务交易法律问题研究[M]. 青岛：中国海洋大学出版社，2008.
[53] 刘枚莲. 电子商务环境下的消费者行为建模与模拟研究[M]. 上海：上海财经大学出版社，2008.
[54] 杨兴凯. 电子商务系统分析与设计[M]. 北京：清华大学出版社，2008.
[55] 张楚. 电子商务法[M]. 2版. 北京：中国人民大学出版社，2007.
[56] 奚宪铭，鞠成东，刘科文. 电子商务安全与法律经济[M]. 北京：科学出版社，2009.
[57] 马刚，李洪心. 电子商务支付与结算[M]. 大连：东北财经大学出版社，2009.
[58] 齐爱民，徐亮. 电子商务法原理与实务[M]. 2版. 武汉：武汉大学出版社，2009.
[59] 张宽海. 金融与电子支付[M]. 北京：北京大学出版社，2008.
[60] 李洪心. 电子商务网站建设[M]. 北京：机械工业出版社，2009.
[61] 陈进，曹淑艳. 电子商务中的知识产权[M]. 北京：对外经济贸易大学出版社，2008.
[62] 洪国彬，范月娇，谭龙江. 电子商务安全与管理[M]. 北京：清华大学出版社，2008.
[63] 刘继山. 电子商务网站建设[M]. 北京：对外经济贸易大学出版社，2008.
[64] 李志刚. 电子商务系统分析与设计[M]. 北京：机械工业出版社，2009.
[65] 刘兰娟. 电子商务网站开发[M]. 2版. 上海：上海财经大学出版社，2008.
[66] 李宏伟，袁斌. 电子商务实训教程[M]. 北京：中国商务出版社，2006.
[67] 欧阳峰. 电子商务解决方案：企业应用决策[M]. 北京：清华大学出版社，2008.
[68] 苟娟琼. 电子商务技术基础[M]. 2版. 北京：电子工业出版社，2008.
[69] 刘军，董宝田. 电子商务系统的分析与设计[M]. 北京：高等教育出版社，2003.
[70] 李卓伟. 电子商务通信与安全技术[M]. 北京：电子工业出版社，2008.
[71] 陈德人. 电子商务系统结构[M]. 2版. 北京：高等教育出版社，2008.
[72] 郑淑蓉. 电子商务经营与管理[M]. 北京：华龄出版社，2006.
[73] 秦成德. 电子商务法律与实务[M]. 北京：人民邮电出版社，2008.
[74] 王永琦. 电子商务基础与实操[M]. 上海：立信会计出版社，2008.
[75] 肖德琴. 电子商务安全保密技术与应用[M]. 广州：华南理工大学出版社，2008.
[76] 刘震宇. 电子商务网络成长的研究[M]. 北京：科学出版社，2008.
[77] 赵礼强，荆浩. 电子商务理论与实务[M]. 北京：清华大学出版社，2010.
[78] 谭玲玲，魏晓龙. 新编电子商务概论[M]. 成都：西南交通大学出版社，2010.
[79] 张润彤，耿建东. 电子商务概论[M]. 北京：中国人民大学出版社，2011.